COORDONNÉ PAR OLIVIER DE LA VILLARMOIS

ÉLISABETH ALBERTINI
FRÉDÉRIC GAUTIER
NATHALIE LALLEMAND- STEMPAK
DAMIEN MOUREY
MARION SOULEROT

Comprendre TOUT le contrôle de gestion

L'essentiel pour les non-spécialistes

Vuibert

Composition intérieure : Caroline Delavault
Maquette de couverture : Les Paoïstes, Linda Skoropad

ISBN 978-2-311-40599-6

Table des matières

Préface XI

Un ouvrage pour les managers et les futurs managers XI

Organisation de l'ouvrage XII

Les spécificités de cet ouvrage XII

Chapitre 1. Introduction au contrôle de gestion 1

Cas introductif : l'acquisition de WMF par le groupe Seb 1

Le groupe Seb 1

L'acquisition de WMF 1

Votre mission 2

Synthèse du cas et introduction du chapitre 2

1. L'émergence du contrôle de gestion 2

1.1. Le système Sloan chez General Motors 3

1.2. Du contrôle (de gestion) au pilotage de la performance 4

1.3. Le management de la performance 5

2. La fonction de contrôleur de gestion 7

2.1. Les types de fonctions 7

2.2. Les compétences du contrôleur de gestion 8

2.3. Trajectoires professionnelles 11

2.4. Contrôle de gestion et audit 12

3. Un modèle discuté ou le contrôle de gestion critiqué 16

3.1. Les déviances du modèle traditionnel 16

3.2. L'approche contingente de William Ouchi 17

3.3. La relation stratégie/contrôle 19

3.4. Un courant de recherche critique 21

Résumé 23

Activités 24

PARTIE I. LA COMPTABILITÉ DE GESTION

Chapitre 2. Connaître ses coûts pour définir sa stratégie 27
Cas introductif : Caisse d'Épargne Nord Europe 27
Synthèse du cas et introduction du chapitre....................28
1. Une comptabilité pour les managers 28
1.1. Aux origines : la comptabilité industrielle 29
1.2. Comptabilités financière et de gestion 29
1.3. Des finalités multiples 32
2. Concepts fondamentaux : prix, coût, marge... 34
2.1. La dimension temporelle du coût 34
2.2. Le contenu du coût 37
2.3. Autres critères....................42
3. Du compte d'exploitation à la définition du modèle économique 46
3.1. Le compte d'exploitation....................47
3.2. Analyser sa performance 49
3.3. Coûts et *business model*....................51
Résumé....................54
Activités....................55

Chapitre 3. Les coûts partiels ou la prise de décision à court terme ...59
Cas introductif : Zein (1)....................59
Synthèse du cas et introduction du chapitre....................60
1. La méthode des coûts variables ou le modèle coût-volume-profit 61
1.1. Le seuil de rentabilité 62
1.2. L'indice de sécurité et le levier opérationnel 66
2. La méthode des coûts directs et des coûts spécifiques 72
2.1. La méthode des coûts directs....................73
2.2. La méthode des coûts spécifiques 74
3. Pour aller plus loin 77
3.1. L'allocation de ressources rares....................77
3.2. La prise en compte de la rémunération des capitaux propres 78
Résumé....................79
Activités....................80

Chapitre 4. Les coûts complets ou la prise de décision à long terme 83

Cas introductif : Zein (2) 83

Synthèse du cas et introduction du chapitre 85

1. Des méthodes simples d'évaluation des coûts complets 86
   1.1. La méthode du pool unique 86
   1.2. Les méthodes d'équivalence 87

2. L'*Activity-Based Costing*, méthode de référence d'évaluation de coût complet 89
   2.1. Le modèle fondamental 89
   2.2. Les apports de l'ABC 91
   2.3. Les limites de l'ABC 92
   2.4. Les coûts des fonctions supports 93

3. Pour aller plus loin 96
   3.1. La méthode des unités de valeur ajoutée (UVA) 97
   3.2. Le *Time-Driven Activity-Base Costing* (TDABC) 100

Résumé 103

Activités 105

Chapitre 5. Le pilotage par les coûts 111

Cas introductif : la *Cantina* 111

Synthèse du cas et introduction du chapitre 113

1. Coûts standards et analyse des écarts 113
   1.1. Les différentes notions de standards 113
   1.2. Le cas d'un écart sur coûts directs 114
   1.3. Un modèle général de décomposition 115
   1.4. L'écart sur chiffre d'affaires 119

2. La problématique des coûts de capacité 120
   2.1. L'imputation rationnelle des coûts fixes 121
   2.2. Des approches alternatives 122
   2.3. Intérêts et limites de ces méthodes 123

3. La gestion stratégique des coûts 126
   3.1. Un ensemble de pratiques 126
   3.2. Le *target costing* 129
   3.3. Une grille d'analyse pour dépasser l'analyse des marges 131

Résumé 134

Activités 135

PARTIE II. LE PROCESSUS BUDGÉTAIRE

Chapitre 6. La structure de gestion et les prix de cession interne 139

Cas introductif : Lactobon 139

Synthèse du cas et introduction du chapitre 140

1. La notion de centre de responsabilité 141
   1.1. Les centres de coûts 141
   1.2. Les centres de revenus 142
   1.3. Les centres de profit 143
   1.4. Les centres d'investissement 144
2. Les prix de cession interne 145
   2.1. Pourquoi mettre en place une facturation interne ? 146
   2.2. Les règles de fixation d'un prix de cession interne 148
   2.3. Les dérives 152
3. Les spécificités des prix de transfert 155
   3.1. Les enjeux fiscaux des prix de transfert 155
   3.2. La réglementation française 156
   3.3. La réglementation internationale 157

Résumé 158

Activités 159

Chapitre 7. Le budget 163

Cas introductif : mon premier *business plan* 163

Synthèse du cas et introduction du chapitre 164

1. Le processus budgétaire 165
   1.1. Les rôles des budgets 165
   1.2. Les liens stratégie-budget 167
   1.3. Le calendrier budgétaire 168
2. Le budget d'une start-up de service 170
   2.1. Les budgets opérationnels 172
   2.2. Les états de synthèse prévisionnels 175
3. Le budget d'une entreprise manufacturière 180
   3.1. Le budget de production 182
   3.2. Achats et consommation de composants 183
   3.3. Le budget des frais de personnel 184
   3.4. Le coût de production prévisionnel 185
   3.5. Le compte de résultat prévisionnel 185

Résumé 187

Activités 188

Chapitre 8. Le budget en action 193
Cas introductif : SpecChem 193
Synthèse du cas et introduction du chapitre 195
1. Le budget, une application de la direction par objectifs (DPO) 196
1.1 Les fondements de la DPO 196
1.2 Les conditions de bon fonctionnement 197
1.3 Le bilan de la direction par objectifs 199
2. Les limites de la démarche budgétaire 200
3. Les ébauches de solutions 201
3.1 Le budget base zéro (BBZ) 201
3.2 Le *beyond budgeting* 205
4. Pour aller plus loin : la participation au processus budgétaire 209
Résumé 210
Activités 211

Chapitre 9. Indicateurs, tableaux de bord et *reporting* 213
Cas introductif : Lift 213
a. Compte d'exploitation d'une agence 213
b. Organisation type d'une agence 214
c. Fiche chantier 214
d. Entretiens avec des directeurs d'agence 215
Synthèse du cas et introduction du chapitre 217
1. L'indicateur de performance 218
1.1 Le concept de performance 218
1.2 La notion d'indicateur 220
1.3 La question de la mesure 221
2. Le tableau de bord de gestion 222
2.1 Les trois principes 223
2.2 La méthode OVAR 224
3. Le *balanced scorecard* 227
3.1 Caractéristiques essentielles 227
3.2 Un modèle flexible 229
3.3 Les limites de l'outil 231
4. *Reporting* et *business review* 232
4.1 Une tentative de définition du *reporting* 232
4.2 La *business review* 233
Résumé 236
Activités 237

PARTIE III. SPÉCIFICITÉS SECTORIELLES ET FONCTIONNELLES

Chapitre 10. Le contrôle de gestion des projets 241
Cas introductif : Videogames 241
Synthèse du cas et introduction du chapitre 243
1. Les systèmes traditionnels de contrôle des projets 244
1.1 La planification du projet 244
1.2 Le suivi de l'exécution du projet 249
1.3 La post-évaluation du projet 251
1.4 Les différences entre le contrôle de gestion des projets et le contrôle de gestion des activités permanentes 252
2. Du contrôle budgétaire au pilotage des projets 253
2.1 Des systèmes traditionnels de contrôle fondés sur des hypothèses organisationnelles fortes 254
2.2 Le caractère interactif du pilotage des projets 256
2.3 Un pilotage adapté aux risques du projet 258
3. Le management de projet dans un contexte innovant 260
3.1 L'importance de l'avant-projet, la phase exploratoire des projets 261
3.2 L'articulation stratégie-projet, le portefeuille de projets 263
Résumé 264
Activités 265

Chapitre 11. Les spécificités du contrôle de gestion dans les activités de service 269
Cas introductif : Classotel 269
Synthèse du cas et introduction du chapitre 270
1. Les spécificités des services par rapport à la production industrielle 271
1.1 Le client : un « employé partiel » 272
1.2 Les lieux de la production et de la consommation d'un service 273
1.3 Le modèle de la « servuction » 273
1.4 Le *revenue management* ou l'ajustement capacité-charge par les prix et les systèmes de réservation 274
2. L'arbitrage coût-valeur dans les services 276
2.1 Le concept de « valeur nette » perçue par le client du service 277
2.2 Les objectifs du projet de caisses automatiques 278
3. Une application pratique du contrôle de gestion dans les services 279
3.1 L'hôtel Nassau 279
3.2 Une demande ponctuelle : l'accueil de l'équipe nationale d'Australie 281
3.3 La mise en place d'une politique de *revenue management* 282
3.4 Évaluer l'intérêt de la prestation supplémentaire 283

4. L'exercice du métier de contrôleur de gestion dans les services............287
Résumé............289
Activités............290

Chapitre 12. Le contrôle de gestion sociale environnemental............293
Cas introductif : Xorex............293
Synthèse du cas et introduction du chapitre............294
1. Le suivi et le *reporting* des activités RSE............295
1.1 Les contraintes institutionnelles............295
1.2 La grille de *reporting* des informations RSE............299
1.3 *Reporting* RSE et système d'information............302
2. Le contrôle de gestion sociale............302
2.1 Le contrôle de gestion de la masse salariale............303
2.2 Le budget des frais de personnel............308
2.3 Les tableaux de bord sociaux............309
3. Le contrôle de gestion environnemental............310
3.1 Les caractéristiques particulières du contrôle de gestion environnemental ...310
3.2 Un système de contrôle de gestion de type diagnostic............311
3.3 Un mode de contrôle interactif............313
Résumé............315
Activités............316

Index............319

Préface

Le choix fort d'ouvrir chaque chapitre de cet ouvrage par un cas vise à confronter le lecteur au terrain, lui permettre de saisir les contributions des outils et autres cadres d'analyse proposés. Le contrôle de gestion, bien qu'appartenant aux sciences de gestion comme toutes les disciplines du management, n'est pas une science mais un ensemble de techniques, de savoir-faire. Cet ouvrage propose de nombreuses illustrations dans le corps du texte (encadrés, témoignages) et, en fin de chapitre, des cas dont les corrigés sont disponibles sur le site www.vuibert.fr. Il n'y a pas de réponse idéale, mais seulement des propositions plus ou moins pertinentes. Il s'agit de caractériser le problème de gestion, identifier le concept ou la méthode à mobiliser afin de susciter le débat et le dialogue, tel l'outil interactif de contrôle de Simons (qui sera évoqué à plusieurs reprises), pour converger vers une solution. Il en est de même dans nos enseignements lorsque nous échangeons sur la pertinence de propositions afin d'aboutir à des solutions qui diffèrent d'un groupe à l'autre. Dans les organisations, entreprises, associations, services publics... qui vous accueillent aujourd'hui ou vous accueilleront demain, un coût, un budget ou un tableau de bord sont autant d'outils qui doivent être construits avec leurs utilisateurs et adaptés.

Un ouvrage pour les managers et les futurs managers

Cet ouvrage s'adresse aux managers et aux futurs managers pour qu'ils appréhendent les enjeux des outils et mécanismes auxquels ils sont ou seront confrontés et contribuent à leur conception. La financiarisation de l'économie se traduit pour la majorité des managers par une évolution des outils de contrôle de gestion qu'ils utilisent. Ils ont pour finalité d'opérationnaliser ces contraintes financières, sans oublier les préoccupations sociales et environnementales plus récentes.

Le contenu de cet ouvrage a donc été conçu pour les étudiants :

- de MBA (Master of Business Administration) d'écoles de commerce et d'IAE (Masters Administration des Entreprises) qui après une formation d'ingénieur, de juriste, de médecin... souhaitent développer leurs compétences managériales ;
- de Master de management général, marketing, ressources humaines pour développer des relations constructives avec les fonctions financières ;
- enfin, de Master en contrôle de gestion (CGAO – Contrôle de gestion et audit organisationnel , CCA – Comptabilité contrôle audit) afin de disposer d'une synthèse des problématiques de sa discipline, pour en maîtriser les notions fondamentales, avant de s'engager dans un cursus d'approfondissement et mieux comprendre la vision des autres fonctions.

Il a également été conçu pour les praticiens et plus particulièrement :

- tout manager, pour développer des échanges riches avec son contrôleur de gestion afin de saisir les enjeux des informations demandées et transmises, ainsi que contribuer à développer de nouveaux outils plus adaptés au contexte opérationnel ;
- le dirigeant d'organisations (ou ses équipes) qui, compte tenu de leur taille, ne disposent pas de contrôleur de gestion, qui y trouveront les outils leur permettant de suivre l'activité, de diffuser et d'affiner leur stratégie.

Organisation de l'ouvrage

Après un chapitre introductif (chapitre 1) qui développe le contenu de la fonction contrôle de gestion et la diversité des outils à sa disposition, cet ouvrage est organisé en trois parties.

La première partie est dédiée à l'évaluation des coûts et à la comptabilité de gestion. Le chapitre 2 définit les notions fondamentales et décrit la grande diversité des utilisations des coûts. Le chapitre 3 porte sur les méthodes les plus simples, les coûts partiels, orientées vers la prise de décision de court terme (à quelle condition de prix accepter une commande ?) alors que le chapitre 4 est consacré aux coûts complets, méthodes généralement plus sophistiquées, permettant la prise de décision de long terme, la définition de la stratégie (dans quelles conditions lancer un nouveau produit ?). Le chapitre 5 présente certaines utilisations des coûts comme outil de management en comparant les réalisations aux prévisions ou en s'interrogeant sur la contribution des consommations de ressources à la création de valeur.

La deuxième partie est dédiée au processus budgétaire. Le centre de responsabilité, unité de base du processus budgétaire, et l'organisation de leurs transactions avec les prix de cession interne et de transfert sont décrits dans le chapitre 6. Le budget, ses finalités et son processus d'élaboration sont l'objet du chapitre 7 alors que le chapitre 8 s'attarde sur les modalités d'utilisation efficace du budget et les principales propositions d'améliorations. Enfin, les tableaux de bord et les *reportings*, outils centraux de suivi des prévisions budgétaires, sont exposés dans le chapitre 9.

Finalement, la dernière partie s'attache à développer des spécificités fonctionnelles ou sectorielles. Trois thématiques sont analysées : le contrôle de gestion des projets (chapitre 10), des services (chapitre 11) et le contrôle de gestion sociale et environnemental (chapitre 12).

Les spécificités de cet ouvrage

Les auteurs possèdent, pour la plupart, une expérience du contrôle de gestion et/ou de l'audit et ont évolué vers l'enseignement et la recherche. Leur enseignement est essentiellement dispensé à un public expérimenté, en formation continue. Cela permet de tester en permanence la pertinence des évolutions techniques tout en bénéficiant des expériences et des illustrations proposées par ces étudiants. Un important travail éditorial d'homogénéisation a été effectué afin d'obtenir une cohérence des contenus, de la pédagogie et de l'organisation de l'ouvrage tout en tirant profit de la diversité de ces expériences. Les spécificités suivantes méritent d'être soulignées :

- Sans concession sur l'évocation des cadres théoriques, c'est un ouvrage universitaire qui permet de disposer des références et sources pour approfondir les thèmes étudiés, si nécessaire.
- Les cas couvrent tous les champs de l'économie, du secteur industriel à celui des services, en passant par quelques évocations de services publics.
- L'ouvrage est conçu pour des néophytes. Le traitement du cas introductif peut nécessiter de lire le chapitre correspondant pour disposer des outils et être à même de proposer des solutions ; dans certains cas, des renvois explicites sont proposés. Ces cas introductifs ne sont pas corrigés afin de ne pas fermer le débat. Les solutions des cas figurant en fin de chapitre apportent souvent des éléments. Ces solutions sont disponibles sur le site www.vuibert.fr.
- Les applications se terminent par un paragraphe « Et dans mon entreprise » qui fournit des pistes pour s'interroger sur ses pratiques ou celles de son organisation. Il convient de noter que le terme « entreprise » est générique. Il correspond à la situation rencontrée le plus fréquemment mais il faut l'entendre au sens organisation ; il peut aussi désigner une association, un service, une administration...

Les auteurs

Chapitre 1
Introduction au contrôle de gestion

Objectifs pédagogiques

1. Appréhender la diversité des leviers de contrôle
2. Comprendre les fonctions du contrôleur de gestion
3. Positionner le contrôle de gestion par rapport à l'audit
4. Dépasser les critiques du contrôle de gestion

Cas introductif : l'acquisition de WMF par le groupe Seb

En ce début de juin 2016, Thierry de La Tour d'Artaise regarde se coucher le soleil sur le parc de la Tête d'Or avec le sentiment du devoir accompli : il vient de boucler la plus grosse acquisition de l'histoire du groupe familial. Il pense à cet entretien téléphonique pour valider le recrutement d'un conseiller (vous). Curieux, vif, (trop ?) impertinent, pourquoi ne pas lui confier le dossier de l'intégration de WMF dans le groupe ?

Le groupe Seb

Avec un effectif de plus de 25 000 salariés, le groupe Seb a réalisé 4,8 milliards d'euros de chiffre d'affaires en 2015, en croissance de 12 % par rapport à 2014, pour un résultat opérationnel de 428 millions d'euros (+16 %).

Le groupe s'est développé au moyen d'acquisitions de leaders dans les pays émergents, tel Imusa, le numéro un colombien des articles culinaires. L'entreprise compte une trentaine de sites dans le monde, dont dix en France. L'innovation est l'autre puissant levier de croissance du groupe avec, par exemple, la friteuse sans huile.

L'acquisition de WMF

En juin 2016, Seb achète pour 1,6 milliard d'euros l'allemand WMF, spécialiste des ustensiles de cuisine et des machines à café professionnelles. La dernière opération significative était l'acquisition du chinois Supor en 2007 pour 240 millions d'euros.

Grâce à cette opération, Seb élargit son portefeuille de marques haut de gamme, comme Lagostina, et prend une position forte sur le marché des machines à café professionnelles. Ce dernier marché est très rentable avec des marges de l'ordre de 20 %, nettement supérieures à celles du petit électroménager, et un taux de croissance du chiffre d'affaires de l'ordre de 8 %.

Votre mission

Après 10 années d'expérience réussie dans un cabinet de conseil en organisation, vous rejoignez le groupe Seb. Vous serez amené à diriger à moyen terme une unité opérationnelle du groupe mais occupez, pour l'instant, un poste de conseiller spécial du président. Afin de prendre connaissance du groupe - et de mettre en pratique vos capacités managériales -, vous supervisez l'intégration des filiales nouvellement acquises.

Question 1 : Proposez un ensemble d'outils afin d'assurer le contrôle de WMF. Des managers sont en place ; il s'agit d'orienter leurs comportements. Le contrôle de gestion est fondamentalement associé à la délégation de responsabilités. Pour orienter vos réflexions, en voici une bonne définition : « c'est le processus par lequel les managers influencent d'autres membres de l'organisation pour mettre en œuvre les stratégies de l'organisation » (Anthony, 1988, p. 10).

Question 2 : En vous appuyant sur la typologie des moyens de contrôle proposée par William Ouchi (contrôle par les résultats, les comportements et la culture ; voir section 3.2), enrichissez votre proposition). ■

Synthèse du cas et introduction du chapitre

Le contrôle de gestion moderne est apparu aux États-Unis sous la dénomination de *management control*. La traduction « contrôle de gestion », bien que passée dans le langage commun, est approximative car il s'agit non pas de contrôler dans le sens de vérifier, mais de maîtriser.

Afin d'éviter cet écueil, et la mauvaise image associée au contrôle/vérification, les expressions « pilotage de la performance » ou « management de la performance » sont parfois utilisées : elles présentent néanmoins l'inconvénient de placer la performance au centre du dispositif alors qu'il existe une diversité de moyens de contrôle.

L'objet de ce chapitre est d'appréhender la diversité des moyens de contrôle dans un souci de cohérence et d'efficacité du système de contrôle avant de s'attarder plus spécifiquement sur les missions du contrôleur de gestion.

Ce chapitre est organisé autour des thématiques suivantes :

- Les conditions dans lesquelles le contrôle de gestion est apparu (section 1).
- La fonction de contrôleur de gestion (section 2).
- Un modèle discuté (section 3).

1. L'émergence du contrôle de gestion

Les outils et techniques de management sont développés afin de répondre à **des enjeux propres à des environnements singuliers**. L'évaluation des coûts, amorce du contrôle de gestion moderne, est apparue avec l'accroissement de la taille des entreprises. À partir du moment où des opérations qui faisaient l'objet de transactions ont été intégrées dans la même organisation, il est devenu utile de déterminer des coûts internes afin de fiabiliser la prise de décision dans un contexte d'accroissement de la concurrence. Ces évolutions sont caractéristiques de la révolution industrielle. Les coûts sont un outil d'expertise indispensable, mais ils ne permettent pas d'animer les très grandes organisations ; ce n'est pas un système de management.

1.1. Le système Sloan chez General Motors

Le contrôle de gestion moderne est apparu chez General Motors (GM) avec une nouvelle forme d'organisation, la structure divisionnelle, dans les années 1920, aux États-Unis. Alors que la stratégie de Ford repose sur la standardisation (modèle T noir), GM résume sa stratégie de diversification dans son rapport annuel de 1924 par « une voiture pour tous les budgets et toutes les utilisations » (Sloan, 1966). Les constructeurs Chevrolet, Buick, Cadillac et Olds, mais aussi des fabricants d'accessoires tels que Delco ou Klaxon constituent des divisions de GM.

Alfred Sloan développe alors chez GM un système résumé par la formule : « centraliser en décentralisant ». Les responsables de divisions s'engagent, en échange d'une certaine autonomie, à atteindre les objectifs définis avec des moyens spécifiés. Ils doivent chaque mois établir un *reporting* et transmettre une mise à jour de leurs prévisions. Alors que les responsables de divisions sont en charge de la gestion des opérations, la direction de GM se concentre sur les décisions stratégiques (choix d'investissement et allocation de ressources).

L'alignement du système de gestion avec la stratégie est frappant. La délégation de responsabilités permet aux divisions de GM d'adapter leur offre au marché, alors que le principal concurrent, Ford, opte pour la standardisation. Les conséquences sont radicales : alors que les parts de marché de Ford et de GM étaient en 1921 respectivement de 55 % et de 12 %, les positions s'inversent en 1940 à 19 % et 48 %.

Encadré 1.1 – Le contrôle de gestion dans les petites organisations

Comme l'illustre le cas de General Motors, le contrôle de gestion est fondamentalement associé à la grande entreprise et aux délégations de responsabilités induites. Alors qu'un des enjeux majeurs de la gestion des organisations de taille moyenne est la délégation de responsabilités, ce contexte est peu propice au déploiement d'un système de contrôle intégré. Par contre, des outils peuvent être déployés en fonction d'objectifs particuliers, tels que :

- un budget pour faire des prévisions de trésorerie ;
- un tableau de bord pour diriger un centre de responsabilités ;
- un modèle de calcul de coûts pour valider les tarifs ou faire des devis.

Il existe un certain consensus autour de la définition d'Anthony (1988) : « le contrôle de gestion est le processus par lequel les managers influencent d'autres membres de l'organisation afin de mettre en œuvre les stratégies de l'organisation ». Anthony situe le contrôle de gestion à l'interface du contrôle stratégique, dont la mission est d'appuyer le processus de définition de la stratégie, et du contrôle opérationnel, qui définit les conditions d'exécution des tâches.

Bouquin (1996) précise la définition d' Anthony en présentant le contrôle de gestion comme un ensemble de processus qui visent :

1) à orienter le comportement des acteurs ;

2) pour interconnecter la stratégie et le quotidien ;

3) à travers une modélisation des relations entre les ressources et les finalités.

Si les deux premières finalités sont directement liées à la définition d'Anthony, cette présentation offre l'intérêt de mettre l'accent, au travers de la troisième finalité, sur les **moyens mobilisés par le contrôle de gestion**. En effet, ce dernier est fréquemment appréhendé au travers de ses outils ; la modélisation renvoie aux outils tels que les modèles d'évaluation des coûts, les budgets ou les tableaux de bord.

1.2. Du contrôle (de gestion) au pilotage de la performance

Comme l'illustre l'introduction de ce chapitre, avec le cas de la prise de contrôle de WMF par le groupe SEB, il existe une grande diversité de dispositifs de contrôle qui dépassent largement le cadre du contrôle de gestion, comme le système d'information et la formation. Par ailleurs, si le contrôleur de gestion est, naturellement, en charge du contrôle de gestion, il peut être assisté par d'autres fonctions tout en étant en charge de missions connexes. La figure 1.1 résume ces situations.

Figure 1.1 – Le contrôle de gestion, le contrôleur de gestion et le contrôle organisationnel

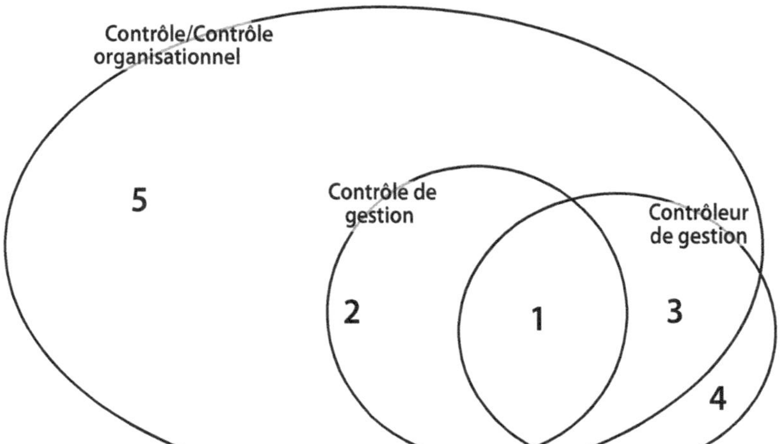

Si le contrôleur de gestion est en charge de développer, de maintenir et d'animer des outils de contrôle de gestion (zone 1), d'autres managers font du contrôle de gestion lorsqu'ils établissent leur budget (zone 2), le contrôleur de gestion ne faisant que la synthèse. C'est aussi le cas du service ressources humaines qui rédige des clauses de rémunération variables fondées sur des indicateurs de performance développés et suivis par le service de contrôle de gestion.

Dans les groupes de taille intermédiaire (ETI dont l'effectif est compris entre 250 et 4 999 salariés), le contrôleur de gestion est de fait en charge du contrôle interne (zone 3) avec, par exemple, la formalisation de procédures propres à son périmètre de responsabilités (c'est-à-dire une usine, une filiale). Il doit, en outre, assurer d'autres missions relevant notamment de la comptabilité (zone 4) en constituant les dossiers d'immobilisation en cours ou en valorisant les stocks. Enfin, comme cela a été souligné, il existe de nombreux autres dispositifs de contrôle (zone 5) tels les systèmes d'information ou le contrôle social qui contribuent à influencer les comportements.

Cette vision plus générale du contrôle, qui dépasse le périmètre de la fonction contrôle de gestion, conduit à s'interroger sur la cohérence du système de contrôle. De plus, elle souligne la diversité des leviers d'action, qui dépasse le seul management de la performance.

1.3. Le management de la performance

Si le contrôle de gestion est parfois réduit au seul pilotage de la performance, il convient de reconnaître que le management de la performance occupe une place centrale dans les missions du contrôleur de gestion. La figure 1.2 illustre le système de management de la performance (*performance management system*) tel que schématisé par Ferreira et Otley (2009).

Figure 1.2 – Le performance management system, d'après Ferreira et Otley (2009)

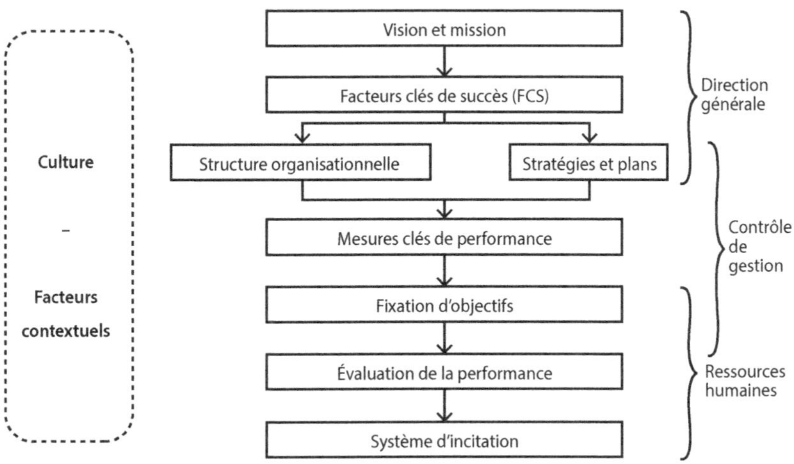

Le processus de management de la performance débute par la clarification de la mission, qui met en ligne les objectifs ultimes de l'organisation avec les valeurs ou les attentes de ses parties prenantes, pour se conclure par l'évaluation de la performance et l'attribution de récompense (système d'incitation). Les acteurs du processus sont multiples.

En amont du processus, la direction de l'organisation joue un rôle moteur, avec l'appui du contrôle de gestion. Celui-ci peut collecter les informations nécessaires à la formalisation des plans opérationnels et diffuser les orientations au travers des lettres de cadrage propres au processus budgétaire. En aval du processus, les interactions avec les ressources humaines sont fortes de sorte à fixer les objectifs, évaluer la performance et animer le système de rétribution. La mesure de la performance apparaît comme une compétence centrale du contrôle de gestion.

Si le management de la performance est ici présenté comme un processus, avec un début et une fin, il s'agit en réalité d'une représentation simplifiée d'un cycle, les évaluations de la performance pouvant donner lieu à une redéfinition des plans, voire à une mise à jour des missions. À titre d'illustration, prenons le cas d'un distributeur qui prend conscience de l'accroissement de la concurrence des opérateurs en ligne et qui développe ce nouveau canal ou envisage une alliance stratégique.

La figure 1.2 ne reprend pas quatre fonctions supports de ce processus, fonctions dédiées au contrôleur de gestion :

- déployer le système d'information visant à soutenir ce processus ;
- dynamiser le système de contrôle en trouvant un équilibre entre contrainte et stimulation ;
- adapter le système de management de la performance au changement ;
- évaluer le système pour apprécier l'opportunité de le faire évoluer.

Ces dernières missions révèlent la richesse des missions confiées à un directeur/responsable de contrôle de gestion.

Encadré 1.2 – Une critique de la métaphore du pilotage de la performance

Burlaud (2012) critique avec une certaine virulence la métaphore du pilotage appliquée au contrôle de gestion.

Le rapprochement des fonctions contrôle de gestion et pilotage sous-entend qu'une organisation est pilotée comme un avion ou une voiture de course. On valorise ainsi le manager, qui serait compétent et expérimenté, tout en légitimant l'exigence d'obéissance. En effet, seul le commandant de bord a accès à l'information (au tableau de bord) et dispose des capacités à l'interpréter. La métaphore recèle cependant une limite importante : le pilote interagit avec une machine, un ensemble d'organes dénués d'intentions.

Si la mesure d'un paramètre physique fournie au pilote peut être fausse (appareil de mesure déréglé), le seul fait de mesurer une performance organisationnelle modifie l'objet de la mesure (manipulation d'indicateurs comptables servant de base à l'attribution d'un bonus). Les passagers, en faisant confiance au pilote, se mettent en état de dépendance. Cependant, le manager mérite-t-il la même confiance ? Alors que la machine réagit aux décisions du pilote, les effets de la décision managériale sont plus incertains. Si le plan de vol matérialise les modalités d'atteinte de l'objectif du pilote, le manager a des incertitudes quant aux objectifs qui lui sont assignés.

Alain Burlaud résume : « le manager peut se prendre pour un pilote, l'organisation ne se prendra pas pour une machine ! »

2. La fonction de contrôleur de gestion

L'objet de cette section est de se focaliser sur le contrôle de gestion, le contrôleur de gestion et son rôle en évoquant la diversité des fonctions, les compétences requises et les trajectoires professionnelles y afférentes. Enfin, le contrôle de gestion étant fréquemment associé à l'audit, nous proposons une comparaison avec les métiers de l'audit, en accordant une place particulière à la question éthique.

2.1. Les types de fonctions

Lambert et Sponem (2009) distinguent quatre types de fonctions contrôle de gestion en mobilisant deux critères : l'autorité de la fonction (faible ou forte) et son client (local ou direction générale).

Figure 1.3 – Les idéaux types des fonctions contrôle de gestion, d'après Lambert et Sponem (2009)

		Client	
		Local	**Direction générale**
Autorité	**Faible**	Discrète	Garde-fou
	Forte	Partenaire	Omnipotente

Les situations décrites sont des types idéaux qui sont donc, par définition, caricaturaux.

2.1.1. Une faible autorité

Les fonctions contrôle de gestion discrètes, prioritairement orientées vers les opérationnels, sont observées dans des organisations dans lesquelles les fonctions marketing et d'innovation produit sont prédominantes. Le contrôle de gestion ne doit pas inhiber l'innovation. Celui-ci étant relativement déconsidéré, les analyses du contrôle de gestion sont ignorées, voire rejetées. Le contrôle exerce finalement un rôle de surveillance limitée des opérations. Il assure en outre un mandat discret de vérification du respect des règles.

La fonction contrôle de gestion garde-fou, plus orientée vers la direction générale, est concomitante à une suprématie des ingénieurs et des commerciaux. Dans ce contexte, les fonctions supports sont déconsidérées. Une place majeure est accordée au respect des budgets avec un rôle central donné à la validation des engagements de dépense ; les relations avec les opérationnels sont médiocres, le contrôleur de gestion est perçu comme un agent de surveillance du siège. Ces fonctions sont occupées de manière transitoire avec, pour effet induit, des méthodologies sommaires. Cette expérience permet d'être sensibilisé aux problématiques économiques, expérience perçue comme utile dans le cadre d'une carrière.

2.1.2. Une autorité forte

Le contrôle de gestion partenaire - ou *business partner* - est orienté prioritairement vers le management local. Une vraie complémentarité s'instaure dans la prise de décision. En effet, bien qu'étant une fonction support, le contrôle de gestion est perçu comme participant à l'action au travers de relations privilégiées avec les opérationnels. La complicité est telle que le contrôleur de gestion peut devenir complice de manipulations (par exemple, anticipation de marge en cas de difficultés ou report de marge vers les périodes futures si la performance est plus élevée qu'attendu) visant à conserver des marges de manœuvre ; le contrôle de gestion risque ainsi d'être confronté à des dilemmes éthiques. Le contrôle de gestion *business partner* est observé dans les organisations dans lesquelles la prise en compte de la question financière dans les opérations est stratégique.

Le contrôle de gestion omnipotent est présent dans les organisations pour lesquelles la focalisation sur les coûts est imposée à l'ensemble de l'organisation. Il existe un puissant réseau de contrôleurs dont les perspectives d'évolution sont grandes ; l'organisation est dirigée par un directeur financier. Ce contrôle est adapté au suivi des activités récurrentes, mais pose de vraies questions dans une perspective plus stratégique et d'innovation. Un management par les chiffres est instauré, le contrôle de gestion est un outil de pouvoir au service de la direction générale.

Le contrôle de gestion de type *business partner* apparaît comme une forme d'idéal à poursuivre. À cet effet, il allie autorité et utilité pour les opérationnels, en gardant une forme d'autonomie par rapport à un management par les chiffres au service de la direction générale. Comme l'illustrent les trois autres types de fonctions contrôle de gestion décrits précédemment, il ne s'agit cependant que d'une modalité d'organisation parmi quatre autres - qui ne sont pas toutes aussi valorisantes pour la fonction. Enfin, le rattachement du service de contrôle de gestion à la direction générale ou à la direction financière a un effet sur les priorités du contrôleur de gestion. Il en est de même de la nature des rattachements hiérarchiques et fonctionnels des contrôleurs de gestion décentralisés, le rattachement hiérarchique devant normalement indiquer le client prioritaire.

2.2. Les compétences du contrôleur de gestion

Les compétences désignent la capacité à mobiliser une variété de ressources dans des situations réelles. Le contrôleur de gestion doit être en mesure de mobiliser des compétences et des connaissances dans de nombreux domaines.

2.2.1. Les compétences relationnelles

Les différentes formes de contrôle de gestion soulignent l'importance de la qualité de la relation entre le contrôleur de gestion et ses interlocuteurs, que ce soient les managers opérationnels ou la hiérarchie. Les capacités à établir un rapport avec son interlocuteur, à l'écouter, à appréhender les différences de points de vue ou à convaincre garantissent un recueil d'informations de qualité. Les informations qualitatives sont notamment susceptibles d'expliquer les écarts de performance, tels que l'absence d'un opérateur, une matière défectueuse ou un incident machine. Le contrôle de gestion doit également faire preuve de pédagogie pour présenter ses analyses (par exemple, différence entre un écart sur volume et un écart sur quantité).

Témoignage 1.1 – Les compétences relationnelles du contrôleur de gestion

Si en tant que contrôleur de gestion je vais voir les opérationnels uniquement quand ils rencontrent des difficultés afin de leur demander des explications, ils ne m'accorderont jamais leur confiance. Il m'a fallu six mois pour le comprendre.

Depuis que j'ai pris mon nouveau poste, la première chose que je fais en arrivant le matin, c'est traverser l'usine pour dire bonjour à tout le monde. On ne peut plus dire que je viens uniquement quand il y a des problèmes !

Mathieu N., contrôleur de gestion opérationnel, biens de consommation courante

Ainsi, le contrôleur joue-t-il un rôle d'interface entre les attentes des dirigeants souvent formalisées en termes d'objectifs financiers et les opérationnels plus préoccupés par les questions propres à leur métier.

2.2.2. La connaissance des outils de contrôle

De nombreuses compétences techniques sont requises, allant de l'évidente maîtrise des outils du contrôle de gestion aux techniques quantitatives. Comme nous le développerons dans les prochains chapitres, il existe une diversité d'outils de contrôle de gestion (par exemple, coûts, budgets, *reportings*, tableaux de bord). Il convient alors d'identifier les solutions les plus appropriées au contexte et d'en adapter le modèle (perspective contingente). La perspective technique doit être complétée par une appréhension des effets induits des outils, tels les contournements d'indicateurs ou les conséquences de l'asymétrie informationnelle sur les négociations budgétaires.

2.2.3. Une culture comptable

Si le contrôle de gestion opérationnel traite majoritairement des indicateurs physiques (par exemple, temps passé, cadences ou consommations), les contrôleurs de gestion centraux sont, eux, confrontés à une majorité de données financières. Cependant, dans un contexte de centralisation des fonctions comptables, le contrôleur de gestion local est confronté à des problématiques comptables au travers de tâches telles que la participation aux clôtures comptables, la valorisation de stocks ou le suivi des dossiers de production d'immobilisations. Au niveau central, la maîtrise des référentiels comptables locaux (par exemple, PCG français, UK GAAP) et internationaux (c'est-à-dire IFRS, voire US GAAP) est indispensable. À titre d'exemple, une notion aussi fondamentale que le chiffre d'affaires n'est pas déterminée de la même manière en normes françaises, normes utilisées par des entités locales, et en normes

IFRS, référentiel applicable pour établir les comptes de groupes et vecteur principal de communication avec les investisseurs.

2.2.4. Une culture financière

Une robuste culture financière permet d'orienter les choix d'investissement en mobilisant les divers critères d'évaluation : par exemple, valeur actuelle nette (VAN), délai de récupération, ou *payback*, taux interne de rentabilité (TIR). Elle permet, en outre, d'appréhender les conséquences des décisions opérationnelles sur les agrégats financiers : par exemple, résultat opérationnel/non opérationnel, besoin en fonds de roulement (BFR), trésorerie, rentabilités économique et financière.

2.2.5. Une culture de contrôle interne

À l'exception des grandes organisations qui disposent de leur service de contrôle interne, le contrôleur de gestion est sollicité pour pallier cette absence. Il formalise les procédures, participe à l'évaluation des risques ou encore met en place des contrôles - ici, dans le sens de vérifications.

Définition – Le contrôle interne de l'IFACI (Institut français de l'audit et du contrôle internes)

Le contrôle interne est un processus mis en œuvre par le conseil, le management et les collaborateurs d'une entité, destiné à fournir une assurance raisonnable quant à la réalisation d'objectifs liés aux opérations, au *reporting* et à la conformité.

2.2.6. Une sensibilisation aux systèmes d'information

Le contrôleur de gestion produit de l'information à destination des managers opérationnels et de la hiérarchie ; à cette fin, il mobilise les systèmes d'information de l'organisation qu'il alimente également en données. Cette place centrale fait que le contrôleur de gestion est systématiquement intégré aux groupes de projet en charge du déploiement de nouveaux systèmes d'information, qu'il s'agisse de solutions transactionnelles (traitement des opérations) ou décisionnelles (aide à la décision). Il doit aussi être en mesure de développer des requêtes pour automatiser ses traitements.

2.2.7. Une maîtrise des outils statistiques

Avec le développement des systèmes d'information intégrés, des capacités de stockage et de traitement associées, il est fréquent de relever l'accroissement considérable du volume de données disponibles. Des compétences permettant de représenter et d'analyser ces données pour en extraire des connaissances et des bonnes pratiques sont aujourd'hui relativement rares et très recherchées. Pour un opérateur téléphonique, comment analyser pour ses quelques millions de clients les milliers de variables disponibles sur des périodes longues ? En faisant un parallèle avec le métier de *data analyst*, on appelle parfois *business analyst* le contrôleur de gestion en charge de telles missions.

Illustration 1.1 – Contrôle de gestion et big data

De nombreux équipements disposent aujourd'hui de capteurs mesurant, selon des fréquences régulières, quantité de paramètres (par exemple, pression, vitesse, température ou viscosité). Le déploiement de solutions d'agrégation et d'analyse de ces données permet d'identifier des règles visant à améliorer la performance. La société Braincube a développé une telle solution. Elle propose l'illustration suivante.

Quand on fait un gâteau au chocolat, on s'en tient toujours à la même recette avec les mêmes ingrédients, le même moule et le même four. Pourtant, il arrive que le gâteau soit plus ou moins réussi. Quelles en sont les raisons : ordre des ingrédients, temps de mélange, température du four, cuillère en bois, en métal ?

L'intelligence artificielle se nourrit de toutes les données de fabrication, même les plus subtiles, les plus invisibles. Elle est alors en mesure de déterminer les éléments requis afin de réussir assurément le gâteau.

De même, dans un processus de fabrication de pâte à papier, il est apparu que la réduction du temps de stockage intermédiaire diminuait le taux de casse du papier dans la suite du processus. La mesure a été mise en œuvre, sans en comprendre les raisons, et le taux de casse du papier a été très fortement réduit. Par curiosité, une étude a été menée pour comprendre le phénomène à l'œuvre ; il s'est avéré que si le temps de stockage intermédiaire dépassait quelques heures, le développement d'une bactérie fragilisait le papier.

2.3. Trajectoires professionnelles

Dans le cas de l'audit légal, la plupart des associés ont débuté comme auditeur junior puis senior, avant d'être promus chef de mission et de se voir proposer une association ou prise de participation dans le cabinet. Pour le contrôle de gestion, les carrières sont plus diverses, même s'il convient de distinguer celles dédiées au contrôle de gestion de celles où il ne constitue qu'une étape.

2.3.1. Les carrières en contrôle de gestion

Les formations menant spécifiquement aux carrières en contrôle de gestion sont variées :

- les diplômes universitaires de technologie (DUT) en gestion des entreprises et des administrations (GEA), option gestion comptable et financière ;
- les masters comptabilité contrôle audit (CCA) ou contrôle de gestion et audit organisationnel (CGAO) ;
- les options/majeures d'écoles de management en contrôle/audit ou en finance d'entreprise.

Le premier poste tenu est souvent celui d'assistant de gestion. Il constitue un tremplin vers ceux de contrôleur de gestion junior, senior puis directeur du contrôle de gestion, voire vers une direction financière. Des comptables ou des chefs comptables qui souhaitent produire de l'information à plus forte valeur ajoutée pour l'organisation peuvent aussi évoluer vers ce type de carrière tout comme des auditeurs légaux qui, après une expérience en cabinet, souhaitent exercer dans un environnement plus stable.

2.3.2. Le contrôle de gestion comme passage obligé ou tremplin

Pour les ingénieurs, par exemple, accepter un poste de contrôleur de gestion constitue fréquemment un moyen d'évoluer vers des fonctions de management en s'initiant aux problématiques financières. Après avoir été en charge de problématiques techniques, un ingénieur doté d'une expérience en contrôle de gestion renforce sa légitimité avant d'occuper un poste de responsable d'unité.

Il existe également des spécificités sectorielles, des contextes dans lesquels les activités sont si complexes que seul un ingénieur est en mesure de les appréhender, comme dans le cas d'une raffinerie de pétrole. Dans la grande distribution, l'organisation est très pyramidale. Une des seules perspectives d'évolution pour un chef de rayon est de devenir chef de secteur ; un poste de contrôleur de gestion opérationnel peut constituer une alternative.

Notons que les liens entre les ingénieurs et le contrôle de gestion sont forts. De nombreux promoteurs d'outils sont ingénieurs (Bouquin, 2005), tels que le polytechnicien Émile Rimailho, qui a développé la méthode des centres d'analyse, le centralien Georges Perrin, qui est à l'origine de la méthode UVA (unités de valeur ajoutée), ou Robert Kaplan, ingénieur du MIT (Massachusetts Institute of Technology) et promoteur des méthodes ABC (*Activity-Based Costing*) et TDABC (*Time-Driven* ABC). Ces techniques seront exposées dans le chapitre 4.

2.4. Contrôle de gestion et audit

Le contrôle étant associé à la vérification, il existe une certaine cohérence à rapprocher contrôle de gestion et audit. Dans le langage commun, l'audit fait principalement référence à l'audit légal, le commissariat aux comptes, dont la mission principale est la certification des comptes annuels. Les principaux acteurs du marché sont aujourd'hui appelés Big Four : Deloitte, EY, KPMG et PwC.

Figure 1.4 – Typologie des formes d'audit

Audit externe	Légal (commissariat aux comptes)
	Contractuel (par exemple, de qualité, stratégique)
Audit interne	

L'audit légal est une forme d'audit externe au même titre que l'audit contractuel. Des auditeurs sont parfois missionnés pour renforcer l'expertise interne ou apporter un regard complémentaire. Il existe des intervenants spécialisés, tels SGS dans le domaine de la qualité ou BCG dans le domaine stratégique. Enfin, rattaché à la direction générale, l'audit interne entretient une relation étroite avec le comité d'audit en lui apportant une assurance sur l'efficacité des systèmes de gestion des risques et de contrôle interne.

Encadré 1.3 – Le contrôle interne

Le contrôle interne est un processus mis en œuvre par le conseil, le management et les collaborateurs d'une entité, destiné à fournir une assurance raisonnable quant à la réalisation d'objectifs liés aux opérations, au *reporting* et à la conformité (Coso, 2014).
L'audit interne évalue donc le contrôle interne, mais de manière périodique. Ainsi, le contrôle interne est-il aussi appelé contrôle permanent par opposition à l'audit interne qui est un contrôle périodique.
Cette distinction entre l'audit et le contrôle interne n'est effective que dans les très grandes organisations ou dans certains secteurs d'activité, tels les secteurs de la banque et de l'assurance.

Dans la suite de cette section, nous ferons essentiellement référence à l'audit interne. Les points de convergence et de divergence avec le contrôle de gestion seront successivement passés en revue avant d'aborder la question de l'éthique dans ces deux fonctions.

2.4.1. Des points de convergence

Lorsque la question de la formation du contrôleur de gestion a été évoquée, les intitulés des cursus évoqués associent fréquemment audit et contrôle de gestion. Cela révèle des compétences requises proches dans les domaines relationnels, comptables et des systèmes d'information notamment.

Dans les organisations de taille moyenne, le contrôleur de gestion est associé au contrôle interne. Il met en place des procédures de manière à fiabiliser ses données ; ses compétences sont également mobilisées pour des domaines qui n'ont pas de lien direct avec ses travaux (gestion des stocks, approvisionnements). Pour reprendre la terminologie employée précédemment (voir encadré 1.3), nous dirons que le contrôleur de gestion est fréquemment impliqué dans les dispositifs de contrôle permanent. En ce qui concerne le contrôle périodique (associé à l'audit interne), le contrôleur de gestion ne pouvant pas être indépendant, il lui est impossible de remplacer un auditeur. C'est la raison pour laquelle de nombreuses entreprises de taille moyenne externalisent leur audit interne.

D'un point de vue purement théorique, il est délicat de dissocier la performance du risque. En effet, un même niveau de performance est apprécié différemment selon le risque pris. De plus, la multiplication des contrôles - de gestion, de qualité ou internes - induit des lourdeurs et un rejet des managers opérationnels. Dans ce contexte, certaines organisations créent un système intégré de management de la performance et du risque.

Ces proximités expliquent l'évolution professionnelle de nombreux auditeurs légaux juniors vers des fonctions de contrôleur de gestion.

2.4.2. Les différences

Alors que le contrôleur de gestion est soumis à un réseau complexe de responsabilités hiérarchiques et fonctionnelles assurées par les directions locales et du contrôle de gestion, la situation de l'audit interne est beaucoup plus limpide puisqu'il ne dépend que de la direction générale.

Les périmètres d'intervention diffèrent également. Alors qu'un contrôleur de gestion junior intervient dans une entité (usine, filiale, direction commerciale), un auditeur junior peut être affecté à des missions se déroulant dans l'ensemble de l'organisation, c'est-à-dire dans le monde entier pour une multinationale.

Figure 1.5 – Position dans l'organisation des contrôleurs de gestion et des auditeurs internes

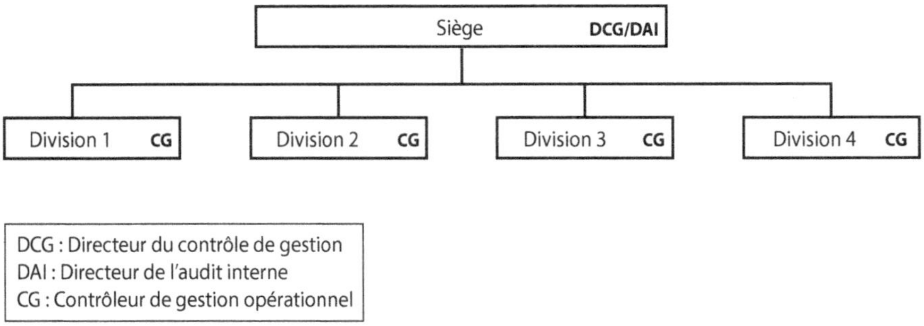

Le périmètre d'intervention a un effet direct sur la permanence de la mission. Il est courant d'affirmer que le contrôle de gestion assure un suivi dans le temps des actions alors que l'audit est ponctuel. Néanmoins, les auditeurs arguent de la permanence de leur mission, qui se traduit par exemple par le suivi des recommandations.

Témoignage 1.2 – Le suivi des recommandations de l'auditeur

Afin d'améliorer la perception de l'audit [interne] au sein du groupe, nous insistons énormément sur le suivi des recommandations. C'est un moyen de valoriser nos missions.

Il faut cependant reconnaître que nous n'y passons pas assez de temps. Je viens de finir le rapport d'activité annuel de l'équipe ; il s'avère que nous n'y avons passé que 2 % de notre temps l'année dernière.

Yannick S., directeur adjoint de l'audit interne, compagnie d'assurance

Le contrôle de gestion est encore associé au périmètre d'intervention. C'est pourquoi différentes formes de lassitude s'instaurent selon les fonctions :

- Le contrôleur de gestion est toujours confronté au même périmètre avec une certaine répétitivité des analyses menées.
- L'auditeur interne doit faire face à une succession de missions d'une à deux semaines, avec de très nombreux déplacements qui entraînent une autre forme de lassitude.

La question de l'éthique constitue un autre point de divergence entre l'audit interne et le contrôle de gestion.

2.4.3. L'éthique dans les métiers du chiffre et le contrôle de gestion

Dans le type idéal de contrôle de gestion *business partner*, il existe un risque de manipulation des comptes favorisé par la proximité entre le manager opérationnel et son contrôleur de gestion.

Les codes éthiques ou déontologiques sont inhérents aux professions réglementées du chiffre : commissaires aux comptes et experts-comptables. Il convient de relever que ces professions disposent d'une indépendance (acceptation ou non de la mission ou du mandat) qui leur donne plus de faculté d'exercer leur libre arbitre.

Cependant, des fonctions - par opposition aux professions - disposent aussi de leurs propres codes comme les ingénieurs ou les auditeurs internes. La charte d'éthique de l'ingénieur l'oblige, par exemple, à prendre en compte toutes les contraintes que lui imposent ses missions. Il doit respecter particulièrement celles qui relèvent de la santé, de la sécurité et de l'environnement. Pour les fonctions d'auditeur et de contrôleur internes, l'IFACI a repris le code déontologique de l'IIA (*Institute of Internal Auditors*) qui s'articule autour de quatre règles de conduite : intégrité, objectivité, confidentialité et compétence.

En ce qui concerne le contrôle de gestion, la question de l'éthique est plus rarement abordée. Le CIMA (*Chartered Institute of Management Accountant*), organisme britannique fédérant les contrôleurs de gestion, dispose d'un code éthique et propose de nombreuses formations. Merchant et Van der Stede (2007) illustrent l'importance des questions éthiques dans le domaine du contrôle par quatre situations :

- la constitution de matelas budgétaires (demander des moyens excédant les besoins) ;
- la gestion des résultats (anticiper ou reporter des produits ou des charges) ;
- les effets induits par des indicateurs inappropriés (par exemple, une prime fondée sur la baisse du nombre de réclamations clients conduit à traiter moins de réclamations, ce qui dégrade l'image de l'entreprise) ;
- les utilisations inappropriées des technologies de contrôle telle la multiplication des capteurs.

Pour chacune de ces situations, ces auteurs proposent des questions afin de déterminer la conduite à tenir. Notons qu'ils mettent résolument de côté les interrogations sur les fondements du contrôle de gestion qui poussent (*empowerment*) les managers à prendre des décisions dans la seule perspective économique.

Le courant de l'éthique des affaires fournit un premier cadre de réflexion. Ainsi, le NBES (*National Business Ethics Survey*) identifie-t-il six outils principaux :

- le code de conduite formalisé ;
- des formations ;
- des mécanismes d'information et de conseil ;
- un outil de révélation anonyme des fraudes (très anglo-saxon) ;
- la sanction des employés qui ne respectent pas les normes ;
- une évaluation des salariés incluant la dimension éthique.

Le peu de place accordée aux questions éthiques dans le contrôle de gestion, au moins en France, révèle une certaine jeunesse de la discipline.

3. Un modèle discuté ou le contrôle de gestion critiqué

Alors que le contrôle de gestion et les techniques associées n'ont pas encore été décrits, il peut sembler surprenant d'évoquer dès à présent les critiques du modèle. L'objectif est de prendre dès le départ du recul par rapport aux techniques présentées, plutôt que de les exposer de manière naïve en expliquant ensuite qu'elles fonctionnent mal. Cela permet également d'accorder une attention particulière à ces déviances de sorte à les dépasser.

Après avoir développé les dérives du modèle traditionnel, nous exposons la nécessité d'une perspective contingente. Ensuite, la complexité de la relation stratégie/contrôle sera discutée ; il apparaît qu'un contrôle efficace n'est pas seulement contraignant, mais qu'il constitue un équilibre entre contrainte et stimulation. Pour conclure, nous présenterons un courant de réflexion proposant une vision singulière sur les pratiques managériales en général, mais également sur le contrôle, le courant critique.

3.1. Les déviances du modèle traditionnel

Bouquin (1996) définit tout d'abord le contrôle de gestion comme un ensemble de processus qui visent à orienter le comportement (A) des **A**cteurs pour (I) **I**nterconnecter la stratégie et le quotidien à travers (M) une **M**odélisation des relations entre les ressources et les finalités. En outre, il met en exergue différentes formes de déviance, des situations dans lesquelles certaines des finalités - voire toutes - ne seraient pas remplies. Elles sont décrites dans le tableau 1.1.

Tableau 1.1 – Les déviances du modèle traditionnel de contrôle

Type de contrôle	A	M	I
1. Contrôle de gestion « idéal »	x	x	x
2. Modèle déviant du contrôle de gestion classique (hypertrophie de la comptabilité)	x	x	
3. Comptabilité stratégique à vocation technocratique		x	x
4. *Soft management*	x		x
5. Contrôle idéologique	x		
6. Dimension calculatoire du contrôle de gestion		x	
7. Contrôle stratégique			x
8. Le contrôleur de gestion exerce une autre fonction			

La place accordée aux outils est telle que nous évoquerons principalement les situations dans lesquelles le contrôleur de gestion développe des modélisations (M), c'est-à-dire, outre le contrôle de gestion idéal (1), les contrôles de type 2, 3 et 6.

Le type 2 correspond à la déviance la plus fréquemment rencontrée, un contrôle de gestion dont les outils contribuent à orienter les comportements sans toutefois prendre en considération la question stratégique.

Le type 3 est un contrôle de gestion uniquement orienté vers la prise de décision stratégique. Si les outils conventionnels ne sont pas utilisés pour assurer la délégation des responsabilités, il est possible d'imaginer un recours massif aux règles. La légitimité de ce contrôle est son soutien à la stratégie ; c'est un outil d'expertise permettant par exemple de gérer le portefeuille de produits/services (abandons, développements, lancements) de clients ou de fiabiliser les décisions d'investissement.

Enfin, le contrôle 6 modélise indépendamment de la stratégie et des acteurs. Notons le cas particulier du *soft management* (4), le contrôleur influençant les comportements pour mettre en œuvre la stratégie sans mobiliser les approches conventionnelles.

Témoignage 1.3 – Le contrôle de gestion m'a tué

Jean-Pierre M. nous reçoit dans son bureau. Il nous montre avec fierté les photos de ses clientes et la dernière édition de son catalogue avant de lancer : « Le contrôle de gestion m'a tué. »

Il a dirigé la filiale de la maison mère dans un grand pays européen et a vu son groupe péricliter. Il se souvient du temps où sa douche matinale était accompagnée d'une publicité de son groupe ; chaque matin, ses clients pensaient à son entreprise. Pour des raisons d'économie, cette politique de communication a été abandonnée. De même, la taille de son catalogue papier a été réduite (non pas le nombre de pages mais le format, ce qui implique un même volume d'informations sur un espace condensé) ; des clients lui ont demandé si son entreprise faisait faillite.

Il revit aujourd'hui la même situation dans la start-up, créée au sein du groupe, dont il assure la direction générale. Il a développé un catalogue moyen, haut de gamme – il propose la robe que la cliente portera lorsqu'elle sera invitée à la table du capitaine –, avec un catalogue (papier épais et glacé, des photos en extérieur). Sa vision et son ambition pour son catalogue sont clairement définies.

Il rencontre cependant d'importantes tensions avec les contrôleurs de gestion du groupe. Les propositions formulées sont :

- *offrir davantage de cadeaux aux clientes ;*
- *proposer plus de réductions ;*
- *faire les photos en studio ;*
- *présenter plus d'articles par page.*

En bref, il ne s'agit que d'actions qui dégradent l'image de l'entreprise. Les contrôleurs de gestion n'ont-ils pas tout simplement oublié la stratégie de l'entreprise ?

Jean-Pierre M., directeur général, distribution non alimentaire

3.2. L'approche contingente de William Ouchi

Selon l'approche contingente, il n'existerait pas une solution idéale ; celle-ci devrait être adaptée au contexte. Ouchi (1979) tente de répondre aux questions suivantes : quels sont les mécanismes qui permettent à une organisation d'atteindre ses objectifs ? Comment ces systèmes peuvent-ils être améliorés ? Quelles sont leurs limites ? Les mécanismes de contrôle recommandés dépendent des contextes, réfutant ainsi l'idée d'un système idéal.

Deux paramètres sont croisés : la connaissance du processus de production et la capacité à mesurer la performance. Pour ces deux paramètres, on distingue deux états (fort et faible) qui permettent la construction d'une matrice à quatre cases :

Figure 1.6 – Les éléments explicatifs de l'utilisation des systèmes de contrôle par les comportements et par les résultats, d'après Ouchi (1979)

		Connaissance du processus de transformation	
		Parfaite	**Imparfaite**
Capacité à mesurer la production	**Forte**	Contrôle par la production ou par le comportement (programme Apollo)	Contrôle par la production (boutique)
	Faible	Contrôle par le comportement (usine de boîtes de conserve)	Contrôle par le « clan » (laboratoire de recherche)

Les exemples cités entre parenthèses sont ceux proposés par l'auteur. En vue de contrôler une organisation, les leviers mobilisables sont limités aux résultats ou aux comportements des employés. Lorsque la technologie est parfaitement maîtrisée, il est possible de contrôler à partir des comportements. S'ils sont conformes aux recommandations, les résultats obtenus seront également conformes aux prévisions. La spécification de règles de comportement et de production entraîne la mise en place de ce que l'auteur appelle un mécanisme de contrôle bureaucratique ou contrôle par le comportement.

Pour contrôler l'activité d'une boutique, il est impossible d'envisager la rédaction de règles qui assureraient un succès certain aux vendeurs. En revanche, le suivi des marges par vendeuses et celui de la rotation du stock permettent de surveiller efficacement l'activité ; il s'agit d'un contrôle par la production. Il s'agit aussi d'un système bureaucratique dans lequel le supérieur hiérarchique suit les différents indicateurs pour chaque vendeuse et use de son autorité pour corriger les écarts. Ce contrôle par la production est aussi appelé contrôle par le marché ou par les résultats.

Le cas du programme Apollo (lancé en 1961 par la NASA avec pour objectif d'envoyer des hommes sur la Lune) est particulier puisque le résultat est mesurable (succès ou échec de l'opération) et que le *process* est parfaitement connu. Il y a donc un choix entre le contrôle par les comportements ou par les résultats. Cependant, le coût d'un échec serait si élevé qu'il est préférable d'opter pour un contrôle par le comportement, ce qui se traduit par des centaines de contrôleurs au sol qui suivent l'opération pas à pas.

Le suivi d'une activité de recherche ne peut être assuré par les deux techniques exposées précédemment ; une suite de règles aboutissant à la création d'un nouveau produit ne peut être établie rigoureusement et la mesure par les résultats n'est pas pertinente puisque les « résultats définitifs » d'une découverte ne pourront être tirés qu'après de nombreuses années. Le clan proposé par Ouchi n'est pas une forme rationnelle de contrôle, mais un contrôle qui repose sur des rites et des coutumes. Une telle démarche est préconisée pour des organismes tels les hôpitaux, les écoles, les banques d'affaires... Néanmoins, le contrôle par le clan nécessite une très grande stabilité des effectifs. Ce contrôle est aussi appelé contrôle par les valeurs ou par la culture.

Aucun de ces systèmes n'est exclusif. Ainsi, n'existe-t-il pas de marché pur, de bureaucratie pure ou de clan pur, chaque organisation mettant l'accent sur une de ces dimensions. Toutefois, d'autres formes de contrôle ont été mises en exergue. Notons que le contrôle par le clan est un contrôle par les comportements particulier car informel.

3.3. La relation stratégie/contrôle

Le rôle du contrôle de gestion a évolué depuis la seule diffusion de la stratégie (section 3.3.1) vers une contribution à sa formulation (section 3.3.2).

3.3.1. Du déploiement de la stratégie...

La définition d'Anthony renvoie à une vision particulière de la stratégie. Celle-ci semble prédéfinie, le contrôle de gestion devant ensuite la diffuser. L'expression de stratégie délibérée est parfois employée pour désigner ces stratégies associées aux outils d'analyse stratégique qui doivent conduire à la définition d'un positionnement. À titre d'exemples, citons les six forces de Porter, l'analyse PESTEL (politique, économique, sociologique, technologique, écologique et légale) ou SWOT (*Strengths, Weaknesses, Opportunities and Threats*, c'est-à-dire forces, faiblesses, menaces et opportunités) ou encore les matrices BCG. La critique de cette vision a atteint son apogée avec l'ouvrage *Grandeur et Décadence de la planification stratégique* de Henry Mintzberg. Une vision plus souple de la stratégie est défendue avec la mise en évidence de stratégies émergentes, ensemble cohérent d'actions mis en œuvre en réaction à des situations non anticipées. L'intérêt de la planification n'est, en réalité, pas mis en cause. Il est toutefois indispensable, afin de s'adapter aux évolutions de l'environnement, de laisser une place aux stratégies émergentes.

Figure 1.7 – L'ambivalence de la relation stratégie/contrôle

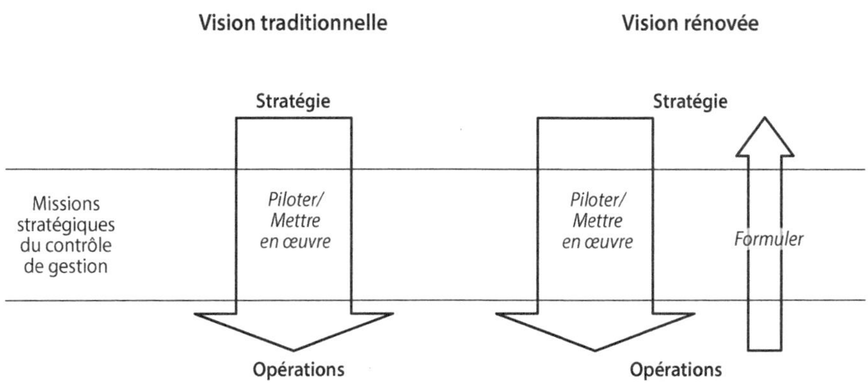

Dans ce contexte, une vision plus moderne du contrôle de gestion lui accorde un rôle non seulement dans la diffusion de la stratégie (délibérée), mais également dans l'identification de nouvelles opportunités (stratégies émergentes).

Encadré 1.4 – Le contrôle de gestion dans le processus de planification stratégique

Comme beaucoup de fonctions, celle de contrôleur de gestion comprend des missions annexes. Ainsi, ce dernier est-il fréquemment sollicité dans le cadre du processus de planification stratégique.

Pour les entreprises dont l'exercice fiscal correspond à l'année civile, le second semestre est dédié au processus budgétaire (voir présentation détaillée dans le chapitre 7). Le contrôleur de gestion organise la collecte d'information auprès de l'ensemble des managers et s'assure de leur cohérence. Cela se concrétise, outre la validation des objectifs individuels, par l'établissement d'états financiers prévisionnels.

Au cours du premier semestre, le contrôleur de gestion peut également être sollicité afin de formaliser le plan stratégique principalement en contribuant à la collecte d'informations auprès des managers. On peut ainsi s'assurer de la cohérence des actions des différentes unités, de même que du réalisme des objectifs annoncés aux investisseurs.

Les principales différences entre les deux processus sont :

- un horizon temporel plus long (plusieurs années au lieu de l'exercice fiscal) ;
- des axes d'analyse différents (métiers au lieu des centres de responsabilité) ;
- la prépondérance de la stratégie sur les budgets.

3.3.2. … à une contribution à sa formulation

Cette mission de formulation de la stratégie par le contrôle de gestion moderne est formalisée par Simons (1994), qui considère que les systèmes de contrôle doivent être non seulement contraignants mais également stimulants. Le contrôleur de gestion doit trouver un équilibre entre ces deux catégories d'outils.

Simons identifie quatre leviers de contrôle, aucun ne pouvant être négligé. Les finalités de ces leviers sont décrites brièvement :

- Les « **systèmes de croyances** » inspirent et dirigent la recherche de nouvelles opportunités.
- Les « **systèmes de barrières** » limitent le domaine de recherche d'opportunités.
- Les « **systèmes de diagnostic/contrôle** » sont utilisés pour motiver, suivre et récompenser l'atteinte des objectifs.
- Les « **systèmes de contrôle interactifs** » stimulent l'apprentissage organisationnel ainsi que l'émergence de nouvelles idées et de nouvelles stratégies.

Pour mieux percevoir les apports de cette proposition, il est possible de classer ces leviers de contrôle selon deux critères : les niveaux de contrôle d'Anthony (1988) [contrôle stratégique, de gestion et opérationnel] ; la distinction entre système de contrôle stimulant et contraignant.

Figure 1.8 – Les leviers de contrôle, adapté de Simons (1994)

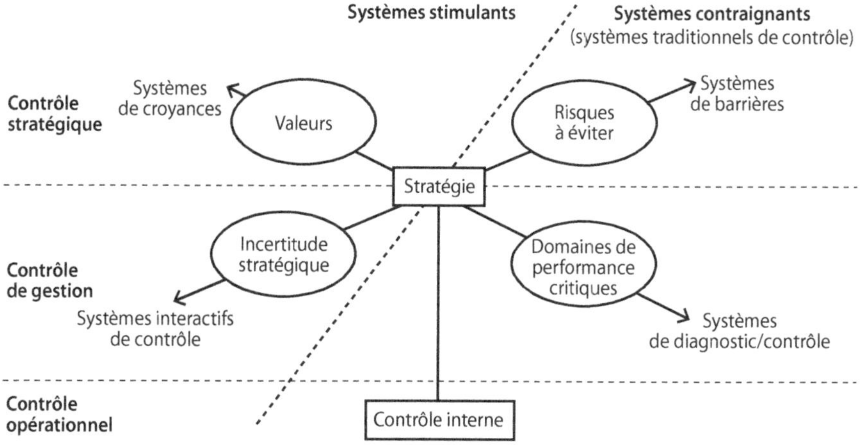

Les systèmes de diagnostic et de contrôle correspondent aux outils le plus souvent considérés comme des outils de contrôle de gestion. Selon Simons, l'un d'entre eux doit occuper une place centrale dans le système de contrôle ; il doit jouer le rôle de signal devant amorcer le dialogue et le débat, les conclusions de ce débat devant être transmises à l'ensemble de l'organisation. C'est ce que Robert Simons appelle le système interactif de contrôle.

En choisissant d'utiliser de manière interactive un système de contrôle, les dirigeants signifient leurs préférences pour la recherche de solutions nouvelles, la validation des décisions importantes et le maintien d'une surveillance à travers toute l'organisation. Tous les décideurs des niveaux intermédiaires sont engagés dans le dialogue. Grâce au dialogue, au débat et à l'apprentissage que permet le système interactif, de nouvelles stratégies émergent. L'attention est focalisée sur le système interactif, tous les autres systèmes étant utilisés à des fins de diagnostic.

Ainsi, si l'organisation dispose de n systèmes de contrôle (systèmes de planification, d'évaluation des coûts, de suivi des ressources humaines...), un seul sera utilisé de manière interactive et $(n - 1)$ à des fins de diagnostic. Exceptionnellement, en période de crise, on peut recourir à plusieurs systèmes de manière interactive, ce qui peut devenir risqué à moyen terme en paralysant le dialogue et le débat.

Le courant critique représente une mise en cause plus radicale que les déviances du modèle traditionnel, la perspective contingente ou la nouvelle mission donnée au contrôle dans la facilitation de la remontée de nouvelles opportunités.

3.4. Un courant de recherche critique

Les approches critiques du contrôle de gestion conduisent à s'interroger sur la rationalité, la neutralité et l'objectivité de ces dispositifs. Selon une perspective restrictive, il s'agit de travaux marxistes, néomarxistes ou foucaldiens qui mobilisent les notions de pouvoir et d'intérêt afin d'analyser les mécanismes de contrôle dans l'opposition entre les travailleurs et le management. Selon une perspective plus large, la sociologie institutionnelle, la théorie marxiste et les écrits de Michel Foucault sont également mobilisés pour mettre en cause les hypothèses fondant le modèle dominant de contrôle (Morales et Sponem, 2009). Quatre grandes catégories d'hypothèses fonderaient le modèle dominant, hypothèses relatives :

- Aux buts de l'organisation avec, par exemple, la maximisation du profit ou l'additivité des objectifs - ce qui est bon pour les parties est bon pour l'ensemble.
- Aux comportements des salariés pour qui les forces économiques constitueraient la première motivation.
- Aux comportements des managers dont le rôle serait la maximisation du profit de l'entreprise ou le fait d'accorder une place centrale à la définition des rémunérations.
- Aux rôles de la comptabilité de gestion dont les finalités principales seraient d'aider les managers à maximiser le profit et d'assigner les objectifs aux managers opérationnels en divisant ces objectifs.

L'exemple de l'*Economic Value Added* (EVA) illustre les enjeux d'un indicateur de performance (voir encadré 1.5).

Encadré 1.5 – L'enjeu de l'EVA comme indicateur de performance

La création de valeur est un objectif assigné à de nombreux managers. Si le concept est abstrait pour le néophyte, il est néanmoins parfaitement mesurable. De nombreux groupes ont initié leurs managers à la création de valeur et à son emblématique équation :

$$EVA = (ROCE - WACC) \times CE$$

avec :

- EVA (*Economic Value Added*) ou résultat résiduel pour sa version académique ;
- ROCE (*Return On Capital Employed*), la rentabilité économique ;
- WACC (*Weighted Average Cost of Capital*), le coût moyen pondéré du capital ;
- CE (*Capital Employed*), les capitaux engagés, à savoir la somme de l'actif net et du besoin en fonds de roulement (BFR).

Pour simplifier l'exemple, prenons le cas d'une entreprise dont l'endettement et la trésorerie sont nuls (dans ce cas, l'actif engagé est égal aux capitaux propres et la rentabilité économique à la rentabilité financière – pas d'effet de levier). Si cette entreprise dégage un résultat net de 120 avec 1 000 de capitaux propres, sa rentabilité financière est de 120 / 1 000, soit 12 %.

Afin de déterminer le résultat résiduel, il est nécessaire de prendre en compte une information supplémentaire : la rentabilité attendue par l'actionnaire (l'endettement étant nul, le WACC est égal à cette rentabilité attendue). Si l'on fait l'hypothèse que celle-ci est de 15 %, la création de valeur est de :

$$120 - 1\,000 \times 0{,}15 = (30)$$

Cela signifie que les managers détruisent de la valeur ; il est vrai que l'objectif de 15 % n'est pas atteint. Il convient de noter que si le résultat avait été de 150, le résultat résiduel aurait alors été de 0. Autrement dit, les managers ne créent pas de valeur alors qu'un objectif ambitieux est quasiment atteint.

Il faut donc bien comprendre les enjeux de l'indicateur de résultat résiduel : le management ne crée de la valeur que s'il fait plus que ce qui est attendu de lui... L'objet des formations à cet indicateur vise à sensibiliser aux différents leviers d'action visant à l'améliorer.

L'EVA illustre la puissance d'un outil pour exercer le pouvoir sur une organisation.

Ce courant de réflexion est vivace avec des revues dédiées, telle *Critical Perspectives on Accounting*, ou occupe une place significative dans d'autres, telle *Accounting, Organizations and Society*. Il s'agit néanmoins d'un courant qui laisse circonspect le manager car, bien qu'offrant un regard différent et critique sur les dispositifs, il n'a délibérément, ontologiquement, pas de visée prescriptive.

Résumé

Ce chapitre vise un double objectif : mieux délimiter les contours de la fonction de contrôle de gestion tout en soulignant la diversité des leviers de contrôle. En effet, alors que le contrôle par les résultats, le pilotage de la performance, présente des faiblesses, il existe de nombreux autres leviers qui peuvent s'avérer plus efficaces.

La perspective académique dépasse les problématiques du contrôleur de gestion. Elle se rapproche cependant des préoccupations des dirigeants avec la volonté d'orienter les comportements pour mettre en œuvre la stratégie.

Dans les faits, le contrôle de gestion est limité au pilotage de la performance. C'est ce qui sera développé dans les trois parties de ce manuel :

- Partie I : la comptabilité de gestion ;
- Partie II : le processus budgétaire ;
- Partie III : spécificités sectorielles et fonctionnelles.

Application : Le contrôle d'une force de vente itinérante

Vous êtes chef des ventes d'une ETI régionale. Votre équipe est constituée de 12 vendeurs itinérants. Vous vous interrogez sur la manière d'animer et de contrôler cette équipe que vous voyez très peu. En effet, un bon vendeur n'est pas au bureau mais chez le client.

Conservant un vague souvenir de vos cours à la Sorbonne *Business School*, vous vous souvenez des deux formes extrêmes de contrôle que sont les contrôles par les résultats et par les comportements. Afin de faire évoluer votre système de contrôle, vous vous posez les questions suivantes.

Question 1 : En quoi consisterait un contrôle par les résultats de votre force de vente ?

Question 2 : Quelles sont les forces et les faiblesses d'un tel contrôle par les résultats ?

Question 3 : Comment pourriez-vous contrôler votre force de vente par les comportements ?

Question 4 : Quelles sont les forces et les faiblesses de ce contrôle par les comportements ? Vous remarquerez que les forces du contrôle par les résultats constituent les faiblesses du contrôle par les comportements, et réciproquement.

Question 5 : Quelles sont les caractéristiques des entreprises qui privilégient : (1) le contrôle par les résultats ; (2) le contrôle par les comportements ?

Et dans mon entreprise

Le contrôle dans mon organisation

Dans votre poste de travail actuel :

- Quels sont les mécanismes de contrôle mis en œuvre ?
- Comment êtes-vous contrôlé ?
- Comment contrôlez-vous votre équipe ?

Mise en œuvre de la grille AMI d'Henri Bouquin

Appliquez la grille de Bouquin afin d'évaluer le service de contrôle de gestion de votre organisation : (A) orientation des acteurs ; (M) modélisation ; (I) interconnecter la stratégie et le quotidien.

La proposition est schématique en se demandant si la finalité est remplie. La réalité est plus subtile. Évaluez chaque dimension au moyen d'une note sur 20 et identifiez les axes d'amélioration ou les challenges à relever par votre contrôleur de gestion ou responsable financier.

Votre contrôleur de gestion

En utilisant la typologie de Sponem et Lambert (voir section 2.1), caractérisez le contrôle de gestion de votre organisation. Rappelons que deux critères de différenciation sont retenus : l'autorité de la fonction (faible ou forte) et son client (local ou direction générale).

Les constats formulés correspondent-ils à votre perception de la fonction contrôle de gestion ?

Quels sont la formation et le parcours de votre contrôleur de gestion ?

Comment est-il sensibilisé aux dilemmes éthiques (charte, procédures, formation, support) ?

Références

Anthony R.N., *The Management Control Function*, Harvard Business School Press, 1988.

Bouquin H., « Pourquoi le contrôle de gestion existe-t-il encore ? », *Gestion*, vol. 21, n° 3, 1996, p. 97-103.

Bouquin H., *Les grands auteurs en contrôle de gestion*, Paris, EMS, 2005.

Burlaud A., « Critique de la métaphore du pilote », dans C. Ducrocq et Y. Levant (éd.), *Contrôle de gestion, comptabilité, stratégie : mélanges en l'honneur du professeur Michel Gervais*, Paris, Economica, 2012, p. 105-113.

Coso, *Référentiel intégré de contrôle interne*, Paris, Eyrolles, 2014.

Ferreira A. et Otley D., « The Design and Use of Performance Management Systems: An Extended Framework for Analysis », *Management Accounting Research*, vol. 20, n° 4, 2009, p. 263-282 - https://doi.org/10.1016/j.mar.2009.07.003.

Lambert C. et Sponem S., « La fonction contrôle de gestion : proposition d'une typologie », *Comptabilité - Contrôle - Audit*, 15(2), 2009, p. 113-144.

Merchant K.A. et Van der Stede W.A., *Management Control Systems*, 2e éd., Harlow, Prentice Hall, 2007.

Morales J. et Sponem S., « Rationaliser, dominer, discipliner. Une revue des recherches critiques en contrôle de gestion », *Économie et Société*, n° 21 (série « Économie de l'entreprise » - études critiques en management K), 2009, p. 2001-2043.

Simons R., *Levers of Control: How Managers Use Innovative Control Systems to Drive Strategic Renewal*, Harvard Business Press, 1994.

Sloan A.P.J., *Mes années à la General Motors*, Paris, Hommes et Techniques, 1966.

Chapitre 2

Connaître ses coûts pour définir sa stratégie

Objectifs pédagogiques

1. Appréhender la subjectivité d'un coût
2. Multiplier les axes d'analyse pour fiabiliser la prise de décision
3. Prendre en compte les perspectives temporelles et stratégiques
4. Représenter la performance des objets de coûts

Cas introductif : Caisse d'Épargne Nord Europe

Après une expérience significative dans le secteur de la distribution, vous venez d'être recruté à la direction commerciale de la banque de détail de la Caisse d'Épargne Nord Europe. Votre expérience vous a montré l'intérêt de connaître ses coûts afin de prendre les bonnes décisions. Vous préparez votre premier entretien avec le directeur du contrôle de gestion.

Remarque : pour que le cas soit intéressant, traitez les questions les unes après les autres. Certaines questions apportent des réponses aux questions précédentes.

Définition – Le coût

Le coût est une somme de charges relatives à un élément défini. L'évaluation des coûts est l'objet de la comptabilité de gestion elle-même fortement associée à la comptabilité financière, comme l'illustre la référence aux charges.

Question 1 : Quels coûts vous semble-t-il important d'évaluer ? Associez à chacun de ces coûts des décisions que vous pourriez prendre.

Définition – L'objet de coût

L'objet de coût est un élément significatif de l'organisation pour lequel une mesure du coût est jugée utile.

Question 2 : Un des objets de coûts que vous avez identifié est le service ou produit bancaire. Selon vous, dans l'activité de banque de détail, quels sont les produits/services les plus « rentables » ?

Définition – Rentabilité et profitabilité

La rentabilité fait généralement référence au résultat rapporté aux capitaux propres (rentabilité financière), voire à la rentabilité économique (le résultat d'exploitation après impôt divisé par actif engagé, soit l'actif net plus le BFR).
Dans le cas d'un produit, il est impropre de parler de rentabilité car s'il est possible de déterminer un résultat, il est très délicat d'identifier les ressources qu'il consomme (capitaux propres).
Pour un produit, il est possible de calculer le ratio résultat sur chiffre d'affaires – habituellement appelé profitabilité ou marge nette.

Question 3 : Pour les produits/services les moins profitables, quelles actions préconisez-vous ?

Question 4 : Le client pourrait être un autre objet de coût à retenir. Quels sont les clients les plus profitables ? Quelle stratégie commerciale mettriez-vous en œuvre ?

Question 5 : Posez-vous les mêmes questions pour les agences.

Question 6 : Un autre objet de coût pourrait-être une action commerciale. Évaluez le coût d'« une heure de rendez-vous client ». Bien que vous ne disposiez pas d'informations particulières, cet exercice est intéressant car il permet de valider ou de rejeter rapidement des décisions. Ainsi, quels enseignements tirez-vous de ce coût ? ■

Synthèse du cas et introduction du chapitre

Comment diriger une organisation, formuler sa stratégie sans connaître ses coûts ? Comme l'illustre le cas de la Caisse d'Épargne Nord Europe, l'objet de la comptabilité de gestion ne se limite pas à l'évaluation de coûts par produits. Une multitude de coûts (complets ou partiels, historiques ou prévisionnels), selon des axes d'analyse variés (objets de coût), doit être évaluée afin de développer un ensemble d'actions cohérentes avec la stratégie, voire de formuler ou de redéfinir celle-ci.

Nous rappellerons tout d'abord les origines de la comptabilité de gestion ainsi que ses finalités (section 1), puis nous présenterons les principales notions fondamentales (section 2). Enfin, quelques illustrations de représentations de la performance permises par la comptabilité de gestion illustreront sa contribution à la formulation de la stratégie (section 3).

1. Une comptabilité pour les managers

Il existe au moins trois manières de comprendre ce qu'est la comptabilité de gestion. La perspective historique permet d'appréhender le contexte de son émergence et ses évolutions (section 1.1). Par ailleurs, il est instructif de la comparer à la comptabilité financière (section 1.2) et de passer en revue la diversité de ses utilisations (section 1.3).

1.1. Aux origines : la comptabilité industrielle

La comptabilité industrielle serait née de l'**industrialisation** et de l'**intégration des processus de production**. Lorsqu'un acteur économique remplace le travail à façon (transformation à domicile de matières mises à disposition par un industriel ou un commerçant) et la sous-traitance par des processus internes, les coûts de transformation qui étaient jusque-là des prix ne sont plus connus avec précision. Il doit alors développer des outils pour isoler les coûts relatifs à chaque production au sein d'ensembles industriels plus grands et plus complexes. Une autre thèse met en avant le rôle du **renforcement de l'environnement concurrentiel** dans le développement de la comptabilité industrielle. En France, la fin des situations de monopole de l'Ancien Régime a conduit certaines entreprises à mettre en place des outils d'évaluation des coûts. En Angleterre, c'est également la mise en concurrence qui aurait conduit les fileurs de laine à calculer leurs coûts à la fin du XVIe siècle.

Au milieu du XXe siècle, l'abandon de la dénomination « comptabilité industrielle » est préconisé au profit de « comptabilité analytique d'exploitation », laquelle sera souvent réduite à « comptabilité analytique ». Ce changement s'explique par le développement des activités de service et le rejet de la référence à l'industrie. Cette dénomination met en avant l'idée de décomposer et d'analyser finement les coûts.

L'appellation « comptabilité de gestion » s'est affirmée dans les années 1980 avec l'apparition de nouvelles techniques (voir méthode ABC présentée dans le chapitre 4), tranchant avec une longue période de stabilité des méthodes depuis les années 1920. Alors que l'objet de la comptabilité analytique était l'évaluation des coûts, celui de la comptabilité de gestion est de fournir au manager les informations nécessaires à ses prises de décision. Le parallèle peut être fait avec la différence établie entre le *cost accounting* et le *management* (ou *managerial*) *accounting*. Le *cost accounting* ne s'occupe que des chiffres et de la technique, avec pour seul objectif de déterminer le coût des produits. En revanche, selon la seconde perspective, ce sont des acteurs qui utilisent des chiffres pour chercher à influencer le comportement des décideurs.

1.2. Comptabilités financière et de gestion

Si la comptabilité financière était au départ un moyen pour l'État de déterminer les bases d'imposition, l'évolution de la désignation du référentiel international IAS (*International Accounting Standards*) vers IFRS (*International Financial Reporting Standards*) est significative. Le destinataire privilégié de l'information financière est l'investisseur.

Le tableau 2.1 synthétise les principaux éléments distinguant la comptabilité financière de la comptabilité de gestion.

Tableau 2.1 – Comparaison des comptabilités de gestion et financière

Comptabilité financière	Comptabilité de gestion
Orientation externe	Orientation interne
Publique	Confidentielle
Fortement normalisée	Peu normalisée
Rétrospective	Rétrospective et prospective
Contrainte légale	Éventuellement à l'origine d'un avantage compétitif

La comptabilité financière intéresse non seulement l'investisseur, mais aussi de nombreuses autres parties prenantes externes : clients, banques, fournisseurs... Il s'agit d'une information publique dont les conditions de production sont fortement normalisées. La comptabilité de gestion est, quant à elle, une source d'information interne produite de manière volontaire, selon des méthodes adaptées aux décisions à prendre et destinée principalement aux managers.

Pour ce qui est de la structuration de l'information, les charges sont analysées par natures en comptabilité financière (achats de marchandises, honoraires, frais bancaires, etc.) quand la comptabilité de gestion propose une analyse par destinations, par objets de coût (produit, client, marché...).

Figure 2.1 – Comparaison des comptabilités financière et de gestion

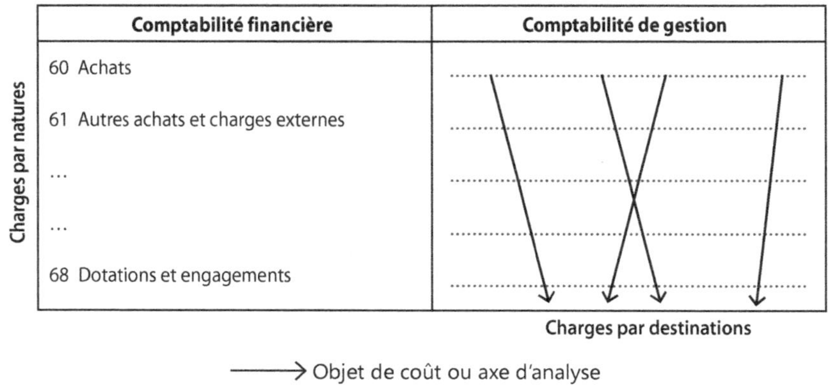

Le coût d'un objet donné est la somme de charges de différentes natures (60, 61...). Pour certains objets de coûts, il est possible de leur affecter la totalité des charges. Plusieurs objets de coûts peuvent consommer les mêmes charges. Par exemple, une agence et un client peuvent se voir affecter les mêmes frais de personnel.

La **valorisation des stocks** représente un lien entre les deux systèmes comptables. La valeur des stocks impactant le résultat de l'entreprise (une sous-évaluation réduisant le résultat et, réciproquement, une surévaluation majorant le résultat), des règles sont définies par les référentiels (tels que PCG, IFRS) avec, par exemple, l'exclusion de certaines charges ou du coût de la sous-activité. Cet impact de la comptabilité de gestion sur le résultat de la comptabilité financière peut surprendre (voir témoignage 2.1).

Témoignage 2.1 – La valorisation des stocks

Les jeunes comptables sont toujours intrigués par la valorisation des stocks induite par le système de l'inventaire intermittent. En effet, en comptabilité financière, les achats sont comptabilisés sur la base des factures et, lors de l'inventaire, les variations de stocks sont constatées.

Plus précisément, en ce qui concerne les variations de stocks, tous les comptes de stocks sont remis à zéro en début de période. Les comptes de classe 3 (stocks) sont soldés par le crédit des comptes des classes 6 (variations de stocks de marchandises et de matières premières) et 7 (production stockée pour les produits finis et les en-cours). En fin de période, nous enregistrons dans les mêmes comptes le stock final, sur la base des données collectées lors de l'inventaire physique ou à partir des données fournies par l'inventaire permanent (information extra-comptable). C'est à ce moment que le contrôleur de gestion intervient, en particulier pour valoriser les en-cours et les produits-finis.

Cela n'a rien à voir avec le « stock final moins stock initial » ou « stock initial moins stock final » enseignés dans les business schools ! C'est beaucoup plus simple.

Christine T., chef comptable, industrie agro-alimentaire

La norme IFRS 8 est parfois considérée comme une seconde passerelle entre les comptabilités financière et de gestion avec l'obligation de publier des **informations par secteurs**. Il faut cependant admettre que la maille d'analyse imposée par le référentiel IFRS reste grossière, comme l'illustre le cas des secteurs opérationnels de JCDecaux (voir encadré 2.1).

Encadré 2.1 – Les secteurs opérationnels de JCDecaux

L'**activité Mobilier urbain** couvre de manière générale les conventions publicitaires sur le domaine public signées avec les villes et collectivités locales. Elle comprend également : les activités de publicité dans les centres commerciaux ; les locations de mobiliers ; les ventes et locations de matériels ; les travaux et entretiens divers ; les autres prestations de services.

L'**activité Transport** couvre la publicité liée aux transports : aéroports, métros, bus, tramways et trains.

L'**activité Affichage** couvre de manière générale la publicité sur le domaine privé, telle que l'affichage grand format traditionnel ou rétroéclairé. Elle comprend également l'affichage lumineux de type néons et les bâches publicitaires.

Source : rapport d'activité 2016.

1.3. Des finalités multiples

L'évaluation des coûts est une contrainte, une obligation, pour ce qui est de l'évaluation des stocks. Néanmoins, il s'agit, le plus souvent, d'une information importante qui impacte de nombreuses décisions.

Connaître la structure d'un coût sert à identifier les leviers d'action à mobiliser en priorité pour le réduire. En effet, selon que la part prépondérante d'un coût est constituée des consommations de matières premières ou des frais de personnel, les actions à mener prioritairement sont différentes. *A posteriori*, la comptabilité de gestion permet d'évaluer l'efficacité des actions engagées.

Témoignage 2.2 – Un plan de réduction des consommations d'eau dans l'industrie agroalimentaire

Au milieu des années 2000, l'actionnaire familial et l'équipe dirigeante, mais aussi des salariés, ont pris conscience de l'importance de la question environnementale. Dans notre activité agroalimentaire, nous consommons beaucoup d'eau et il nous a semblé important d'engager des actions fortes.

Si on prend l'exemple de notre usine située dans la Somme, lors des brèves réunions mensuelles de présentation des résultats, une sensibilisation aux volumes, aux coûts d'achat mais aussi aux coûts de traitement (création de l'installation et coûts de fonctionnement) a été engagée et un groupe de travail mis sur pied.

Des compteurs ont été posés avec des relevés au moins mensuels, ce qui a permis d'identifier les sources d'économie. Des économiseurs d'eau ont été installés, les robinets obsolètes changés et d'une manière plus générale des échanges de bonnes pratiques ont été instaurés entre nos usines.

Notre discours a également été adapté. Nous parlions beaucoup de mètres cubes, unité de mesure abstraite pour certains. Avec des consommations en litres, plus de monde s'est senti impliqué. Pendant deux ans, les consommations d'eau ont été intégrées dans le calcul de l'intéressement du site.

En dix ans, nos consommations d'eau ont été réduites de 50 % en volume et en valeur au niveau du groupe. Pour le site de la Somme, la réduction des coûts est de l'ordre de 50 k€ par an. Pour un site qui emploie cent personnes, la réduction de coûts est de 500 euros par personne. Ce chiffre est compris par tout le monde !

Des démarches similaires ont été engagées pour les déchets et les consommations d'énergie.

Jacques L., directeur du contrôle de gestion, industrie agroalimentaire

La comptabilité de gestion fournit des mesures de performance utilisées pour animer une organisation. Selon les leviers maîtrisés par le manager (voir les différents types de centres de responsabilité définis dans le chapitre 6), les mesures sont adaptées :

- Le coût : un coût de traitement d'une commande pour comparer des sites ou des solutions technologiques (traitement annuel ou automatique).

- Une marge : l'analyse de la marge par clients conduit à affiner sa stratégie commerciale. Des marchés sont à développer dans les mêmes conditions de prix et de coûts, alors que d'autres nécessitent des adaptations en termes de hausse de prix et/ou de réduction de coûts.

Les informations relatives aux coûts peuvent, dans certains cas, être utilisées pour fixer les prix de vente afin de dégager le niveau de marge souhaitée si l'entreprise est en situation de le faire ; c'est le cas des *price makers* qui disposent d'un *pricing power* élevé (voir illustration 2.1). Dans le cas de produits fabriqués à la commande, les coûts sont déterminants pour établir des devis. Toujours dans le cadre de relations commerciales, c'est un outil de négociation avec les clients : les négociations avec un client bénéficiaire ne sont pas les mêmes qu'avec un client déficitaire.

Illustration 2.1 – Le *pricing power* d'Apple

À chaque sortie d'une nouvelle version du téléphone d'Apple, des cabinets d'études s'attachent à analyser ses capacités techniques alors que d'autres s'intéressent à son coût. Ainsi, le coût de production est-il passé d'un peu moins de 200 dollars pour l'iPhone 4S à près de 400 pour l'iPhone X. Pour ce qui est du prix de vente, la barre des 1 000 dollars a été franchie avec cette dernière version (attention, le prix est TTC, incluant la TVA, ce qui n'est *a priori* pas le cas des coûts).

Pour Apple, la maîtrise de ses coûts est un levier visant à maintenir les niveaux de marge et de résultat, l'entreprise disposant de la capacité de fixer des prix de vente élevés (*pricing power*). Cependant, le taux de marge d'Apple semble être en baisse avec l'arrivée de nouveaux concurrents sur le segment des appareils haut de gamme (par exemple, Samsung et Huawei) et d'un accroissement des coûts de la technologie.

Pour la plupart des autres opérateurs, il est délicat de s'inscrire dans cette même logique de valeur. Leur connaissance des coûts est mobilisée de sorte à développer des solutions techniques spécifiques leur permettant de dégager une marge suffisante pour se rémunérer.

Plus généralement, les coûts occupent une place significative dans le processus budgétaire (objet de la partie 2). Le budget n'est pas une finalité en soi. Il s'agit d'un outil visant à informer les partenaires tels que les actionnaires, mais aussi les clients, les fournisseurs, les banquiers, voire les salariés, des performances financières prévisionnelles. Dans le cas d'une activité industrielle, les fiches de coûts des produits associées aux prévisions de production déterminent les coûts industriels, composantes significatives du résultat prévisionnel.

Les problématiques de contrôle interne ne doivent pas être oubliées. Une dérive des coûts ou des résultats est parfois la conséquence de pratiques anormales, comme l'illustre le rapport de l'Inspection générale de Société Générale sur l'affaire Kerviel (voir illustration 2.2).

Illustration 2.2 – Comptabilité de gestion et contrôle interne

En 2006 et 2007, un *trader* de Société Générale, Jérôme Kerviel, a réalisé des opérations qui n'entraient pas dans le cadre de sa fonction, opérations dont le débouclage a entraîné des pertes évaluées à 4,8 milliards d'euros. Le rapport de l'Inspection générale de la banque souligne, *a posteriori*, le rôle qu'auraient dû jouer des indicateurs produits par la comptabilité de gestion :

« Le montant du résultat de Jérôme Kerviel (JK) aurait dû alerter sa hiérarchie.

1. Entre 2006 et 2007, le résultat de JK a été multiplié par 6 jusqu'à représenter 59 % du résultat du *desk* « Delta One Listed Products ».
2. Le poids de JK dans le résultat global de Delta One était important et en forte croissance.
3. Le résultat de JK le classait parmi les meilleurs *traders* du pôle arbitrage.
4. Son activité pouvait *a priori* difficilement expliquer un tel niveau de résultat. »

Source : Mission Green, « Rapport de synthèse », p. 46-47, 20 mai 2008.

Ces illustrations de l'utilisation de la comptabilité ne sont pas limitatives. Bouquin (1993, p. 18) établit la synthèse suivante des usages :

- la tarification ;
- l'évaluation des stocks ;
- les mesures de la performance des produits, processus et entités pour informer ceux qui les gèrent ;
- accessoirement, l'appui au contrôle interne.

2. Concepts fondamentaux : prix, coût, marge...

Un coût se définit par trois caractéristiques essentielles (CNC, 1982) : le **champ d'application**, le **moment du calcul** et le **contenu**. La question du champ d'application, qui renvoie à l'objet de coût, a déjà été abordée dans le cas introductif. Des coûts peuvent en effet être évalués par fonctions (production, distribution...), moyens d'exploitation (point de vente, usine, service...), centres de responsabilité, clients, régions...

Nous approfondirons dans cette section la dimension temporelle du coût (section 2.1), la question de son contenu (section 2.2), avant de définir quelques notions complémentaires (section 2.3). La question du coût de la production de l'information est sous-jacente à l'ensemble de ces développements. Le contrôleur de gestion doit systématiquement s'interroger sur les moyens qu'il mobilise pour produire ces informations et les confronter à leurs contributions et à leurs apports, au manager opérationnel ou à sa hiérarchie.

2.1. La dimension temporelle du coût

La comptabilité de gestion étant une analyse des informations produites par la comptabilité financière, il est naturel de la situer dans la même perspective temporelle, à savoir rétrospective ; les coûts sont fréquemment évalués *a posteriori*.

L'évaluation de coûts prévisionnels présente pourtant de nombreux intérêts. C'est d'ailleurs le contrôle de gestion qui produit l'information financière prévisionnelle diffusée par les sociétés cotées soumises à cette obligation.

Après avoir précisé les notions de coût historique et de coût prévisionnel (section 2.1.1), nous discuterons les implications en termes de fréquence et de rapidité de production de l'information (section 2.1.2).

2.1.1. Coût historique et coût prévisionnel

La comptabilité de gestion étant un retraitement de la comptabilité financière, les coûts dont elle fournit des évaluations sont implicitement historiques, déterminés postérieurement aux faits qui les ont engendrés. Ces coûts sont aussi appelés **coûts constatés** ou **coûts réels**. La constitution d'historiques de coûts permet d'établir des comparaisons et d'identifier de bonnes pratiques (notamment, l'évolution d'un coût de fabrication). Ils sont utilisés pour établir les budgets (voir chapitre 7) ou pour planifier les projets (voir chapitre 10).

Les **coûts prévisionnels** sont aussi appelés **coûts préétablis**. Ils sont déterminés antérieurement aux faits sur la base d'hypothèses (par exemple, cours des matières et frais de personnel). Leurs utilisations sont multiples :

- Analyser la performance en servant de base de comparaison pour les coûts réels (voir analyse des écarts dans le chapitre 5).
- Établir des devis (production à la commande) ou des tarifs (production de masse).
- Simplifier les évaluations de coûts. Par exemple, pour déterminer un coût d'achat de matières, on peut ajouter à la facture d'achat (coût réel) un coût de passation et de suivi de commande standard.

Le coût standard est parfois considéré comme un coût prévisionnel particulier ; il est défini par le PCG 82 comme un « coût préétabli avec précision par une analyse à la fois technique et économique : il présente généralement le caractère d'une norme ».

Témoignage 2.3 – Les frais de personnel standards dans la banque de détail

Dans l'animation du réseau commercial d'une banque de détail, les coûts standards horaires des personnels par catégories nous sont très utiles. Il convient tout d'abord d'être conscient de la difficulté à déterminer le coût horaire réel par catégories de personnel. En plus de la rémunération, il faut prendre en considération les cotisations sociales, différentes taxes, les primes fixes et variables, l'ancienneté, les promotions... Ces éléments sont rapportés à un temps de travail effectif, qui est aussi délicat à déterminer avec les congés payés, les jours fériés, les temps de formation, de réunion... En faisant des hypothèses, nous pouvons définir des normes par catégories : guichetier, conseiller junior, senior, directeur d'agence junior...

Grâce à ces normes, il nous est possible de définir le coût d'une action commerciale ou de mesurer la performance d'une agence. Par contre, chaque mois, nous comparons les coûts réels aux coûts standards pour nous assurer de la robustesse de nos estimations, voire pour mettre à jour nos prévisions.

Samia B., contrôleur de gestion réseau, banque de détail

Le coût standard est éminemment subjectif. En effet, il existe une diversité de standards, de normes : théoriques (observables dans des conditions idéales), historiques (valeurs observées antérieurement), actualisés (historiques mis à jour pour prendre en considération les évolutions du contexte) ou normaux (théoriques ajustés en prenant en considération la maintenance, les pauses...), par exemple.

Pour les coûts réels, la fréquence et la rapidité d'évaluation sont importantes.

2.1.2. La fréquence et la rapidité

Avec les évolutions technologiques, la production d'information en temps réel devient une exigence. Il ne faut cependant pas confondre fréquence et rapidité de production de l'information. La fréquence désigne la périodicité de l'évaluation (annuelle, mensuelle, hebdomadaire), alors que la rapidité caractérise le délai d'obtention de l'évaluation après l'achèvement de la période analysée. Il existe néanmoins une relation entre les deux notions : plus la fréquence est élevée, plus les exigences en termes de rapidité sont grandes. Pour un coût de production horaire, il est inconcevable que le délai d'obtention de l'information dépasse quelques minutes. En revanche, pour un coût mensuel, quelques heures, voire quelques jours, sont acceptables.

Comme l'illustre l'exemple de la fonderie (voir témoignage 2.4), l'augmentation de la fréquence de calcul des coûts, associée à la réduction des délais, n'est pas un objectif à poursuivre impérativement.

Témoignage 2.4 – La fréquence d'évaluation des coûts...

Dans notre fonderie des Ardennes, l'essentiel de l'activité consiste en la fabrication de contrepoids en fonte pour chariots élévateurs. Ce sont des contrats longs ; quand une série est lancée, c'est pour une période minimale de cinq années qui peut être prolongée jusqu'à plus de dix ans pour un produit strictement identique.

Dans le cadre de notre revue annuelle des contrats, nous calculons nos coûts de production pour l'année écoulée afin de nous assurer de la rentabilité des contrats, d'envisager des renégociations avec nos clients ou d'identifier des points de vigilance pour les futures négociations commerciales.

Ce calcul annuel ne signifie pas que nos coûts ne sont pas suivis. Le contrôleur de gestion s'assure que les standards sont bien respectés : temps de production, consommations de matières et d'énergie, rebuts... Ce système relativement rudimentaire est suffisant compte tenu de la nature de cette activité. Nous disposons de systèmes beaucoup plus complexes pour d'autres activités du groupe.

Catherine D., directrice générale, groupe industriel

À l'ère du temps réel, il convient de s'intéresser à la fréquence de l'évaluation des coûts. L'attention des managers opérationnels ne doit pas être saturée par des informations parfois complexes à appréhender, alors que des indicateurs simples leur suffisent (par exemple, cadence de production). Une réunion de type *business review* (voir chapitre 9), hebdomadaire ou plus vraisemblablement mensuelle (voire annuelle, dans le cas particulier que décrit le témoignage 2.4), suffit.

Cependant, avec le développement de l'intelligence artificielle et des algorithmes associés, la connaissance d'un coût en quasi-temps réel peut devenir une nécessité ; il s'agit d'un critère mobilisable pour fonder une décision. Faut-il arrêter une ligne de production ou non malgré des surconsommations de matières ? Pour un distributeur d'énergie, faut-il solliciter un autre producteur, plus coûteux, ou arrêter de servir des clients en situation d'augmentation rapide de la consommation instantanée ?

2.2. Le contenu du coût

La distinction des notions de charges, propres à la comptabilité financière, et de coûts, propres à la comptabilité de gestion, permet d'évoquer les ajustements/retraitements envisageables entre les deux systèmes comptables (section 2.2.1). Ensuite, les notions fondamentales de coûts fixes/variables (section 2.2.2) et de coûts directs/indirects (section 2.2.3) sont exposées. Enfin, la prise en compte du prix permet de déterminer différentes notions de marge et le résultat (section 2.2.4).

2.2.1. Charges et coûts

Le coût est une somme de charges relatives à un élément défini. La notion de charge est propre à la comptabilité financière avec des définitions qui diffèrent selon les référentiels :

- En IFRS, la charge est définie par rapport à l'actif, qui est une ressource contrôlée par l'entreprise et dont des avantages économiques futurs sont attendus (par exemple, une machine). Un actif devient une charge lorsqu'il est consommé dans le cadre de l'activité de l'entreprise (par exemple, des matières premières).
- Le PCG définit explicitement la charge comme :
  - les sommes ou valeurs versées ou à verser ;
  - les dotations aux amortissements, aux dépréciations et aux provisions ;
  - la valeur d'entrée diminuée des amortissements des éléments d'actifs cédés, détruits ou disparus. S'agissant d'un élément exceptionnel, il est le plus souvent exclu de l'analyse lorsqu'il s'agit d'évaluer des coûts.

Comme l'illustre le cas de ces valeurs d'entrée des éléments d'actif cédés, prises en compte pour déterminer les plus-values lors des cessions, les différences de point de vue entre les comptabilités financières et de gestion induisent des ajustements :

- Des charges enregistrées en comptabilité financière peuvent être exclues de l'analyse des coûts. Ce sont les **charges non incorporables**.
- Des charges peuvent être prises en considération pour déterminer des coûts plus proches de la réalité économique. Ce sont les **charges supplétives**.

Figure 2.2 – Charges non incorporables et supplétives

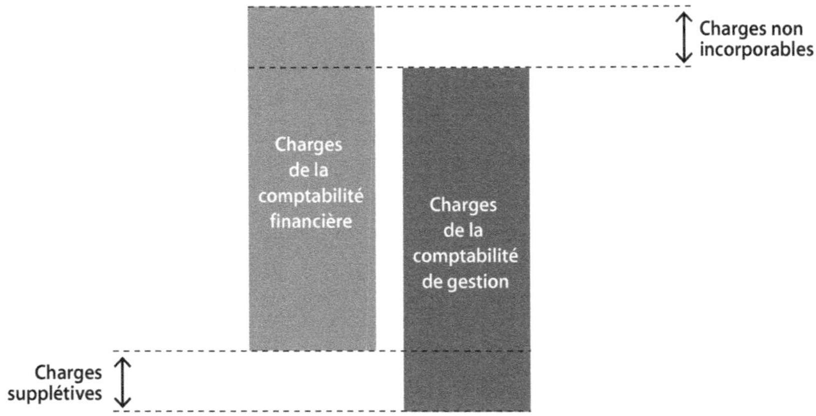

Les coûts sont souvent évalués sans tenir compte des éléments exceptionnels (par exemple, des pénalités) ou de l'impôt sur les sociétés. Dans d'autres cas, des charges relatives à des activités annexes ne sont pas prises en considération. Il s'agit alors de charges non incorporables.

Certaines sociétés incluent dans leurs analyses de coûts la rémunération des capitaux propres. Quand des équipements sont totalement amortis, il est possible de prendre en considération un amortissement économique. Ces éléments constituent des charges supplétives.

Les relations entre les deux systèmes comptables ont des conséquences sur les fréquences de production de l'information. Si dans les petites organisations les comptes sont établis une fois par an, les fréquences augmentent avec les ressources des services financiers. Les PME établissent des comptes semestriellement, voire trimestriellement. Quant aux grands groupes cotés et à leurs filiales, ils s'astreignent le plus souvent à établir des situations mensuelles. La qualité de l'information produite repose sur la rigueur avec laquelle sont menées les opérations de clôture périodiques (inventaires physiques, évaluation des provisions et dépréciations, estimation des en-cours...).

La précision des coûts dépend directement de la qualité de l'information relative aux charges. Il est cependant possible de restreindre l'analyse à certains coûts, variables ou directs par exemple.

2.2.2. Le comportement des coûts ou la distinction coût variable/coût fixe

Un **coût variable** est un coût dont le montant total varie avec le niveau d'activité. Il s'agit par exemple de la consommation de matières dans l'industrie ou des frais de personnel d'exploitation (par opposition à l'encadrement) dans des activités de service. Un **coût fixe** est un coût dont le montant total est indépendant du niveau d'activité. Ainsi, un loyer, une prime d'assurance ne seront, le plus souvent, pas impactés par des évolutions du niveau d'activité.

La terminologie de coût fixe met en exergue l'opposition avec les coûts variables, mais elle présente l'inconvénient de laisser penser que ces coûts sont figés ; c'est la raison pour laquelle la dénomination **coût de capacité** est parfois adoptée. Il convient de remarquer qu'avec l'allongement de l'horizon temporel, la majorité des coûts devient variable. Si un loyer est fixe à court terme, il arrive qu'à plus long terme une partie des locaux soit sous-louée ou qu'un autre local soit choisi afin de réduire ce coût. Ainsi, à moyen ou long terme, les coûts de capacité peuvent être réduits, variabilisés, si nécessaire.

Il convient d'apporter une attention particulière au comportement des coûts unitaires. Si les coûts variables totaux sont bien variables, les coûts variables unitaires sont fixes (c'est-à-dire qu'il faut toujours *x* euros de matières pour fabriquer un produit quel que soit le niveau de production). De même, comme l'illustre la figure 2.3, les coûts fixes totaux sont fixes alors que les coûts fixes unitaires sont variables (par exemple, dans le cas d'un loyer de 1 000, si la production passe de 50 à 100, le loyer par unité passe de 20 à 10) :

Figure 2.3 – Comportements des coûts totaux et unitaires

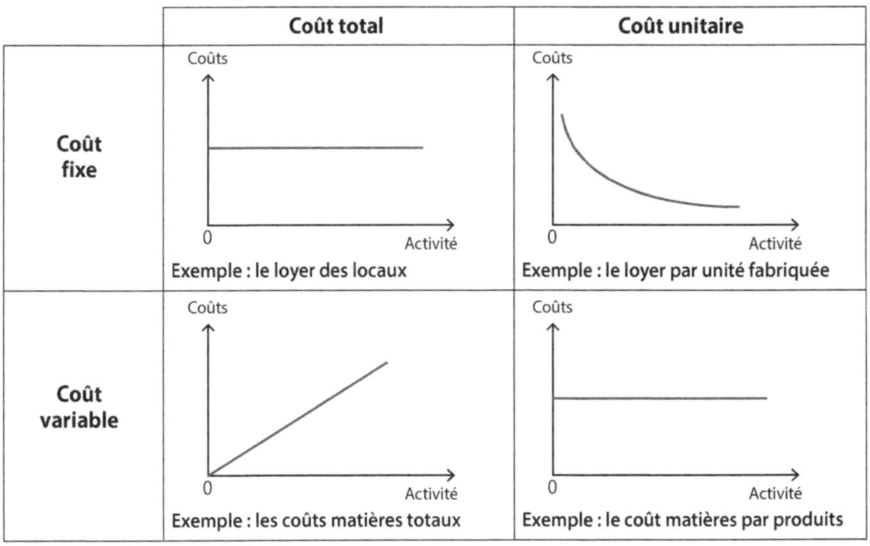

Il existe des affinements de ces notions de coûts variables et fixes ; les **coûts semi-variables** constituent une variante des coûts variables alors que des coûts peuvent être **fixes par paliers** :

Figure 2.4 – Coûts semi-variables et coûts fixes par paliers

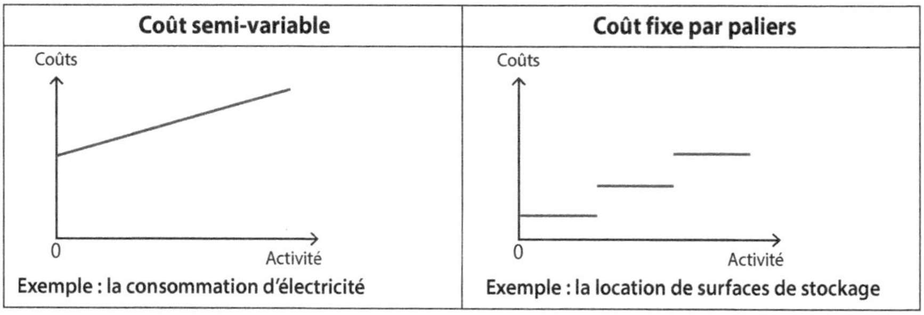

Pour un industriel, la consommation d'électricité augmente avec l'activité. Cependant, même en période de fermeture, la consommation n'est pas nulle. L'abonnement représente une partie de la composante fixe. La consommation d'électricité, parce qu'elle a une composante variable et une composante fixe, constitue donc un coût semi-variable. Si une entreprise loue des entrepôts entiers à des fins de stockage, elle devra louer un nouvel entrepôt si son activité augmente. Les coûts fixes augmentent donc par paliers. Si ces variantes sont plus proches de la réalité économique, les modèles présentés dans la suite de l'ouvrage reposent sur la seule distinction coût fixe/coût variable.

La représentation des coûts variables au moyen d'une droite horizontale suppose l'absence d'économies d'échelle (schéma de gauche).

Figure 2.5 – Coûts semi-variables et coûts fixes par paliers

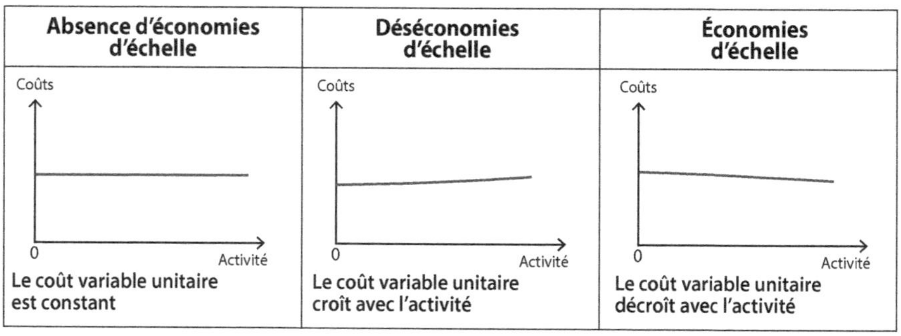

Dans le cas d'achat de matières, si l'accroissement des volumes permet de négocier des coûts d'achat plus faibles, il s'agit d'économies d'échelle. Des déséconomies d'échelle seront observées si, par exemple, l'accroissement des volumes nécessite de faire venir de plus loin les matières alourdissant d'autant les coûts de matières (schéma du milieu). Toujours dans un souci de simplification, nous ferons ultérieurement l'hypothèse d'absence d'économies d'échelle.

2.2.3. La traçabilité des coûts ou la distinction coût direct/coût indirect

Un coût est dit direct lorsqu'il peut être affecté sans ambiguïté à un objet de coût ; on parle parfois de traçabilité du coût pour désigner cette propriété. Les coûts qui ne sont pas directs sont indirects.

À titre d'exemple, les rémunérations des consultants affectés à une mission sont directs par rapport à cette mission et au client. Les frais du service communication du cabinet de conseil sont indirects par rapport aux clients.

Notons que, selon l'objet de coût considéré, un coût traçable ou direct peut devenir indirect ou non traçable. Des frais de transport (camion complet) vers un client sont directs par rapport à ce client. Si cette expédition comprend différents produits, ces frais deviennent indirects par rapport aux produits. En effet, il convient d'identifier un critère afin de répartir ces frais, tels que la masse ou le volume.

C'est sur la double distinction coûts fixes/variables et directs/indirects que s'appuient la plupart des méthodes d'évaluation des coûts.

Tableau 2.2 – La combinaison des distinctions coûts fixes/variables et directs/indirects

	Variable	Fixe
Direct	Par exemple : matières premières	Par exemple : loyer d'un équipement spécifique
Indirect	Par exemple : consommation d'énergie d'un atelier	Par exemple : frais généraux

Si les coûts variables sont majoritairement directs (matières premières, main-d'œuvre productive...), la consommation d'énergie d'un site industriel est variable et *a priori* indirecte par rapport aux produits fabriqués. De même, les coûts fixes sont principalement indirects (loyer du siège social, prime d'assurance). Il arrive cependant qu'ils soient directs (par exemple, rémunération fixe d'un chef de produit qui n'a la responsabilité que d'un seul produit).

2.2.4. Prix, marge et résultat

Le **prix** est le rapport d'échange entre un bien ou un service et la monnaie ; il est constaté sur le marché lors d'une transaction (transfert de propriété). La comparaison du prix aux coûts permet de déterminer une marge ou un résultat selon les coûts considérés :

- Prix de vente - Coûts variables = Marge sur coûts variables.
- Prix de vente - Coûts directs = Marge sur coûts directs.
- Prix de vente - (Coûts directs + Coûts variables) = Marges sur coûts spécifiques.
- Prix de vente - Coût complet = Résultat (le coût complet étant la somme de tous les coûts).

Chaque marge est déterminée au moyen de la méthode éponyme qui fait référence aux types de coûts pris en considération (voir cases grisées de la figure 2.6).

Figure 2.6 – Les différentes approches en coûts partiels et coûts complets

Méthode des coûts variables

	Direct	Indirect
Variable		
Fixe		

Méthode des coûts directs

	Direct	Indirect
Variable		
Fixe		

Méthode des coûts spécifiques

	Direct	Indirect
Variable		
Fixe		

Méthode des coûts complets

	Direct	Indirect
Variable		
Fixe		

Dans le langage commun le coût et le prix sont fréquemment confondus alors qu'ils désignent, pour le manager, des notions radicalement différentes. Si, pour le consommateur, les stratégies *low cost* (littéralement, à bas coût) se traduisent effectivement par des prix bas, ceux-ci sont la conséquence d'une stricte maîtrise des ressources consommées, comme l'illustrent les produits et services des acteurs économiques ayant adopté ce positionnement. La voiture *low cost* ne dispose que des équipements strictement nécessaires (lève-vitre manuel, choix de couleur réduit, voire impossible, etc.) ; un vol sur une compagnie aérienne du même type se fait à partir d'un aéroport secondaire, sans service de restauration, avec un poids de bagages autorisé en soute réduit.

Les expressions de marge brute et nette sont fréquemment utilisées par les analystes financiers ; elles désignent respectivement une des marges définies plus haut (marge sur coûts variables, directs ou spécifiques, mais il s'agit généralement de la marge sur coûts variables) et le résultat. La notion de marge brute n'est donc pas normée, définie précisément. Son mode de calcul doit par conséquent être systématiquement vérifié avant d'envisager toute comparaison ou interprétation.

2.3. Autres critères

Afin de faciliter les comparaisons (constitution d'historique, de base de données), il est tentant de s'appuyer toujours sur les mêmes concepts et grilles d'analyse. Par ailleurs, dans un souci de clarté, si tous les concepts ne peuvent pas être mobilisés simultanément, certains permettent cependant de changer de perspective et d'éclairer la prise de décision.

2.3.1. Coût marginal

Le coût marginal désigne le coût de production d'une unité supplémentaire. Il correspond dans la grande majorité des cas au coût variable unitaire (voir illustration 2.3).

Illustration 2.3 – Le coût marginal

Soit une fonction de coût total d'une entité consommant 1 000 de coûts fixes totaux et 5 de coûts variables unitaires (CV*u*). Voici l'expression du coût total (CT) en fonction des quantités produites (Q) :

$$CT = 1\,000 + 5Q$$

Le coût marginal (C*m*) étant la variation de coût total consécutive à une variation de quantité, il est donc égal à la dérivée du CT total par rapport aux quantités :

$$Cm = \frac{\partial CT}{\partial Q} = 5 = CVu$$

Ce coût est utilisé pour apprécier l'opportunité d'accepter des commandes supplémentaires en le comparant au prix, dans une perspective de court terme. Dans notre cas, si un client est prêt à payer notre produit 7, le gain marginal (gain associé à cette vente supplémentaire) est de 2. Ce raisonnement repose sur de nombreuses hypothèses telles que l'absence d'impact sur les prix payés par les autres clients ou d'aspects plus stratégiques tels que la dégradation de l'image du produit.

La dématérialisation propre à l'économie numérique change fondamentalement les modèles économiques avec des coûts marginaux qui tendent vers 0. Si le coût de développement d'une application est élevé (coûts fixes), son coût de mise à disposition des clients est très faible comparativement au produit d'une industrie plus conventionnelle (par exemple, l'automobile). Un changement de modèle économique consiste à considérer non plus l'opération de vente d'un véhicule, mais l'utilisation de ce dernier à l'heure avec un coût marginal quasi nul.

2.3.2. Coût contrôlable

Un coût est dit contrôlable lorsque la décision de l'engager est principalement dépendante du responsable considéré, tel que les frais de personnel pour un responsable d'équipe. Ainsi, en remontant la hiérarchie, en se rapprochant de la direction générale, il en résulte un accroissement du périmètre de coûts contrôlables. Cette logique guide la construction du compte d'exploitation, qui consiste à déduire les coûts du chiffre d'affaires afin de déterminer le résultat ; les coûts sont classés depuis les plus contrôlables jusqu'à ceux qui le sont le moins – le plus souvent les frais généraux (voir section 3.1).

Cette notion de coût contrôlable ou maîtrisable interpelle quant à la distinction entre coût variable et coût fixe. Les coûts variables sont *a priori* assimilés à des coûts contrôlables et les coûts fixes à des coûts non contrôlables. En effet, des coûts de production peuvent être en grande partie subis ou déterminés bien que variables, alors qu'un manager peut plus aisément réduire ses frais administratifs (par exemple, les fournitures de bureau) bien que fixes. Ces derniers coûts sont aussi dits discrétionnaires par opposition aux coûts déterminés, subis.

2.3.3. Coût irrécupérable

Les coûts irrécupérables ou irréversibles (*sunk costs* en anglais) sont relatifs à des ressources déjà acquises, dont le montant ne sera plus modifié par les décisions futures. L'engagement des frais de développement d'un produit est conditionné en amont par l'évaluation des gains futurs. Une fois le projet achevé, ces frais étant irrécupérables, il n'y a plus lieu d'en tenir compte dans la prise décision. Le tableau 2.3 illustre l'exemple d'un produit commercialisé au prix de 150.

Tableau 2.3 – Exemple de coûts irrécupérables

	Coût avec les frais de développement	Coût sans les frais de développement
Prix de vente	150	150
Frais de développement	(90)	
Coûts de production	(70)	(70)
Coûts commerciaux	(20)	(20)
Résultat	(30)	60

Un autre exemple est le coût d'un équipement industriel inapproprié déjà acquis. Il convient de ne plus prendre en considération la dotation aux amortissements, mais seulement les coûts liés à l'utilisation de l'équipement. Dans le cadre d'un projet, la notion de coût irrécupérable permet d'identifier les jalons ou les étapes franchis qui rendraient coûteux son abandon. Toutefois, la décision d'abandon ne doit être prise seulement par rapport aux coûts qui restent à engager.

2.3.4. Coût d'opportunité

Le coût d'opportunité est singulier car il ne représente ni charge au sens comptable, ni flux de trésorerie ; il s'agit d'un manque à gagner consécutif au choix d'utilisation d'une ressource rare.

Tableau 2.4 – Comparaison charge/coût d'opportunité

	Impacte le résultat	Donne lieu à un flux de trésorerie	Exemples
Charge donnant lieu à un décaissement	x	x	Achat de matières
Charge calculée	x		Dotation aux amortissements, valeur nette comptable des actifs cédés
Coût d'opportunité			Manque à gagner suite à une rupture de stock

Par exemple, si les capacités de production sont saturées (ressource rare), refuser une commande supplémentaire (choix) induit un coût d'opportunité. L'acceptation de cette commande induit quant à elle un manque à gagner avec un client habituel. Si cette commande est passée par un client interne (autre service de l'entreprise), le coût d'opportunité est implicitement ou explicitement pris en considération dans la détermination des prix de cession interne (voir chapitre 6). Selon que la cession interne induit ou non une renonciation à d'autres ventes, le prix demandé est différent.

2.3.5. Coût caché

Les coûts associés à des dysfonctionnements (absentéisme, délais non respectés, défaut de qualité, etc.) ne sont habituellement pas identifiés par les systèmes comptables traditionnels. Savall et Zardet (2010) les appellent coûts cachés. Cinq types de coûts sont distingués : des coûts historiques (sursalaire, surtemps et surconsommation) et des coûts d'opportunité (non-production et non-création de potentiel).

2.3.6. Valeur

Il existe donc de multiples notions de coûts selon les perspectives adoptées. Il est courant de comparer certains de ces coûts au prix pour déterminer des marges ou un résultat. Les coûts peuvent également être comparés à la valeur qu'ils génèrent.

Le prix payé par le client est censé représenter la valeur créée pour celui-ci ; si la proposition de valeur (c'est-à-dire le produit et/ou les services associés) ne lui convient pas, la transaction ne se fera pas. Toutefois, afin d'être plus précis, il serait intéressant de connaître le prix que le client est prêt à payer : la **propension à payer** ou ***willingness to pay***. Il nous est à tous arrivé d'avoir l'impression de payer peu ou trop pour un repas au restaurant. Certains restaurateurs proposent à leurs clients de payer ce qu'ils souhaitent ; c'est la propension à payer.

Dans une perspective plus complexe, d'autres éléments pourraient être pris en considération tels que l'effort fait par le client (par exemple, le temps passé). Un consommateur peut choisir de réaliser une transaction en se fondant sur un comparateur de prix, parce qu'il le considère fiable et fonctionnel, tout en sachant que le prix payé n'est pas forcément le plus intéressant.

Il est à noter que le concept de valeur est souvent utilisé de manière indifférenciée, confuse. Nous avons ici fait référence à la valeur pour le client, mais il est possible d'élargir le périmètre à d'autres parties prenantes avec l'idée de valeur partenariale (clients, fournisseurs, salariés, collectivités territoriales...). Cependant, pour de nombreux dirigeants, la valeur fait implicitement référence à la valeur actionnariale - pour l'actionnaire -, et la valeur pour le client est perçue comme un levier de développement de cette valeur actionnariale.

Encadré 2.2 – Une comptabilité de gestion centrée sur le compte de résultat

Un des reproches fréquemment formulés à l'égard du contrôle de gestion est d'être trop centré sur le compte de résultat (les produits et les charges), ce qui est une manière de dire que les aspects bilanciels sont négligés. Le résultat (différence entre produits et charges) est un indicateur pertinent. Pour autant, il ne fournit aucune information sur les moyens engagés contrairement aux différents types de rentabilités (financière, économique, des investissements ou des actifs).

Il existe deux palliatifs :

- Inclure le coût des capitaux propres (en plus de celui des autres ressources financières) dans les analyses de coûts permet d'obtenir non plus un résultat, mais un résultat résiduel proche de l'EVA (valeur ajoutée économique).
- Réconcilier le résultat avec les flux de trésorerie en retraitant les produits non encaissés, non décaissés, la variation du besoin en fonds de roulement et les investissements ou désinvestissements.

3. Du compte d'exploitation à la définition du modèle économique

La catégorisation des charges et des coûts (voir application 1), conformément aux principales catégories décrites dans la section 2.2 (charges incorporables/non incorporables, charges supplétives, coûts directs/indirects), fonde la mise en œuvre du modèle d'analyse des coûts (voir figure 2.7).

Figure 2.7 – Modèle analytique

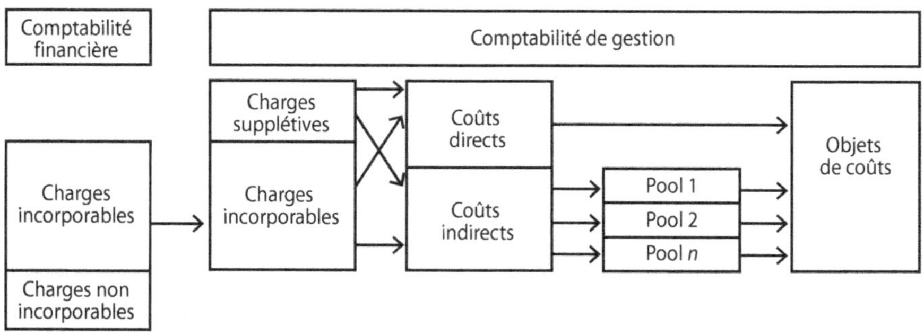

Le principe d'économie guide la conception du modèle. Le contrôleur de gestion doit arbitrer entre les moyens mobilisés par ses analyses et la valeur de l'information produite pour les utilisateurs – illustration de la gestion du couple coût-valeur. De Rongé (2013) prend l'exemple de la consommation d'électricité. Si l'électricité représente une faible part des ressources, une analyse rudimentaire suffit. Par contre, si elle constitue une part importante des coûts, il convient de suivre précisément les consommations de sorte à valoriser les produits en installant des compteurs sur chaque ligne de production. La conception de ces modèles est détaillée dans les chapitres 3 et 4.

Auparavant, il nous semble important d'illustrer les analyses ou la manière dont les informations produites par la comptabilité de gestion peuvent être représentées. Dans un premier temps, le « compte d'exploitation », qui n'est qu'une adaptation du compte de résultat de comptabilité financière, est exposé (section 3.1). Ensuite, différentes formes de représentation de la performance des objets de coûts utiles à la formulation de plans opérationnels sont développées (section 3.2). Enfin, la contribution de l'analyse des coûts à la définition du *business model* est évoquée (section 3.3).

3.1. Le compte d'exploitation

Sur le modèle du compte de résultat qui fournit une information globale pour l'organisation, des états sont développés afin de proposer une analyse plus fine de la performance : ce sont les comptes d'exploitation. Leur structure n'est pas normalisée ; le contrôleur de gestion les adapte en fonction des attentes des managers opérationnels et de leur ligne hiérarchique.

Par axe d'analyse (gamme de produits, zone géographique, *business unit*, etc.), les comptes d'exploitation fournissent une analyse de la performance qui, en les agrégeant, reconstitue le compte d'exploitation de l'entreprise dans sa globalité (voir tableau 2.5).

Tableau 2.5 – Détail du compte d'exploitation d'un groupe par métiers

	Métier 1	Métier 2	Métier 3	Métier 4	Groupe (total)
Chiffre d'affaires					
Marge sur coûts des ventes					
Marge sur coûts variables réelle					
Contribution industrielle					
Contribution commerciale					
Résultat opérationnel					
Résultat financier					
Résultat net					

Le compte d'exploitation détaille le passage du chiffre d'affaires au résultat net en mettant en exergue différentes marges associées à des responsables clairement identifiés, comme l'illustre le tableau 2.6 avec un exemple issu de l'industrie agroalimentaire.

Tableau 2.6 – Exemple de compte d'exploitation

Chiffre d'affaires	1 000	(1)
Ristournes	(100)	(2)
Coût des ventes standard	(600)	(3)
Marge sur coût des ventes	**300**	(4) = (1) + (2) + (3)
Coût des ventes réel	(575)	(5)
Marge sur coûts variables réelle	**325**	(6) = (1) + (2) + (5)
Coûts fixes industriels standards	(150)	(7)
Coûts fixes industriels réels	(120)	(8)
Contribution industrielle	**445**	(9) = (6) + (8)
Frais commerciaux	(50)	(10)
Frais marketing	(30)	(11)
Contribution commerciale	**365**	(12) = (9) + (10) + (11)
Frais de siège	(10)	(13)
Résultat opérationnel	**355**	(14) = (12) + (13)
Résultat financier	(5)	(15)
Impôts	(60)	(16)
Résultat net	**290**	(17) = (14) + (15) + (16)

Au moins quatre niveaux de responsabilité sont distingués : les commerciaux, les directions industrielles et commerciales et la direction de la *business unit*, du métier.

La marge sur coût des ventes (4) permet d'évaluer la performance des équipes commerciales. En plus des ventes (chiffre d'affaires), les remises accordées aux distributeurs sont suivies, de même que les coûts des produits vendus. On note que la marge (4) est déterminée à partir de coûts standards (3). Ainsi, les commerciaux ne subissent-ils par les écarts par rapport aux coûts prévisionnels.

Pour ce qui est de la performance industrielle, ce compte d'exploitation propose une comparaison entre les coûts fixes prévisionnels (7) et les coûts fixes réels (8). Le directeur industriel est donc évalué au travers du respect de ses engagements budgétaires (7 - 8).

La direction commerciale est évaluée, quant à elle, au travers de la contribution commerciale. Le choix opéré ici est de retenir le coût réel des ventes en plus des frais commerciaux et marketing.

Le résultat opérationnel est le critère d'évaluation du responsable du métier, très dépendant de son directeur commercial. En effet, les uniques coûts que le responsable du métier maîtrise seul sont les frais de siège. L'intérêt du résultat net est de fournir une appréciation de la contribution du métier à la performance du groupe.

Comme la plupart des comptes d'exploitation, celui-ci est adapté du compte de résultat de comptabilité financière et des soldes intermédiaires de gestion. Le compte d'exploitation fournit donc une première analyse de la performance pour les principaux axes d'analyse de l'organisation (métier, zone géographique). Il est généralement possible d'en disposer pour des objets de coûts spécifiques (par exemple, le compte d'exploitation par clients, par produits, par zones géographiques). Néanmoins, cela vaut uniquement pour les premiers niveaux de marge. En d'autres termes, pour un client, toutes les marges sont calculées jusqu'à la contribution commerciale, les résultats opérationnel et net n'ayant pas de signification pour ledit client.

Quand les objets de coûts sont nombreux, d'autres types d'analyses sont mobilisés.

3.2. Analyser sa performance

Il existe de multiples manières de représenter la performance. Nous exposerons successivement la courbe baleine, ou *whale curve* (section 3.2.1), puis la courbe de rentabilité (section 3.2.2) avant de montrer l'intérêt d'une présentation sous forme de matrices (section 3.2.3).

3.2.1. La *whale curve*

Sur le modèle de la courbe ou du diagramme de Pareto, Atkinson *et al.* (2004, p. 145) proposent de construire une *whale curve*, littéralement courbe baleine en raison de sa forme, afin d'analyser la profitabilité d'un portefeuille de clients.

Figure 2.8 – Courbe de Pareto et *whale curve*

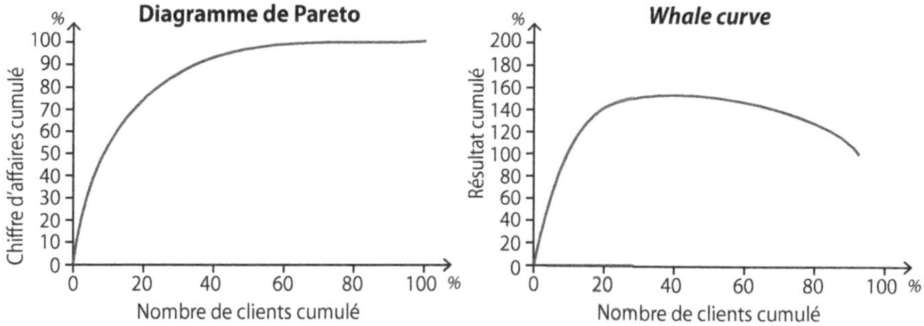

La loi empirique des 20/80, ou loi de Pareto, désigne une situation observée avec une certaine régularité : 20 % des clients représentent 80 % de l'activité ou du chiffre d'affaires. Lorsqu'on étudie non plus l'activité mais le résultat, la courbe prend une forme atypique, le résultat de certains clients étant négatif. **La courbe suggère ici qu'en divisant par 4 le nombre de clients, le résultat pourrait être augmenté de 60 %.** Nous verrons dans le chapitre 3 que la réalité est plus complexe, des objets de coûts déficitaires pouvant contribuer à couvrir les frais de structure de l'organisation. Les résultats les plus marquants portent sur les clients, mais d'autres objets de coûts sont susceptibles d'être analysés tels que les produits.

3.2.2. La courbe de profitabilité

Les promoteurs de la méthode UVA (voir chapitre 4) proposent une autre forme de représentation de ces mêmes phénomènes. Compte tenu de l'orientation de leur méthode, l'objet de coût privilégié est la facture. Les factures sont classées en fonction de leur profitabilité (résultat rapporté au chiffre d'affaires), de la moins profitable à la plus profitable, afin de reconstituer le chiffre d'affaires (voir figure 2.9).

Figure 2.9 – Exemple de courbe de profitabilité

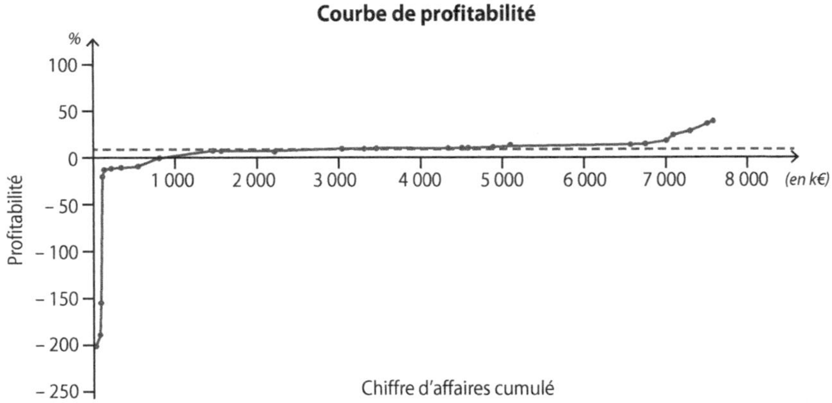

La profitabilité moyenne (8,4 %) représentée par la droite en pointillés dissimule une grande hétérogénéité des situations avec des profitabilités variant de -195,8 % à 38,5 %. En effet, si la profitabilité maximale est limitée à 100 %, les pertes théoriques sont illimitées. Les promoteurs de la méthode UVA appellent cette représentation « courbe de rentabilité », alors que ce sont bien des profitabilités qui sont représentées.

Ce type de représentation met en évidence des situations extrêmes qui doivent faire l'objet de décisions rapides : petites commandes générant des frais administratifs disproportionnés (partie gauche de la courbe) ; clients pour lesquels les prix de ventes élevés sont difficilement justifiables (partie droite de la courbe).

3.2.3. Les matrices

Des matrices sont également utilisées afin de formaliser des plans d'action. En retenant les mêmes variables que la *whale curve* et la courbe de profitabilité, Helgesen (2005) propose l'analyse d'un portefeuille de clients d'une banque de détail (voir tableau 2.7).

Tableau 2.7 – Matrice Chiffre d'affaires / Profitabilité

		Chiffre d'affaires (produit net bancaire)	
		Faible	**Élevé**
Profitabilité	**Élevée**	Potentiels	Essentiels
	Faible	Mineurs	Problèmes

Des actions spécifiques sont ensuite proposées et engagées pour chaque catégorie de clients. Afin de changer de perspective, on peut prendre en considération d'autres variables (voir tableau 2.8).

Tableau 2.8 – Matrice Coût de service / Profitabilité

		Coûts de service	
		Faibles	**Élevés**
Profitabilité	**Élevée**	Passifs	Exigeants mais prêts à rémunérer le service
	Faible	Transactionnels	Agressifs

Si l'on s'affranchit du critère de taille du client (chiffre d'affaires), la profitabilité est étudiée en regard des moyens engagés par la banque (coûts des services).

La distinction faible/élevée fondée sur une valeur médiane est discutable ; la catégorisation peut être affinée en passant d'une matrice 2 × 2 à une matrice 3 × 3 ou 2 × 3 si seulement un des critères mérite d'être étudié plus finement. Le choix des critères est également discutable ; une analyse statistique préalable peut permettre d'identifier et de justifier le choix des variables expliquant la profitabilité.

Ces outils de diagnostic sont mobilisés en vue d'établir des plans d'action (par exemple, développer l'activité avec les clients profitables dont le chiffre d'affaires est faible, fidéliser les clients ayant une activité et une profitabilité élevées, revoir la politique tarifaire des clients peu profitables), voire de définir la stratégie et le *business model.*

3.3. Coûts et *business model*

Définir la stratégie sur la base des matrices, et plus fondamentalement la connaissance de sa structure de coûts, est déterminant dans la formalisation de son modèle économique ou ***business model.*** Deux cadres complémentaires illustrent l'importance de la structure de coûts dans la définition d'un *business model* : le *business model canvas* (section 3.3.1) et le modèle RCOV (section 3.3.2).

3.3.1. Les coûts dans le *business model canvas*

Le *business model canvas,* développé par Osterwalder et Pigneur (2011), présente le *business model* comme l'articulation de neuf blocs[1] :

Tableau 2.9 – Le *business model canvas*

<table>
<tr><td rowspan="2">Partenaires clés</td><td>Activités clés</td><td rowspan="2">Proposition de valeur</td><td>Relation avec le client</td><td rowspan="2">Segments de clientèle</td></tr>
<tr><td>Ressources clés</td><td>Canaux</td></tr>
<tr><td colspan="3">Structure de coûts</td><td colspan="2">Flux de revenus</td></tr>
</table>

1. Pour une présentation détaillée, on pourra également visionner cette vidéo : https://www.youtube.com/watch?v=RzkdJiax6Tw&t=198s.

Les coûts devraient toujours être minimisés, mais la structure de coûts occupe une place particulière dans les *business models* fondés sur une logique de coûts par opposition à ceux fondés sur une logique de valeur.

Les modèles économiques reposant sur la logique de coûts visent à minimiser ces derniers partout où cela est possible. Leur proposition de valeur (produits et services associés) est fondée sur des prix bas et la plus grande automatisation possible des processus. Les compagnies aériennes *low cost*, telles que EasyJet et Ryanair, ou la marque *low cost* de Renault, Dacia, en sont de parfaites illustrations.

À l'opposé, certaines entreprises se préoccupent davantage de création de valeur ; la question des coûts est alors secondaire. La course à la démesure des premières classes des compagnies aériennes ou les investissements élevés (avec les coûts qu'ils induisent) des hôtels de luxe illustrent ce positionnement.

Dans la définition d'un *business model*, la structure des coûts (répartition entre coûts fixes et coûts variables) est cruciale. À la création d'une activité, une structure de coûts variables réduit les risques (les coûts sont faibles si l'activité reste faible). À l'origine, Amazon ne disposait pas de stocks de livres ; l'enseigne jouait simplement le rôle d'interface entre les éditeurs ou les libraires traditionnels et les clients. Cependant, des coûts fixes importants contribuent à réduire les coûts variables (coûts d'achat réduits compte tenu des volumes). Aujourd'hui, Amazon dispose de ses propres stocks, ce qui réduit ses coûts variables et accroît ses marges. Un volume d'activité important est alors nécessaire pour couvrir les coûts fixes liés à ces investissements lourds. La stratégie d'Amazon est en réalité plus subtile. En effet, pour les produits à fort volume, des stocks sont constitués afin de bénéficier de coûts d'achat privilégiés (coûts fixes importants, mais coûts variables unitaires plus faibles). En revanche, pour les produits représentant des volumes faibles, Amazon continue de jouer le rôle d'interface (coûts fixes réduits, mais coûts variables plus élevés).

Des économies d'échelle et d'envergure peuvent également être recherchées. Augmenter la taille réduit les coûts d'accès aux ressources. C'est ainsi qu'Amazon réduit ses coûts variables d'achat lorsque les volumes augmentent. Les économies d'envergure justifient la concentration horizontale. C'est toujours le cas d'Amazon, qui tire profit de sa logistique pour vendre non seulement des livres mais aussi un nombre toujours plus important de catégories de biens.

3.3.2. Les coûts dans le modèle RCOV

Le *business model* est présenté par Demil *et al.* (2013) comme l'agencement des ressources et compétences (RC) d'une organisation interne et externe (O) et d'une proposition de valeur (V). Au-delà de composants en nombre réduit par rapport à ceux du *business model canvas* (3 contre 9), tout l'intérêt du modèle réside dans les liens qu'ils entretiennent.

Figure 2.10 – Le modèle RCOV

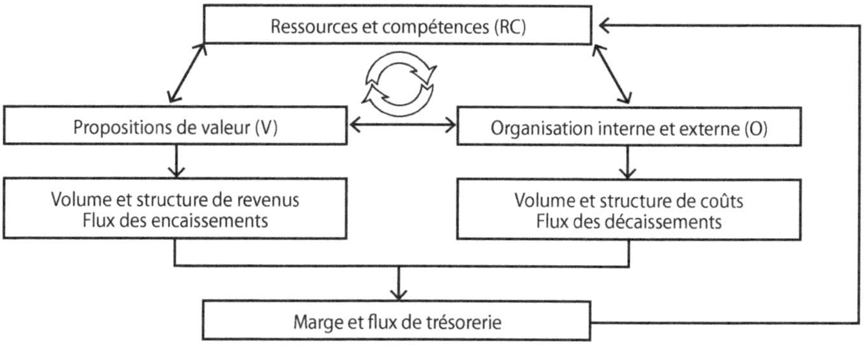

Ferran Adria, dans le secteur de la gastronomie, fournit une illustration de mise en action du modèle. Ferran Adria fait le choix de fermer son restaurant *El Bulli* une partie de l'année (O), ce qui lui laisse le temps avec son équipe de développer et tester de nouveaux savoir-faire dans son laboratoire (RC). Ainsi, le restaurant peut proposer des innovations en grand nombre à ses clients, voire à l'industrie agroalimentaire (V).

Les volumes et structures des revenus et des coûts ne sont pas des composantes du *business model*, mais des conséquences des choix opérés. Une des contributions du modèle RCOV est de dépasser la seule problématique produits/charges en intégrant les flux de trésorerie (c'est-à-dire les encaissements et les décaissements). Pour les produits, dans le cas de la presse, l'abonnement est prépayé alors que la vente en kiosque est postpayée. Outre l'attrait de la régularité, l'abonnement présente donc un intérêt accru. Pour les charges, dans le cas de *smart box* (cadeau prépayé), les prestations offertes (charges) présentent le double avantage de n'être payées qu'au moment de leur consommation (décaissement), voire de n'être jamais décaissées, de nombreux clients ne consommant pas les prestations.

Cet intérêt porté aux flux de trésorerie est un point important car le contrôle de gestion, en général, et la comptabilité de gestion, en particulier, sont focalisés sur les produits/charges, les flux de trésorerie et les aspects bilanciels étant négligés.

Encadré 2.3 – Stratégie et système de contrôle

La relation stratégie/système de contrôle fait l'objet d'une littérature abondante. Elle ne s'appuie pas sur la distinction stratégie de valeur/stratégie de coûts, mais sur la typologie de Miles et Snow qui distingue les prospecteurs des défenseurs. Alors que les prospecteurs cherchent à innover, les défenseurs sont dans une logique de maîtrise/réduction de leurs coûts avec un domaine d'activité stable.

Étonnamment, ce ne sont pas les défenseurs qui ont les systèmes d'analyse et de suivi des coûts les plus sophistiqués mais les prospecteurs. L'explication avancée est qu'une bonne connaissance de ses coûts est le meilleur moyen de réduire les risques dans les projets de développement de nouvelles solutions (produits, services, *process*...). Par contre, dans des contextes stabilisés, des outils simples permettent un suivi efficace des consommations de ressources (illustré par le témoignage 2.4).

Résumé

La comptabilité de gestion produit de nombreuses informations indispensables à la prise de décision (par exemple, faire ou faire faire, évaluer la performance, identifier les clients à cibler en priorité). Ce chapitre a posé les notions fondamentales de la comptabilité de gestion avec les distinctions coût/prix, marge/résultat, les notions de comportement (coût variable/fixe) et de traçabilité (coût direct/indirect). Enfin, la diversité des présentations possibles des données produites (courbes de rentabilité, matrices, etc.) illustre la contribution de la comptabilité de gestion à la formalisation de la stratégie.

Les modèles et solutions techniques adoptés sont cependant fonction du contexte en s'appuyant notamment sur une analyse coût-avantage de l'information produite. Les petites organisations privilégient par exemple les systèmes simples. Ainsi, n'existe-t-il pas une méthode de références, mais des techniques plus ou moins complexes à mettre en œuvre qui seront développées dans les chapitres suivants.

Dans un premier temps, nous aborderons les approches les plus simples, à savoir les coûts partiels (chapitre 3), avant d'examiner les approches plus lourdes à déployer, les coûts complets (chapitre 4). Enfin, la gestion par les coûts sera développée dans le chapitre 5. En effet, la comptabilité de gestion n'est pas seulement un outil de modélisation mais un moyen d'influencer les comportements pour mettre en œuvre la stratégie.

Application 1 : Caractériser des coûts

Vous êtes assistant de gestion dans l'usine de Besançon d'un leader européen de l'agroalimentaire. Dans le cadre du paramétrage du nouvel ERP – système d'information intégré –, il vous est demandé de caractériser les charges suivantes afin d'automatiser en partie le système de calcul de coûts. Précisez si ces charges sont :

- directes ou indirectes ;
- fixes ou variables ;
- maîtrisables ou non maîtrisables.

	Fixes/ Variables (F/V)	Directes/Indirectes (D/I)			Maîtrisables/Non maîtrisables (M/NM)	
		par rapport au client	par rapport à un produit	par rapport au site de Besançon	par un chef d'équipe	par le resp. du site
Consommations de matières premières						
Fournitures de bureau						
Électricité						
Loyer du site						
Loyer machine Z (emballage dédié à un client)						
Loyer machine W (découpe produit spécifique)						
Prestations informatiques (facturées au poste de travail)						
Maintenance préventive (forfait)						
Maintenance curative (à l'intervention)						
Transport sur achats (une seule matière)						
Transport sur achats (plusieurs matières)						
Transport sur ventes (un produit mais plusieurs clients)						
Transport sur ventes (plusieurs produits mais un seul client)						
Transport sur ventes (plusieurs produits et plusieurs clients)						
Rémunération des ouvriers						
Rémunération des saisonniers						
Rémunération des chefs d'équipe						
Rémunération des cadres du site						

Application 2 : Portefeuille clients

Le tableau suivant fournit le détail du portefeuille clients pour les années 2016 et 2017.

Client	Chiffre d'affaires 2016	Résultat 2016	Chiffre d'affaires 2017	Résultat 2017
A	121	13	81	7
B	520	12	635	40
C	241	37	258	45
D	55	5	65	8
E	209	46	226	53
F	200	–18	197	–17
G	174	23	157	16
H	1 192	102	1 475	183
I	87	–12	90	–11
J	223	24	215	23
K	16	–10	10	–2
L	302	20	295	19
M	632	35	668	43
N	154	16	164	22
O	92	9	95	10
P	20	–2	23	–3
Q	843	81	862	89
R	754	78	814	76
S	95	–9	122	–13
U	308	2	256	–4
V	254	23	271	32
W	11	–1	25	2
X	79	–5	118	8
Y	208	21	184	15
Total	**6 790**	**490**	**7 306**	**641**
Profitabilité		**7,22 %**		**8,77 %**

Le tableau peut être téléchargé sur le site Vuibert.fr.

Au moyen de votre tableur, construisez ces représentations graphiques du portefeuille clients et interprétez-les :

- *whale curve* pour 2017 ;
- courbe de « rentabilité » pour 2017 ;
- matrice croisant les taux de croissance du chiffre d'affaires et de la profitabilité.

Et dans mon entreprise

- Dans votre organisation, quels sont les coûts qui sont évalués ? Pour quelles décisions sont-ils utilisés ?
- Pour l'axe analytique principal de votre organisation (client, produit, marché), proposez la structure d'un compte d'exploitation, le passage du chiffre d'affaires au résultat net en faisant apparaître les marges que vous jugez pertinentes.

Références

Atkinson A.A., Kaplan R.S. et Young S.M., *Management Accounting*, Pearson Prentice Hall, 2004.

Bouquin H., *Comptabilité de gestion*, Paris, Dalloz, 1993.

CNC, *Plan comptable général*, 2e éd., Imprimerie nationale, 1982.

Demil B., Lecocq X. et Warnier V., *Stratégie et Business model*, Paris, Pearson Education France, 2013.

Helgesen O., « Customer segments based on customer account profitability », *Journal of Targeting, Measurement and Analysis for Marketing*, 14(2), 2005, p. 225-237.

Osterwalder A. et Pigneur Y., *Business model nouvelle génération*, Paris, Pearson Education France, 2011.

Rongé Y. (de), *Comptabilité de gestion*, 3e éd, Bruxelles, De Boeck, 2013.

Savall H. et Zardet V., *Maîtriser les coûts et les performances cachés*, Paris, Economica, 2010.

Chapitre 3

Les coûts partiels ou la prise de décision à court terme

Objectifs pédagogiques

1. Adapter la méthode de calcul de coûts partiels à la décision
2. Utiliser le modèle coût-volume-profit pour bâtir des scénarios et prendre des décisions opérationnelles
3. Déterminer un seuil de rentabilité
4. Comprendre les critères financiers d'abandon ou de maintien d'une activité
5. Mesurer l'impact d'une décision sur l'exposition au risque de perte

Cas introductif : Zein (1)

Zein est un leader européen de la fabrication de sauces froides. Le site industriel de Tourcoing dispose d'une chaîne de production unique qui fabrique de la mayonnaise et de la sauce burger. En bout de chaîne, deux ateliers distincts permettent de conditionner les deux produits : l'atelier « Tubes » pour la mayonnaise et l'atelier « Squeezes » pour la sauce burger. Les coûts standards par palette sont consignés dans le tableau ci-dessous :

	Mayonnaise			Sauce burger		
	Quantité	Coût unitaire	Total	Quantité	Coût unitaire	Total
Huile (litres)	370	0,30	111,00	300	0,31	93,00
Condiments (kilogrammes)	30	18,00	540,00	40	20,00	800,00
Conditionnement (unités consommateur)	1 200	0,40	480,00	1 500	0,60	900,00
Atelier de fabrication (heures)	1,0	200,00	200,00	1,5	200,00	300,00
Atelier de conditionnement (heures)	2	70,00	140,00	4	180,00	720,00
Prix de vente (unités consommateur)	1 200	1,50	1 800,00	1 500	2,00	3 000,00

Outre ces coûts, des frais administratifs, propres à l'usine, s'établissent à 140 000 euros par mois. Ils sont pour l'instant répartis au prorata des palettes produites. On considère que les coûts de l'atelier de conditionnement sont fixes.

En février N, 400 palettes de tubes de mayonnaise et 100 de *squeezes* de sauce burger ont été fabriqués.

Question 1 : Déterminez les coûts de revient et les résultats totaux et unitaires des deux produits à l'aide de la méthode des coûts complets. Commentez les résultats obtenus. Quelles critiques pourriez-vous formuler à l'encontre de cette méthode ?

Le directeur général souhaite utiliser une autre méthode de calcul de coût.

Question 2 : Calculez la marge sur coûts variables unitaire des deux produits et la marge sur coûts variables globale. Commentez les résultats obtenus en calculant tous types de ratios nécessaires à votre réflexion.

Question 3 : Calculez la marge sur coûts spécifiques des deux produits à l'aide de la méthode des coûts spécifiques. Les frais administratifs sont des coûts fixes communs. Commentez les résultats obtenus en calculant tous types de ratios nécessaires à votre jugement.

Question 4 : Dorénavant, les frais administratifs communs sont répartis à hauteur de 100 000 euros pour les sauces burger et de 40 000 euros pour la mayonnaise. Calculez le seuil de rentabilité en quantités et en chiffre d'affaires des deux produits, ainsi que la marge de sécurité des deux produits. Déterminez les mêmes indicateurs, à l'exception du seuil de rentabilité en quantités, pour Zein dans son ensemble.

Question 5 : Les ventes de sauce burger pourraient être accrues de 50 palettes par mois. Pour ce faire, Zein doit accepter l'offre d'un distributeur qui serait prêt à commander cette quantité au prix unitaire de 2 500 euros. L'entreprise n'aurait pas d'investissement supplémentaire à réaliser. Convient-il d'accepter cette offre ?

Question 6 : Le maintien de la production de sauce burger est-il souhaitable, le caractère concurrentiel du marché ne permettant pas d'envisager un accroissement du prix de vente ? Autrement dit, quel serait le résultat de l'entreprise si la production de sauce burger était arrêtée ? Quelle suggestion pouvez-vous faire ? ■

Synthèse du cas et introduction du chapitre

La détermination du coût complet ou du coût de revient des produits apporte une information utile pour des décisions de long terme, telles que la fixation d'un prix de vente. Nous aborderons ces techniques dans le chapitre 4. S'engager dans une telle démarche peut s'avérer fastidieux et fournir une information inappropriée lorsqu'il s'agit de prendre des décisions qui impliquent l'entreprise sur le court terme. C'est notamment le cas pour fixer le prix de vente d'une commande supplémentaire alors même que les coûts de structure ne sont pas impactés par cette commande. C'est également le cas lorsque la suppression d'une catégorie de produits/prestations n'induit aucune modification des charges communes avec les autres catégories, à court terme.

Sous quelles conditions de prix accepter une commande supplémentaire ? Comment justifier financièrement le maintien ou l'abandon d'une activité ? Il s'agit de questions auxquelles les méthodes de coûts partiels apportent des éléments de réponse utiles à la prise de décision.

Dans ce chapitre, nous aborderons donc les approches de coûts partiels adaptées à certains questionnements opérationnels :

- la méthode des coûts variables ou le modèle coût-volume-profit ;
- les méthodes des coûts directs et des coûts spécifiques ;
- les développements de ces méthodes.

La figure 3.1 synthétise les différentes approches qui seront développées dans ce chapitre en présentant la nature des charges retenues dans le calcul pour chacune des méthodes. Il faut toutefois noter qu'en pratique la distinction entre les différents types de charges est parfois difficile à établir. En outre, les présentations proposées des méthodes ne sont que des idéaux types auxquels il faut trouver des aménagements.

Figure 3.1 – Les différentes approches en coûts partiels

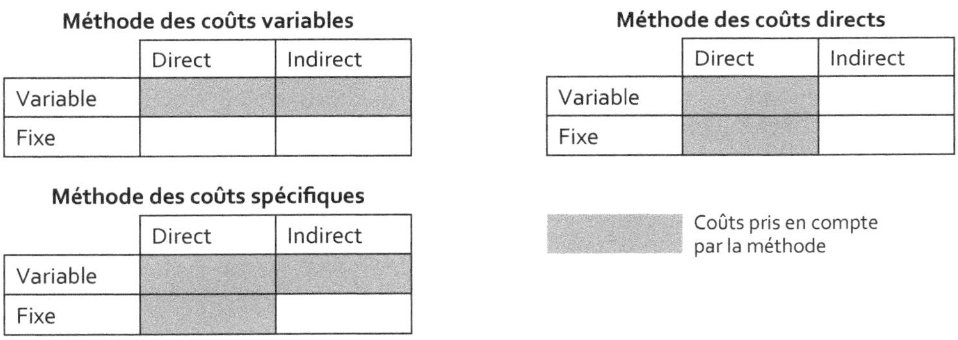

1. La méthode des coûts variables ou le modèle coût-volume-profit

Dans un horizon de temps où l'activité demeure stable, certains coûts peuvent être considérés comme irrémédiablement engagés, indépendamment du niveau d'activité : ce sont les coûts fixes ou coûts de capacité. D'autres le sont à chaque fois qu'une unité supplémentaire est produite : ce sont les coûts variables. Le choix du modèle économique de l'entreprise induit un arbitrage dans la répartition entre ces deux types de ressources.

Encadré 3.1 – Les différentes dénominations de la méthode des coûts variables

Différentes dénominations sont données à la méthode des coûts variables, telles que modèle coût-volume-profit ou *direct costing*. La dénomination *direct costing* est problématique, celle-ci ne se traduisant pas par méthode des coûts directs mais par méthode des coûts opérationnels.

Il est à noter que la méthode de l'imputation rationnelle, permettant de traiter les coûts de capacité (voir chapitre 5), consiste à variabiliser les coûts fixes.

Si l'on considère que seuls les coûts variables sont impactés par les décisions de court terme, le modèle coût-volume-profit (CVP) offre alors une représentation simplifiée du lien entre modèle économique, variation du niveau d'activité et profit généré. En particulier, le modèle CVP met en évidence l'incidence du modèle économique sur :

- sa capacité à dégager plus ou moins rapidement du bénéfice, et donc à atteindre son seuil de rentabilité ;
- la sensibilité de son résultat en cas de variation de son chiffre d'affaires, mesurée par le coefficient de sécurité et le levier opérationnel.

Encadré 3.2 – Synthèse des notations utilisées dans ce chapitre

P : prix de vente
Q : quantité
CA : chiffre d'affaires
CF : coûts fixes totaux
CV : coûts variables totaux
CV_u : coûts variables unitaires
CT : coûts totaux
$I_{nd}S$: indice de sécurité
LO : levier opérationnel ou levier d'exploitation
MSCV : marge sur coûts variables totale
$MSCV_u$: marge sur coûts variables unitaire
MSCS : marge sur coûts spécifiques
SR_q : seuil de rentabilité en quantités
SR_{ca} : seuil de rentabilité en chiffre d'affaires
$SR_{ca}CS$: seuil de rentabilité sur coûts spécifiques en chiffre d'affaires
SR_qCS : seuil de rentabilité sur coûts spécifiques en quantité

1.1. Le seuil de rentabilité

Le résultat analytique d'un produit s'obtient en déduisant du chiffre d'affaires la totalité des charges, quelle que soit leur nature. Le modèle CVP introduit la distinction entre les charges fixes et les charges variables. Considérons que les charges fixes soient inéluctablement engagées, et ce, indépendamment du niveau d'activité. L'enjeu est alors de déterminer le niveau des ventes nécessaire pour couvrir l'ensemble des charges : il s'agit du **seuil de rentabilité**. Le seuil de rentabilité en quantités (SR_q) désigne ainsi la quantité de produits ou de prestations qu'il faut vendre pour couvrir toutes les charges et, par conséquent, avoir un résultat nul. Le seuil de rentabilité en chiffre d'affaires (SR_{ca}) désigne, quant à lui, le niveau de chiffre d'affaires à atteindre pour couvrir toutes les charges et avoir un résultat nul. Au-delà du seuil de rentabilité, l'entreprise est bénéficiaire.

Il existe deux manières de déterminer et de représenter graphiquement le seuil de rentabilité :

- La plus intuitive, à l'intersection de la droite représentant le chiffre d'affaires et celle représentant les coûts totaux.
- À l'intersection de la droite représentant la marge sur coûts variables totale (MSCV) et les coûts fixes totaux, la marge sur coûts variables étant la différence entre le chiffre d'affaires et les coûts variables totaux. Moins intuitive, cette solution nécessite moins de calcul et réduit par conséquent les risques d'erreur.

Figure 3.2 – Représentations graphiques du modèle CVP

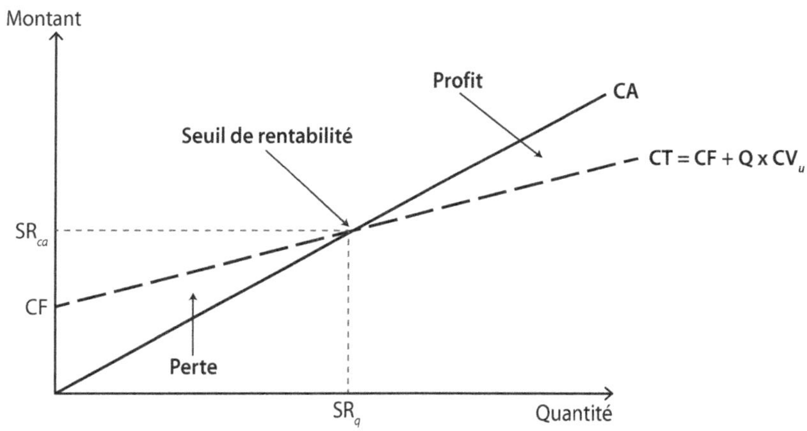

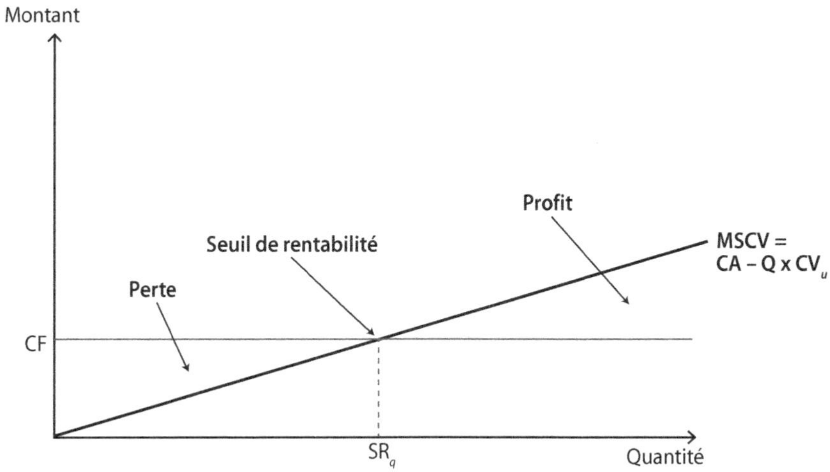

Pour comprendre cette notion de seuil de rentabilité, prenons l'exemple d'un produit vendu 40 euros. Les coûts variables unitaires sont de 30 euros et les coûts fixes de 5 000 euros. Déterminons le seuil de rentabilité selon les deux approches :

Résultat = CA - CT
= (40 × Q) - (30 × Q) - 5 000
Au seuil de rentabilité :
(40 × Q*) - (30 × Q*) - 5 000 = 0
10 × Q* = 5 000
On en déduit :
Q* = 500

MSCV = CA - CV
= (40 × Q) - (30 × Q)
= 10 Q
Au seuil de rentabilité :
10 × Q* = 5 000
On en déduit :
Q* = 500

L'entreprise doit donc vendre au moins 500 produits pour commencer à dégager un bénéfice.

Lorsque le prix ou le coût variable unitaire ne sont pas encore connus ou affinés, le seuil de rentabilité peut être directement exprimé en chiffre d'affaires, sans aucune référence aux quantités.

Encadré 3.3 – Calculer un seuil de rentabilité

Si le prix et/ou le coût variable unitaire ne sont pas connus, le taux de marge connu ou souhaité, t_{MSCV}, est utilisé. Ce taux est déterminé ainsi : $t_{MSCV} = \frac{MSCV}{CA} = \frac{CA-CV}{CA}$.

Au seuil de rentabilité, la relation suivante est vérifiée :
MSCV = CF
CA × t_{MSCV} = CF
$CA = \frac{CF}{t_{MSCV}}$

Le seuil de rentabilité en chiffre d'affaires (SR_{ca}) est donc égal à $\frac{CF}{t_{MSCV}}$.

On recourt à cette formulation lorsque l'entreprise commercialise plusieurs produits, la notion de seuil de rentabilité en quantités n'ayant alors plus de sens.
Reprenons notre exemple :

$t_{MSCV} = \frac{MSCV}{CA} = \frac{10 \times Q}{40 \times Q} = \frac{1}{4}$, soit 0,25 ou 25 %.

$SR_{ca} = \frac{CF}{t_{MSCV}} = \frac{5\,000}{0{,}25}$ = 20 000 euros, ce qui correspond bien au produit de la vente de 500 unités à 40 euros.

Comme son nom l'indique, le modèle CVP a pour but de faire le lien entre les coûts, les volumes de vente et le niveau de profit. Il permet donc de faire des simulations qui conduisent par exemple à mesurer l'impact d'un changement de volumes vendus sur le résultat. Il rend également possible la détermination d'un objectif de vente compte tenu d'un objectif de résultat. De façon générale, le modèle CVP présente l'équation du résultat comme suit :

$(Q \times MSCV_u) - CF = R$

Reprenons notre exemple, avec un prix de 40 euros et un coût variable unitaire de 30 euros. La marge sur coûts variables unitaire s'élève à 10 euros.

Si le niveau des ventes est de 450 produits, alors le résultat est :

10 × 450 - 5 000, soit (500)

On peut également raisonner en termes de marge sur coûts variables. Dans cette hypothèse, il manque 50 produits pour atteindre le seuil de rentabilité, ce qui représente une perte de 50 × 10, soit 500 euros.

Pour atteindre un résultat de 1 000 euros, il faudrait vendre :

- 1 000 / 10, soit 100 produits au-delà du seuil de rentabilité, c'est-à-dire 600 produits ;

ou :

- (Q × 10) - 5 000 = 1 000, pour le raisonnement en termes de résultat, ce qui donne là encore une quantité de 600.

Ce petit exemple illustre la rapidité de calcul permise par le raisonnement en termes de marge sur coûts variables. L'illustration 3.1 présente une application du modèle CVP au cas d'un restaurant.

Illustration 3.1 – Une application du modèle CVP

Avant d'ouvrir son restaurant, le propriétaire du *Chalet du Parc* a dû convaincre plusieurs investisseurs de participer au financement de son projet. Pour ce faire, il leur a fourni des éléments relatifs au développement espéré de son chiffre d'affaires ainsi qu'aux charges associées à ce niveau d'activité. Pour l'année 2018, voici les éléments présentés :

Prix moyen d'un repas	15 €	P
Nombre de clients	30 000	Q
Coût variable unitaire	7 €	CV_u
Coût fixe total	200 000 €	CF

Afin de démontrer sa capacité à générer du bénéfice dès la première année d'exploitation, le propriétaire a également insisté sur le fait que son seuil de rentabilité serait atteint au cours du dernier trimestre de l'exercice (25 000 / 30 000 × 12 mois = 10 mois) :

Marge sur coûts variables unitaire	15 – 7 = 8 €	$MSCV_u$
Taux de marge sur coûts variables	$\frac{8}{15} = 53{,}33\ \%$	$t = \frac{MSCV_u}{p}$
Seuil de rentabilité en quantités	$\frac{200\ 000}{8} = 25\ 000$ repas	$SR_q = \frac{CF}{MSCV_u}$
Seuil de rentabilité exprimé en chiffre d'affaires	$\frac{200\ 000}{0{,}5333\ \%} = 375\ 000$ € ou 25 000 × 15	$SR_{ca} = \frac{CF}{t}$

Le modèle CVP permet ainsi d'identifier, compte tenu de la structure de coûts adoptée, le développement de l'activité que le propriétaire doit espérer pour atteindre l'équilibre entre ses ressources et ses dépenses. Ces éléments financiers sont indispensables pour accompagner la réflexion stratégique et marketing sur le marché, les consommateurs cibles ou encore le mix marketing.

Lorsque l'entreprise dispose de plusieurs lignes de produits, le modèle est représenté comme sur la figure 3.3.

Figure 3.3 – Représentation du compte de résultat différentiel adaptée au modèle CVP

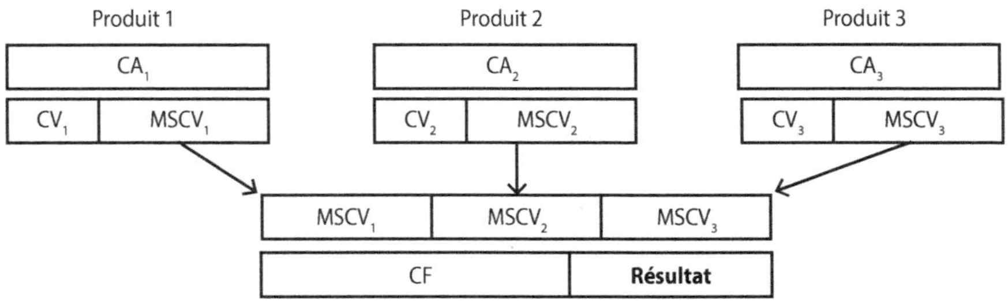

La somme des marges sur coûts variables doit couvrir la totalité des charges fixes de sorte que l'entreprise dégage un bénéfice. Ainsi, la marge sur coûts variables est-elle utilisée comme mesure de la contribution de chaque produit ou entité à la couverture des charges fixes de l'entité dans sa globalité.

1.2. L'indice de sécurité et le levier opérationnel

L'écart entre le niveau des ventes d'une entreprise et son seuil de rentabilité représente la baisse d'activité qu'elle peut absorber tout en continuant à dégager un bénéfice. La différence entre le chiffre d'affaires prévu ou réalisé et le seuil de rentabilité est appelée **marge de sécurité**. La **quantité de sécurité** mesure l'écart entre la quantité actuelle ou prévue et le seuil de rentabilité en quantités.

Figure 3.4 – Représentation graphique de la marge et de la quantité de sécurité

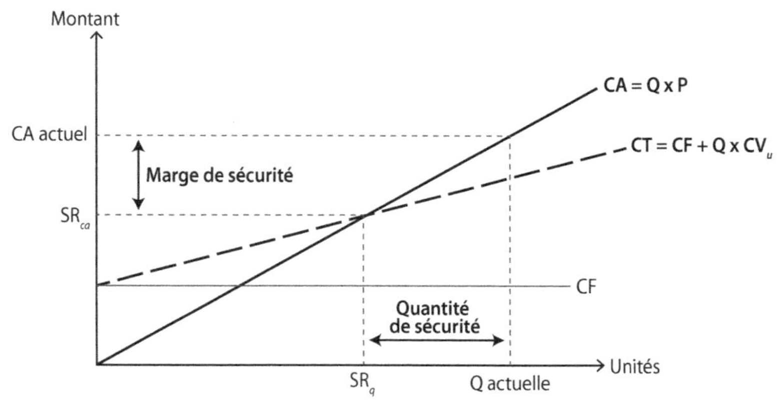

Poursuivons avec l'exemple de la section 1. Supposons que le niveau de ventes prévisionnel de l'entreprise soit de 800 unités. Le produit est toujours vendu 40 euros, avec 30 euros de coûts variables unitaires et 5 000 euros de coûts fixes. La quantité de sécurité est de 300 produits (800 - 500). Cette entreprise peut perdre 37,5 % de son activité actuelle tout en restant bénéficiaire ; au-delà de cette chute, l'entreprise deviendrait déficitaire. Ces 37,5 % représentent l'**indice de sécurité**.

Encadré 3.4 – Indice de sécurité et levier d'exploitation

Le rapport entre la marge de sécurité et le chiffre d'affaires actuel ou prévu, ou le rapport entre la quantité de sécurité et la quantité actuelle ou prévue, constitue l'indice de sécurité ($I_{nd}S$) :

$$I_{nd}S = \frac{CA - SR_{ca}}{CA} = \frac{Q - SR_q}{Q}$$

Cet indice mesure la baisse en pourcentage du chiffre d'affaires ou du volume de ventes que l'entreprise peut subir sans accuser de pertes. Plus ce taux est élevé, moins l'entreprise risque de générer de pertes.

L'indice de sécurité fournit, dans une certaine mesure, une appréciation du risque d'exploitation qui peut être enrichie par le levier opérationnel. Cet indicateur mesure la sensibilité du résultat aux variations du chiffre d'affaires, c'est-à-dire l'élasticité du résultat par rapport au chiffre d'affaires (comme on analyse en marketing les élasticités-prix et revenus des quantités vendues d'un produit). Le levier opérationnel est donc le rapport entre la variation du résultat et la variation du chiffre d'affaires :

$$LO = \frac{\frac{\Delta R}{R}}{\frac{\Delta CA}{CA}}$$

On peut démontrer les égalités suivantes :

$$LO = \frac{MSCV}{R} = \frac{1}{I_{nd}S}$$

Le **levier opérationnel** est l'élasticité du résultat par rapport au chiffre d'affaires. Un levier de 3 signifie qu'une variation de 1 % du chiffre d'affaires induit une variation de 3 % du résultat. Plus les coûts fixes représentent une part importante du coût total, plus le levier opérationnel est fort. À l'inverse, plus les coûts variables constituent une proportion élevée des coûts totaux et plus le levier est faible. La valeur du levier varie en fonction du niveau d'activité ; le levier est d'autant plus élevé en valeur absolue que le niveau d'activité est proche du seuil de rentabilité. En effet, lorsque le résultat est faible, une petite variation d'activité induit une grande variation du résultat.

Poursuivons avec l'exemple cité antérieurement. Le levier opérationnel serait ainsi de 2,67 (1 / 0,375). En d'autres termes, une baisse de 1 % du chiffre d'affaires induirait une baisse de 2,67 % du résultat.

Tableau 3.1 – Illustration du levier opérationnel

	Situation initiale			Avec une baisse de 1 % du chiffre d'affaires			Variations
	Quantité	Par unité	Total	Quantité	Par unité	Total	
Chiffre d'affaire (CA)	800	40	32 000	792	40	31 680	–1,00 %
– Coûts variables (CV)	800	30	24 000	792	30	23 760	–1,00 %
= Marge sur coûts variables (MSCV)	**800**	**10**	**8 000**	**792**	**10**	**7 920**	**–1,00 %**
– Coûts fixes (CF)			5 000			5 000	0,00 %
= Résultat			**3 000**			**2 920**	**–2,67 %**

La figure 3.5 illustre, pour ce même exemple, l'évolution de la valeur du levier opérationnel en fonction du niveau d'activité.

Figure 3.5 – Valeur du levier opérationnel en fonction du niveau d'activité

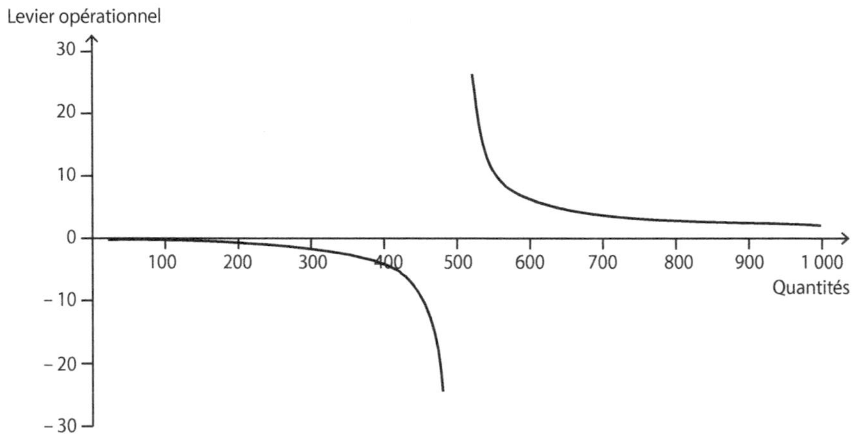

Le levier prend des valeurs très élevées à proximité du seuil de rentabilité. Pour un niveau d'activité de 600, la marge de sécurité est de 100 (600 - 500), l'indice de sécurité de 16,67 % (100 / 600) et le levier de 6 (1 / 0,1667). Il convient donc de noter que le levier opérationnel fournit une indication de variation de résultat consécutive à de petites variations du chiffre d'affaires.

L'illustration 3.2 illustre ces concepts à travers la comparaison de deux entreprises dont les modèles économiques diffèrent.

Illustration 3.2 – *Comparaison de deux modèles économiques*

Ski Évolution et Team Ski, deux écoles de ski spécialisées dans les sorties en hors piste, sont implantées dans quelques stations alpines. La première dispose de plusieurs boutiques et embauche de nombreux moniteurs à temps plein, tandis que la seconde ne dispose que d'un site internet de mise en relation avec des moniteurs indépendants. Pour la saison 2017-2018, elles ont atteint les mêmes niveaux de chiffre d'affaires et de résultat mais avec des structures de coûts différentes :

En euros	Ski Évolution	Team Ski
Chiffre d'affaires (CA)	1 200 000	1 200 000
– Coûts fixes totaux (CF)	(500 000)	(200 000)
– Coûts variables totaux (CV)	(600 000)	(900 000)
Résultat	100 000	100 000

Afin d'analyser l'impact de ces deux structures de coûts sur la capacité de ces entités à générer du bénéfice, calculons leur seuil de rentabilité en chiffre d'affaires :

En euros	Ski Évolution	Team Ski
Marge sur coûts variables totale MSCV = CA – CV	1 200 000 – 600 000 = 600 000	1 200 000 – 900 000 = 300 000
Taux de marge sur coûts variables $\frac{MSCV}{CA}$	600 000 / 1 200 000 = 50 %	300 000 / 1 200 000 = 25 %
Seuil de rentabilité en chiffre d'affaires $SR_{ca} = \frac{CF}{t_{MSCV}}$	500 000 / 0,50 = 1 000 000	200 000 / 0,25 800 000

La structure de coûts plus légère en coûts fixes adoptée par Team Ski permet d'avoir un seuil de rentabilité moins élevé que celui de Ski Évolution. Elle présente donc un risque moins grand de générer des pertes.

	Ski Évolution	Team Ski
Marge de sécurité CA – SRca	1 200 000 – 1 000 000 = 200 000	1 200 000 – 800 000 = 400 000
Indice de sécurité IndS = (CA – SRca) / CA	200 000 / 1 200 000 = 16,67 %	400 000 / 1 200 000 33,33 %
Levier opérationnel LO = 1 / I_{nd}S	1 / 0,1667 = 6	1 / 0,3333 3

La structure de coûts plus légère en coûts variables adoptée par Ski Évolution conduit à un levier opérationnel plus élevé que celui de Team Ski. Une augmentation du chiffre d'affaires générerait donc une augmentation 2 fois plus forte du résultat pour Ski Évolution que pour Team Ski. Cependant, la contrepartie est que Ski Évolution serait également beaucoup plus vulnérable à une baisse de son activité.

		Ski Évolution	Team Ski
Hypothèse 1 CA = 1 100 000	Chiffre d'affaires (CA)	1 100 000	1 100 000
	Marge sur coûts variables MSCV = CA × t_{MSCV}	550 000	275 000
	Coûts fixes totaux (CF)	500 000	200 000
	Résultat (MSCV – CF)	**50 000**	**75 000**
Hypothèse 2 CA = 1 500 000	Chiffre d'affaires	1 500 000	1 500 000
	Marge sur coûts variables	750 000	375 000
	Coûts fixes totaux	500 000	200 000
	Résultat	**250 000**	**175 000**

Au regard des modalités de calcul exposées, il apparaît donc que le choix du modèle économique, et notamment la répartition entre charges fixes et charges variables, impacte le niveau du seuil de rentabilité et le levier opérationnel. Pour une entreprise, externaliser une partie de son activité avec pour conséquence une diminution des charges fixes en contrepartie d'une augmentation des charges variables a, par exemple, comme effet de diminuer le seuil de rentabilité et le levier opérationnel dans la plupart des cas.

Illustration 3.3 – Impact d'une externalisation sur le seuil de rentabilité

Le directeur d'un supermarché appartenant à une grande enseigne de distribution dans l'agglomération paloise s'interroge sur la pertinence d'opérer en interne la livraison du matériel électroménager vendu à ses clients. À cet effet, il étudie l'offre obtenue auprès d'un prestataire potentiel et la compare à ses coûts annuels actuels.

En euros	En interne	En externe
Coûts fixes totaux (CF)	200 000	40 000
Coûts variables unitaires (CVu)	4	12

Cette prestation est facturée 20 euros par produit livré à chaque client. En moyenne, ces dernières années, ce sont 8 000 produits qui ont été livrés aux clients du magasin. Sur cette base, les éléments relatifs à l'activité de livraison seraient les suivants :

	En interne			En externe		
	Quantité	Par unité	**Total**	Quantité	Par unité	**Total**
Chiffre d'affaires (CA)	8 000	20	160 000	8 000	20	160 000
– Coûts variables totaux (CV)	8 000	4	(32 000)	8 000	12	(96 000)
= Marge sur coûts variables (MSCV)	8 000	16	128 000	8 000	8	64 000
– Coûts fixes totaux (CF)			(200 000)			(40 000)
= Résultat			(72 000)			24 000
Seuil de rentabilité en quantités ($SR_q = CF / MSCV_u$)			*12 500*			*5 000*

L'activité de livraison est aujourd'hui insuffisamment développée pour être rentable en la maintenant en interne et le seuil de rentabilité est éloigné du nombre de produits livrés actuellement. En revanche, en externalisant la livraison, il apparaît que la quantité de sécurité s'élèverait à 3 000 produits (8 000 – 5 000).

Afin de poursuivre l'analyse, il est possible de calculer pour quel volume d'activité les deux solutions seraient équivalentes en termes de coûts et assureraient ainsi le même résultat. Soit Q* cette quantité cherchée :

$$200\,000 + 4\,Q^* = 40\,000 + 12\,Q^*$$
$$160\,000 = 8\,Q^*$$
$$Q^* = 160\,000 / 8$$
$$Q^* = 20\,000$$

Il faudrait donc assurer plus de 20 000 livraisons pour que l'activité en interne génère un bénéfice plus grand qu'en externalisant.

Externaliser entraîne toutefois une baisse du seuil de rentabilité sous certaines conditions. En effet, si le prix imposé par le sous-traitant, qui représente le coût variable du distributeur, passait à 17 euros par produit livré, alors le nouveau seuil de rentabilité serait de 13 334 produits (40 000 de coûts fixes divisés par 20 – 17, soit 3, la nouvelle marge sur coûts variables). Le seuil de rentabilité serait alors plus élevé que celui constaté en maintenant l'activité de livraison en interne.

Choisir de faire en interne ou de sous-traiter une partie de son activité à un prestataire se pose dans divers secteurs d'activité, dans des organisations de tailles très variées. Nous mettons en avant le critère financier en présentant le calcul qui permet de mesurer l'impact d'un tel choix sur la capacité de l'organisation à dégager du bénéfice. Toutefois, en pratique, la décision repose bien évidemment sur d'autres éléments, comme la prise en compte de la valeur ajoutée de la tâche.

Témoignage 3.1 – Une illustration de l'arbitrage entre « faire » et « faire faire »

Auparavant, je coupais moi-même les verres en boutique mais, lorsque ma machine est tombée en panne, j'ai dû faire appel à un prestataire. Je lui fournis les mesures exactes et il m'envoie les verres taillés aux bonnes dimensions assez rapidement. Depuis, j'ai calculé qu'il me faudrait tenir au moins cinq ans avec une machine identique, et encore achetée d'occasion, sans panne, pour que cela me coûte moins cher que de faire appel au prestataire. De plus, pour couper les verres aujourd'hui, il suffit d'entrer les mesures dans la machine ; ce n'est pas une tâche très enrichissante. Je continue à faire les mesures sur les clients, et c'est cela le plus important. En procédant ainsi, je peux leur consacrer davantage de temps.

Katell J., opticienne

Dans cette première section, plusieurs situations dans lesquelles le modèle CVP apporte un éclairage à un problème managérial ont été exposées ; le modèle présente toutefois un certain nombre de limites. En effet, il repose sur le caractère inéluctable des charges fixes. Toutefois, des ajustements sont possibles en fonction des quantités vendues car il existe des paliers qui ne sont pas ici pris en compte dans le modèle. Ce raisonnement s'applique également aux charges variables ; le modèle CVP ne prend pas en considération les effets de prix d'achat dégressifs aux fournisseurs lorsque les volumes augmentent (économies d'échelles) ou bien les phénomènes d'apprentissage qui engendrent une diminution des coûts variables unitaires. De la même façon, le prix de vente est supposé fixe alors que, dans le cadre de relations en B to B, des prix dégressifs en fonction des volumes sont souvent pratiqués.

En conclusion, le modèle CVP s'avère très utile pour un certain nombre de simulations. Il s'agit néanmoins d'un modèle fondé sur des hypothèses de stabilité, propres à la prise de décision à court terme.

2. La méthode des coûts directs et des coûts spécifiques

La détermination de résultats analytiques est utile pour certaines décisions. Elle repose cependant sur des choix parfois discutables, notamment en ce qui concerne l'imputation des charges indirectes. Dans un cabinet d'audit, pourquoi répartir les frais généraux au prorata des heures passées, et non pas des frais directs de personnel ?

Dans cette section, nous allons aborder deux approches qui consistent à mettre délibérément de côté certaines des charges les plus difficiles à affecter aux objets de coûts : les méthodes des coûts directs et des coûts spécifiques.

2.1. La méthode des coûts directs

Comme nous l'avons évoqué dans le chapitre 2, la comptabilité de gestion repose sur une distinction fondamentale entre les charges directes, qui peuvent être affectées sans ambiguïté aux produits, et les charges indirectes, qui nécessitent un traitement particulier. La méthode des coûts directs implique de ne retenir dans le calcul de coûts que les charges directes. L'objectif est de mettre en évidence une marge sur coûts directs (MCD) qui contribue ensuite à la couverture des charges communes, qu'elles soient variables ou fixes (voir figure 3.6).

Figure 3.6 – Représentation du compte de résultat différentiel adaptée à la méthode des coûts directs

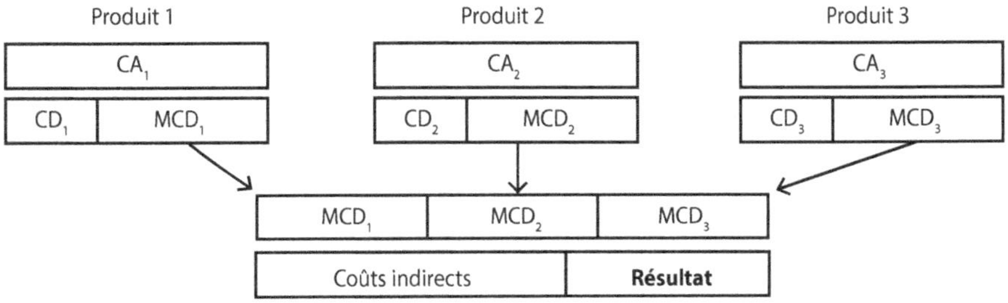

Cette approche est particulièrement judicieuse dans les secteurs où la majorité des coûts est directe, telles les activités de négoce (achat/vente de marchandises) ou de service où les frais de personnels peuvent constituer l'essentiel de la structure de coûts.

Témoignage 3.2 – Intérêt des coûts directs dans une activité de service

Dans la profession d'avocat, nous vendons du temps. Certains clients sont très inquiets du temps passé en rendez-vous par peur d'accroître démesurément le montant de leur facture. Bizarrement, ils sont plus bavards au téléphone mais, comme beaucoup de confrères, nous disposons d'une application qui nous permet de qualifier chaque appel en facturable/non facturable afin d'établir un suivi des temps passés au téléphone chaque mois par client. Le smartphone a révolutionné la profession !

Plus sérieusement, chaque collaborateur et associé effectue un suivi précis du temps consacré à chaque affaire. Il en est de même pour tous les frais annexes (frais de déplacement, expertises...). Il est ainsi possible de facturer les clients ou, pour ceux qui sont au forfait, de s'assurer que les marges sont satisfaisantes.

Christophe C., avocat pénaliste

2.2. La méthode des coûts spécifiques

À court terme, les charges fixes indirectes peuvent être considérées comme irrémédiablement engagées dans des proportions indépendantes du nombre de lignes de produits ou du nombre de produits eux-mêmes. À l'inverse, des charges fixes liées à la commercialisation d'un type de prestation ou de produit sont certes indépendantes du niveau des ventes, puisqu'elles sont fixes, mais peuvent être remises en cause en cas d'abandon de la commercialisation du produit ou de la prestation. La **méthode des coûts spécifiques** ou ***direct costing* évolué** repose sur cette distinction. Elle est mobilisée dans la question 3 du cas introductif du chapitre.

La marge sur coûts spécifiques (MSCS) se calcule de la façon suivante :

MSCS = CA - CV - CF spécifiques

La décomposition du compte de résultat peut alors se présenter comme sur la figure 3.7.

Figure 3.7 – Représentation du compte de résultat différentiel adaptée à la méthode du coût spécifique

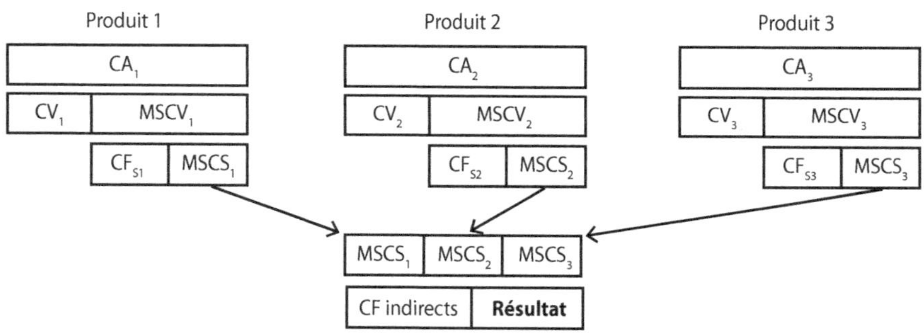

L'approche par les coûts spécifiques conduit à déterminer la contribution des objets de coûts, ici les produits, à la couverture des coûts fixes indirects.

Une MSCS positive signifie que la ligne de produits, le type de prestation ou bien l'entité contribuent à la couverture des charges communes (coûts fixes indirects). En abandonnant une prestation dont la MSCS est positive, l'entreprise se priverait de cette contribution et son résultat se détériorerait d'autant. Si l'accumulation des MSCS couvre au moins les charges fixes indirectes, alors l'entreprise dégage un résultat positif (voir figure 3.7). Un produit ou une entité qui ne couvre pas les charges qui lui sont propres a une MSCS négative ; elle ne contribue donc pas à la couverture des charges indirectes. Sur le plan strictement financier, et en faisant abstraction des effets que pourrait avoir l'abandon d'un produit sur les autres produits, une ligne de produit doit être abandonnée si sa MSCS est négative.

Avant de prendre une telle décision, il peut toutefois être utile de définir la quantité pour laquelle cette MSCS est nulle : il s'agit du seuil de rentabilité sur coûts spécifiques en quantité :

$$\text{SR}_{qCS} = \frac{\text{CF spécifiques}}{\text{MSCV}_u}$$

Ce seuil de rentabilité sur coûts spécifiques peut également se calculer en chiffre d'affaires :

$$SR_{ca}CS = \frac{\text{CF spécifiques}}{t_{\text{MSCV}}}$$

Cette notion de seuil de rentabilité sur coûts spécifiques est utilisée dans l'établissement des budgets.

Témoignage 3.3 – L'utilisation du seuil de rentabilité sur coûts spécifiques

Au moment d'établir les budgets pour nos deux entités, nous commençons toujours par calculer le seuil de rentabilité de chacune. Ensuite, nous décidons des plans d'action à mettre en œuvre pour l'année à venir mais regardons toujours leur incidence sur le seuil calculé initialement. Compte tenu de notre très forte croissance et des investissements qu'elle nécessite, nous devons toujours garder un œil sur notre capacité à être très vite rentables.

Emma M., directrice financière,
start-up dans l'animation lumineuse d'événements

Une illustration de ces divers éléments d'analyse est proposée dans l'illustration 3.4.

Illustration 3.4 – La méthode des coûts spécifiques appliquée à une entreprise de transport de voyageurs

La société Cool Bus exploite quatre lignes de bus entre Bordeaux et trois autres agglomérations du Sud-Ouest :

- A1 : Bordeaux-Biarritz ;
- A2 : Bordeaux-Pau ;
- A3 : Bordeaux-Limoges ;
- A4 : Bordeaux-Agen.

Son fondateur et dirigeant s'interroge sur la rentabilité des différentes lignes. Il reprend les informations relatives à l'année qui vient de s'écouler :

	A1	A2	A3	A4
Prix moyen du billet simple	25	30	20	15
Nombre de trajets simples	520	416	208	416
Nombre de billets simples vendus	18 720	11 648	3 520	6 656
CV par passager	5	5	5	5
CF spécifiques par trajet	250	240	225	200
CF indirects	320 000			

Les CV par passager sont liés aux frais d'émission du billet, aux frais de transaction sur chaque achat de billet et à la boisson offerte à bord. Les CF spécifiques sont constitués de l'entretien et de l'amortissement des véhicules, du salaire du chauffeur et des frais

d'essence et de péage. Les CF indirects correspondent principalement aux charges du siège, où sont organisées les activités de support au transport des passagers (la vente des billets via une plateforme de vente en ligne, la comptabilité, la gestion des ressources humaines et la communication).
Si les charges indirectes sont réparties par quart sur les quatre lignes, alors le résultat global est le suivant :

	A1	A2	A3	A4	Total
Chiffre d'affaires (CA)	468 000	349 440	70 400	99 840	987 680
– Coûts variables totaux (CV)	(93 600)	(58 240)	(17 600)	(33 280)	(202 720)
= Marge sur coûts variables totale (MSCV)	**374 400**	**291 200**	**52 800**	**66 560**	**784 960**
– Coûts fixes spécifiques (CFS)	(130 000)	(99 840)	(46 800)	(83 200)	(359 840)
= Marge sur coûts spécifiques (MSCS)	**244 400**	**191 360**	**6 000**	**(16 640)**	**425 120**
– Coûts fixes indirects (CFI)	(80 000)	(80 000)	(80 000)	(80 000)	(320 000)
= Résultat	**164 400**	**111 360**	**(74 000)**	**(96 640)**	**105 120**
Nombre de billets vendus (N)	18 720	11 648	3 520	6 656	
Prix moyen billet simple (PM)	25	30	20	15	
MSCV*u* (MSCV / N)	20	25	15	10	
$SR_{q}cs$ (CFS / MSCV*u*)	6 500	3 994	3 120	8 320	
$SR_{ca}cs$ ($SR_{q}cs$ × PM)	162 500	119 808	62 400	124 800	

Le dirigeant de Cool Bus s'inquiète des résultats des lignes A3 et A4. Une analyse de la marge sur coûts spécifiques éclaire le dirigeant sur la décision à prendre. Bien qu'affichant un résultat négatif, la ligne A3 dégage une contribution positive. En supprimant la ligne A3, l'entreprise serait privée des 6 000 euros de contribution aux charges fixes indirectes, ce qui aurait pour conséquence de détériorer son résultat global du même montant. Il faut donc la conserver et tenter d'en améliorer son résultat en augmentant sa fréquentation, par exemple. En revanche, abandonner la ligne A4, à supposer qu'il soit possible instantanément de supprimer les coûts fixes spécifiques et qu'il n'y ait aucune incidence sur les coûts fixes indirects, améliorerait le résultat de 16 640 euros.
Le calcul du seuil de rentabilité sur coûts spécifiques met en évidence le fait que la ligne A3 est assez proche de ce seuil aujourd'hui (3 520 billets vendus pour un seuil de rentabilité sur coûts spécifiques de 3 120). Par ailleurs, en cas de baisse de ses ventes, sa marge sur coûts spécifiques (MSCS) pourrait devenir négative. Quant à la ligne A4, il faudrait qu'elle augmente sa fréquentation de 25 % (8 320 / 6 656 – 1) pour atteindre ce seuil. La connaissance du marché et du potentiel de développement permettent d'apprécier si l'entreprise est capable d'atteindre ce niveau d'activité.

En fonction du contexte de l'organisation, les dirigeants peuvent aussi décider d'accepter une marge sur coûts spécifiques négative pour des raisons de visibilité sur le marché, comme l'illustrent les propos qui suivent (voir témoignage 3.4).

Témoignage 3.4 – La marge sur coûts spécifiques en pratique

Pour ce client, compte tenu de son secteur d'activité, nous servons plus de 15 000 repas par jour répartis sur huit sites à travers le parc et sans interruption, c'est-à-dire 24 heures/24. Il s'agit d'un contrat très important pour nous en termes d'image et une référence que nous affichons fièrement dans toutes nos démarches commerciales auprès de nouveaux clients potentiels. Pourtant, je peux vous dire qu'aujourd'hui, nous ne gagnons pas d'argent sur ce contrat tant la pression du client est forte sur la qualité de la prestation et du service. Ils ne veulent aucun souci avec leur personnel sur un sujet comme la restauration. Pour ce faire, nous avons dû nous plier à de multiples exigences et faire quelques concessions sur notre marge.

Jean-Marc V., responsable d'un site de restauration collective

La méthode des coûts spécifiques permet, comme nous l'avons évoqué dans cette section, d'anticiper les effets de l'abandon d'un produit ou d'une activité sur le résultat ; c'est un moyen d'affiner les analyses menées avec la méthode des coûts variables.

3. Pour aller plus loin

Dans cette section, nous allons aborder deux usages des méthodes développées dans ce chapitre. Celles-ci permettent, d'une part, de mieux allouer les ressources rares sous contraintes et, d'autre part, d'intégrer la rémunération des capitaux propres dans la prise de décision.

3.1. L'allocation de ressources rares

L'allocation de ressources limitées et sous contraintes est un véritable enjeu opérationnel et managérial. Par exemple, comment allouer un budget publicitaire limité et nécessairement ciblé à une catégorie de produits ? À quel client affecter prioritairement du temps machine disponible ? Ou encore, comment prioriser ma prise de commande sachant que je n'ai pas la main-d'œuvre nécessaire pour répondre à toutes les sollicitations ? Le niveau des coûts fixes n'est en général pas impacté par ce type de décision ; c'est la raison pour laquelle un raisonnement en coûts partiels est requis.

Nous allons nous appuyer sur le cas de la société Cool Bus présenté dans la section 2.

Supposons que la ligne A4 soit finalement abandonnée mais que les dirigeants de Cool Bus décident de mettre en place une campagne publicitaire de sorte à maintenir leur part de marché. Une seule ligne doit être choisie afin de mieux cibler les affichages dans les villes concernées. Dans ce cas, les ressources doivent être affectées, en priorité, à la ligne susceptible de générer le plus de marge supplémentaire. Pour déterminer le produit ciblé par la campagne de publicité, il faut donc calculer le taux de marge sur coûts variables des trois lignes restantes.

En euros	A1	A2	A3
Prix moyen du billet simple	25	30	20
– CV par passager	(5)	(5)	(5)
= MSCV$_u$	**20**	**25**	**15**
Taux de marge sur coûts variables (MSCV$_u$ / P)	*80 %*	*83 %*	*75 %*

Sur le plan financier, la campagne de publicité devrait être réalisée sur la ligne A2, car il s'agit de la ligne dont le taux de marge sur coûts variables est le plus élevé.

Supposons que les dirigeants renoncent à cette campagne de publicité mais qu'ils choisissent plutôt de redéployer les bus et chauffeurs anciennement mobilisés sur la ligne A4 sur une autre ligne exclusivement. Pour cela, ils disposent de 1 250 heures à réaffecter.

	A1	A2	A3
Temps de parcours	2 h 30	3 h	2 h
MSCV$_u$	20	25	15
Nombre de passagers moyen par trajet	36	28	16
MSCV par trajet	720	700	240
MSCV/h	288	233	120

Avec des conditions de remplissage identiques à celles initialement prévues sur l'ensemble des lignes, les heures disponibles devraient être affectées en priorité à la ligne A1 puisqu'il s'agit du trajet qui maximise la marge par heure de trajet (288 euros/heure à comparer à 233 pour A2 et 120 pour A3).

3.2. La prise en compte de la rémunération des capitaux propres

Dans la section 1, nous avons présenté le seuil de rentabilité comme étant le volume des ventes ou le chiffre d'affaires qui conduisent à un résultat nul. Le calcul a alors été fait sur la base des éléments de charges retenus en comptabilité de gestion de façon à avoir un produit qui couvre exactement ces charges. Si l'objectif de ce calcul est de convaincre des investisseurs potentiels de contribuer à un projet entrepreneurial, nous pouvons aisément comprendre qu'ils ne vont pas se contenter d'un résultat nul. Il est probable qu'ils attendent des dirigeants qu'ils démontrent leur capacité à les rémunérer pour le risque encouru en investissant. La rémunération attendue constitue dès lors une charge supplétive. Elle n'est pas enregistrée en comptabilité financière, mais elle est prise en compte dans les analyses de coûts pour être plus proche de la réalité économique (voir chapitre 2 pour plus de détails).

Le résultat ainsi obtenu est qualifié de « résiduel »[1]. Il doit tenir compte de la rémunération du capital, ce qui pousse les dirigeants à déterminer le niveau d'activité requis pour rémunérer les actionnaires à hauteur de leurs attentes.

1. Pour approfondir la notion de « bénéfice résiduel » et celle, développée plus récemment, d'Economic Value Added (EVA™), on pourra utilement se référer à Chen et Dodd (1997).

Pour expliciter ce point, nous allons reprendre l'exemple du restaurant le *Chalet du Parc* développé dans l'illustration 3.5.

Illustration 3.5 – L'intégration du résultat résiduel dans le modèle CVP

Supposons que, pour ouvrir son restaurant, le dirigeant fasse appel à des investisseurs, que ceux-ci acceptent de contribuer au projet à hauteur de 300 000 euros mais exigent en contrepartie un rendement annuel de 8 % de leur investissement. Cela signifie qu'au montant à couvrir calculé précédemment s'ajoutent 24 000 euros de charges supplétives (300 000 × 0,08). Le résultat résiduel se présente comme suit :

$$(15 \times Q) - (7 \times Q) - 200\,000 - 24\,000 = \text{Résultat résiduel}$$

Le niveau minimum d'activité Q^* qu'il faut atteindre pour garantir la rémunération attendue des investisseurs est donc :

$$Q^* = 224\,000 / 8$$
$$Q^* = 28\,000$$

Alors que le seuil de rentabilité présenté précédemment était de 25 000 repas vendus, il faut maintenant en vendre 28 000 pour commencer à dégager un bénéfice après rémunération des actionnaires afin de créer de la valeur actionnariale.

Résumé

Dans ce chapitre, les méthodes de coûts partiels ont été développées. Le modèle coût-volume-profit et les indicateurs associés à ce modèle (c'est-à-dire seuil de rentabilité, indice de sécurité et levier opérationnel) sont très utiles pour accompagner le pilotage de certaines activités. Par exemple, avant de développer une nouvelle activité, calculer le seuil de rentabilité permet de connaître les volumes de vente nécessaires pour que l'entité dégage un bénéfice. Le levier opérationnel et l'indice de sécurité permettent, quant à eux, d'appréhender le risque d'exploitation et de contribuer à l'arbitrage entre deux modèles économiques.

La méthode du coût variable, appelée aussi *direct costing*, est également très largement utilisée pour appuyer la décision de faire en interne ou de sous-traiter ou bien encore pour définir le coût marginal d'une commande supplémentaire. La marge sur coûts variables est par ailleurs déterminante pour allouer des ressources rares. Pour obtenir des éléments de réponse quant au maintien de prestations ou de divisions d'une organisation, c'est en revanche la méthode du coût spécifique ou *direct costing* évolué qui est privilégiée.

L'engouement pour la création de valeur (actionnariale) peut conduire à intégrer le coût des capitaux propres dans les charges à couvrir pour le calcul du seuil de rentabilité. On peut ainsi procéder à une analyse plus fine et réaliste du niveau d'activité à atteindre.

Les conditions de stabilité de facteurs, indépendamment du niveau des ventes, font toutefois de ces méthodes de coûts partiels des méthodes utiles à la prise de décision à court terme. Il convient cependant de les compléter par les approches en coûts complets, indispensables à la prise de décision stratégique. C'est l'objet du chapitre 4.

Application 1 : Restelec

L'entreprise Restelec fabrique et installe des systèmes de caisses automatiques dans les restaurants. Les systèmes proposés permettent notamment un envoi direct de la commande en cuisine grâce à une liaison Wi-Fi entre l'appareil sur lequel est saisie la commande par le serveur et un terminal en cuisine. Le matériel ainsi que l'installation et la formation des utilisateurs sont facturés 1 000 euros au total à chaque client.

Le directeur et fondateur de Restelec, un ancien restaurateur, connaît très bien le métier de ses clients, leurs attentes et leurs besoins. Il a su en outre s'entourer d'une équipe de sept technico-commerciaux également issus du secteur de la restauration, lesquels vendent le produit et forment les utilisateurs. Chaque technico-commercial peut vendre et installer jusqu'à 500 caisses par an.

En revanche, le directeur a choisi de faire appel à une société de services informatiques pour les aspects liés à la programmation et aux évolutions techniques du produit. Il a confié cette tâche à la société Info +. Des salariés d'Info + travaillent toute l'année dans les locaux de Restelec, où ils paramètrent les terminaux et réalisent les développements nécessaires. Les deux sociétés se sont mises d'accord sur une facturation forfaitaire qui a été fixée à 150 000 euros par an. Les autres frais fixes annuels de la société Restelec sont :

- salaire du directeur : 60 000 euros ;
- salaire des technico-commerciaux : 40 000 euros chacun ;
- salaire de l'assistante de direction : 25 000 euros ;
- amortissement des locaux : 30 000 euros.

Les frais variables par système vendu à un client se chiffrent, eux, à 800 euros.

Actuellement, l'entreprise Restelec commercialise 3 000 systèmes de caisses par an.

Question 1 : Quel est le résultat annuel actuel de la société Restelec ?

Question 2 : Sachant que vous avez embauché progressivement un technico-commercial par an, calculez les différents seuils de rentabilité en nombre de caisses jusqu'aux sept technico-commerciaux aujourd'hui en poste. Synthétisez dans un tableau la nature du résultat en fonction de l'évolution de l'effectif.

Question 3 : L'objectif de la société Restelec est de réaliser un bénéfice de 100 000 euros pour le prochain exercice. Avec la structure de coûts actuelle, combien faut-il vendre de caisses ?

Question 4 : Cet objectif paraissant difficilement atteignable, le directeur de Restelec envisage de baisser les charges variables par caisse. À quel montant devrait s'élever le coût variable unitaire pour que l'entreprise réalise un bénéfice 100 000 euros en continuant de vendre 3 000 unités par an ?

Question 5 : Si les options précédentes ne sont pas retenues, la société Restelec envisage de renégocier le contrat avec Info +. Elle souhaite proposer à son prestataire une tarification totalement variable en fonction du nombre de caisses paramétrées.

a. Pour 3 000 caisses paramétrées, à combien doit s'élever cette rémunération variable par caisse de sorte que l'entreprise réalise un bénéfice de 100 000 euros ?

b. Quel est alors le seuil de rentabilité en quantités ?

c. Pour que la société Info + accepte, il faudrait que ce nouveau mode de rémunération lui soit plus favorable que la rémunération fixe. Quel serait le prix minimum acceptable pour Info + ?

d. L'objectif de la négociation pour Restelec est aussi de pouvoir baisser le seuil de rentabilité par rapport à la situation actuelle avec ses sept technico-commerciaux. Quel est le montant maximum de rémunération variable que Restelec peut verser à Info + pour que le nouveau seuil de rentabilité soit inférieur au seuil de rentabilité de la situation actuelle ?

e. Déduisez-en l'intervalle des prix entre lesquels Restelec peut négocier le montant de charges par caisse paramétrée par Info + ?

Application 2 : Rapizz'

L'entreprise Rapizz' se consacre exclusivement à la fabrication et à la livraison de plats italiens. Elle est implantée au cœur du quartier étudiant de la Sorbonne. Son patron a choisi de pratiquer des prix très attractifs afin de capter cette clientèle. Très bon pizzaiolo et excellent commercial, il a cependant un peu plus de mal avec les chiffres. En effet, il s'interroge sur la rentabilité de son activité et sur celle des différents produits qu'il vend.

Au cours de la dernière année, il a fabriqué et livré :

- 10 000 pizzas à 4 euros l'unité ;
- 8 000 paninis à 2 euros l'unité ;
- 5 000 barquettes de lasagnes à 3 euros la barquette.

Les charges directes variables pour l'année ont été les suivantes :

	Pizzas	Paninis	Lasagnes
Matières consommées	3 000 kg à 2 € le kilo	1 000 kg à 3 € le kilo	1 000 kg à 1,5 € le kilo
Main-d'œuvre (cuisson)	2 000 h à 10 € l'heure	1 000 h à 10 € l'heure	1 000 h à 10 € l'heure

Ces trois produits nécessitent l'utilisation de fours de cuisson spécifiques à chacun. Afin de limiter l'apport initial en capital, le propriétaire a choisi de louer ces trois équipements à un prestataire. Les montants annuels comprenant l'installation, la location et l'entretien des fours sont les suivants :

- four à pizzas : 6 000 euros ;
- four à paninis : 2 500 euros ;
- four à lasagnes : 6 000 euros.

Les charges fixes indirectes se montent à 2 700 euros et sont réparties par tiers entre les trois produits.

Question 1 : Déterminez, pour les ventes actuelles, la marge sur coûts spécifiques globale et le résultat global de chaque type de produit. Quel conseil, en termes d'abandon de produit, donneriez-vous au dirigeant de ce restaurant ? Calculez le résultat global de Rapizz'.

Activités

Question 2 : Quelle quantité minimum de chacun des produits doit-il vendre pour maintenir chacun d'eux à la carte de son restaurant ? Commentez le conseil donné à la question 1.

Question 3 : Supposons que la vente de lasagnes soit abandonnée. Les charges indirectes se répartiraient alors par moitié sur chaque catégorie de produits restants. Quel serait, sur la base des données actuelles, le résultat global des paninis et pizzas et le résultat global de Rapizz' ?

Question 4 : Afin de compenser la perte de chiffre d'affaires suite à l'abandon des lasagnes, le dirigeant envisage de distribuer des tracts sur le campus de l'université. Bien sûr, il assurera lui-même la distribution mais devra toutefois investir 500 euros pour l'impression des tracts. Pour maximiser l'impact de cette campagne sur la rentabilité de son établissement, il souhaite ne mettre qu'un seul produit en avant. Quel produit devrait-il cibler lors de la campagne de promotion afin de maximiser son résultat ?

Question 5 : Le dirigeant de Rapizz' prend toutefois conscience qu'il est contraint par sa capacité de production. Il travaille seul et n'a pas la possibilité d'embaucher pour diverses raisons, dont le manque de place en cuisine. S'il doit développer son chiffre d'affaires sur une autre activité pour compenser l'abandon des lasagnes, cela l'oblige à réallouer le temps passé auparavant à la confection des lasagnes à la fabrication de paninis ou de pizzas. À quel produit devrait-il réaffecter les 1 000 heures qu'il consacrait à la confection des lasagnes ?

Et dans mon entreprise

- Comment détermine-t-on le maintien de certains produits, clients, canaux de distribution ou bien encore entités dans mon entreprise ?
- La notion de contribution est-elle utilisée ? Comment cette contribution est-elle déterminée ?
- La pertinence financière consistant à maintenir en interne certaines activités plutôt que de les externaliser fait-elle l'objet d'une analyse régulière ? Si oui, sur quelle base ?

Références

Chen S. et Dodd J., « Economic Value Added (EVA™): An empirical examination of a new corporate performance measure », *Journal of Managerial Issues*, vol. 9, n° 3, 1997, p. 318-333.

Chapitre 4

Les coûts complets ou la prise de décision à long terme

Objectifs pédagogiques

1. Évaluer un coût complet
2. Appréhender une diversité de méthodes (ABC, méthodes d'équivalence)
3. Prendre en compte les effets des stocks
4. Analyser les coûts de fonctions supports
5. Conforter ses choix stratégiques

Cas introductif : Zein (2)

En février N + 2, la situation de Zein (cas introductif du chapitre 3) a évolué. Tout d'abord, afin de réduire la sous-activité de l'atelier de conditionnement « Squeezes », l'entreprise a décidé de développer l'activité « sauces burgers ». De plus, suite à l'évolution des contraintes réglementaires, les frais de structure ont sensiblement augmenté (contrôles qualité et exigences de traçabilité des produits).

Pour la période étudiée, les fiches de coûts directs par palette de produits sont les suivantes :

	Mayonnaises			Sauces burgers		
	Quantité	Coût ou prix unitaire	Total	Quantité	Coût ou prix unitaire	Total
Huile (litres)	370	0,30	111,00	300	0,31	93,00
Condiments (kg)	30	18,00	540,00	40	20,00	800,00
Conditionnement (unités consommateur)	1 200	0,40	480,00	1 500	0,60	900,00
Atelier de fabrication (heures)	1,0	200,00	200,00	1,5	110,00	165,00
Atelier de conditionnement (heures)	2,0	70,00	140,00	4,0	180,00	720,00
Prix de vente (unités consommateur)	1 200	1,70	2 040,00	1 500	2,10	3 150,00

Rappelons que les coûts totaux de l'atelier de conditionnement sont fixes, alors que tous les autres coûts sont variables. Sachant que 420 palettes de mayonnaise et 200 de sauce burgers ont été produites pendant la période, il apparaît que les frais généraux sont répartis ainsi :

Frais administratifs	279 000
Nombre de palettes	620
Coût à la palette	450,00

Les informations suivantes relatives à l'activité de la période sont portées à votre connaissance :

	Mayonnaise	Sauce burgers	Total
Palettes produites	420	200	620
Nombre de lots (fabrication)	15	85	100
Heures de fabrication	420	300	720
Heures de conditionnement	840	800	1 640

Question 1 : Déterminez les coûts et les résultats dégagés par les deux produits (par palette et totaux).

Question 2 : Que préconisez-vous afin d'améliorer l'analyse des frais d'administration ?

Question 3 : Une des solutions pour mieux analyser les frais généraux consiste à choisir attentivement le critère de répartition des charges indirectes. Que proposez-vous ?

Question 4 : L'autre solution est d'analyser plus précisément les coûts en les regroupant dans des centres plus fins.

En utilisant les informations suivantes, réévaluez les coûts et résultats par produits.

	Montant	Unité d'œuvre
Frais de stockage	31 000	À la palette
Contrôle qualité	130 000	Au lot
Maintenance	47 200	Heures de fabrication et de conditionnement
Autres frais généraux	70 800	Coûts directs et variables
Total	**279 000**	

Question 5 : Compte tenu des attentes des clients en termes de réduction de délais de livraison, la seule solution économiquement viable consiste à constituer des stocks. Les fournisseurs gèrent les stocks d'huile, de condiments et de conditionnements ; ils approvisionnent le site en flux tendu. Par contre, des stocks de produits finis ont été constitués. Le compte d'exploitation n'a pas encore été mis à jour pour prendre en compte cette évolution. La méthode de valorisation des stocks retenue est le coût unitaire moyen pondéré (un coût moyen est déterminé à partir du coût du stock initial et de celui des entrées en stock de la période).

Voici les informations relatives au stock de produits finis au 1er février :

	Quantité (nombre de palettes)	Valeur totale	Valeur unitaire (à titre indicatif)
Mayonnaise	151	240 691,56	1 593,98
Sauce burgers	90	277 923,44	3 088,04

Établissez le compte de résultat du mois de février du site de Tourcoing en prenant en considération ces informations. Comparez les résultats avec ceux obtenus précédemment et expliquez les différences.

Question 6 : Finalement, il s'avère qu'il existe également des stocks de condiments (l'huile et les emballages sont par contre bien fournis en flux tendu).

Les coûts qui apparaissent dans les fiches produits correspondent bien au coût d'achat, mais les quantités achetées diffèrent des consommations :

	Quantité achetée (kg)	Valeur totale	Valeur unitaire (à titre indicatif)
Condiments mayonnaise	3 000	52 400,00	17,47
Condiments sauce burgers	4 000	88 000,00	22,00

Voici l'état des stocks au début du mois de février N + 2 :

	Quantité achetée (kg)	Valeur totale	Valeur unitaire
Condiments mayonnaise	13 000	234 000,00	18,00
Condiments sauce burgers	6 000	120 000,00	20,00

Au vu de ces informations, déterminez les résultats par produits. Établissez le compte du site du mois de février N + 2 et expliquez les différences de résultats par rapport à la question précédente. Remarquez que le coût des matières consommées ayant été modifié, cela impacte bien évidemment celui des produits fabriqués mais également celui des produits vendus. ■

Synthèse du cas et introduction du chapitre

L'analyse de la totalité des coûts induit de réelles difficultés. Il convient de procéder à un arbitrage entre la précision de la méthode et la lourdeur de sa mise en œuvre. L'art du contrôle de gestion réside dans la recherche de cet équilibre en prenant en considération les attentes de ses clients, les utilisateurs de l'information qu'il produit.

Dans ce chapitre, une variété de méthodes visant à traiter toutes les charges d'une organisation seront évoquées :

- des méthodes simples ;
- la méthode ABC (*Activity-Based Costing*) ou la méthode de référence ;
- des développements pour simplifier le calcul en tentant d'améliorer la précision.

Alors que les coûts partiels sont utiles dans une perspective de court terme (accepter une commande avec un prix inférieur au coût complet mais dégageant néanmoins une marge sur coûts variables ; voir chapitre 3), les coûts complets sont essentiels à la prise de décision stratégique : un prix de vente ne peut généralement pas être durablement inférieur à un coût complet.

1. Des méthodes simples d'évaluation des coûts complets

Dans un souci de simplification de l'évaluation des coûts, les méthodes de calcul de coûts partiels (voir chapitre 3) proposent de ne pas traiter certaines charges (indirectes, fixes ou indirectes fixes). Il existe cependant des méthodes permettant de les traiter aisément, à savoir :
- la méthode du pool unique ;
- la méthode des coefficients d'équivalence.

1.1. La méthode du pool unique

L'approche la plus simple pour traiter les charges indirectes, et donc déterminer un coût complet, consiste à les traiter dans leur globalité en les affectant à un pool unique et en les répartissant au prorata d'un facteur jugé pertinent. Dans l'exemple qui suit (voir illustration 4.1), le facteur choisi est le montant des coûts directs.

Illustration 4.1 – Une application de la méthode du pool unique

Le centre d'appel Ébène Ltd travaille pour trois clients différents dont les coûts directs peuvent aisément être identifiés (valorisation des temps passés par les téléopérateurs) :

Coûts directs	
Morne	1 500
Grande Baie	2 500
Tamarin	4 000
Coûts indirects	2 000
Total	**10 000**

Les charges indirectes peuvent être réparties au prorata des charges directes en déterminant le coefficient de charges indirectes ($\frac{\text{Charges indirectes}}{\text{Charges directes}}$), qui s'établit ici à : $\frac{2\,000}{8\,000} = 0{,}25$.

Ce coefficient est utilisé pour répartir les coûts indirects entre les clients :

Client	Coûts directs (1)	Coûts indirects (2) = (1) × 0,25	Coûts complets (3) = (1) + (2)
Morne	1 500	375	1 875
Grande-Baie	2 500	625	3 125
Tamarin	4 000	1 000	5 000
Total	**8 000**	**2 000**	**10 000**

La totalité des coûts étant répartie entre la totalité des objets de coûts (produits), il s'agit bien de coûts complets.

Il s'agit de la solution mise en œuvre dans la première question du cas introductif de ce chapitre. Cette solution simple convient aux petites organisations, comme l'illustre le cas de l'entreprise de peinture en bâtiment ci-après (voir témoignage 4.1).

Témoignage 4.1 – La méthode du pool unique

Mon expert-comptable m'a aidé à déterminer mon coefficient de frais de structure, qui prend en compte tous mes frais généraux (local, coûts des gros équipements...) ainsi que ma rémunération : il est de 22 %.

Pour établir un devis, je détermine les coûts directs à partir des surfaces, de la qualité des supports et des attentes du client. Je valorise le temps nécessaire ainsi que les consommables (peinture, protections...). Les temps sont valorisés sur la base d'un coût moyen selon la catégorie d'intervenants (un de mes ouvriers ou un prestataire externe). Enfin, je multiplie la totalité de mes coûts par 1,22. Cela me donne une base de négociation.

Je suis bien évidemment conscient des limites du calcul. Lorsque j'ai un gros marché, l'application du coefficient me conduirait à faire des offres qui n'auraient aucune chance d'être acceptées ; je le réduis donc. Par contre, pour les petits marchés, je ne peux pas me rémunérer en appliquant ce coefficient. Mon travail de supervision est quasiment équivalent à celui d'un contrat moyen ; le seul moyen de gagner ma vie est alors de pratiquer un coefficient plus élevé.

En bref, grâce à ce coefficient, que j'applique à mes coûts de chantiers, je suis capable de faire des devis plus cohérents.

Dominique L., fondateur et gérant, entreprise de bâtiment

La multiplication des pools est une solution contribuant à affiner l'évaluation des coûts. La méthode ABC, décrite dans la section 2, s'inscrit dans cette perspective. Il existe néanmoins une autre approche simple afin d'affiner le calcul d'un coût complet ; il s'agit des méthodes fondées sur le principe d'équivalence.

1.2. Les méthodes d'équivalence

Si une entreprise fabrique un seul type de produits, l'évaluation de son coût est aisée ; il suffit de diviser le total des charges par le nombre d'unités fabriquées. En revanche, dans le cas d'un fabricant de produits multiples, on peut recourir à des coefficients d'équivalence pour convertir la production d'une période en équivalents produits de référence.

Illustration 4.2 – Une application de la méthode des équivalences

La Menuiserie des Vosges fabrique un modèle unique de tables. En février, 200 tables sont fabriquées pour un total de charges de 12 800 euros.
Le coût unitaire d'une table est de : $\frac{12\,800}{200} = 64$ euros.

Si, en mars, la menuiserie fabrique des tables (220) et des chaises (50), l'analyse des coûts est plus complexe. Il convient tout d'abord de distinguer les coûts directs des coûts indirects :

Coûts directs	Tables	13 200
	Chaises	550
Coûts indirects		3 600
Coût totaux		**17 350**

Les tables étant le produit historique de l'entreprise, elles sont choisies comme produit de référence : toute la production est exprimée en « équivalent tables ». Une analyse technique permet de déterminer qu'une chaise correspond à 40 % des ressources consommées pour une table (hors coûts directs). Grâce à cette information, on peut déterminer la production de la période en équivalent tables :

	Quantité	Coefficient	Production en équivalent tables
Tables	220	1,00	220
Chaises	50	0,40	20
Total			**240**

Il est alors possible de déterminer le montant des coûts indirects par équivalent tables : $\frac{3\,600}{240} = 15$ euros. Les coûts indirects par chaise s'établissent alors à : $15 \times 0{,}40 = 6$ euros.

	Table			Chaise			Total
	Quantité	Coût unitaire	Coût total	Quantité	Coût unitaire	Coût total	
Coûts directs	220	60	13 200	50	11	550	13 750
Coûts indirects	220	15	3 300	50	6	300	3 600
Coût total	**220**	**75**	**16 500**	**50**	**17**	**850**	**17 350**

Sans avoir à répartir les charges entre les produits, comme avec la plupart des méthodes, on peut grâce à la méthode des équivalences déterminer un coût complet par produits.

L'utilisation de coefficients d'équivalence est donc une alternative à la méthode du pool unique en vue de déterminer aisément des coûts complets. Notons cependant que cette simplification repose sur le calcul des coefficients, qui peut être lourd. Ils sont déterminés selon une démarche qui peut être assimilée à une méthode des pools multiples (voir section 2).

Toujours dans un souci de simplification, ces coefficients sont mis à jour selon une périodicité plus ou moins importante (une fois par an au plus).

Témoignage 4.2 – La méthode des équivalences à l'hôpital

Dans mon hôpital, nous utilisons des coefficients d'équivalence pour établir les coûts de blanchisserie des différentes catégories de pièces (draps, taies d'oreiller...).

Une extraction de la comptabilité permet de déterminer les charges mensuelles. En parallèle, les pièces nettoyées sont comptabilisées. En fin de mois, la production est évaluée en équivalent draps. On peut alors en déduire les coûts pour les différentes catégories de pièces traitées.

Les intérêts de la méthode sont multiples :

- *simplicité ;*
- *suivi de l'activité de la lingerie en équivalent draps ;*
- *suivi attentif du coût de l'équivalent draps par le responsable de la blanchisserie. C'est un réel indicateur de productivité du service.*

François L, directeur général des services, hôpital public

L'évocation des méthodes du pool unique et des équivalences avait deux finalités principales : bannir l'expression « la » méthode des coûts complets, car il en existe une multitude, et démontrer que ces méthodes ne sont pas nécessairement complexes.

2. L'*Activity-Based Costing*, méthode de référence d'évaluation de coût complet

La comptabilité par activités ou *Activity-Based Costing* (ABC) peut être considérée comme la méthode de référence, son développement au cours des années 1990 ayant conduit à mettre à jour les applications antérieures de la méthode des centres d'analyse.

2.1. Le modèle fondamental

Le modèle fondant la méthode peut être résumé par deux préceptes : (1) les ressources sont consommées par les activités (2) qui sont elles-mêmes consommées par les objets de coût.

Figure 4.1 – Le modèle fondateur de l'ABC

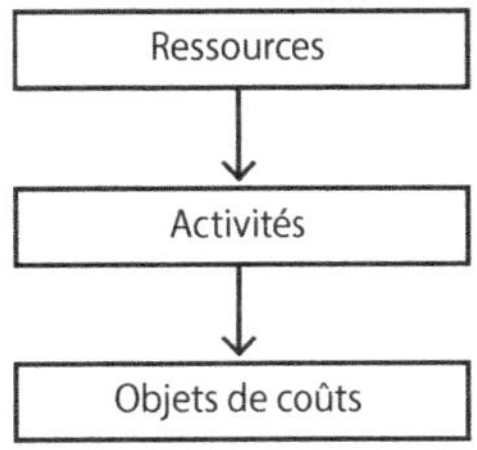

Une approche conventionnelle conduirait à analyser ainsi le cas d'une usine qui consomme chaque année 400 000 heures de travail direct, dont 1 000 pour fabriquer 1 000 produits A[1]. Historiquement, les 500 000 euros de coûts d'approvisionnement étaient répartis au prorata des heures de main-d'œuvre directe. Ainsi, les coûts d'approvisionnement par produit A fabriqué étaient-ils de :

500 000 euros / 400 000 heures = 1,25 euro/heure de main-d'œuvre directe

Par conséquent, les coûts d'approvisionnement par produit A fabriqué s'élèvent à 1,25 euro.

Dans le cadre du déploiement de l'ABC, un entretien avec le responsable des approvisionnements permet de déterminer les tâches effectuées (les activités) et les moyens humains mobilisés, principale ressource consommée par le service. On établit ainsi la répartition des coûts par activités (voir tableau 4.1).

Tableau 4.1 – Détermination des ressources consommées par les activités

Activité	Effectif (1)	Ressources consommées (€) (2) = 500 000 / 12 × (1)
Réception des composants	6	250 000
Réception des matières premières	3	125 000
Mise à disposition des composants et matières	3	125 000
Total	**12**	**500 000**

Compte tenu de l'activité annuelle du service approvisionnements, les coûts par inducteur peuvent être déterminés, l'inducteur étant le facteur explicatif de la variation des consommations de ressources (voir tableau 4.2).

Tableau 4.2 – Détermination des coûts par inducteur

Activité	Inducteur	Ressources consommées (€) (1)	Nombre d'inducteurs (2)	Coût par inducteur (€) (3) = (1) / (2)
Réception des composants	Nombre de réceptions	250 000	25 000	10,00
Réception des matières premières	Nombre de réceptions	125 000	10 000	12,50
Mise à disposition des composants et matières	Nombre de lots lancés	125 000	5 000	25,00

Sachant que la production des 1 000 unités de produits A a été effectuée en 10 lots nécessitant 200 réceptions de composants et 50 de matière, il est alors possible de déterminer les coûts d'approvisionnement associés à ce produit A (voir tableau 4.3).

1. Cet exemple est adapté de celui proposé par les promoteurs de la méthode (Cooper et Kaplan, 1988).

Tableau 4.3 – Les coûts d'approvisionnement du produit A

Activité	Inducteur	Inducteurs consommés (1)	Coût par inducteur (€) (2)	Coût total (€) (3) = (1) × (2)
Réception des composants	Nombre de réceptions	200	10,00	2 000,00
Réception des matières premières	Nombre de réceptions	50	12,50	625,00
Mise à disposition des composants et matières	Nombre de lots lancés	10	25,00	250,00
			Total	**2 875,00**

Le coût d'approvisionnement évalué au moyen de l'ABC par produit A est donc de 2,87 euros, montant à comparer aux 1,25 euros obtenus avec une approche dite conventionnelle. Cela représente une différence de +130 %. Il existe deux explications interdépendantes à cette différence :

- Le découpage plus fin de l'organisation en activités. Alors que dans le calcul initial le service approvisionnements était considéré dans sa globalité, il a ensuite été considéré au travers des activités qu'il réalise.
- Pour chacune de ces activités, l'inducteur est choisi de manière à expliquer les variations de ressources consommées.

D'une manière plus générale, au moins trois catégories d'activités et d'inducteurs associés peuvent être distinguées. Les activités effectuées pour chaque produit, celle liées à la mise en fabrication et celles dédiées aux nouveaux produits/services. Pour chaque activité, il convient de s'assurer que la consommation de toutes les ressources est bien expliquée par l'inducteur ; on parle d'homogénéité des coûts.

2.2. Les apports de l'ABC

Si les contributions techniques de l'ABC sont sujettes à controverses, les débats autour de la méthode ont constitué de réels apports.

L'ABC est associé à une nouvelle vision de la comptabilité analytique, qu'on appelle désormais comptabilité de gestion, afin de désigner un système d'information plus orienté vers la prise de décision, vers les managers. L'ABM évoqué un peu plus loin en est une parfaite illustration.

L'ABC marque un basculement de l'intérêt depuis les produits vers les activités. Alors que les produits évoluent plus rapidement et sont plus fortement différenciés, un système fondé sur les activités et les savoir-faire de l'organisation gagne en pertinence.

Enfin, la décomposition fine de l'organisation en activités conduit à remarquer que les clients achetant le même produit ne consomment pas nécessairement les mêmes activités ; il est possible de les différencier. Poursuivons cette logique. Les produits/services sont désormais tellement différenciés qu'il n'existe plus de prix de marché ; une concurrence monopolistique se met en place. Les clients ne sont plus en mesure de comparer les prix. La réduction des coûts ne devient plus le seul levier d'augmentation du résultat, une augmentation des prix est envisageable pour certains clients. Pour les clients bénéficiant d'offres simplifiées, des réductions de prix sont envisageables afin de gagner des parts de marché.

La comptabilité de gestion se retrouve au cœur des décisions stratégiques.

Outre les contributions propres à l'ABC, quantité de concepts et de pratiques lui sont également associés. Ils sont révélateurs du passage de la comptabilité analytique - une technique de calcul de coûts - à la comptabilité de gestion - une comptabilité au service des managers opérationnels.

L'***Activity-Based Management*** (ABM), directement associé à l'ABC, fournit des illustrations d'une comptabilité au service des managers. Pour les activités, en complément des informations relatives aux coûts, des indicateurs multiples sont développés (production, productivité, qualité, délai, etc.). Une évaluation de la contribution à la création de valeur des activités est aussi envisageable ; le développement s'appuie alors sur les activités les plus créatrices de valeur.

Dans la même perspective, la **chaîne de valeur** de Porter est une réflexion plus globale sur l'articulation des activités conduisant à la constitution d'un avantage compétitif ; les contributions les plus significatives intègrent les chaînes de valeur amont et aval, celles des fournisseurs et des clients. Le ***reengineering*** est une pratique plus radicale, voire brutale, de réorganisation par la suppression ou l'externalisation des activités ne créant pas de valeur.

Le ***benchmarking*** est aussi fréquemment associé à l'ABC. L'organisation étant décomposée en activités homogènes (établir une fiche de paie, suivre une immobilisation...), il est alors possible d'effectuer des comparaisons de coûts, d'indicateurs de performance, et donc de bonnes pratiques avec d'autres organisations.

Les **processus** regroupent des activités ayant généralement le même inducteur, le même facteur déclenchant. Ces regroupements offrent une vision transversale plus proche du fonctionnement de l'organisation. Au surplus, c'est un moyen de simplifier le modèle en réduisant le nombre d'activités.

Il existe également un consensus autour des difficultés de mise en œuvre de l'ABC.

2.3. Les limites de l'ABC

L'ABC est très fréquemment critiqué pour sa lourdeur, y compris par Kaplan (Kaplan et Anderson, 2004) qui en a fait sa promotion.

La multiplication des activités nécessite de collecter périodiquement quantité d'informations pour être en mesure de déterminer les coûts par inducteur et d'allouer les coûts aux objets de coût.

La mise à jour du modèle est lourde. Comme l'illustre l'exemple du service approvisionnements développé plus haut (voir section 2.1), la mise en place de la méthode repose sur l'organisation d'entretiens avec les responsables de service, ce qui nécessite du temps et des compétences spécifiques. Une fois la mise en place effective, il est compliqué pour le responsable du contrôle de gestion d'obtenir les ressources pour recommencer le travail. En général, le modèle fait l'objet d'une maintenance insuffisante.

La complexité est le seul moyen de s'adapter à la réalité des opérations. Pour prendre en considération un nouveau type de prestation (un nouveau type d'expédition), il faut créer une nouvelle activité, ce qui complexifie encore le modèle.

La lourdeur du modèle peut dépasser les capacités de stockage de données et de calculs des outils de bureautique classiques.

Enfin, la sous-activité n'est pas prise en compte. On peut s'étonner lorsque l'on demande une répartition du temps de travail entre différentes tâches que le total fasse toujours 100 %, suggérant l'absence systématique de sous-activité.

Ces difficultés se traduisent par un nombre significatif d'abandons de projets, principalement à cause de leur lourdeur.

Témoignage 4.3 – Un exemple d'abandon de l'ABC.....

Nous sommes une belle PME industrielle régionale. Afin de garantir le succès du déploiement de l'ABC, nous avons confié la mission à un grand cabinet de conseil. J'étais vraiment contente d'avoir enfin réussi à obtenir un budget de mon directeur général pour mener à bien ce projet.

La mission s'est bien déroulée. Il faut reconnaître le savoir-faire des consultants ; il n'est pas facile de faire parler les managers opérationnels pour identifier les activités et la répartition des temps entre elles.

Tout s'est compliqué à la fin de la mission. Le livrable était une feuille de calcul. Pour calculer tous nos coûts, il fallait bien évidemment faire une extraction de la comptabilité après la clôture mensuelle, mais il fallait surtout collecter une masse énorme de données. Il était impossible d'envisager ce travail supplémentaire.

Le système était tellement complexe que la fonction « recalcul automatique » du tableur était bloquée. En effet, il fallait plusieurs secondes pour mettre à jour les calculs après chaque saisie d'information.

En bref, la feuille de calcul n'a jamais été utilisée. Cela a été un vrai gâchis.

Caroline S., contrôleuse de gestion, industrie

La multiplication des activités crée des lourdeurs. Il faut aussi relever que le modèle ne propose pas de solution pour traiter les coûts de l'ensemble des fonctions supports.

2.4. Les coûts des fonctions supports

La mise en œuvre du modèle pose des difficultés. Pour être plus proche de la réalité, il devrait être représenté en distinguant les coûts directs des coûts indirects (voir figure 4.2).

Figure 4.2 – Le modèle ABC en pratique

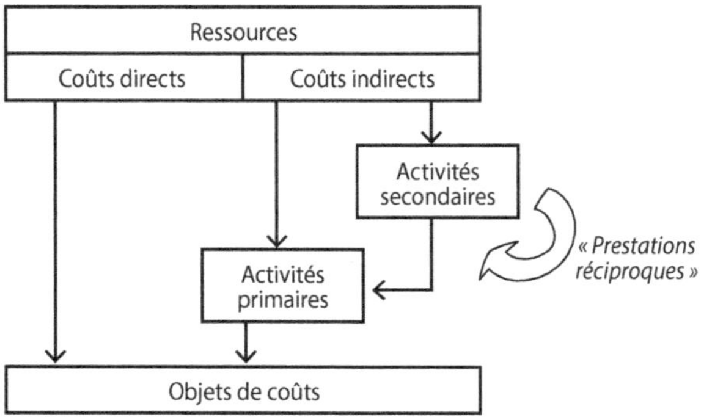

Plus fondamentalement, toutes les activités ne peuvent pas être reliées au processus de production au sens large. Par exemple, une activité « établir les fiches de paie » peut très difficilement être reliée aux objets de coûts alors qu'elle fournit des prestations à d'autres activités. Cela conduit à introduire les notions d'activités primaires et d'activités secondaires.

Encadré 4.1 – Exemples d'activité support

L'ABC propose des solutions pour certaines fonctions supports.
Une analyse fine des coûts les rend plus faciles à analyser. À titre d'exemple, la comptabilité est une fonction support dont les coûts sont analysés de manière insatisfaisante ; ils sont assimilés à une masse de frais généraux. Pourtant, on peut identifier les coûts des comptabilités clients et fournisseurs grâce à une analyse plus fine. Les coûts de la comptabilité clients peuvent être rattachés au processus commercial alors que ceux de la comptabilité fournisseurs le sont au coût d'approvisionnement.
Pour certaines fonctions supports, il est impossible de les associer, même indirectement, à un processus opérationnel. Prenons le cas de l'activité « établir les fiches de paie » du service ressources humaines. Celui-ci peut fournir des prestations à l'activité « entretenir les locaux », qui fournit lui-même des prestations à l'activité « établir les fiches de paie ». Il s'agit de prestations réciproques pour lesquelles la méthode des centres d'analyse propose une solution.

La méthode des centres d'analyse établit une distinction entre les centres auxiliaires et les centres principaux, assimilables respectivement aux activités secondaires et primaires.

À l'aide des imputations analytiques faites lors de la comptabilisation des opérations (comptabilité financière), on obtient la répartition primaire des charges indirectes (voir tableau 4.4).

Tableau 4.4 – Répartition primaire et clés de répartition secondaire

	Centres auxiliaires		Centres principaux		Total
	Établir les fiches de paie	Entretenir les locaux	Fabriquer	Conditionner	
Répartition primaire des charges indirectes	1 000	2 840	6 000	10 000	**19 840**
Établissement des fiches de paie		20 %	50 %	30 %	**100 %**
Entretien des locaux	10 %		40 %	50 %	**100 %**

Les clés de répartition secondaire sont obtenues à partir d'informations collectées. Par exemple, sur les 50 fiches de paie établies mensuellement, 10 concernent l'entretien, 25 la fabrication et 15 le conditionnement. Pour ce qui est de l'entretien, les clés ont été déterminées sur la base des surfaces occupées : 50 m^2 pour établir les fiches de paie, 200 pour fabriquer et 250 pour conditionner.

On constate que l'activité « établir les fiches de paie » (EFP) ne consomme pas seulement 1 000 euros, mais également 10 % de l'activité « entretenir les locaux » (EL). En menant le même raisonnement pour l'activité « entretenir les locaux », nous posons le système d'équations suivant :

$$\begin{cases} EFP = 1\,000 + 0{,}10\ EL \\ EL = 2\,840 + 0{,}20\ EFP \end{cases}$$

La résolution de ce système permet d'obtenir des valeurs de 800 pour EFP et de 3 000 pour EL et de compléter le tableau de répartition secondaire (voir tableau 4.5).

Tableau 4.5 – Répartition secondaire

	Centres auxiliaires		Centres principaux		Total
	Établir les fiches de paie	Entretenir les locaux	Fabriquer	Conditionner	
Répartition primaire des charges indirectes	500	2 840	6 000	10 000	**19 340**
Établissement des fiches de paie	–800	160	400	240	**0**
Entretien des locaux	300	–3 000	1 200	1 500	**0**
Total	**0**	**0**	**7 600**	**11 740**	**19 340**

Les ressources consommées par les centres auxiliaires sont réparties entre les autres centres auxiliaires et principaux. On remarque que, après cette répartition, la totalité des ressources (19 340 euros) est répartie uniquement entre les centres principaux qui sont en relation directe avec le processus de production. On affecte ainsi aisément leurs coûts entre les différents objets de coûts au moyen d'inducteurs judicieusement choisis.

Si des problèmes plus complexes peuvent facilement être traités avec un tableur, la démarche pose néanmoins la question de la perte de traçabilité des coûts. Il ne faut pas oublier que cette approche a été développée alors que les fonctions supports consommaient une part marginale des coûts des organisations.

Encadré 4.2 – Quels points communs entre les méthodes des centres d'analyse et ABC ?

Deux méthodes de calcul de coûts complets peuvent être considérées comme des références : la méthode des centres d'analyse et l'ABC.

Nous avons choisi de focaliser la présentation sur la méthode ABC développée aux États-Unis à la fin des années 1980 car elle repose sur une vision de l'organisation plus moderne (voir section 2.2.).

Par contre, le traitement des coûts de certains types de fonctions supports est passé sous silence. La solution adoptée en pratique est proche de celle préconisée par la méthode des centres d'analyse, méthode conçue à la fin des années 1920 en France. Il s'agissait pour un syndicat patronal d'homogénéiser les pratiques afin d'éviter de se trouver confronté à des concurrents pratiquant des prix trop faibles par méconnaissance de leurs coûts.

Il est possible d'établir des rapprochements entre les terminologies propres à chaque méthode :

Méthode	Centres d'analyse	*Activity-Based Costing*
Unité de regroupement des coûts (ou pool)	Centre d'analyse	Activité
Pool assurant une prestation en relation avec le processus de production (au sens large)	Centre principal	Activité primaire
Pool assurant une prestation de type support	Centre auxiliaire	Activité secondaire
Facteur de répartition des charges indirectes	Unité d'œuvre	Inducteur

Des comparaisons parfois caricaturales sont établies entre les deux approches en considérant par exemple la méthode des centres d'analyse comme rétrospective alors que l'ABC serait prospective. De manière plus essentielle, bien que les techniques soient très proches, le modèle des centres d'analyse est fondé sur l'organigramme tandis que le modèle ABC s'appuie sur les activités et les savoir-faire.

3. Pour aller plus loin

Nous nous attarderons dans cette section sur les développements techniques des solutions permettant de progresser dans la résolution du dilemme précision de la méthode/complexité de l'outil. Les développements managériaux visant à passer de la comptabilité de gestion – l'évaluation des coûts – à la gestion des coûts seront l'objet du chapitre 5.

Les deux méthodes exposées dans les sections 3.1 et 3.2, respectivement la méthode des unités de valeur ajoutée (UVA) et le *Time-Driven Activity-Based Costing* (TDABC ou *Time-Driven ABC*), démontrent que la multiplication des pools (ou activités, centres d'analyse) n'est pas le seul moyen d'affiner un modèle d'évaluation des coûts[1].

3.1. La méthode des unités de valeur ajoutée (UVA)

Il s'agit d'une méthode d'équivalence développée dans les années 1940 par Georges Perrin (Gervais *et al.*, 2012). Pour bien comprendre le principe de la méthode, il est nécessaire de distinguer la mise en place de l'évaluation des coûts.

3.1.1. La mise en place de la méthode

La première étape de la mise en place consiste à déterminer les consommations de ressources de chaque poste de travail dans les conditions habituelles d'exploitation. Le poste de travail est défini comme un ensemble de moyens matériels et humains nécessaires à la réalisation d'une opération. Cette analyse est menée sur le dernier exercice comptable clôturé de manière à neutraliser les phénomènes saisonniers.

Chaque poste se voit attribuer des frais de fonctionnement, ou consommations de ressources directes, pour un niveau d'activité normale exprimé en nombre d'inducteurs. On en déduit ainsi un coût par inducteur. Ce coût est appelé taux du poste (voir tableau 4.6).

Tableau 4.6 – Détermination des ressources consommées par le poste 2 ou taux du poste

Poste 2	Nombre d'unités d'œuvre (1)	Coût de l'unité d'œuvre (2)	Total (3) = (1) × (2)
Personnel	150	25,00	3 750,00
Surfaces	40	30,00	1 200,00
Énergie	1 000	0,40	400,00
Encadrement	10	50,00	500,00
	Ressources consommées (a)		5 850,00
	Activité normale (b)		156,00
	Coût par unité d'œuvre ou taux du poste (c) = (a) / (b)		37,50

La même analyse est menée pour tous les postes de l'entreprise (voir tableau 4.7).

1. Plus précisément, des solutions ou des simplifications sont proposées de manière à rendre utilisables des modèles comptant un très grand nombre de pools de coûts.

Tableau 4.7 – Taux des postes de l'entreprise

Poste	Taux	Unité d'œuvre
Poste 1	1,5	Heure
Poste 2	37,5	Commande
Poste 3	300,0	Heure
Poste 4	127,5	Kilo de matières

Il convient ensuite de choisir l'article de base, unité qui sert à évaluer l'activité de l'entreprise. Le choix de cet article n'a pas d'impact sur les coûts évalués. Il doit cependant être évocateur pour tous afin de déceler d'éventuelles incohérences, comme un produit plus sophistiqué que le produit de référence dont le coefficient d'équivalence est inférieur à 1.

Si l'article de base est le produit A, son taux de base s'obtient comme dans le tableau 4.8.

Tableau 4.8 – Taux de l'article de base

Produit A	Nombre d'unités d'œuvre (1)	Unité d'œuvre (2)	Taux du poste (3)	Taux de l'opération (4) = (1) × (3)
Poste 1	7,50	Heure	1,50	11,25
Poste 3	0,25	Heure	300,00	75,00
Poste 4	0,50	Kilo de matières	127,50	63,75
			Total	**150,00**

Par convention, cet article vaut une UVA.

Dans un troisième temps, pour chaque poste, on calcule son indice de poste ou indice UVA, c'est-à-dire le rapport de sa consommation de ressources pour produire une unité d'œuvre à celle du produit de base (voir tableau 4.9).

Tableau 4.9 – Indices des postes

Poste	Taux (1)	Unité d'œuvre (2)	Indice des postes en UVA par unité d'œuvre (3) = (1) / 150
Poste 1	1,5	Heure	0,01
Poste 2	37,5	Commande	0,25
Poste 3	300,0	Heure	2,00
Poste 4	127,5	Kilo de matières	0,85

Toute l'activité de l'entreprise se trouve ainsi exprimée en UVA. Produire une unité d'œuvre sur le poste 3 consomme par exemple deux fois plus de ressources que l'article de référence. Une fois ces indices évalués, on peut considérer que la méthode est déployée.

3.1.2. L'utilisation de la méthode : une évaluation rapide des coûts

Chaque mois, pour évaluer le résultat dégagé par facture, il faut :

- réévaluer les coefficients d'équivalence des produits et services dans le cas où les gammes de production ont été mises à jour depuis le mois précédent ;
- exprimer la production de la période en équivalents produit de référence ;
- déterminer le coût de l'UVA (montant des charges indirectes consommées par un produit).

Les gammes de production et les indices UVA des postes sont utilisés pour déterminer l'équivalent UVA de tous les produits et services. Le tableau 4.10 donne l'équivalent UVA du produit B.

Tableau 4.10 – L'équivalent UVA du produit B

Produit B	Nombre d'unités d'œuvre (1)	Unité d'œuvre (2)	Indice UVA du poste (3)	Équivalent UVA de l'opération (4) = (1) × (3)
Poste 1	5,00	Heure	0,01	0,05
Poste 3	0,35	Heure	2,00	0,70
Poste 4	1,00	Kilo de matières	0,85	0,85
			Total	**1,60**

L'équivalent du produit B étant de 1,60, cela signifie qu'il consomme 60 % de coûts de plus que le produit de référence (hors coûts matières et dépenses spécifiques). Les équivalents des produits étant mis à jour, l'activité de la période peut être déterminée en équivalents produit de référence (voir tableau 4.11).

Tableau 4.11 – La production de la période en nombre d'UVA

Produit ou service	Quantité (1)	Équivalent UVA du produit/service (2)	Production (en UVA) (3) = (1) × (2)
Produit A	1 000	1,0	1 000
Produit B	600	1,6	960
Produit C	500	0,9	450
Service A	200	0,2	40
Service B	100	0,5	50
		Total	**2 500**

Le nombre d'UVA produites est un indicateur d'activité de l'entreprise qui présente l'intérêt d'être évalué en unités physiques ; il n'est donc pas sensible à l'inflation.

Le coût de l'UVA est ensuite déterminé à partir de l'ensemble des charges de la comptabilité financière de la période (par exemple, le mois étudié) [voir tableau 4.12].

Tableau 4.12 – Le coût de l'UVA

Charges totales (1)	575 000
+ Charges directes (2)	175 000
= Charges indirectes (3) = (1) – (2)	400 000
Production période (4)	2 500
Coût de l'UVA (6) = (3) / (4)	**160**

Les charges directes sont déduites des charges d'exploitation afin de déterminer les ressources consommées pendant la période pour assurer l'activité.

Le résultat dégagé par une facture est défini comme dans le tableau 4.13.

Tableau 4.13 – Déterminer le résultat d'une facture

Facture 1050	Quantité (1)	Équivalent UVA (2)	UVA consommées (3) = (1) × (2)	Coût des UVA consommées (4) = (3) × 160	Charges directes (5)	Total (6) = (4) + (5)
Produit C	5	0,9	4,5	720	140	860
Service A	1	0,2	0,2	32	–	32
Service B	2	0,5	1,0	160	50	210
				Coût complet (a)		1 102
				Prix de vente (b)		1 250
				Résultat (c) = (b) – (a)		**148**

Comme l'illustre le cas de cette facture, on obtient le résultat en calculant le nombre d'UVA consommées. On détermine ainsi le montant des coûts indirects consommés avant d'ajouter les coûts directs.

De petites entreprises qui n'ont pas de contrôleur de gestion recourent à cette méthode. Après l'investissement de la mise en place de la méthode, le comptable de l'entreprise peut en quelques minutes déterminer un résultat pour chacune des factures. C'est l'hypothèse de stabilité dans le temps des indices UVA des postes qui simplifie le calcul de coûts[1].

3.2. Le *Time-Driven Activity-Base Costing* (TDABC)

Afin de pallier certaines des faiblesses de l'ABC évoquées précédemment (voir section 2.3), Kaplan et Anderson (2004) proposent une évolution du modèle. L'objectif visé est d'assurer des mises à jour aisées à chaque fois que des activités nouvelles apparaissent, qui reposent sur des estimations plus précises des temps.

1. S'agissant d'une méthode atypique, aucune illustration n'est proposée dans cet ouvrage. Cette présentation fournit un éclairage sur la manière dont des coefficients d'équivalence peuvent être déterminés. Pour plus d'informations sur cette méthode, on se référera à Gervais *et al.* (2012).

Figure 4.3 – Le *Time-Driven Activity-Based Costing*

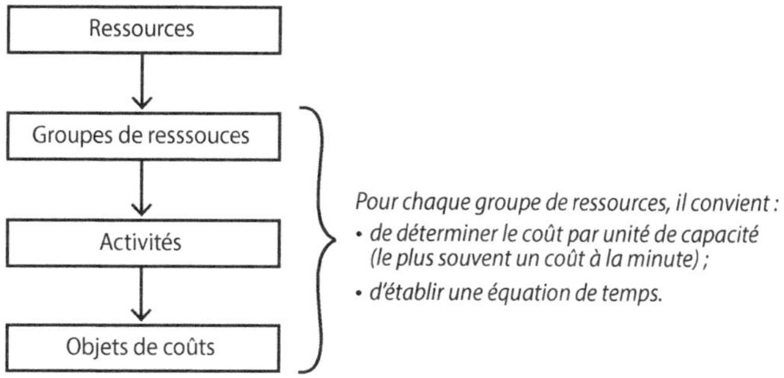

Reprenons l'exemple du service approvisionnements développé plus haut (voir section 2.1) pour présenter l'ABC. Ce service constitue un groupe de ressources qui permet de réaliser les activités réception des composants, réception des matières premières et mise à disposition des composants et matières. Le service consomme toujours 500 000 euros de ressources (salaires, amortissements, autres fournitures…) en employant douze personnes qui travaillent 1 800 heures par an. Le tableau 4.14 présente le calcul du coût à la minute.

Tableau 4.14 – Une application du TDABC

Ressources (1)	500 000	
Effectif (2)	12	
Temps théorique en minutes (3)	1 296 000	12 personnes × 1 800 heures × 60
Temps disponible en minutes (4) = (3) × 0,80	1 036 800	Arrondi à 1 000 000 pour simplifier les calculs
Coût à la minute en euros (5) = (1) / 1 000 000	0,50	

Le coefficient de 0,80 est utilisé pour passer du temps théorique - le temps de travail rémunéré - au temps de travail disponible, afin de tenir compte des divers temps non productifs (prise de poste, réunions, formation…).

Le temps requis - temps standard - pour traiter une réception de composants est estimé à 18 minutes et à 22 minutes pour les matières premières. La mise à disposition des composants et matières nécessite 40 minutes. Les coûts par inducteur sont obtenus en multipliant ces temps par le coût à la minute de 0,50.

Tableau 4.15 – Comparaison des coûts par inducteur ABC/TDABC

Activité	Temps unitaire (1)	Inducteur (2)	Coût par inducteur (TDABC) (3) = (1) × 0,50	Coût par inducteur (ABC) (4)
Réception des composants	18	Nombre de réceptions	9,00	10,00
Réception des matières premières	22	Nombre de réceptions	11,00	12,50
Mise à disposition des composants et matières	40	Nombre de lots lancés	20,00	25,00

Avec le TDABC, les coûts par inducteur sont systématiquement plus faibles qu'avec l'ABC. La différence s'explique par le fait que le coût de la sous-activité (65 000 euros) n'a pas été pris en considération (voir tableau 4.16). En effet, seulement 435 000 euros de ressources ont été répartis entre les trois activités.

Tableau 4.16 – Une application du TDABC

Activité	Temps unitaire (1)	Inducteur (2)	Nombre d'inducteurs (3)	Temps totaux (4) = (1) × (3)	Ressources (5) = (4) × 0,50
Réception des composants	18	Nombre de réceptions	25 000	450 000	225 000
Réception des matières premières	22	Nombre de réceptions	24 000	220 000	110 000
Mise à disposition des composants et matières	40	Nombre de lots lancés	16 000	200 000	100 000
Total (a)				**870 000**	**435 000**
Capacité disponible (b)				1 000 000	500 000
Capacité inutilisée (c) = (b) – (a)				130 000	65 000

La démarche peut être décomposée en six étapes :

- identifier les groupes de ressources qui contribuent à la réalisation de plusieurs activités ;
- estimer les ressources consommées par chaque groupe de ressources ;
- estimer la capacité normale du groupe de ressources en nombre d'heures ;
- calculer les coûts unitaires de chaque groupe de ressources en divisant celles consommées par ces groupes par leur capacité normale en heures de travail ;
- déterminer, pour chaque activité, le temps consommé ;
- multiplier le coût unitaire de la ressource par le temps requis pour accomplir l'activité.

La principale contribution du TDABC est l'utilisation d'équations de temps afin de déterminer les temps consommés par les objets de coûts en fonction de leurs caractéristiques. Le *Time-Driven ABC* utilise des inducteurs de durée tels que le temps de préparation, de manutention, de facturation... au lieu d'indicateurs volumiques tels que le nombre de préparations, de manipulations, de facturations. En effet, certaines activités ne consomment pas la même quantité de ressources dans tous les cas de figure. Aussi, plutôt que de définir des activités séparées pour tous les cas possibles de commandes, l'approche *Time-Driven ABC* permet-elle, grâce aux équations de temps, de prendre en compte la diversité des situations.

Par exemple, dans un service clients, le temps de traitement d'une commande en minutes pourrait être calculé ainsi :

$$3 + 2 \times X_1 + 8 \times X_1 \times X_4 + 15 \times X_2 + 10 \times X_3$$

avec :

X_1 = nombre de lignes de commandes

X_2 = nouveau client (1)/client existant (0)

X_3 = livraison (1)/retrait au comptoir (0)

X_4 = client XYZ (1)/autre client (0)

À l'aide de cette équation, le temps de traitement d'une commande retirée au comptoir de cinq lignes du client XYZ est évalué à :

$$3 + 2 \times 5 + 8 \times 5 \times 1 + 15 \times 0 + 10 \times 0 = 53 \text{ minutes}$$

Grâce à ces équations, le modèle est facile à actualiser. Pour ajouter une activité supplémentaire, si elle est réalisée par le même groupe de ressources, il suffit d'ajouter un terme à l'équation. De même, la prise en compte des gains de productivité se fait par la modification des temps standards. Avec l'ABC, il fallait mettre à jour la répartition des temps entre activités, ce qui est sensiblement plus délicat.

En revanche, avec la méthode UVA, c'est l'hypothèse de stabilité dans le temps des indices qui simplifie l'évaluation des coûts ; avec le TDABC, le recours aux temps standards évite le travail de collecte de données, même si une politique de maintenance des standards (c'est-à-dire de mise à jour) doit être adoptée. Seuls les aspects techniques de la méthode ont été présentés ici, mais cette dernière n'est pas sans poser de nombreuses questions managériales. En effet, il s'agit de diffuser dans les fonctions supports des méthodes tayloriennes déployées depuis plus d'un siècle dans les ateliers de production.

Résumé

Les méthodes de référence (ABC, centres d'analyse, qui ne sont en réalité que des variantes de l'approche par pools multiples) sont lourdes à mettre en œuvre. Il existe des démarches alternatives, telles que les approches par équivalence ou des développements avec le *Time-Driven ABC*. Notons que ces méthodes sont systématiquement présentées comme des types idéaux alors qu'elles peuvent être combinées afin d'atteindre l'objectif de toute comptabilité de gestion : évaluer des coûts précis avec des ressources raisonnables. À titre d'exemple, un système fondé sur l'approche des centres d'analyse a pu être affiné grâce aux débats suscités autour de la contribution de l'ABC. Une analyse plus fine des coûts logistiques peut être envisagée à l'aide d'équations de coûts (propres au TDABC) et l'analyse des fonctions supports à l'aide de coefficients d'équivalence.

Rappelons que l'intérêt des coûts complets par rapport aux coûts partiels est d'appuyer la prise de décision stratégique. On peut développer les produits, les clients, les activités les plus profitables et s'interroger sur les mesures à engager pour ceux qui le sont moins.

Le chapitre 5 est dédié à des méthodologies fondées sur l'analyse des coûts, dépassant la simple mesure, pouvant être assimilées à de véritables méthodes de management.

Application 1 : Les préparations d'expéditions de Yopy

Yopy est un fabricant reconnu de produits laitiers. Ses coûts de production sont évalués de manière relativement fine, mais Karen Hoops, la directrice commerciale, n'est pas satisfaite du traitement des coûts logistiques. Elle conteste le bien-fondé de vos calculs et cite, à l'appui de ses dires, les expéditions 12-258 et 12-304. Le coût est identique, alors que dans un cas le camion a été chargé en dix minutes et dans l'autre en trois heures. Karen Hoops s'appuie sur cet exemple pour en conclure que les marges calculées – qui intègrent les coûts de préparation – sont totalement fausses.

Le service expéditions emploie cinq personnes. Toutes les expéditions se font en camions complets, les camions pouvant être destinés à un ou plusieurs clients. C'est le service logistique qui optimise les tournées. Suite aux critiques émises par Karen, vous analysez les coûts d'expédition du mois de juin N.

Ressources consommées par le service expéditions en juin N :

En euros	Ressources
Personnel	12 500
Équipements	4 000
Frais administratifs	1 500
Total	**18 000**

Activité du service expéditions :

Activité	Juin N
Camions	300
Palettes	2 250
Palettes incomplètes	990
Cartons	7 200
Bidons de 50 litres	1 800

Question 1 : Pour l'instant, les coûts d'expédition sont calculés par camion. Déterminez le coût de l'expédition avec la méthode actuelle.

Voici le détail des deux expéditions citées par Karen :

Expédition	12-258	12-304
Camions	1	1
Palettes	16	2
Palettes incomplètes		10
Cartons		40
Bidons de 50 litres		5

Activités

Vous menez votre enquête sur la répartition des temps passés pour charger les différents types de conditionnements. Vous obtenez la répartition suivante :

Activité	Répartition du temps
Palettes	45,0 %
Palettes incomplètes	?
Cartons	40,0 %
Bidons de 50 litres	15,0 %
Total	**100,0 %**

Vous n'avez pas réussi à distinguer les temps passés pour les palettes complètes et celles qui sont incomplètes. Le chef d'équipe vous a répondu, avec un peu d'agressivité : « Pourquoi ne pas distinguer les temps passés pour charger les palettes rouges des temps passés pour les bleues ? » À regrets, vous considérez que les temps de chargement des palettes complètes et incomplètes sont identiques.

Question 2 : Déterminez le coût des expéditions 12-258 et 12-304 avec une approche de type ABC.

Ayant entendu parler du TDABC, vous souhaitez expérimenter la méthode pour étudier cette question des expéditions. Comme cela a été souligné précédemment, le service emploie cinq personnes qui travaillent 150 heures par mois. Vous retenez le coefficient de 80 % proposé par Kaplan et Anderson afin de déterminer les temps disponibles. Enfin, vous retournez dans l'entrepôt afin de procéder aux mesures de standards suivantes :

Temps de chargement	Temps standard (en minutes)
Palette complète	3
Palette incomplète	10
Carton	1
Bidon de 50 litres	2

Question 3 : Déterminez le coût des expéditions 12-258 et 12-304 avec une approche de type TDABC. Pour mémoire, les étapes à suivre sont : (1) déterminer le coût à la minute, (2) écrire l'équation de temps, (3) calculer les temps consommés et (4) valoriser les temps.

Question 4 : Quel est le coût de la sous-activité pour le mois étudié, juin N ?

Question 5 : Dressez un bilan de l'application des trois méthodes.

Application 2 : Chuques du Nord

Ce cas est une application classique de la méthode des centres d'analyse. Les différentes étapes n'ayant pas été présentées dans le chapitre, les questions fournissent les indications nécessaires pour mener à bien l'analyse. Pour mémoire, les étapes du calcul d'un coût complet avec cette méthode sont :

1. Traitement des charges indirectes
    1.1. Répartition primaire
    1.2. Répartition secondaire
    1.3. Calcul des coûts par unité d'œuvre
2. Processus de production
    2.1. Coût d'achat des matières achetées
    2.2. Coût d'achat des matières consommées
    2.3. Coût de production des produits fabriqués
    2.4. Coût de production des produits vendus
    2.5. Coût complet
    2.6. Résultat par produits
3. Vérification en rapprochant les résultats des comptabilités financière et de gestion

Les données sont téléchargeables sur le site Vuibert.fr.

La SAS Chuques du Nord fabrique deux types de confiseries : les chuques du Nord et les célèbres bêtises de Cambrai. Suite à une dégradation des résultats, vous êtes sollicité afin de déterminer un résultat par produit.

a) Processus de production

Le processus de production est simple. Le service approvisionnements achète les matières (sucre et aluminium pour fabriquer les boîtes) qui passent par l'atelier de confiserie et l'atelier d'emballage. Enfin, les produits sont stockés avant d'être vendus. Il n'y a pas de stock intermédiaire (entre les ateliers de confiserie et d'emballage).

b) Répartition primaire

En euros	Total	RH	Direction générale	Approvisionnements	Atelier de confiserie	Atelier d'emballage	Distribution
Personnel	5 803,75	312,50	750,00	700,75	300,00	1 130,00	2 610,50
Autres charges ext.	8 053,00	750,00	1 300,00	1 327,25	825,50	1 850,00	2 000,25
Dotations aux amort.	6 746,25	500,00	812,50	2 100,00	2 000,75	720,50	612,50
Total	**20 603,00**	**1 562,50**	**2 862,50**	**4 128,00**	**3 126,25**	**3 700,50**	**5 223,25**

c) Clés de répartition secondaire

En %	Total	RH	Direction générale	Approvisionnements	Confiserie	Emballage	Distribution
RH	100		12	10	20	30	28
Direction générale	100	20		5	25	25	25

Les unités d'œuvre utilisées sont les suivantes :
- approvisionnement : kilo de matières achetées (sucre et aluminium) ;
- confiserie : heure de main-d'œuvre directe ;
- emballage : boîte fabriquée ;
- distribution : euro de chiffre d'affaires.

d) Achats de la période

- 2 250 kg de sucre pour une valeur totale de 14 175 euros ;
- 2 253 kg d'aluminium (en feuilles de 180/220 de 1,25 mm d'épaisseur) pour une valeur totale de 9 012 euros.

e) Stocks en début de période

	Sucre (kg)	Aluminium (kg)	Boîtes de chuques	Boîtes de bêtises
Quantité	200	500	600	260
Valeur (€)	1 435,50	2 555,06	2 222,40	1 613,00

Les stocks sont valorisés au coût unitaire moyen pondéré. Une moyenne pondérée est faite entre le coût du stock initial et les entrées en stock de la période.

f) Consommations de la période par produit

En kilos	Sucre	Aluminium
Chuques	500	750
Bêtises	1 800	1 500

g) Suivi et coût des heures de main-d'œuvre directe

		Atelier de confiserie	Atelier d'emballage
Nombre d'heures	Chuques	200,0	65,0
	Bêtises	234,5	40,0
	Total	**434,5**	**105,0**
	Coût de l'heure (€)	24	22

h) Production et ventes de la période

	Produits fabriqués	Produits vendus	Prix de vente unitaire (€)
Boîtes de chuques	5 456	5 600	6,00
Boîtes de bêtises	4 820	3 257	10,00

Question 1 : Faites la répartition secondaire des charges indirectes et déterminez les coûts par unité d'œuvre.

Question 2 : Déterminez le coût d'achat des matières achetées, puis le coût d'achat des matières consommées en complétant une fiche de stock par matière sur ce modèle :

	Quantité	Coût unitaire	Total
Stock initial			
Entrées			
Stock disponible			
Sorties			
Stock final			

Question 3 : Déterminez le coût de production des produits fabriqués pendant la période puis, en complétant une fiche de stock par produit (sur le même modèle que celles établies pour les matières), le coût de production des produits vendus. Seuls les coûts de production sont pris en considération à cette étape. Les frais de distribution seront pris en compte à l'étape suivante pour déterminer les coûts complets.

Question 4 : Calculez les coûts complets des deux produits et leurs résultats.

Question 5 : Afin de vous assurer de la cohérence de vos analyses, établissez un compte de résultat de comptabilité financière qui synthétisera tous les produits et toutes les charges. N'oubliez pas de prendre en compte la production stockée (variation de stocks de produits finis) et les variations de stocks de matières premières.

Et dans mon entreprise

- Quels sont les coûts évalués (objets de coûts), avec quelle fréquence et au moyen de quelle méthode (par exemple, ABC, centres d'analyse) ? Quels sont les inducteurs ou unités d'œuvre utilisés ?
- Les pools, centres d'analyses ou activités sont-ils définis avec suffisamment de précision ? Les critères de répartition des coûts indirects (inducteurs ou unités d'œuvre) expliquent-ils vraiment les consommations de ressources ?
- En conclusion, le modèle d'évaluation des coûts vous semble-t-il pertinent ? En d'autres termes, propose-t-il un juste équilibre entre précision et consommation de ressources ?

Références

Cooper R., Kaplan R.S., "The Promise –and Peril– of Integrated Cost Systems", *Harvard Business Review*, (July-August), 109-119, 1998.

Gervais M., La Villarmois O. (de), Levant Y., *La méthode UVA*, Economica, Paris, 2012.

Kaplan R.S., Anderson S.R., "Time-Driven Activity-Based Costing", *Harvard Business Review*, 82(11), 131-138, 2004.

Chapitre 5

Le pilotage par les coûts

Objectifs pédagogiques

1. Expliquer les écarts entre prévisions et réalisations
2. Analyser la sous-activité
3. Dissocier la valeur du prix

Cas introductif : la *Cantina*

Il est 12 h 15. Rafaela, la CEO de Double Digit, termine sa réunion avec Luis, son DRH, sur les négociations salariales. Ils n'ont rien de prévu pour déjeuner et le dilemme est cornélien : la *Cantina*, le restaurant de l'entreprise, ou un restaurant français, situé à 15 minutes à pied. La *Cantina* devrait leur permettre de sentir le climat de l'entreprise qu'ils dirigent et de rencontrer au moins un autre membre du « codir », tout en s'alimentant d'une viande trop cuite et sans goût. Le restaurant français, quant à lui, leur permettra de déjeuner en tête à tête autour d'un plat inattendu, léger et sans aucun doute exécuté avec maestria. Luis a déjà pris un repas à la *Cantina* cette semaine, ce qui représente un réel sacrifice. Ils choisissent donc le français.

À 14 h 30, Rafaela rentre un peu contrariée au bureau ; la *Cantina* devient un problème. Elle demande à Eduardo, son directeur financier, les informations relatives à l'activité du restaurant. Les tableaux suivants lui sont remis :

Prévisions	Nombre	Prix de vente	Chiffre d'affaires
Menu standard	30 000	1,20	36 000
Menu « plus »	15 000	2,00	30 000
Total	**45 000**		**66 000**

Réalisations	Nombre	Prix de vente	Chiffre d'affaires
Menu standard	28 000	1,10	30 800
Menu « plus »	12 000	1,85	22 200
Total	**40 000**		**53 000**

Question 1 : Comment expliquez-vous l'écart entre un chiffre d'affaires prévisionnel et les réalisations ?

Question 2 : Explicitez concrètement au travers de ce cas les notions d'écart sur volume, d'écart sur composition et d'écart sur prix ?

Question 3 : En mobilisant le modèle de décomposition présenté dans ce chapitre, valorisez les écarts sur volume, composition et prix.

La décision de rénover la *Cantina* est prise par Rafaela, mais il lui faut des arguments financiers pour la justifier auprès de son conseil d'administration. Eduardo lui fournit le compte d'exploitation du restaurant :

	Quantité	Par unité	Total
Chiffre d'affaires	40 000	1,50	60 000
– Coûts variables	40 000	5,00	(200 000)
= Marge sur coûts variables	40 000	(3,50)	(140 000)
– Coûts fixes			(100 000)
dont dotations aux amortissements			*0*
= Résultat avant impôt			(240 000)
– Impôt			60 000
= Résultat net	40 000	(4,50)	(180 000)
+/– Produits non encaissés non décaissés			0
Variation de trésorerie			(180 000)

Les hypothèses de travail sont les suivantes :

- 200 jours d'ouverture et 200 repas par jour ;
- un prix de vente moyen à 1,50 euro ;
- Double Digit étant très rentable, les pertes générées par le restaurant sont imputées sur les autres activités, ce qui réduit le coût de 60 000 euros ;
- Double Digit accorde beaucoup d'importance à la « génération de cash » (c'est-à-dire la variation de trésorerie). Les équipements sont aujourd'hui totalement amortis.

Question 4 : En utilisant la méthode de l'imputation rationnelle et en considérant que la *Cantina* est utilisée à 60 % de sa capacité normale, déterminez un coût rationnel (coût neutralisé du coût de la sous-activité).

Luis a défini un projet avec un prestataire :

- L'investissement se monte à 700 000 euros amortissable en linéaire sur 10 ans.
- Si l'on maintient le prix du repas à 1,50 euro, l'activité anticipée devrait augmenter de 50 % avec une réduction des coûts variables unitaires de 10 % liée à la réorganisation.

Question 5 : Établissez le compte d'exploitation prévisionnel et la variation du flux de trésorerie. Vous travaillerez sur une année type ; l'activité du restaurant devrait augmenter de 50 %.

Pour provoquer Edouardo, Rafaela lui indique que tous ces calculs sont inutiles : « aujourd'hui, un repas dégage une marge sur coûts variables négative de 3,50 euros. En accroissant l'activité de 50 %, même si les coûts variables baissent de 10 %, je ne m'attendais pas à faire des économies ! »

Pour clore le débat, Rafaela lance : « pour 1,50 euro, nous offrons aujourd'hui à nos salariés un repas qu'ils paieraient 5 euros à l'extérieur. Demain, avec la nouvelle *Cantina*, nous aurons un repas qui vaut au moins 11 euros. Il faut lancer le projet. Luis, je compte sur toi ! »

Question 6 : Explicitez le raisonnement de Rafaela en mobilisant le concept de prix d'opportunité ou propension à payer. ■

Synthèse du cas et introduction du chapitre

Les coûts sont souvent orientés vers la prise de décision à court terme pour les méthodes en coûts partiels (voir chapitre 3) et à long terme pour les méthodes en coûts complets. L'objectif de ce chapitre est de dépasser la question de prise de décision pour évoquer les coûts comme outil de management et comme outil orienté vers la prise de décision stratégique.

Ce chapitre développe dans ses deux premières sections des approches complémentaires des méthodologies évoquées jusqu'à présent : la comparaison entre prévisions et réalisations ou l'analyse des écarts (section 1) et l'analyse de la sous-activité (section 2). Enfin, la section 3 est dédiée à un ensemble de techniques désignées par l'expression « gestion stratégique des coûts ». Ces techniques représentent un réel changement de perspectives par rapport aux approches conventionnelles en intégrant délibérément des informations externes et en étant plus orientées vers la prise de décision à long terme.

1. Coûts standards et analyse des écarts

Comme cela a été évoqué dans le chapitre 2, les coûts standards ont de nombreuses utilités. Ils facilitent l'évaluation des coûts complets grâce à des coûts par unité d'œuvre standards. Par exemple, pour évaluer la profitabilité d'une prestation de nettoyage, on valorise les temps réels au moyen de coûts standards. En vue d'établir des devis, on peut utiliser des bases de coûts standards pour valoriser les ressources que l'on prévoit de consommer.

L'objet de cette section est d'approfondir l'utilisation de ces standards comme outil de management en comparant des réalisations aux normes. Nous définissons dans un premier temps la notion de standard et ses variantes (section 1.1), puis nous proposons un premier exemple d'analyse simple d'écart avec un écart sur coût matière décomposé en écarts sur quantités et sur prix (section 1.2). Ensuite, nous présentons un modèle général de décomposition visant à identifier autant d'écarts que de paramètres déterminant un coût (section 1.3). Enfin, nous étudions la décomposition de l'écart sur chiffre d'affaires (section 1.4).

1.1. Les différentes notions de standards

Le standard est une norme. Il permet le contrôle lorsqu'il comparé aux réalisations. Au début du XXe siècle aux États-Unis, il s'agit d'un des fondements de l'Organisation scientifique du travail (OST) : le contrôle des standards physiques (quantités produites, temps consommés...) est au moins quotidien. Cette information est ensuite enrichie par sa valorisation qui donne à l'encadrement une vision d'ensemble sur un atelier (Bouquin, 2004, p. 258).

Hors du contexte de la production, les standards sont utilisés afin de :

- **Simplifier les évaluations de coûts**. Une des finalités du processus budgétaire consiste, par exemple, à définir un coût du travail standard de sorte à établir les devis remis aux clients. Pour éviter la lourdeur des répartitions primaires et secondaires (voir chapitre 4), on emploie des coûts par inducteur ou par unité d'œuvre standards plutôt que des coûts réels ;
- **Faciliter les comparaisons**. Dans le cas d'agences bancaires, les comparaisons de performances sont susceptibles d'être biaisées par des différences de coûts immobiliers (en raison de l'emplacement ou de l'ancienneté du bail) ou de personnel (à cause de la pyramide des âges ou de la structure de qualification). Ces coûts sont très élevés dans ce secteur. L'emploi de standards conduit à neutraliser ces phénomènes.

La notion de standard est éminemment subjective, en fonction du point de vue adopté, comme l'illustre la diversité des modalités de fixation. En voici quelques exemples (Gervais, 2009, p. 124) :

- Le standard historique risque de favoriser la perpétuation d'inefficiences.
- Le standard théorique ou standard parfait est un idéal à atteindre. Il est susceptible de créer des frustrations et des insatisfactions car, par définition, cette norme n'est pas atteignable.
- Le standard normal ou standard accessible incorpore les événements inévitables (par exemple, casses machines).

La motivation et l'acceptation doivent guider la fixation d'un standard. La motivation dépend du niveau de performance attendu : une norme trop élevée est démotivante, alors qu'une norme trop faible pousse les équipes à ajuster leur effort pour ne pas dépasser la norme. Quant à l'acceptation, elle est facilitée par la participation (voir section 1 du chapitre 8, dédiée à la direction par objectifs).

1.2. Le cas d'un écart sur coûts directs

Le responsable d'atelier avait prévu d'utiliser 1 000 kilos (Q*b*, *b* pour budgétée) d'une matière alors que l'acheteur s'est engagé sur un prix unitaire de 5 euros le kilo (P*b*). Le budget s'établit donc à 5 000 euros (1 000 × 5). Les réalisations sont de 1 100 kilos (Q*r*, *r* pour réelle) au prix de 6 euros le kilo (P*r*), soit une charge réelle de 6 600 euros. On constate donc un écart total de 1 600 euros, écart défavorable, les coûts ayant augmenté.

Cet écart total peut être décomposé en écarts sur quantité (100 kilos) et sur prix (1 euro), ces deux écarts étant défavorables. Il existe cependant deux manières de valoriser ces écarts : faut-il calculer l'écart sur quantité au moyen du prix budgété ou du prix réel et l'écart sur prix sur la base de la quantité budgétée ou de la quantité réelle ?

Avec la décomposition suivante, la somme des écarts (1 500) ne correspond pas à l'écart total (1 600) :

- écart sur quantité : (1 100 – 1 000) × 5 = 500 euros ;
- écart sur prix : (6 – 5) × 1 000 = 1 000 euros.

Cet exemple illustre la difficulté à proposer une décomposition cohérente. La figure 5.1 représente les deux décompositions possibles d'un écart sur coût matière :

Figure 5.1 – Les deux décompositions envisageables

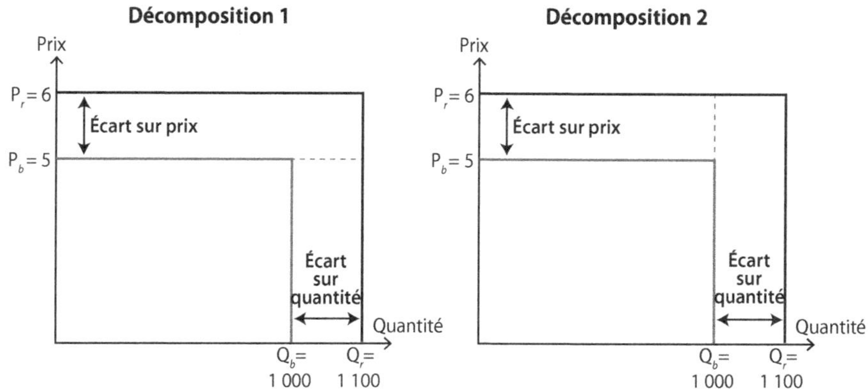

Avec la première décomposition, on a :

- écart sur quantité : (1 100 – 1 000) × 5 = 500 euros (défavorable) ;
- écart sur prix : (6 – 5) × 1 100 = 1 100 euros (défavorable).

Avec la seconde décomposition, on a :

- écart sur quantité : (1 100 – 1 000) × 6 = 600 euros (défavorable) ;
- écart sur prix : (6 – 5) × 1 000 = 1 000 euros (défavorable).

Dans les deux cas, la somme des écarts correspond à l'écart total, à savoir 1 600 euros (défavorable).

Le coût matière étant fonction de deux paramètres (prix et quantité), il existe deux décompositions possibles (2 !). Pour trois paramètres, il en existera 3 ! (factoriel 3 = 1 × 2 × 3), soit six. La cohérence de la décomposition peut être assurée aisément à partir d'une représentation schématique. Lorsque le nombre de paramètres est plus important, cela devient plus délicat. L'objet du modèle de décomposition présenté dans la section 1.3 est de simplifier la démarche.

1.3. Un modèle général de décomposition

Après avoir exposé un modèle général de décomposition (section 1.3.1), nous l'appliquerons à l'écart sur coût matière qui vient d'être décrit (section 1.3.2). Enfin, un écart plus complexe sera décomposé (section 1.3.3).

1.3.1. Principe

Soit C un coût fonction de *n* variables : $C = f(V_1, V_2, \dots, V_n)$. Plus précisément, nous définissons $C_i = f(V_{1r}, V_{2r}, \dots, V_{ir}, V_{i+1b}, \dots, V_{nb})$, avec V_{ib} la valeur budgétée de la variable *i* et V_{ir} sa valeur réelle. C_0 correspond au coût prévisionnel et C_n au coût réel.

En remplaçant progressivement les données budgétées par les données réelles, il est possible d'identifier l'effet de chacune des variables sur le coût étudié :

Figure 5.2 – Modèle général de décomposition d'écarts

$C_0 = f(V_{1b}, V_{2b}, V_{3b} \ldots V_{n-1b}, V_{nb})$

Écart sur $V_1 = C_1 - C_0$

$C_1 = f(\underline{\mathbf{V_{1r}}}, V_{2b}, V_{3b} \ldots V_{n-1b}, V_{nb})$

Écart sur $V_2 = C_2 - C_1$

$C_2 = f(V_{1r}, \underline{\mathbf{V_{2r}}}, V_{3b} \ldots V_{n-1b}, V_{nb})$

… …

$C_{n-1} = f(V_{1r}, V_{2r}, V_{3r} \ldots \underline{\mathbf{V_{n-1r}}}, V_{nb})$

Écart sur $Vn = C_n - C_{n-1}$

$C_n = f(V_{1r}, V_{2r}, V_{3r} \ldots V_{n-1r}, \underline{\mathbf{V_{nr}}})$

Comme cela a été illustré précédemment, une modification de l'ordre a un effet sur les valeurs des écarts.

1.3.2. Application à l'écart sur coût matière

Appliquons ce modèle à l'exemple d'écart sur coût matière développé précédemment : $C = f(Q, P)$:

$Q_b\ P_b$ 1 000 × 5 = 5 000

Écart sur quantité = 5 500 – 5 000 = 500 (défavorable)

$\underline{\mathbf{Q_r}}\ P_b$ 1 100 × 5 = 5 500

Écart sur prix = 6 600 – 5 500 = 1 100 (défavorable)

$Q_r\ \underline{\mathbf{P_r}}$ 1 100 × 6 = 6 600

Il est possible d'obtenir la seconde décomposition en inversant l'ordre des paramètres : $C = f(P, Q)$:

$P_b\ Q_b$ 5 × 1 000 = 5 000

Écart sur quantité = 6 000 – 5 000 = 1 000 (défavorable)

$\underline{\mathbf{P_r}}\ Q_b$ 6 × 1 000 = 6 000

Écart sur prix = 6 600 – 6 000 = 600 (défavorable)

$P_r\ \underline{\mathbf{Q_r}}$ 6 × 1 100 = 6 600

L'intérêt de ce modèle de décomposition est de traiter des cas plus complexes, des coûts qui sont fonction d'un plus grand nombre de variables.

1.3.3. Application plus complexe

Prenons le cas d'un restaurant qui fabrique du soda en mélangeant du sirop et de l'eau. Le coût matière est ici fonction de trois paramètres : le volume produit (V), le mix (la répartition eau/sirop) et le prix des matières (P) : Coût = $f(V, M, P)$.

Voici les données prévisionnelles ou budgétées :

	Volume (1)	Mix (2)	Quantité (3) = (1) × (2)	Prix unitaire (4)	Total (5) = (3) × (4)
Eau	1 000	0,95	950	0,01	9,50
Sirop	1 000	0,05	50	22,00	1 100,00
				Total	**1 109,50**

Les quantités ne sont pas considérées comme une variable, car elles dépendent directement du volume et de la composition. Alors que le coût budgété est de 1 109,50 euros, le coût réel s'établit à 1 031,04 :

	Volume (1)	Mix (2)	Quantité (3) = (1) × (2)	Prix unitaire (4)	Total (5) = (3) × (4)
Eau	1 200	0,96	1 152,00	0,02	23,04
Sirop	1 200	0,04	48,00	21,00	1 008,00
				Total	**1 031,04**

L'écart total est de -78,46 euros (1 031,04 - 1 109,50). En mettant en œuvre le modèle de décomposition présenté plus haut, on peut le décomposer ainsi :

$Vb\ Mb\ Pb$ 1 000 × 0,95 × 0,01 + 1 000 × 0,05 × 22,00 = 1 109,50

Écart sur volume : 1 331,40 – 1 109,50 = 221,90 (défavorable)

$\underline{\mathbf{Vr}}\ Mb\ Pb$ 1 200 × 0,95 × 0,01 + 1 200 × 0,05 × 22,00 = 1 331,40

Écart sur mix : 1 067,52 – 1 331,40 = –263,88 (favorable)

$Vr\ \underline{\mathbf{Mr}}\ Pb$ 1 200 × 0,96 × 0,01 + 1 200 × 0,04 × 22,00 = 1 067,52

Écart sur prix : 1 031,04 – 1067,52 = –36,48 (favorable)

$Vr\ Mr\ \underline{\mathbf{Pr}}$ 1 200 × 0,96 × 0,02 + 1 200 × 0,04 × 21,00 = 1 031,04

Il est d'usage de distinguer tout d'abord l'effet volume. Le PCG 1982 propose cette décomposition.

Certains écarts peuvent être détaillés en faisant varier les paramètres matière par matière. Ainsi, l'écart sur prix peut être calculé par matière :

$Vr\ Mr\ Pb_{eau}\ Pb_{sirop}$ 1 200 × 0,96 × 0,01 + 1 200 × 0,04 × 22,00 = 1 067,52

Écart sur prix de l'eau : 1 079,04 – 1 067,52 = 11,52 (défavorable)

$Vr\ Mr\ \underline{\mathbf{Pr_{eau}}}\ Pb_{sirop}$ 1 200 × 0,96 × 0,02 + 1 200 × 0,04 × 22,00 = 1 079,04

Écart sur prix du sirop : 1 031,04 – 1 079,04 = –48,00 (favorable)

$Vr\ Mr\ Pr_{eau}\ \underline{\mathbf{Pr_{sirop}}}$ 1 200 × 0,96 × 0,02 + 1 200 × 0,04 × 21,00 = 1 031,04

L'écart sur mix a été analysé globalement car il n'y a que deux matières : de l'eau a été substituée au sirop. Avec davantage de matières, le détail de cet écart a un intérêt.

Le tableau suivant synthétise les écarts calculés :

Coût prévisionnel	1 109,50	
Écart / Volume	221,90	20,0 %
Écart / Composition	–263,88	–23,8 %
Écart / Prix de l'eau	11,52	1,0 %
Écart / Prix du sirop	–48,00	–4,3 %
Coût réel	1 031,04	–7,1 %

Globalement, une réduction des coûts de 7,1 % est observée (-78,46 euros), malgré une augmentation du volume de 20,0 % (+221,90 euros). La principale source d'économie est un écart sur composition favorable (-263,88 euros, soit -23,8 %) ; du sirop a été remplacé par de l'eau dont le prix est sensiblement plus faible. Il est à noter que le doublement du prix de l'eau a un effet négligeable (+11,52 euros, soit +1,0 %) alors que la baisse de 4,5 % du prix du sirop génère une économie de 4,3 % (-48,00 euros). Les écarts sont fréquemment représentés graphiquement comme sur la figure 5.3.

Figure 5.3 – Détail de l'écart sur coûts matières

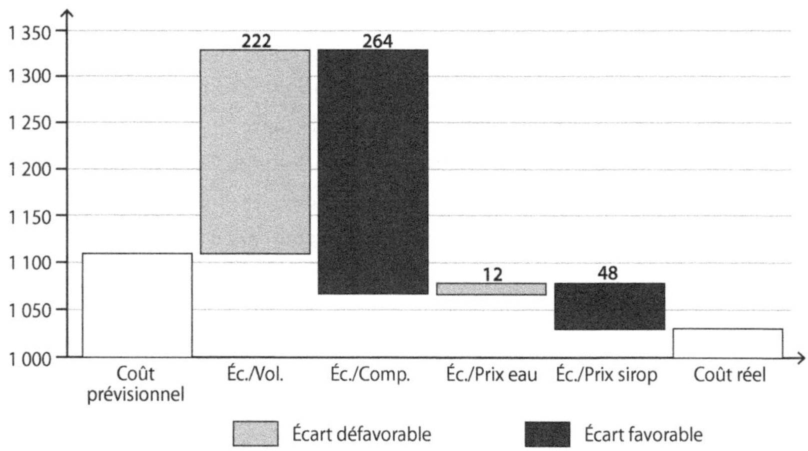

Ce type de représentation met en exergue les phénomènes les plus significatifs : l'effet volume très fortement défavorable (quantités produites plus importantes qu'il n'était prévu) est plus que compensé par l'écart sur composition très favorable (remplacement du sirop par de l'eau moins coûteuse) et, dans une moindre mesure, par la baisse du prix du sirop.

Une analyse encore plus fine serait possible à l'aide d'une variable supplémentaire : le volume moyen des verres servis (appelé quantité et noté Q). Dans le modèle, la variable volume (différente du volume servi) serait mesurée en nombre de verres servis et la quantité représenterait le volume moyen des verres (Q) : Coût = *f*(V, M, Q, P). L'application 2 fournit un exemple d'une telle décomposition.

Ces décompositions permettent d'identifier les priorités, l'origine des principales dérives et, par conséquent, les leviers d'action à mobiliser pour réduire les coûts.

Dans cet exemple, l'écart sur volume ne mérite pas d'être commenté : il s'explique par une augmentation des ventes. L'écart sur composition est plus problématique : les coûts ont été réduits, mais probablement aux dépens de la qualité.

Témoignage 5.1 – Une analyse fine de la performance grâce aux écarts

Le coût de production à la tonne (hors coûts matières) est un indicateur clé de la performance industrielle pour mon DG, sachant que ces coûts sont fixes à 80 %. C'est assez ennuyeux car mon coût de production à la tonne ne dépend en réalité que du niveau de production : quand on fabrique beaucoup, le coût baisse ; en période de faible activité, il augmente. L'autre problème lié à cette mesure est qu'elle ne correspond pas à la stratégie de l'entreprise. En effet, cette dernière nous pousse à fabriquer des produits plus pointus, complexes, et donc fabriqués en plus petites séries, ce qui pèse sur les volumes. Avec le nouveau contrôleur de gestion, nous avons mis en place des analyses supplémentaires. Celui-ci pointe très simplement l'effet volume. En travaillant ensemble, nous avons réussi à mettre en évidence les effets taille des séries et complexité des produits. Ainsi, je suis en mesure d'expliquer les variations de mon coût à la tonne à mon DG.

Benoît L., directeur d'usine, industrie agro-alimentaire

Nous venons de décomposer des écarts sur coûts ; il est possible de faire de même avec les écarts sur chiffre d'affaires.

1.4. L'écart sur chiffre d'affaires

Un raisonnement identique peut être mené pour un produit (par opposition à un coût). Voici les données prévisionnelles ou budgétées de chiffre d'affaires d'une entreprise qui commercialise deux produits :

	Volume (1)	Mix (2)	Quantité (3) = (1) × (2)	Prix unitaire (4)	Total (5) = (3) × (4)
Petit modèle	2 100	0,60	1 260	30	37 800
Grand modèle	2 100	0,40	840	50	42 000
				Total	**79 800**

Les réalisations sont légèrement en dessous des prévisions (-1 100 euros, soit -1,4 %) :

	Volume (1)	Mix (2)	Quantité (3) = (1) × (2)	Prix unitaire (4)	Total (5) = (3) × (4)
Petit modèle	2 000	0,55	1 100	29	31 900
Grand modèle	2 000	0,45	900	52	46 800
				Total	**78 700**

La décomposition de cet écart va nous aider à comprendre l'origine de la baisse du chiffre d'affaires :

$Vb_{PM}\,Mb_{PM}\,Pb_{PM} + Vb_{GM}\,Mb_{GM}\,Pb_{GM}$ 2 100 × 0,60 × 30 + 2 100 × 0,40 × 50 = 79 800

Écart sur volume : 76 000 – 79 800 = –3 800 (défavorable)

$\underline{\mathbf{Vr_{PM}}}\,Mb_{PM}\,Pb_{PM} + \underline{\mathbf{Vr_{GM}}}\,Mb_{GM}\,Pb_{GM}$ **<u>2 000</u>** × 0,60 × 30 + **<u>2 000</u>** × 0,40 × 50 = 76 000

Écart sur mix : 78 000 – 76 000 = 2 000 (favorable)

$Vr_{PM}\,\underline{\mathbf{Mr_{PM}}}\,Pb_{PM} + Vr_{GM}\,\underline{\mathbf{Mr_{GM}}}\,Pb_{GM}$ 2 000 × **<u>0,55</u>** × 30 + 2 000 × **<u>0,45</u>** × 50 = 78 000

Écart sur prix PM : 76 900 – 78 000 = –1 100 (défavorable)

$Vr_{PM}\,Mr_{PM}\,\underline{\mathbf{Pr_{PM}}} + Vr_{GM}\,Mr_{GM}\,Pb_{GM}$ 2 000 × 0,55 × **<u>29</u>** + 2 000 × 0,45 × 50 = 76 900

Écart sur prix GM : 78 700 – 76 900 = 1 800 (favorable)

$Vr_{PM}\,Mr_{PM}\,Pr_{PM} + Vr_{GM}\,Mr_{GM}\,\underline{\mathbf{Pr_{GM}}}$ 2 000 × 0,55 × 31 + 2 000 × 0,45 × **<u>52</u>** = 78 700

La seule différence dans l'application du modèle au chiffre d'affaires plutôt qu'à des coûts est que les écarts positifs (augmentation du chiffre d'affaires) sont favorables ; avec les coûts, une augmentation est défavorable. La réciproque est bien évidemment juste pour les écarts négatifs.

La différence entre la prévision et le chiffre d'affaires réalisé s'explique donc ainsi :

Chiffre d'affaires prévisionnel	79 800	
Écart / Volume	–3 800	–4,8 %
Écart / Composition	2 000	2,5 %
Écart / Prix du petit modèle	–1 100	–1,4 %
Écart / Prix du grand modèle	1 800	2,3 %
Chiffre d'affaires réel	78 700	–1,4 %

Les volumes sont sensiblement plus faibles que prévu (-100 unités, ce qui représente un écart de -3 800 euros, soit -4,8 %). Les deux facteurs favorables qui limitent la baisse du chiffre d'affaires sont une montée en gamme (la proportion de grands modèles s'établit à 45 % contre une prévision de 40 %, ce qui représente un effet de +2 000 euros, soit +2,5 %) et un écart sur prix des grands modèles vendus 52 euros alors que le prix de vente prévisionnel était de 50 euros. L'effet de cette hausse de prix est de +1 800 euros, soit +2,3 % par rapport aux prévisions. Non seulement la proportion de grands modèles a augmenté, mais ils ont en outre été vendus plus chers.

2. La problématique des coûts de capacité

Pour un même niveau de performance opérationnelle (par exemple, productivité des équipes, taux de rebuts), le coût unitaire augmente avec la baisse de l'activité compte tenu de la répartition des coûts de capacité ou coûts fixes sur un nombre plus faible d'unités. Différentes méthodes ont pour objet de neutraliser ces effets.

Dans un premier temps, nous présentons la méthode habituellement associée à cette problématique, la méthode de l'imputation rationnelle (section 2.1), avant d'exposer des approches alternatives (section 2.2) et, enfin, d'établir une synthèse de leurs intérêts et limites (section 2.3).

2.1. L'imputation rationnelle des coûts fixes

Soit le cas d'une entreprise dont les coûts fixes totaux s'établissent à 4 000 et les coûts variables unitaires à 20. Son activité varie autour de 125 unités produites par mois. Comme l'illustre le tableau 5.1, le coût unitaire oscille en fonction du niveau d'activité.

Tableau 5.1 – Évolution des coûts en fonction du niveau d'activité

		Situation 1	Situation 2	Situation 3
Quantité	(1)	100	125	160
Coûts fixes	(2)	4 000	4 000	4 000
Coûts variables	(3) = (1) × (7)	2 000	2 500	3 200
Coût total	**(4) = (2) + (3)**	**6 000**	**6 500**	**7 200**
Coûts unitaires	*(5) = (4) / (1)*	*60*	*52*	*45*
Coûts fixes unitaires	(6) = (2) / (1)	40	32	25
Coûts variables unitaires	(7)	20	20	20

En considérant que la situation 2 correspond au niveau d'activité normale, il est possible de déterminer un coefficient d'activité (voir tableau 5.2).

Tableau 5.2 – Détermination du coefficient d'activité

		Situation 1	Situation 2	Situation 3
Quantité	(1)	100	125	160
Niveau d'activité normal	(2)	125	125	125
Coefficient d'activité	**(3) = (1) / (2)**	**0,80 ou 80 %**	**1,00 ou 100 %**	**1,28 ou 128 %**

Le coefficient d'activité est ensuite utilisé afin de variabiliser les coûts fixes, lesquels sont multipliés par le coefficient (voir tableau 5.3).

Tableau 5.3 – Calcul du coût rationnel

		Situation 1	Situation 2	Situation 3
Quantité	(1)	100	125	160
Coefficient d'activité	(2)	0,80	1,00	1,28
Coûts fixes	(3)	4 000	4 000	4 000
Coûts variables	(4)	2 000	2 500	3 200
Coûts fixes imputés	(5) = (2) × (3)	3 200	4 000	5 120
Coût rationnel total	**(6) = (4) + (5)**	**5 200**	**6 500**	**8 320**
Coût rationnel unitaire	*(7) = (6) / (1)*	*52*	*52*	*52*

Quel que soit le niveau d'activité, le coût unitaire est identique. Il existe toutefois une différence entre les coûts et les charges de comptabilité financière : cette différence est appelée **bonus de suractivité** ou **malus de sous-activité**.

Tableau 5.4 – Compte d'exploitation

		Situation 1	Situation 2	Situation 3
Coûts variables	(1)	2 000	2 500	3 200
Coûts fixes imputés	(2)	3 200	4 000	5 120
Coût rationnel total	**(3) = (1) + (2)**	**5 200**	**6 500**	**8 320**
Coût de la sous activité	(4) = 4 000 – (2)	800	0	–1 120
Coût total	**(5) = (3) + (4)**	**6 000**	**6 500**	**7 200**

Cette présentation du compte d'exploitation rapproche les deux analyses (coût complet et coût rationnel) en faisant apparaître le coût de la sous-activité (ou le bonus de suractivité).

Encadré 5.1 – La méthode de l'imputation rationnelle

Afin de neutraliser l'effet des variations d'activité sur les coûts, la méthode de l'imputation rationnelle consiste à :
- distinguer les coûts fixes des coûts variables ;
- identifier un niveau d'activité normale pour calculer un coefficient d'activité (Activité réelle / Activité normale) ;
- variabiliser les coûts fixes en les pondérant par le coefficient d'activité.

En procédant ainsi, toutes choses égales par ailleurs, on constate que les variations d'activité n'ont plus d'effet sur le coût unitaire.

La méthode de l'imputation rationnelle est la plus fine car elle s'appuie sur la distinction coûts fixes/coûts variables. Il existe toutefois d'autres manières de mesurer la sous-activité.

2.2. Des approches alternatives

Il existe des solutions avec l'ABC et le TDABC (méthodes présentées dans le chapitre 4) pour appréhender la sous-activité.

2.2.1. L'ABC

Cooper et Kaplan (1992) proposent une solution afin d'évaluer les coûts de la sous-activité au moyen de l'ABC. Ils développent l'exemple d'un service achats qui emploie 10 personnes à temps plein. Le coût mensuel d'un employé étant de 2 500 dollars, le coût de l'activité achats s'établit à 25 000 dollars. Chaque employé pouvant traiter 125 commandes par mois, le coût unitaire de traitement d'une commande est de 20 dollars.

Ainsi, chaque mois, le service consomme-t-il 25 000 dollars de ressources lui permettant de traiter 1 250 commandes (capacité disponible).

Admettons que, pendant un mois donné, seulement 1 000 commandes soient traitées. Le coût estimé du traitement d'une commande étant de 20 dollars, 20 000 dollars sont affectés aux achats de la période. Les 5 000 dollars restants représentent le coût des capacités inutilisées.

2.2.2. Le TDABC

La démarche a été présentée dans le chapitre 4 mais le cas développé plus haut fournit une nouvelle occasion de l'illustrer. Les informations complémentaires suivantes sont nécessaires :

- Le temps de travail théorique est de 150 heures par mois et par employé.
- Le coefficient de 80 % est retenu pour déterminer le temps disponible.
- Le temps standard de traitement d'une commande est estimé à 55 minutes.

Sont déduits de ces informations :

- le temps théorique en minutes :
  10 employés × 150 heures × 60 (minutes par heure) = 90 000 minutes ;
- le temps disponible : 90 000 × 0,80 = 72 000 minutes ;
- le coût de la minute : 25 000 / 72 000 = 0,3472 dollar par minute.

Ainsi, le coût de traitement d'une commande s'établit-il à : 19,10 dollars (55 × 0,3472).

On observe au cours du mois où 1 000 commandes ont été traitées :

- temps utilisé : 1 000 × 55 = 55 000 minutes ;
- sous-activité : 72 000 - 55 000 = 17 000 minutes.

Le coût de la sous-activité est déduit : 17 000 × 0,3472 = 5 902,78 dollars.

Le choix d'une approche plutôt qu'une autre dépend du contexte.

2.3. Intérêts et limites de ces méthodes

La mise en exergue du coût de la sous-activité n'est pas systématique dans la majorité des organisations alors qu'elle est indispensable ; c'est ce qui sera discuté dans un premier temps (section 2.3.1). Dans un second temps, nous développerons les difficultés de mise en œuvre des techniques présentées précédemment (section 2.3.2).

2.3.1. La nécessaire mesure de la sous-activité

La mesure de la sous-activité est une nécessité d'un point de vue managérial et comptable.

Du point de vue managérial, la sous-activité fausse l'analyse de la performance (voir application 3), car elle accroît les coûts. Nous avons vu, dans le chapitre 4, que les coûts par inducteur avec le TDABC étaient systématiquement plus faibles que ceux évalués avec l'ABC. En effet, dans sa version normale, l'ABC ne neutralise pas la sous-activité, contrairement au TDABC. Autre intérêt, la mesure de la sous-activité sensibilise les managers à ce phénomène et les incite à la réduire en développant l'activité ou en adaptant, si nécessaire, les capacités disponibles.

Du point de vue de la comptabilité financière, tous les référentiels (PCG, IFRS, US GAAP...) excluent le coût de la sous-activité de celui du stock. En France, la doctrine comptable fait explicitement référence à l'utilisation de la méthode de l'imputation rationnelle.

Illustration 5.1 – Quand la Compagnie nationale des commissaires aux comptes rappelle les règles de valorisation des stocks

Dans une note publiée en novembre 2008, intitulée « Conséquences sur la crise pour l'audit des comptes 2008 des comptes des entités autres que financières », la Compagnie nationale des commissaires aux comptes rappelle les règles en matière de valorisation des actifs et plus particulièrement des stocks.
La crise financière de 2008 a eu, comme toutes les crises, deux conséquences sur les stocks : un accroissement des volumes (à cause des méventes) et un risque d'augmentation des coûts unitaires à cause de la baisse d'activité, en cas de non-application d'une méthode du type de l'imputation rationnelle.
En cas de non-respect des règles comptables, le risque est une surévaluation des stocks, et donc du résultat (ou une minimisation des pertes), sujet particulièrement sensible en période de crise.

La mesure de la sous-activité pose cependant de vraies difficultés.

2.3.2. Des difficultés de mise en œuvre

Les trois approches développées dans cette section (imputation rationnelle, ABC et TDABC) présentent une difficulté commune : la définition de l'activité normale. Par contre, pour ce qui est de la lourdeur de la démarche ou de la difficulté de dissocier les coûts fixes des coûts variables, il existe des différences.

Quelle que soit la méthode (imputation rationnelle, ABC ou TDABC), la définition du niveau normal est délicate et subjective. Comme pour les standards (voir section 1), il peut par exemple s'agir d'une capacité théorique, pratique (capacité théorique dont ont été déduits les temps de repos, de maintenance...) ou d'une capacité qui correspond à l'activité budgétée (de Rongé, 2013).

La méthode doit être appliquée pour chaque activité ou centre d'analyse, ce qui est très lourd. Le TDABC présente l'intérêt de définir la capacité disponible non pas par activités, mais par groupes de ressources (ensemble de ressources permettant de réaliser diverses activités pour lequel un coût à la minute est calculé et une équation de temps est formalisée). Si, pour une entreprise de taille moyenne, le nombre d'activités est fréquemment de plusieurs centaines, le nombre de groupes de ressources dépasse rarement 20.

Pour mettre en œuvre la méthode de l'imputation rationnelle, il est nécessaire de distinguer les coûts fixes (ou coûts de capacité) des coûts variables. Si, conceptuellement, cette distinction est aisément compréhensible, elle est en pratique délicate à mettre en œuvre. Sur la base d'un historique, une régression linéaire permet d'identifier la part des coûts qui est expliquée par l'activité et celle qui est fixe (voir encadré 5.2).

Encadré 5.2 – Distinguer les coûts fixes des coûts variables au moyen d'une régression linéaire

En représentant l'évolution des coûts mensuels en fonction d'un indicateur d'activité, on obtient ce type de schématisation :

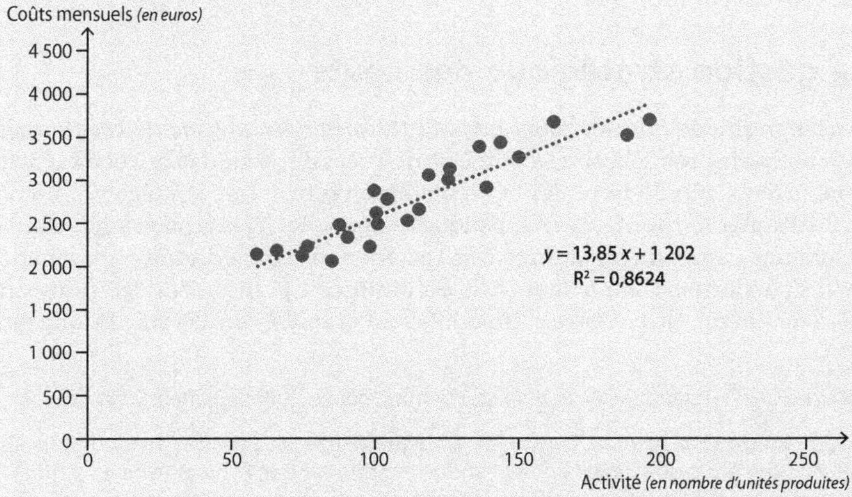

Un tableur permet de tracer la droite de régression et d'afficher ses paramètres qui s'interprètent ainsi :

- les coûts fixes mensuels sont évalués à 1 202 euros ;
- les coûts variables unitaires sont estimés à 13,85 euros ;
- le coefficient de détermination R^2 fournit une indication sur la qualité de l'estimation. Ici, l'activité explique 86,24 % des variations de coûts, ce qui est très satisfaisant.

Cette solution reste assez théorique car elle nécessite de disposer d'historiques de plusieurs années pour les coûts et les indicateurs d'activité.

Il est possible de dresser une synthèse des difficultés d'application des méthodes d'analyse de la sous-activité (voir tableau 5.5).

Tableau 5.5 – Synthèse des difficultés de mise en œuvre des différentes méthodes d'analyse de la sous-activité

	Imputation rationnelle	ABC	TDABC
Définition de l'activité normale ou des capacités disponibles	x	x	x
Lourdeur de la méthode	x	x	
Distinction coûts fixes/coûts variables	x		

En résumé, d'un point de vue managérial, mais aussi d'un point de vue comptable, la mesure de la sous-activité devrait être systématique. Dans cette section, l'accent a été mis sur la méthode de référence, la méthode de l'imputation rationnelle, dont une des limites est qu'elle repose sur la distinction coûts fixes/coûts variables difficile à opérationnaliser. C'est la raison pour laquelle les approches par l'ABC et le TDABC méritent également d'être considérées.

3. La gestion stratégique des coûts

La gestion stratégique des coûts, ou SMA (*Strategic Management Accounting*), est définie comme la production et l'analyse de données de gestion relatives à l'activité et aux concurrents afin de formuler et de mettre en œuvre une stratégie (Simmonds, 1981). En d'autres termes, les caractéristiques essentielles de la gestion stratégique des coûts sont une comptabilité tournée vers l'extérieur de l'organisation, ses marchés et même ses concurrents. Par ailleurs, elle est destinée à prendre des décisions stratégiques, à maintenir un avantage compétitif et est orientée vers l'avenir, le long terme.

Encadré 5.3 – La distinction *management accounting/management control*

L'expression *management accounting* est ambiguë. Elle serait traduite par « comptabilité de gestion » alors que contrôle de gestion se traduirait par « *management control* ». L'expression *management control* est peu usitée. Les Anglo-Saxons désignent par *management accounting* l'ensemble des techniques de contrôle de gestion. Nous restreignons dans les pages qui suivent le *management accounting* à la seule comptabilité de gestion. De fait, l'essentiel des techniques associées à la SMA relève de la comptabilité de gestion.

Après avoir précisé ce que recouvre la gestion stratégique des coûts (section 3.1), nous présenterons une de ses méthodes emblématiques, le coût cible ou *target costing* (section 3.2). Enfin, un cadre d'analyse consistant à introduire le concept de valeur aux analyses conventionnelles de coûts sera développé (section 3.3).

3.1. Un ensemble de pratiques

Afin d'appréhender l'objet de la gestion stratégique des coûts, nous l'opposerons à la comptabilité de gestion conventionnelle (section 3.1.1) avant de passer en revue les techniques et méthodes qui lui sont associées (section 3.1.2).

3.1.1. Gestion stratégique des coûts *vs* comptabilité de gestion conventionnelle

Si les oppositions sont souvent caricaturales, elles permettent néanmoins de positionner la comptabilité de gestion conventionnelle par rapport à la gestion stratégique des coûts (voir tableau 5.6).

Tableau 5.6 – Comparaison des comptabilités de gestion conventionnelle et stratégique

Approche conventionnelle	Approche stratégique
Historique	Prospective
Une entité	Relative
Une période	Multiple
Une décision	Approche séquentielle
Introspective	Tournée vers l'extérieur
Centrée sur les processus	Centrée sur la concurrence
Activités existantes	Potentiels
Réactive	Proactive
Orientée données	Orientée connaissances
Fondée sur les systèmes existants	Pas contrainte par l'existant ni par les conventions

Plus concrètement, on peut comparer la démarche qui consiste à déterminer la profitabilité d'un produit existant pour ajuster une politique de prix (approche conventionnelle) à la démarche qui consiste à évaluer le coût d'un attribut ; le produit/service est alors considéré comme un ensemble d'attributs, afin de définir une proposition de valeur. Cette dernière approche, appelée *attribute costing*, proposée par Simmonds, est considérée comme la première technique s'inscrivant dans la perspective stratégique.

Pour une place de cinéma, on peut par exemple s'intéresser à l'attribut « réservation d'un siège ». Historiquement, comme au théâtre, les places de cinéma étaient numérotées. Cette pratique a été abandonnée avec la réduction du nombre de guichetiers pour cause de coûts salariaux élevés. Avec le développement du home cinéma, il est devenu indispensable de proposer au spectateur des conditions de visionnage irréprochables de sorte qu'il ait toujours envie de fréquenter les salles obscures. Au surplus, la technologie offre l'opportunité de réduire le coût de ce placement ; une fois l'application développée (coût fixe), elle n'induit plus de coûts variables additionnels (pour les cinémas dans lesquels les réservations se font majoritairement en ligne ou sur des bornes). Cela ouvre la brèche à de nouvelles innovations telles que des sièges plus confortables... pour ceux qui sont prêts à en payer le prix.

3.1.2. Un ensemble de techniques

Outre la valorisation des attributs, différentes techniques sont associées à la gestion stratégique des coûts telles que, de manière un peu surprenante, l'ABC/ABM mais aussi le *life cyle costing*, le *value chain costing* ou encore le coût cible ou *target costing*.

L'**ABC/ABM**, comme cela a déjà été souligné (voir chapitre 4), représente un véritable changement de perspectives qui s'est traduit par l'évolution de la dénomination comptabilité analytique pour comptabilité de gestion. Plus que le modèle, qui reste conventionnel, ce sont les utilisations qui en sont faites qui relèvent de la gestion stratégique des coûts. Il s'agit, par exemple, de se différencier en mobilisant les activités qui correspondent aux besoins du client pour le satisfaire plutôt que de délivrer un produit/service standard. Il y a dans cette démarche une proximité avec l'*attribute costing* évoqué précédemment avec l'exemple de la place de cinéma. Les activités, périmètre parfaitement défini par les ressources mobilisées et leurs productions, sont en outre susceptibles d'être comparées avec celles d'autres organisations ; c'est le ***benchmarking*** également associé à la gestion stratégique des coûts.

Le ***value chain costing*** identifie les activités qui contribuent à créer de la valeur en dépassant les frontières de l'organisation, c'est-à-dire en intégrant les fournisseurs et les clients dans la réflexion. Par exemple, la livraison de chocolat en bidons a permis à un fabricant de ne plus supporter les coûts de moulage et d'emballage alors que son client n'avait plus à supporter les coûts de déballage et de fonte.

Le ***life cycle costing*** ou coût des produits sur leur cycle de vie consiste à évaluer les coûts sur l'ensemble du cycle de vie du produit, depuis sa conception jusqu'à son recyclage. En effet, un coût déterminé sur une base mensuelle, voire annuelle, est peu représentatif, ce coût évoluant tout au long du cycle de vie.

Figure 5.4 – Le décalage entre les coûts induits par les décisions et leur constatation

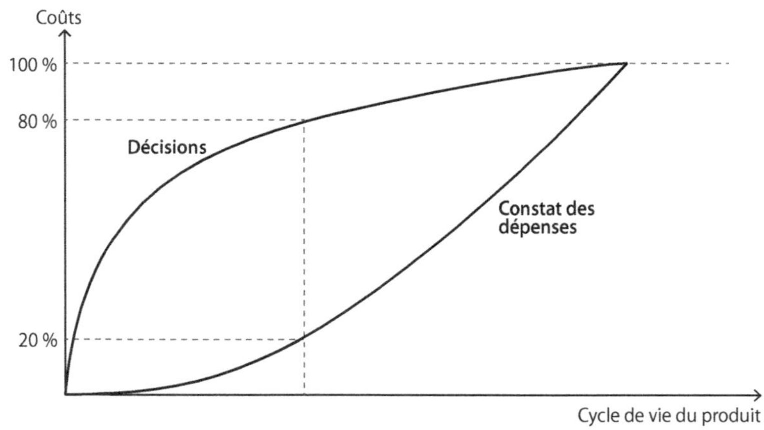

Les analyses de coûts ont tendance à privilégier l'analyse des dépenses constatées (courbe inférieure) plutôt que les conséquences de décisions actuelles (courbe supérieure). Le ***target costing*** ou **coût cible** est une méthodologie de conception des produits qui prend en considération l'ensemble de ces coûts (cette démarche est décrite de manière détaillée dans la section 3.2).

La gestion stratégique des coûts regroupe donc des méthodes hétérogènes plus orientées vers l'extérieur et la prise de décision de long terme - stratégique - que la comptabilité de gestion conventionnelle.

3.2. Le *target costing*

Le coût cible ou *target costing* est une méthode de développement de produit emblématique de la gestion stratégique des coûts. Le développement de la méthode s'appuie sur deux constats :

- Une fois les produits conçus, leur valorisation aboutit à un prix de vente très fréquemment en décalage avec le prix que le client est prêt à payer, donc à des échecs.
- La phase de conception fige une grande partie des coûts du produit qu'il n'est ensuite plus possible de faire évoluer (voir figure 5.4).

L'objectif du *target costing* est donc de développer un produit innovant, répondant aux attentes du client tout en respectant les contraintes de coûts afin que l'entreprise dégage une marge satisfaisante. Après avoir présenté les principales étapes de la démarche (section 3.2.1), nous détaillerons un exemple (section 3.2.2). Enfin, les limites de la méthode seront développées (3.2.3).

3.2.1. Les phases

Le *target costing* est *a priori* centré sur la phase de conception du produit. C'est en effet lors de cette phase que les choix conduisent à figer les coûts. Meyssonnier (2001) distingue les phases suivantes :

- définition d'un concept ;
- proposition d'un coût cible ;
- évaluation des coûts cibles par fonctions ;
- spécifications de production et fixation des coûts cibles par composants (conception détaillée) ;
- optimisation des coûts sur l'ensemble du cycle de vie du produit.

La dernière phase n'est pas systématiquement comprise dans toutes les présentations du coût cible, la méthode étant à l'origine focalisée sur le développement des produits.

3.2.2. Un exemple simplifié

Une fois le concept défini, l'avis des consommateurs est sollicité afin de déterminer un prix cible ; à cette même occasion, la valeur des fonctions du produit (concept explicité un peu plus loin) est estimée. Conformément à cette équation, Coût cible = Prix de vente - Profit cible, la déduction du profit cible du coût cible conduit à fixer le coût cible.

Par exemple, pour un téléphone dont le prix de vente est de 400 euros et son coût complet de 360 euros, une marge de 40 euros est dégagée (400 - 360). Cette approche illustre une situation subie par l'entreprise ; si le coût complet avait été supérieur au prix de vente, elle aurait subi une perte. Avec la démarche du coût cible, le profit cible, disons 60, est déduit du prix cible, ce qui conduit à fixer un coût cible à 400 - 60, soit 340 euros.

Afin d'atteindre ce coût cible, on identifie les fonctions du produit. Pour notre téléphone, il s'agit de la facilité de lecture, de la solidité, de l'autonomie... Lors de l'étude préliminaire évoquée précédemment, le client a non seulement exprimé le prix qu'il serait prêt à payer, mais également l'importance qu'il accorde à chacune de ces fonctions. Cela se mesure aisément en demandant au client de répartir 100 points entre les fonctions, au prorata de l'importance qu'il y accorde. Il existe une technique statistique plus sophistiquée, l'analyse conjointe, qui fournit le même type d'information, plus précisément le prix implicite des fonctions (c'est-à-dire le prix que le client serait prêt à payer).

Ensuite, la contribution de chaque composant (coque, batterie, écran, processeur, système d'exploitation...) aux fonctions est évaluée. Par exemple, la coque contribue à 60 % de la fonction solidité et à 40 % de la fonction qualité de la prise en main. Sachant que la fonction solidité représente 15 % de la valeur pour le client et la qualité de la prise en main 30 %, il est possible de déterminer la contribution du composant coque à la valeur pour le client :

$$0{,}60 \times 0{,}15 + 0{,}40 \times 0{,}30 = 0{,}21, \text{ soit } 21\ \%$$

La contribution de la coque à la valeur du produit pour le client est donc estimée à 21 %. Les ressources allouées aux composants étant fixées en fonction de la valeur qu'il crée pour le client, le responsable de la conception de la coque dispose d'un budget de 0,21 × 340 = 71,40 euros. En cours de projet, il est possible d'établir ce type de schéma afin d'identifier les composants sur lesquels des efforts de réduction de coûts doivent être réalisés (voir figure 5.5).

Figure 5.5 – Analyse coût/valeur par fonctions d'un produit

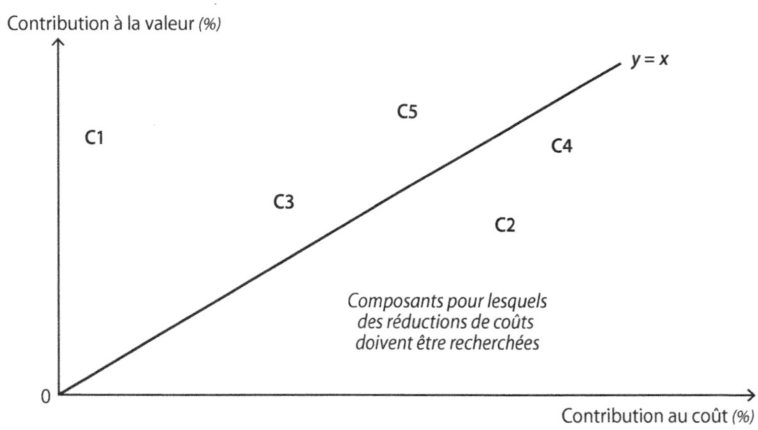

3.2.3. Les limites de l'approche

La démarche fait peser une pression forte sur les équipes. Celles-ci doivent, dans des délais contraints, proposer des solutions techniques afin de réduire les coûts. La quête d'économies risque d'induire une dénaturation du concept initial. Paradoxalement, la méthode peut entraîner des gaspillages. En effet, pourquoi allouer mécaniquement des ressources aux composants en fonction de leur contribution ?

Autre difficulté, des contraintes réglementaires font peser des coûts qui ne créent pas nécessairement de la valeur pour le client (par exemple, normes de sécurité dans le secteur automobile pour les clients insensibles à cette fonction).

3.3. Une grille d'analyse pour dépasser l'analyse des marges

La comptabilité de gestion est centrée sur l'analyse des coûts. Une comparaison avec les prix permet le calcul des marges ou un résultat ; c'est l'approche conventionnelle de la comptabilité de gestion : mes produits/services sont-ils profitables ? L'introduction du concept de valeur dans la réflexion ouvre de nouvelles perspectives.

Figure 5.6 – Cadre d'analyse pour une gestion stratégique des coûts

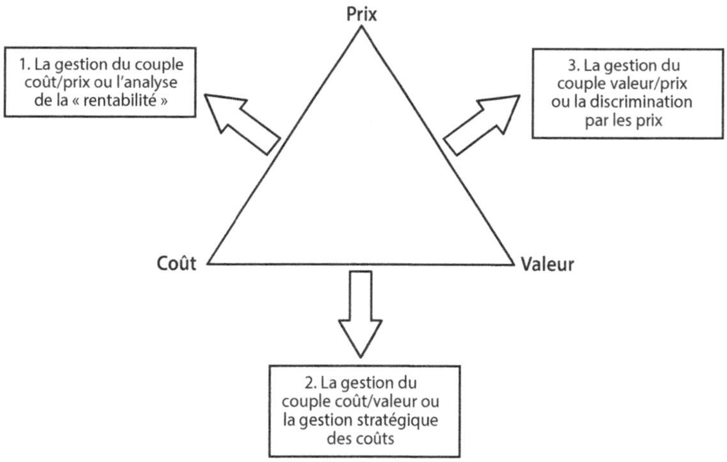

La confrontation des coûts à la valeur suscite une deuxième question : les ressources consommées créent-elles de la valeur ? Enfin, il ne suffit pas de développer une proposition de valeur attrayante, encore faut-il transformer cette valeur en prix payé par le client. Ces questions représentent une évolution de problématiques propres au contrôle de gestion vers des problématiques marketing et stratégiques. Ces trois questions sont discutées successivement[1].

3.3.1. Mes produits/services sont-ils profitables ?

À la fin du chapitre 2 (voir sections 3.1 et 3.2), une diversité de représentations de la performance des objets de coûts ont été exposées avec les *whale curves*, courbes de profitabilité, matrices, comptes d'exploitation.

1. Cette section est fortement inspirée de Malleret *et al.* (2015).

Si mesurer une performance par client peut sembler relativement novateur, une perspective plus ambitieuse, « stratégique », consiste à travailler sur la totalité du cycle de vie du client. Un banquier peut tenter d'anticiper les flux futurs d'affaires en fonction du client (par exemple, artisan boulanger venant d'ouvrir un second point de vente, jeune médecin, retraité de l'enseignement secondaire). Le CIC, par exemple, offre 160 euros sur un compte sur livret aux bacheliers qui ont décroché leur diplôme avec une mention très bien : la banque anticipe ainsi des résultats futurs.

C'est toutefois l'approche par attributs qui ouvre le plus de perspectives. Quelles sont les ressources consommées par un attribut particulier ? Il est ensuite possible de s'interroger sur sa contribution à la création de valeur.

3.3.2. Mes coûts créent-ils de la valeur ?

La valeur a déjà été définie en insistant sur la diversité de ses significations poussant certains managers à jouer de son ambivalence ; les interprétations divergent selon les points de vue. Pour le financier, la valeur est actionnariale avec le résultat résiduel ou l'EVA. La valeur partenariale (Charreaux et Desbrières, 1998), quant à elle, permet d'intégrer les différentes parties prenantes de l'organisation.

Nous nous intéressons ici à la **valeur pour le client**. Implicitement, créer de la valeur pour le client devrait créer de la valeur pour l'entreprise, voire pour d'autres parties prenantes. Concrètement, nous définissons ici la valeur pour le client comme le prix qu'il est prêt à payer, à savoir la **propension à payer** ou **prix d'opportunité**. L'analyse conjointe utilisée dans le cadre du *target costing* vise à déterminer cette valeur, mais il existe d'autres mécanismes (voir illustration 5.2).

Illustration 5.2 – Révéler une propension à payer

Jean-Pierre a réservé un billet pour passer, en mai, un week-end prolongé à New York avec son conjoint. Une semaine avant le départ, il reçoit un message de sa compagnie aérienne : « Dites-nous combien vous êtes prêt à payer pour voyager en classe affaires. Si votre offre est acceptée, vous recevrez un message deux jours avant votre départ ; sinon, vous ne paierez rien et vous conserverez vos places. Déplacez le curseur pour faire une offre. »

La comparaison des coûts à la valeur pour le client permet d'identifier les attributs qui méritent d'être intégrés au produit/service. L'objectif est de définir une proposition de valeur, une combinaison d'attributs. Une fois cette proposition définie, il convient de trouver des moyens de faire payer le client, de transformer cette valeur en prix.

3.3.3. Transformer la valeur en prix

L'expression « capture de la valeur » est parfois mobilisée. Il existe en effet une différence entre le prix que le client est prêt à payer (propension à payer) et celui qu'il paie effectivement. Notons que nous sortons totalement du champ du contrôle de gestion. Cela illustre la nécessité de travailler avec d'autres fonctions, ici le marketing.

Il s'agit de quitter le cadre conventionnel dans lequel les prix se forment sur le marché. Michel (2014) propose de nombreux mécanismes permettant d'arriver à cette fin.

Tableau 5.7 – Capturer de la valeur

Catégorie d'innovation	Stratégie d'innovation	Exemples
Changer le mécanisme de fixation des prix	Tarification basée sur la valeur	Ecosyn-Lubric (vis prélubrifiées)
	Enchères	Google AdWords Enchères de plaques d'immatriculation
	Tarification basée sur la demande	Compagnies aériennes Bourses aux bières
	Fixer son propre prix	Certains cafés et restaurants
Changer le payeur	Marché biface	Journaux gratuits
	Changer le payeur dans la constellation de valeurs	Carbon for Water Programme « No Child Left Behind »
	Budgétisation interne	Programme de formation de l'IMD
Changer le facteur de valeur	Changer le facteur	Netflix Nespresso
	Offres groupées et non groupées	Abonnement télécom Compagnies aériennes (traditionnelles/*low cost*)
	Offres « *all inclusive* »	Croisières
Changer le *timing*	Modèle des lames de rasoir	Gillette Schindler
	Contrats à terme	Marché des matières premières Chambres prévendues
Changer de segment	Coûts cibles	Secteur automobile
	Autosegmentation	Bons de réduction

Toutes les situations ne sont pas commentées. Néanmoins, elles illustrent la diversité des leviers mobilisables. Si l'on raisonne en termes de prix au kilo, le café Nespresso apparaît comme très onéreux (5 grammes par dosette × 200 × 0,30 euro = 60 euros/kilo) comparativement au kilo de café en épicerie (4 euros les 250 grammes × 4 = 16 euros/kilo). Si l'on change de facteur de valeur, la dosette Nespresso apparaît comme une excellente affaire. En effet, 0,30 euro pour un expresso est très peu cher par rapport au prix payé dans un café pour un produit équivalent.

Autre illustration, avec les marchés bifaces, pour lesquels il existe une diversité de payeurs. Il est possible d'offrir une presse gratuite en la finançant par la publicité (d'autres éditeurs font le choix de l'indépendance en ne se finançant que par la vente aux lecteurs).

Ne plus simplement comparer les coûts au prix, mais les comparer à la valeur pour le client ouvre de nombreuses perspectives et oblige le contrôle de gestion à collaborer avec d'autres fonctions, le marketing en particulier.

Résumé

Nous avons évoqué, dans les chapitres 3 et 4, les techniques d'évaluation des coûts. Ce chapitre ouvre des perspectives sur les utilisations qui peuvent en être faites ; c'est un passage de la comptabilité de gestion à la gestion des coûts.

Les standards représentent un véritable outil de management, de délégation des responsabilités et d'analyse de la performance. L'analyse de la sous-activité est un moyen de mettre en évidence ses capacités disponibles plutôt que de subir leur impact sur les coûts.

Enfin, la gestion stratégique des coûts par la prise en compte de la valeur créée pour le client constitue un changement de perspectives, une réelle ouverture sur l'environnement. Cela représente un tel changement pour le contrôleur de gestion que certains doutent de sa capacité à mener ces analyses. Sur ces questions, le contrôleur de gestion ne serait plus qu'un producteur d'information pour d'autres fonctions de l'organisation, en particulier pour le marketing.

Application 1 : écart sur chiffre d'affaires

La chaîne de restauration rapide Burger+ établit les prévisions de ventes suivantes pour son établissement de l'avenue de France à Paris :

Produit	Composition	Quantité	Prix	Chiffre d'affaires
Enfants	30 %	3 000	4,00	12 000,00
Big M	50 %	5 000	6,00	30 000,00
Big M+	20 %	2 000	7,00	14 000,00
Total	**100 %**	**10 000**		**56 000,00**

Les ventes réelles en quantités et en volumes sont les suivantes :

Produit	Composition	Quantité	Prix	Chiffre d'affaires
Enfants	20 %	2 156	4,00	8 624,00
Big M	55 %	5 929	6,10	36 166,90
Big M+	25 %	2 695	6,90	18 595,50
Total	**100 %**	**10 780**		**63 386,40**

Question 1 : Vous êtes sollicité afin d'expliquer l'origine de l'écart favorable sur chiffre d'affaires de 7 386,40 euros. Vous déterminerez les écarts sur volume (10 780 *vs* 10 000), sur composition (30/50/20 *vs* 20/55/25) et sur prix (4,00/6,10/6,90 *vs* 4,00/6,00/7,00).

Question 2 : À partir des informations suivantes, décomposez l'écart sur volume en écart sur taille du marché (98 000 *vs* 100 000) et en écart sur part de marché (11 % *vs* 10 %). Interprétez vos résultats.

		Prévisions	Réalisations
Taille du marché	(1)	100 000	98 000
Part de marché	(2)	10,0 %	11,0 %
Volume Burger+	**(1) × (2)**	**10 000**	**10 780**

Application 2 : écarts sur coût matières

Pour l'artisan boulanger Claude, la consommation de matières grasses représente un enjeu important. Elles représentent en effet près de 80 % des coûts de matières premières de ses viennoiseries. Mme Aroual, directrice industrielle, s'interroge sur l'évolution de ce poste de dépenses pour le mois de novembre. La prévision d'activité est de 100 000 viennoiseries produites avec une masse unitaire de matières grasses de 40 grammes.

Activités

Prévisions du mois de novembre :

Matière	Composition (1)	Masse (kg) (2)	Coût unitaire (€/kg) (3)	Total (€) (2) × (3)
Beurre AOP	90,00 %	0,036	6,00	0,2160
Huile de palme	10,00 %	0,004	2,00	0,0080
Total	**100,00 %**	**0,040**	**Coût unitaire (b)**	**0,2240**
Volume (a)	100 000		Coût total (a) × (b)	22 400,00

Réalisations du mois de novembre :

Matière	Composition (1)	Masse (kg) (2)	Coût unitaire (€/kg) (3)	Total (€) (2) × (3)
Beurre AOP	85,00 %	0,034	5,80	0,1972
Huile de palme	15,00 %	0,006	2,10	0,0126
Total	**100,00 %**	**0,042**	**Coût unitaire (b)**	**0,2098**
Volume (a)	110 000		Coût total (a) × (b)	23 078,00

Sans dégrader la qualité apparente des produits, on a utilisé seulement 85 % de beurre au lieu des 90 % prévus ; le prix du beurre a baissé et, pourtant, le coût des matières grasses de novembre (23 078,00 euros) est supérieur aux prévisions de 678,00 euros (+3,03 %).

Question : Pour éclairer Mme Aroual, décomposez l'écart sur coût des matières grasses en écarts sur volume (110 000 *vs* 100 000 unités), sur masse (42 grammes *vs* 40 grammes), sur composition (85/15 *vs* 90/10) et sur prix (5,80 et 2,10 *vs* 6,00 et 2,00). Interprétez vos résultats.

Application 3 : coût des capacités inutilisées

La société Cevatil dispose de deux sites industriels localisés à Oran et à Alger qui fabriquent le même produit. Si le prix de vente est identique, les structures de coûts des deux sites diffèrent :

	Oran	Alger
Prix de vente unitaire (en €)	20,00	20,00
Coût variable unitaire (en €)	12,00	11,50
Coûts fixes totaux (en €)	5 000	5 500
Quantités produites	900	800

Question 1 : Comparez la performance de ces deux sites (n'utilisez pas les informations complémentaires fournies ci-après). Quel est le site le plus performant ?

Question 2 : Savoir que les capacités de production d'Oran et d'Alger sont respectivement de 1 000 et de 1 200 unités modifie-t-il votre analyse ?

Question 3 : Compte tenu de ces résultats, vous avez légitimement des doutes sur vos conclusions. Quel plan de production mettre en œuvre en faisant l'hypothèse que les frais de transport entre les sites de production et les clients sont négligeables et que la demande totale est toujours de 1 700 unités ? Faut-il privilégier le site d'Oran en saturant ses capacités de production (plan de production 1) ou celui d'Alger (plan de production 2) ?

	Oran (capacité max. de 1 000 unités)	Alger (capacité max. de 1 200 unités)	Total
Plan de production 1	1 000	700	**1 700**
Plan de production 2	500	1 200	**1 700**

Application 4 : gestion stratégique des coûts

Passionnée d'ingénierie, Marie-Caroline D. s'est fortement impliquée dans la vie de l'entreprise familiale de fabrication de matériel de chantier pour le secteur du bâtiment et des travaux publics. Elle en assure la direction technique et siège au conseil d'administration. Dans une logique de réduction des coûts, elle met en œuvre des projets de redéfinition des produits. Son dernier projet porte sur les banches (ou coffrages) à béton.

Les banches ont traditionnellement quatre verrous : deux en haut et deux en bas. L'innovation de Marie-Caroline consiste en un nouveau verrou qui présente deux intérêts : un nettoyage facilité et surtout une simplification du produit doté désormais de seulement deux verrous au milieu. Le temps de nettoyage d'une banche est réduit de deux tiers en passant d'une heure à vingt minutes. Toutes les certifications techniques ont été obtenues.

Voici la fiche de coût de la banche commercialisée actuellement :

En euros	Opération/composant	Unité	Coût unitaire	Quantité	Total
Coffrage	Matière	Pièce	500	2	1 000
	Usinage	Heure	35	4	140
	Soudage	Heure	50	3	150
	Peinture	Heure	35	2	70
	Consommables	Pièce	50	1	50
Verrous	Matière	Pièce	50	8	400
	Usinage	Heure	35	4	140
	Soudage	Heure	50	4	200
	Réglage	Heure	40	2	80
				Total	**2 230**

Le produit est actuellement vendu 2 600 euros HT (prix catalogue).

Le coût de fabrication du nouveau verrou n'est pas significativement différent de l'ancien. Il faudra passer un peu de temps avec les opérateurs pour les former au nouveau produit. Cela ne prendra que quelques heures.

Les coûts de développement sont évalués à 20 000 euros, sachant que le produit devrait être commercialisé pendant au moins dix ans. Actuellement, 1 000 unités de ce produit sont vendues chaque année.

Enfin, une banche bien entretenue est utilisée pendant au moins trois années.

Question 1 : À partir des informations fournies, évaluez le coût du nouveau produit.

Question 2 : Quelle politique de prix préconisez-vous ?

Et dans mon entreprise

- Dans votre organisation, quels sont les indicateurs utilisés pour appréhender la valeur créée ?
- Quelles sont les méthodes employées pour différencier les prix des produits/services selon les clients ?
- Quels sont les mécanismes employés pour capter la valeur, pour transformer la valeur créée en prix ?

Références

Bouquin H., *Comptabilité de gestion*, 3e éd., Paris, Economica, 2004.

Charreaux G. et Desbrières P., « Gouvernance des entreprises : valeur partenariale contre valeur actionnariale », *Finance - Contrôle - Stratégie*, février 1998, p. 57-88.

Cooper R. et Kaplan R.S., « Activity-based Systems: Measuring the Costs of Resource Usage », *Accounting Horizons*, septembre 1992, p. 1-13.Gervais M., *Contrôle de gestion*, 9e éd., Paris, Economica, 2009.

Malleret V., La Villarmois O. (de) et Levant Y., « Revisiting 30 Years of SMA Literature: What Can we Say , Think and Do? », *Les Cahiers de recherche*, HEC Paris, 2015.

Meyssonnier F., « Le target costing : un état de l'art », *Finance - Contrôle - Stratégie*, vol. 4, n° 4, 2001, p. 113-138.

Michel S., « Innovation Isn't Worth Much if You Don't Get Paid for it », *Harvard Business Review*, octobre 2014, p. 78-85.

Rongé Y. (de), *Comptabilité de gestion*, 3e éd., Bruxelles, De Boeck, 2013.

Simmonds K., « Strategic Management Accounting », *Management Accounting*, avril 1981, p. 26-29.

Chapitre 6

La structure de gestion et les prix de cession interne

Objectifs pédagogiques

1. Comprendre les enjeux de la mise en place d'une structure de gestion
2. Différencier les centres de responsabilité
3. Mettre en place un système de prix de cession interne cohérent avec la structure de gestion
4. Adapter les mesures de performance
5. Appréhender les enjeux fiscaux des prix de transfert

Cas introductif : Lactobon

La société Lactobon est spécialisée dans la transformation du lait. Elle achète le lait et le transforme à destination des consommateurs finaux ou d'autres entités du groupe. Plus précisément, la division « Lait » achète le lait auprès de producteurs et le transforme. Celui-ci est ensuite conditionné et vendu directement par la division « Lait » ou bien à nouveau transformé dans la division « Yaourts et fromages ».

Depuis plusieurs années, la direction générale a opté pour une structure décentralisée dans laquelle chaque entité est évaluée sur la base du profit qu'elle génère. Les responsables de division sont ainsi libres de prendre toutes les décisions qui ne relèvent pas de la politique générale de la société.

Le laboratoire de recherche gustative de la division « Yaourts et fromages » a élaboré une recette de dessert très originale à destination des enfants. Celle-ci repose sur un processus qui transforme le lait le plus rapidement possible après sa production. À cet effet, ce processus répond à des conditions particulières de température lors des opérations de transformation et de stockage. Le coût de développement de ce projet et le travail fourni par le bureau des méthodes au sein de la division « Lait » ont intégralement été pris en charge par la division « Yaourts et fromages ».

Aujourd'hui, la division « Lait » dispose d'une capacité de production de 1 million de tonnes qu'elle n'exploite qu'à 80 % de sa capacité maximale, faute de débouchés. Le lancement de ce dessert induirait une commande de 120 000 tonnes dès la première année ; la division « Lait » est en mesure de la satisfaire, sans entraîner de coûts fixes supplémentaires. Les coûts supplémentaires générés par l'achat et la transformation de lait en produit intermédiaire (noté PI), obtenu dans les conditions particulières décrites ci-dessus, seraient de 100 euros la tonne de PI, ce qui correspond à des charges variables.

Avant de mettre en production ce nouveau dessert et de le commercialiser, la division « Yaourts et fromages » a demandé à la division « Lait » de lui proposer un prix de cession de PI. Elle a également sollicité deux entreprises externes afin de comparer leur offre avec l'offre interne. Les offres reçues sont les suivantes :

- offre de la division « Lait » : 120 euros la tonne ;
- offre de la Coop du Crémier : 110 euros la tonne ;
- offre de Cremdou : 115 euros la tonne.

Au vu de ces éléments, le directeur de la division « Yaourts et fromages » souhaiterait s'approvisionner auprès de la Coop du Crémier.

Le responsable de la division « Lait », bien qu'ayant connaissance des autres propositions, tient à faire valoir plusieurs arguments auprès de la direction de Lactobon :

- Il prétend que, compte tenu du coefficient de 20 % de coûts variables qui s'applique pour contribuer à la couverture des frais généraux, il ne peut proposer un prix en deçà de 120 euros la tonne. Dans le cas contraire, il risque d'être en porte-à-faux avec la politique de la direction qui consiste à ne pas vendre en dessous du coût de revient complet.
- La démarche de faire en interne correspond à l'intégration prônée par la politique générale du groupe Lactobon.
- Cela aiderait la division « Lait » à rentabiliser son outil de production qui souffre aujourd'hui d'une sous-activité importante.
- Il est préférable d'utiliser cette capacité de production excédentaire plutôt que de la laisser oisive.

Question 1 : Que pensez-vous de chacun des arguments présentés par le responsable de la division « Lait » ?

Question 2 : Si la direction du groupe devait arbitrer ce différend, quelle solution devrait-elle imposer ? Pourquoi ?

Question 3 : Pourquoi les deux directeurs de centre n'arrivent-ils pas à s'entendre ? Quelles sont les limites des règles actuelles de fixation des prix de cession interne ?

Question 4 : Quelles recommandations pourriez-vous faire concernant le prix de cession interne ?

Question 5 : Quelles conséquences le changement proposé aurait-il sur le niveau de profit dégagé par chaque division ? ■

Synthèse du cas et introduction du chapitre

Le contrôle de gestion est intrinsèquement lié aux notions de délégation, d'autonomie et de responsabilisation. En effet, dès lors qu'il devient nécessaire de déléguer la prise de décision au-delà du cercle restreint des dirigeants d'une organisation, il faut allouer des ressources à des acteurs chargés de les utiliser avec une certaine autonomie. La contrepartie est pour ces acteurs de devoir rendre des comptes par comparaison aux objectifs initialement fixés. Ces contraintes ont été décrites dans le chapitre 1 pour expliquer le développement du contrôle de gestion moderne chez General Motors.

En procédant ainsi, l'organisation est scindée en unités appelées **centres de responsabilité**. La structure de gestion qui émane des choix faits en matière de centres de responsabilité sous-tend l'architecture budgétaire (voir chapitre 7). Elle contraint également les centres à s'échanger des biens ou des services entre eux, qu'il convient alors de valoriser à l'aide d'un **prix de cession interne**. Le cas introductif met en exergue la difficulté à déterminer un prix de cession interne qui convienne aux responsables des deux centres, voire les conflits que ces prix de cession interne sont susceptibles d'induire.

Dans ce chapitre, nous aborderons les choix en matière de structure de gestion et leurs enjeux sur l'évaluation de la performance au travers des points suivants :

- le découpage en centres de responsabilité (section 1) ;
- les différentes méthodes de fixation des prix de cession interne (section 2) ;
- la distinction entre prix de cession interne et prix de transfert (section 3).

1. La notion de centre de responsabilité

Les centres de responsabilité sont des entités issues du découpage de l'organisation. Ils se caractérisent par un responsable qui se voit confier des objectifs à atteindre au moyen de ressources déléguées et dont les résultats sont mesurés et analysés au regard de ces objectifs. Cette définition introduit un lien direct entre périmètre d'exercice de la responsabilité et évaluation de la performance. Sur ce point, il semble naturel que l'évaluation de la performance d'un individu ou d'une entité se fasse sur la base d'éléments maîtrisés par eux et sur lesquels ils ont un certain contrôle : cela renvoie à la notion de **contrôlabilité** fondamentale pour définir les contours d'un centre de responsabilité.

Les centres de responsabilité sont de différentes natures et les typologies varient selon les auteurs. Cependant, nous retiendrons, dans cet ouvrage, quatre types de centres de responsabilité : les centres de coûts (section 1.1), de revenus (section 1.2), de profit (section 1.3) et d'investissement (section 1.4).

1.1. Les centres de coûts

Un centre de coût est un centre dont le responsable se voit attribuer des objectifs de respect de coûts de production ou de fonctionnement. Il existe deux catégories de centres de coûts :

- **Des centres de coûts dont on peut mesurer un certain niveau de production.** Dans ce cas, plusieurs indicateurs peuvent être utilisés pour évaluer la performance du centre et de son responsable : le volume de production, le coût de production, la qualité des produits/services ou encore le respect du délai de production. Il s'agit principalement d'entités de production (par exemple, usine, centre d'appels).

- **Des centres de coûts dits « discrétionnaires »** dont il est *a priori* difficile de mesurer la production. Les objectifs étaient historiquement essentiellement fondés sur le respect des consommations de ressources et les engagements budgétaires. La pression à l'amélioration de la performance ne s'exerce plus depuis longtemps sur les seuls opérationnels ; les services fonctionnels ou fonctions supports se voient également assigner des objectifs de performance. Pour les managers en manque d'inspiration, de nombreux ***benchmarkings*** sont proposés par des associations professionnelles (par exemple, l'ANDRH pour les ressources humaines, l'ADETEM pour le marketing) et des cabinets de conseil.

Témoignage 6.1 – Les leviers d'action d'un responsable de centre de coûts discrétionnaires

Je me souviens d'un entretien de recrutement au cours duquel un candidat m'avait affirmé que la comptabilité n'était pas un service « challenging ». Je lui ai alors donné des exemples d'objectifs qui m'ont été assignés ces dernières années. Lorsque je suis arrivé dans le groupe, les comptes avaient été certifiés par le commissaire aux comptes avec réserves en raison de problèmes de contrôles internes relatifs à notre gestion des stocks. L'objectif était clair : obtenir une certification sans réserves. Ensuite, je suis challengé sur la productivité de mes équipes. Depuis l'absorption de notre principal concurrent aussi gros que nous, nous tenons les comptabilités avec le même effectif qu'avant la fusion : en huit ans, cela représente un gain de productivité de 50 %. Pour ce qui est du délai d'établissement des situations mensuelles, nous sommes passés de J + 10 jours calendaires à J + 4 jours ouvrés...

Le service comptable est effectivement un centre de coûts dits discrétionnaires, mais je peux vous donner de nombreux exemples d'objectifs qui me sont assignés chaque année par mon DAF.

Jean-Louis S., chef comptable, industrie

1.2. Les centres de revenus

Un **centre de revenus** ou **centre de chiffre d'affaires** est un centre dont le responsable se voit attribuer des objectifs de chiffre d'affaires mais n'a aucune maîtrise sur les coûts ; ses moyens sont définis au préalable. Il s'agit, par exemple, d'une direction des ventes ou d'un département commercial.

Témoignage 6.2 – Les leviers d'action d'un responsable de centre de revenus

Par rapport aux chiffres que je reçois tous les lundis matin, je restitue à mon équipe les objectifs de chiffre d'affaires de la semaine en les déclinant par types de produits, en fonction de ce qui a été réalisé la semaine précédente. Ça me permet de leur donner le cap. Quant à moi, je suis en mesure d'adapter continuellement mon message selon les résultats obtenus et les objectifs que je dois atteindre : « on est en dessous de la cible en termes de ventes pour l'Hôtel Sun Beach en Tunisie ; cette semaine, chaque fois qu'un client potentiel appelle avec un budget pour une semaine de 500 euros, je veux que vous proposiez cet hôtel ». C'est comme ça que j'arrive à accroître ma part variable !

Romane S., responsable des ventes, tour-opérateur

Toutefois, il faut préciser que déconnecter le revenu des dépenses induit certains risques :

- Des objectifs de vente ambitieux peuvent conduire des commerciaux à consentir des conditions de paiement très favorables aux clients, ce qui a certes pour effet de générer une augmentation du chiffre d'affaires mais dans le même temps d'augmenter le besoin en fonds de roulement (BFR).
- L'incitation au développement du chiffre d'affaires sans tenir compte des marges réalisées peut amener à une modification de la répartition entre les catégories de produits, défavorable pour le résultat du groupe.
- Sans une bonne coordination avec le centre en charge de la production, une focalisation excessive sur le développement du chiffre d'affaires peut conduire à des ruptures de stocks qui peuvent se révéler néfastes sur le long terme pour l'image de l'entreprise.

1.3. Les centres de profit

Un **centre de profit** est un centre dont le responsable se voit attribuer des objectifs de marges ou de résultats. Pour ce faire, le responsable doit avoir la maîtrise des dépenses mais aussi des recettes. En pratique, de nombreux facteurs peuvent limiter l'autonomie d'un responsable de centre de profit, comme l'obligation de pratiquer des prix décidés par la direction, de s'approvisionner auprès d'une division en interne ou bien de faire appel à une centrale d'achat sans négociation possible.

Témoignage 6.3 – Autonomie et contraintes dans un centre de profit

Je suis gérante du restaurant et, à ce titre, j'ai des objectifs de chiffre d'affaires et de marge. Je dois aussi tenir compte des ratios, tels que le ratio de consommation de matières premières sur chiffre d'affaires, celui de coût du personnel sur chiffre d'affaires et – très important – celui de perte sur chiffre d'affaires. Je suis très contrainte, que ce soit sur le chiffre d'affaires ou sur les coûts. Par exemple, ce n'est pas moi qui décide du prix de vente des produits puisque c'est le même prix dans tous nos restaurants. Pour les achats, c'est la même chose : ce n'est pas moi qui négocie en direct avec les fournisseurs. Alors, pour atteindre mes objectifs, cela repose essentiellement sur une bonne gestion : un restaurant propre et attrayant, pas trop de pertes, une bonne gestion des effectifs…

Élise T., responsable d'établissement, restauration rapide

Comme le soulignent Bhimani *et al.* (2008), **le degré d'autonomie n'est cependant pas toujours lié au degré de centralisation ou de décentralisation de l'organisation**. Ainsi, précisent-ils, un centre de profit peut être contraint de solliciter l'accord de la direction pour des achats excédant 10 000 euros alors que des centres de coûts ont toute latitude pour engager des dépenses quel qu'en soit le montant et pour choisir leurs fournisseurs.

1.4. Les centres d'investissement

Un **centre d'investissement** est un centre dont le responsable est autonome en termes de revenus, de coûts, mais aussi de certains investissements. Ce niveau de responsabilité correspond généralement à un niveau hiérarchique élevé dans l'organisation, comme des directeurs de filiale ou d'unité d'affaires (*business unit*). Les objectifs qui lui sont assignés reposent à la fois sur le profit généré par le centre et sur la rentabilité des capitaux investis. Outre le résultat de l'entité, les indicateurs fréquemment utilisés sont le ROI, le résultat résiduel ou *Economic Value Added* (EVA).

Illustration 6.1 – Le calcul de l'EVA™

L'entité « Petit électroménager » d'un grand fabricant de matériel d'électroménager dispose de 500 k€ de capitaux propres ; elle a dégagé 75 k€ de résultat net. Voici ses états financiers pour le dernier exercice :

Immo. nettes	800	Capitaux propres	600
Actif circulant	500	Dettes financières	400
Trésorerie	0	Passif circulant	300
Total	**1 300**	**Total**	**1 300**

Résultat d'exploitation	124
Résultat financier	(24)
Résultat avant impôt	100
Impôt	(25)
Résultat net	**75**

Compte tenu de l'activité, la rentabilité des capitaux propres attendue par les investisseurs pour cette activité est de 14 %.

La rentabilité financière s'établit à : 75 / 600 = 0,125 ou 12,5 %.

Le résultat résiduel peut être déterminé selon deux perspectives : une financière et une autre plus opérationnelle.

Selon la perspective financière :

Résultat net – Capitaux propres × Rentabilité attendue

75 – 600 × 0,14 = (9)

La rentabilité financière de l'entité étant inférieure à la rentabilité attendue par l'actionnaire, l'entité détruit de la valeur.

Selon une perspective plus opérationnelle :

(Rentabilité économique – CMPC) × Actif engagé

Actif engagé = Immobilisations nettes + Besoin en fonds de roulement

= 800 + (500 – 300) = 1 000

Rentabilité économique = Résultat d'exploitation après impôt / Actif engagé

= (124 × (1 – 0,25)) / 1 000 = 0,093 ou 9,3 %, les 25 % représentant le taux d'imposition (25 / 100)

Coût moyen pondéré du capital (CMPC) ou *Weighted Average Cost of Capital* (WACC) = Coût des capitaux propres × Part des capitaux propres dans le financement + Coût de la dette après impôt × Part de la dette dans le financement

= 0,14 × 0,60 + (0,06 × (1 – 0,25)) × 0,40 = 0,102 ou 10,2 %, les 6 % de coût de la dette étant le résultat financier rapporté au montant de la dette (24 / 400)

Il est alors possible de déterminer le résultat résiduel ou EVA :

(0,093 – 0,102) × 1 000 = (9)

La rentabilité économique (9,3 %) est inférieure au coût moyen pondéré du capital (10,2 %) ; l'entité détruit donc de la valeur.

La seconde présentation semble plus complexe, mais elle présente l'intérêt de mobiliser des notions plus proches des managers de terrain (BFR, rentabilité économique) que la perspective financière qui est très globale.

En pratique, peu d'entités maîtrisent leur politique financière. Dans le cas de filiales, c'est la maison mère qui prend habituellement en charge les problématiques de financement. C'est un puissant moyen de contrôle.

Bouquin (2010, p. 186) synthétise ainsi les caractéristiques des différents types de centres de responsabilité (voir tableau 6.1).

Tableau 6.1 – Critère de catégorisation des centres de responsabilité

Centre	Variables maîtrisées			Indicateurs de performance
	Recettes	Coûts	Capitaux	
Revenus, chiffre d'affaires	x			Performance commerciale (marge, par exemple)
Coûts		x		Coûts, qualité, délais...
Profit	x	x		Résultat
Investissement	x	x	x	Rentabilité, création de valeur (EVA)...

2. Les prix de cession interne

L'existence de plusieurs centres de responsabilité au sein d'une même organisation induit inévitablement des échanges de biens ou de services entre ces centres et pose la question de leur rétribution.

Après avoir évoqué les motivations de la mise en place d'une facturation interne (section 2.1), nous décrirons les modalités de leur valorisation (section 2.2) ainsi que les dérives les plus fréquentes (section 2.3).

2.1. Pourquoi mettre en place une facturation interne ?

Lorsque les échanges entre deux centres sont occasionnels ou qu'ils mettent en jeu des montants relativement faibles, ils ne sont pas valorisés et ne font donc pas l'objet d'une facturation interne.

Témoignage 6.4 – Des prestations gratuites

Ici, nous sommes dans une division commerciale qui comprend essentiellement des commerciaux. Alors, quand je réponds à un appel d'offres important, je sollicite le service juridique situé au siège pour leur demander de relire ma proposition. Ainsi, je m'assure, d'une part, que je n'ai pas pris d'engagements qui ne soient pas conformes à la législation et, d'autre part, que j'ai bien anticipé tous les risques juridiques potentiels. Ils répondent bien volontiers à mes requêtes. Cela relève en effet de leur compétence. Néanmoins, je n'en abuse pas ; je les sollicite très peu. Pour autant, je ne vais quand même pas leur donner une part du gâteau si je remporte l'appel d'offres ! Disons que cela fait partie de la règle du jeu.

Maxence M., responsable commercial, fabricant d'outillage

Lorsque les échanges se font à titre gratuit, les procédures administratives et comptables sont allégées. Cela induit néanmoins une déresponsabilisation quant aux consommations de ressources et, parfois, entraîne des dérives (par exemple, refus de réaliser la prestation, délais non respectés, qualité médiocre). Pour limiter ces effets, lorsque les échanges deviennent réguliers ou qu'ils concernent des sommes plus importantes, il est nécessaire de mettre en place une facturation interne en fixant un **prix de cession interne** (PCI). Cela revient à créer un marché interne et à contractualiser les échanges.

Définition – Prix de cession interne

Le prix de cession interne correspond au prix auquel s'échange un bien ou une prestation entre deux entités, deux centres de responsabilité, au sein d'une même entreprise.

Les transactions internes sont neutres pour le résultat global de l'entreprise. Toutefois, elles modifient la répartition interne du profit, ce qui n'est pas sans conséquence sur l'évaluation de la performance des entités et de leurs responsables. Quand les échanges se font entre deux entités juridiques distinctes, des problématiques fiscales apparaissent ; on parle, dans ce cas, non plus de PCI mais de **prix de transfert** (voir section 3).

Pour saisir les enjeux des PCI, nous développons un exemple dans l'encadré ci-après (voir illustration 6.2).

Illustration 6.2 – Du prix de cession interne à l'évaluation de la performance

Parfum d'Éden, société spécialisée dans les cosmétiques, est organisée en deux entités. L'entité A est située dans la région de Grasse et a pour principale mission la transformation des fleurs en essences de parfum. L'entité B, située en région parisienne, transforme l'essence de parfum pour fabriquer des parfums vendus en flacons essentiellement dans la grande distribution. Les ventes prévisionnelles pour l'année à venir s'élèvent à 1 000 000 de flacons au prix de 10 euros l'unité. Un site de vente en ligne de produits cosmétiques vient de contacter Parfum d'Éden pour passer une première commande de 200 000 produits à 8 euros l'unité. L'entité B a deux possibilités :

- Acheter à A les 5 000 litres d'essence de parfum nécessaires à la confection des 200 000 produits au prix de 30 euros le litre, le coût variable standard de fabrication de l'essence de parfum dans l'entité A étant de 20 euros le litre.
- Acheter à un fournisseur externe les 5 000 litres au prix de 27 euros le litre.

Il revient ensuite à B de fabriquer les 200 000 flacons. Le coût de ce processus, entièrement variable et supporté par B, s'élève à 5 euros par flacon.

Comparons les deux propositions :

	Achat interne	**Achat externe**
Résultat additionnel de A	5 000 × (30 – 20) **= 50 000**	
Résultat additionnel de B	200 000 × 8 – (5 000 × 30 + 200 000 × 5) **= 450 000**	200 000 × 8 – (5 000 × 27 + 200 000 × 5) = 465 000
Résultat du groupe	500 000	465 000

Sur la base des résultats calculés, accepter cette commande permettrait à l'entité A, si elle était choisie pour approvisionner B, d'améliorer son résultat de 50 000 euros alors qu'elle ne percevrait aucun bénéfice de l'opération si B choisissait de s'approvisionner en externe. Pour l'entité B, acheter les essences de parfum au fournisseur externe est une solution qui lui permet d'augmenter son résultat de 15 000 euros par rapport au choix interne.

Pour finir, le résultat de l'entreprise est plus élevé de 35 000 euros si le choix se porte sur l'entité A. C'est donc l'option que les dirigeants devraient privilégier. En d'autres termes, acheter l'essence à l'extérieur conduit à transférer 35 000 euros (7 × 5 000) de marge hors de l'entreprise. Toutefois, imposer ce choix aux conditions actuelles pénaliserait la performance du centre B au profit de celle de A. Le responsable du centre B, s'il est évalué sur la base du profit généré par sa division, n'a aucun intérêt à accepter les conditions proposées par le responsable de A.

Dans ce cas, un arbitrage de la direction serait un moyen de faire converger les intérêts individuels des deux responsables vers l'intérêt du groupe. Il s'agit d'une illustration de divergences entre intérêts locaux et globaux ; ce n'est pas en maximisant la performance individuelle que la performance globale est optimisée.

Cet exemple démontre la nécessité de mettre en place des règles de fixation des PCI qui contribuent à **faire converger les intérêts individuels des managers** vers l'intérêt du groupe (*goal congruence*), tout en assurant une juste évaluation de leur performance.

2.2. Les règles de fixation d'un prix de cession interne

La question du PCI met l'accent sur la question de la valorisation de l'échange alors que la question de la source d'approvisionnement doit également être posée. L'approvisionnement doit-il uniquement se faire en interne ? Le recours au marché externe est-il permis sans restrictions ou bien seulement en cas d'incapacité des fournisseurs internes à répondre à la demande ?

En ce qui concerne la valorisation de la transaction, trois approches sont susceptibles d'être mobilisées :

- définir le prix sur la base d'un coût ;
- utiliser le prix du marché comme référence ;
- laisser place à la négociation qui s'appuiera inévitablement sur les coûts et le prix.

Eccles (1983) explique la mobilisation d'une de ces approches par des facteurs contingents, des facteurs de contexte : les degrés d'intégration et de diversification.

Figure 6.1 – La contingence des politiques de cession interne, d'après Eccles (1983)

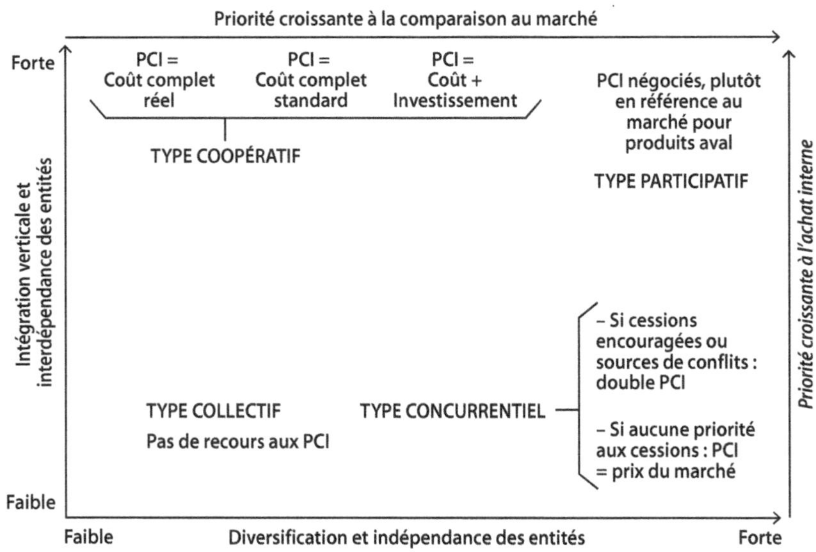

Dans un contexte coopératif (intégration forte), les approches par les coûts devraient être privilégiées alors que dans un contexte concurrentiel, où les entités sont très indépendantes (faible intégration), il est préférable de privilégier les prix.

Nous allons dans un premier temps nous focaliser sur les approches fondées sur les coûts (section 2.2.1), avant d'aborder celles fondées sur les prix (section 2.2.2) puis de poursuivre en reprenant l'analyse de l'exemple Parfum d'Éden.

2.2.1. Les approches fondées sur les coûts en contexte coopératif

Imposer au centre vendeur de pratiquer un PCI sur la base d'un coût est cohérent avec le statut de centre de coûts. Facturer la vente de biens à une autre entité du groupe génère certes un chiffre d'affaires, mais n'induit pas de profit ni surtout de capacité à maîtriser ce niveau de profit. Par conséquent, cela ne fait en aucun cas du centre vendeur un centre de profit.

Illustration 6.3 – Valorisation des PCI selon l'approche par les coûts

La société Parfum d'Éden a finalement accepté la commande. Toutefois, elle continue de s'interroger sur la meilleure façon de valoriser les échanges entre les deux entités. À cet effet, le contrôleur de gestion échafaude une hypothèse plutôt pessimiste en termes d'activité réelle :

	Standard	Réel
Coûts fixes totaux de A	250 000	250 000
Volume de production annuel	25 000	20 000
Coûts variables unitaires	20	21

Plusieurs approches sont envisageables. Le PCI pourrait tout d'abord être valorisé au coût de revient complet standard, soit 30 euros le litre (20 + 250 000 / 25 000). Cette méthode a l'avantage de faciliter la comptabilisation des transferts puisque le coût, et par conséquent le PCI, est connu à l'avance. En cas de baisse de l'activité de l'entité A en raison d'une moins grande demande de B, cette méthode conduirait A à ne pas couvrir totalement ses coûts fixes. Sa performance se dégraderait sans que l'entité A en soit responsable.

Une alternative serait d'utiliser le coût de revient complet réel. Il s'élève, selon les données du tableau qui précède, à 33,50 euros le litre (21 + 250 000 / 20 000). Cette augmentation de 3,50 euros par rapport au coût standard est due, d'une part, à une augmentation du coût variable unitaire et, d'autre part, à une baisse de l'activité qui entraîne mécaniquement une augmentation du coût fixe unitaire. En procédant ainsi, l'entité B supporte intégralement la hausse du coût unitaire. À supposer que la baisse d'activité soit de son fait, on peut comprendre l'intérêt de la responsabiliser ainsi sur l'impact financier que cela occasionne. En revanche, l'augmentation de 1 euro du coût variable unitaire suite, par exemple, à l'embauche de personnel intérimaire pour pallier les nombreux arrêts maladie, n'est en aucun cas le fait de l'entité B. Lui en faire supporter le surcoût pose question en matière d'évaluation de la performance. D'une manière générale, le recours au coût réel pour valoriser un PCI implique un transfert d'efficience ou d'inefficience de l'entité fournisseur vers l'entité cliente. Enfin, retenir le coût réel induit des délais plus longs pour l'obtention du PCI qu'avec des données standards ; il sera de fait connu *a posteriori*.

Il existe une troisième possibilité : facturer l'entité B sur la base du coût marginal. Il s'agit dans cet exemple du coût variable standard, soit 20 euros (ou réel, à savoir 21 euros). Dans cette hypothèse, le fait de saisir une nouvelle opportunité de marché offerte par la vente en ligne se traduirait par un gain totalement intégré au compte de résultat de l'entité B et une absence de gain pour A. Cette situation est éventuellement acceptable pour la commande des 5 000 litres d'essence de parfum servant à fabriquer les 200 000 flacons supplémentaires, mais elle n'est pas envisageable pour la totalité du volume ; l'entité A ne serait pas en mesure de couvrir ses charges fixes. La pratique de PCI fondés sur les coûts est fréquente dans des entreprises dont le processus de fabrication et de distribution des produits implique différentes phases au cours desquelles les unités s'échangent des biens intermédiaires jusqu'à la vente du produit fini. Seule l'entité qui vend au consommateur final peut être considérée comme un centre de profit, les autres unités étant des centres de coûts. Il semble évident que, selon une telle logique, les différents centres s'échangent nécessairement les biens entre eux puisqu'ils les achètent au coût de production sans marge, donc sans doute moins cher qu'en externe.

Ce type de logique, qualifié de style coopératif dans la typologie d'Eccles (1983), renvoie à une stratégie d'intégration verticale qui exige que chaque entité cliente achète à une entité fournisseur au sein du groupe et que chaque entité fournisseur ne puisse vendre qu'en interne. Cette approche présente des avantages, mais également certaines limites tant sur le plan de l'optimisation en interne des moyens de production que sur celui de la compétitivité des produits vendus. En effet, l'échange de biens sur la base d'un coût complet, qu'il soit réel ou standard, conduit à variabiliser des coûts fixes lorsque le produit transite d'une division à une autre, ce qui peut induire une perte de visibilité sur les enjeux de seuil de rentabilité. En pratique, certaines entreprises choisissent, pour limiter ce biais, d'isoler les frais fixes en faisant supporter à l'entité acheteuse une part budgétée de ces coûts. Cela assure une traçabilité des coûts fixes jusqu'au coût complet du produit vendu au client externe.

Quelle que soit l'approche concernant les coûts fixes (intégrés au coût standard ou bien forfaitisés), la fixation d'un PCI sur la base d'un coût est adaptée pour montrer les différentes étapes de construction du coût complet. Pour autant, elle ne permet pas d'identifier quelles sont les phases au cours desquelles se crée la valeur autour du produit. Le principal risque est alors de ne jamais mettre en concurrence les étapes du processus interne avec un marché externe et de se priver ainsi d'un achat externe potentiellement moins coûteux pour l'entreprise.

2.2.2. Les approches fondées sur les prix

Certaines organisations choisissent de fonder leurs PCI non pas sur un coût, mais sur un prix de marché. C'est le cas des entreprises dotées plutôt de profils de type participatif ou concurrentiel dans la typologie d'Eccles, lorsque les entités sont très indépendantes.

Illustration 6.4 – Valorisation des PCI selon l'approche par les prix

La direction de Parfum d'Éden ne souhaite pas revenir sur le statut de centre de profit de ses deux entités A et B. Il est donc peu probable que l'approche par les coûts soit retenue, chacune des deux entités ayant intérêt à maximiser sa marge.
Dans ce contexte, deux cas de figure sont envisageables :

- La direction du groupe impose un approvisionnement interne.
- La direction n'intervient pas dans le conflit susceptible de surgir entre les deux entités. Elle les laisse totalement libres de contracter avec un opérateur extérieur si l'un d'entre eux le juge pertinent.

Dans le premier cas, la stratégie repose sur une intégration verticale, le style participatif décrit par Eccles. Les deux responsables peuvent alors s'entendre sur un **prix négocié**. Pour que le responsable de l'entité A accepte de vendre à B les 5 000 litres d'essence de parfum nécessaires pour la commande additionnelle, il faut que le prix de cession couvre au moins ses coûts variables, à savoir 20 euros le litre (le coût réel de 21 euros n'est pas encore connu).
Pour que B accepte la commande du nouveau client, il faut que le chiffre d'affaires couvre au moins le coût de la commande. Le chiffre d'affaires de cette commande s'élèverait à 1 600 000 euros (200 000 × 8). Les coûts supportés par l'entité B pour transformer l'essence de parfum en flacons de parfum seraient de 1 000 000 d'euros (200 000 × 5). Il ne faut donc pas que l'achat du produit intermédiaire à l'entité A excède 600 000 euros (1 600 000 – 1 000 000). Par conséquent, le prix d'achat au litre d'essence de parfum ne devrait pas dépasser 120 euros (600 000 / 5 000). Pour l'instant, le PCI devrait donc s'inscrire dans une fourchette allant de 20 à 120 euros.
Un autre seuil est critique : le prix de 27 euros le litre proposé par un concurrent. Ainsi, la négociation porterait sur un prix compris entre 20 et 27 euros correspondant d'un côté à un coût plus une marge (appelé ***cost plus***) et d'un autre côté à un prix du marché moins une décote. Cette décote se justifie par le fait que l'entité A n'a pas à engager les mêmes frais commerciaux ou de distribution lorsque les échanges se font à l'intérieur de l'entreprise. La proximité du PCI de l'une ou de l'autre des bornes de prix révèle la nature du rapport de force entre les deux responsables.
Si le groupe n'impose pas la transaction interne mais que celle-ci soit fortement encouragée, les dirigeants qui ne souhaitent pas laisser place à la négociation peuvent adopter une démarche de **double prix** ou **prix de cession interne dual**. Dans ce cas, la transaction est comptabilisée au coût de production pour l'entité acheteuse et au prix du marché pour l'entité vendeuse. Le profit, qui est ainsi comptabilisé deux fois, est ensuite régularisé par une autre écriture comptable, une subvention du siège. L'objectif est de faire converger les acteurs vers la meilleure décision pour le groupe sans avoir à arbitrer de potentiels conflits. L'inconvénient est qu'il devient alors difficile d'évaluer la performance des entités et de leur responsable en s'appuyant sur le compte de résultat.
Enfin, dans le second cas, où les responsables de centres de responsabilité sont laissés libres de s'approvisionner à l'extérieur, le responsable de l'entité B achèterait les 5 000 litres au fournisseur extérieur à 27 euros ou bien achèterait probablement ce même volume en interne si l'entité A lui proposait les mêmes conditions. Dans cette hypothèse, un PCI fondé sur le **prix de marché** est donc l'approche la plus adaptée pour assurer à la fois une convergence des buts avec l'intérêt général et une juste évaluation de la contribution de chaque entité au résultat global de l'entreprise.

Cet exemple illustre les différentes approches possibles de valorisation des PCI cohérentes avec la structure en centres de profit. Chacune d'elles présente toutefois des limites. Ainsi, dans le cas d'une négociation, des conflits entre responsables d'entité peuvent-ils survenir. Le niveau de marge dans l'approche *cost plus* peut également induire des tensions entre responsables. En particulier, le dernier maillon de la chaîne de valeur en position de vendre au client final peut se retrouver en difficulté pour réaliser ses objectifs de marge.

Dans la situation décrite ci-après (voir témoignage 6.5), le responsable commercial est le seul acteur à être confronté à la réalité du marché ; il dispose d'une marge de manœuvre réduite pour atteindre ses objectifs.

Témoignage 6.5 – PCI et évaluation de la performance

Moi, je suis face aux promoteurs immobiliers pour vendre mes fenêtres. Lorsque vous êtes face à des grands groupes, vous n'avez pas beaucoup de marge de manœuvre pour négocier vos prix. Quand je vois qu'en interne les usines prennent 20 % de marge sur le coût de fabrication, que la filiale de distribution prend également sa marge et que moi, qui suis en direct face au client, je n'ai plus rien, je ne trouve pas ça normal. C'est ma division qui génère le chiffre d'affaires du groupe. Or, avant nous, tout le monde s'est servi, et il arrive qu'on accepte de vendre avec très peu de marge si on veut emporter un marché. Parfois, ça me pousse même à accorder des délais de paiement supplémentaires à mes clients pour assurer un niveau de marge suffisant afin de remplir mes objectifs, bien que je sache que la direction financière n'y est pas trop favorable !

Armand S., responsable commercial, fabricant de fenêtres

Valoriser des PCI au prix du marché a aussi des contraintes. La première repose sur l'existence d'un marché pour le bien ou le service concerné et la connaissance du prix de marché. Cela implique de mettre régulièrement à jour la base des PCI alourdissant de fait la comptabilisation des transferts au prix du marché.

Nous verrons, dans la section 3, que la fixation de PCI peut aussi s'inscrire dans une logique d'optimisation fiscale, la difficulté étant alors de pouvoir justifier que le niveau de marge répond bien aux exigences imposées par la législation fiscale.

L'exemple développé dans cette section (voir illustration 6.3) nous a permis de montrer que, quelle que soit la situation, les règles de fixation des PCI doivent être à la fois cohérentes avec la stratégie de l'entreprise et avec la nature des centres de responsabilité. En pratique, il existe cependant de nombreuses dérives.

2.3. Les dérives

Le recours à un système de PCI répond à de nombreux enjeux. Ainsi, lorsque les biens ou services transitent de fait entre différentes divisions ou filiales, pour des entreprises misant sur une stratégie d'intégration par exemple, la nécessité de mesurer leur performance oblige à mettre en place un système de PCI. La logique peut également être inverse. C'est parce qu'il faut mesurer la performance des différentes entités que la direction instaure une logique de marché et impose la création de centres de profit de manière artificielle. La notion de centre de profit est alors contestable si chaque entité ne dispose pas de tous les moyens pour agir pleinement sur sa capacité à générer du profit.

En l'absence de régulation, les cessions internes sont susceptibles d'induire de nombreux autres dysfonctionnements tels que le transfert de mauvaise performance (section 2.3.1), la manipulation d'informations (section 2.3.2) et le contournement des règles (section 2.3.3). Les exemples choisis illustrent aussi bien des dérives dans la fixation de PCI que dans celle de prix de transfert, notions développées dans la section 3.

2.3.1. Le transfert de mauvaise performance

Imposer les échanges internes, c'est-à-dire refuser la mise en concurrence, peut engendrer un risque de maintenir une activité non performante par rapport au marché externe. Un premier type de déviance concerne les prix pratiqués.

Témoignage 6.6 – Le transfert de mauvaise performance d'un CSP RH

Le CSP (centre de services partagés) RH du groupe n'est vraiment pas performant. À 25 euros la fiche de paie, même une TPE arrive à négocier mieux avec le premier expert-comptable venu. Quand je pense que j'en fais faire 400... 10 k€ par mois ! Il n'est pas difficile de trouver mieux sur le marché, mais j'ai l'obligation de travailler avec le CSP pour des raisons qui m'échappent.

Philoména D., DAF, industrie agroalimentaire

On peut également observer des déviances en termes de qualité de produits ou de prestations délivrés.

Témoignage 6.7 – Le transfert de mauvaise performance

Le composant que je fabrique est vendu à 70 % sur le marché externe et à 30 % aux filiales du groupe. Les filiales constituent un marché captif ; elles n'ont pas le droit d'aller voir ailleurs. Le prix de transfert appliqué est un cost plus avec une marge de 5 %, ce qui est peu. Avec nos clients externes, notre marge est plutôt de 25 à 30 %.

Pour autant, les ventes internes sont plutôt une bonne chose ; elles me donnent plus de souplesse sur mon planning de production : je ne traite pas en priorité les commandes de mes clients captifs. De plus, quand j'ai des lots de qualité limite, je préfère les écouler dans le groupe. Cela m'évite ainsi de perdre des clients !

Luc D., directeur d'usine, industrie mécanique

2.3.2 Manipulation d'informations

L'information sert de base à la fixation des PCI. Il est tentant de la manipuler afin d'accroître sa performance aux dépens de l'autre partie à l'échange. Le vendeur déterminant les coûts, en cas de PCI fondé sur ce coût, il est tenté de les surévaluer. Les manipulations sont parfois plus subtiles, comme l'illustre cet exemple (voir témoignage 6.8).

Témoignage 6.8 – Prix de transfert et surévaluation des coûts

Notre système de prix de transfert est plutôt bien conçu : on partage la marge en deux. C'est indispensable dans notre métier du transport d'avoir une bonne relation avec l'expéditeur et le destinataire. Si je négocie avec un exportateur français vers les États-Unis, je partage la moitié de ma marge avec mon collègue américain, même si c'est mon client. Le travail du correspondant américain est réduit, mais cela le rend responsable de la qualité de la prestation.

Cependant, le diable se cache dans les détails ! Si les coûts du transport international (fret maritime ou aérien) sont transparents, car négociés au niveau mondial par le groupe, les coûts d'approche (coût du transport entre l'expéditeur et le port ou l'aéroport de départ ou bien transport depuis le port ou l'aéroport d'arrivée vers le destinataire) ne le sont pas. Quand j'ai la main sur un contrat, pour ne pas transférer trop de marge à mon collègue, je surévalue mes coûts d'approche ! Tout le monde le fait !

Jean T., directeur administratif et financier, transporteur international

Les prix sont tout aussi faciles à manipuler (voir témoignage 6.9).

Témoignage 6.9 – Prix de transfert et surévaluation des coûts

Notre groupe a choisi de nous laisser une totale liberté quant à la possibilité de nous approvisionner en interne ou à l'extérieur et quant aux modalités de fixation des prix de transfert. Autant dire que la référence, c'est le prix du marché.

Je ne vais pas vous faire un cours d'économie, mais le prix du marché est une abstraction. Les factures servent de justificatifs. Inutile de vous dire que celles que je présente, quand je suis en négociation avec un collègue, ne sont pas celles dont les tarifs sont les plus bas – quand elles ne sont tout simplement pas erronées. En clair, il m'est déjà arrivé de transmettre une facture avec un prix surévalué, qui a fait l'objet d'un avoir que je me suis bien gardé de montrer.

Jeanne B., directrice commerciale, industrie agroalimentaire

2.3.3 Contourner les règles

Même lorsque des principes sont clairement énoncés, la forte pression mise pour atteindre les résultats induit de manière quasiment inévitable des contournements. Ainsi, des grands groupes désignent des managers de prix de transfert, par zones géographiques. Ceux-ci ont pour mission de formuler des règles, d'assurer leur bonne application et d'arbitrer les litiges.

Témoignage 6.10 – Le manager des prix de transfert pour éviter le contournement des règles

Notre système de prix de transfert est simple : prix du marché moins 5 % pour les produits récents (moins de six mois) et prix du marché moins 15 % pour les autres.

La tentation de multiplier les innovations factices est grande et bien rémunérée, à savoir 10 % de marge supplémentaire. J'ai tout vu, du simple changement de référence (pour un produit strictement identique) jusqu'au changement de packaging (produit non plus vendu par 12, mais par 10) en passant par le changement de couleur... Depuis que Michael, notre manager des prix de transfert Europe, est arrivé, ces dérives sont finies. Ce n'est pas compliqué, dès qu'une pratique douteuse est identifiée, nous le sollicitons et il tranche.

Dominique A., directrice commerciale, fabricant d'équipements électriques

En bref, le manager des prix de transfert apaise les situations conflictuelles induites par les échanges internes. Il travaille principalement sur les échanges intragroupes (par opposition à intra-entité) ; ses autres missions sont la maîtrise des enjeux fiscaux critiques et de l'inflation réglementaire.

3. Les spécificités des prix de transfert

Dès lors qu'une transaction concerne deux entités juridiques appartenant à un même groupe, les incidences des choix opérés peuvent ne pas être neutres en matière fiscale lorsque les transactions concernent des sociétés de nationalités différentes.

Après avoir explicité les enjeux fiscaux des prix de transfert (section 3.1), nous passerons en revue les principes des réglementations française (section 3.2) et internationale (section 3.3).

3.1. Les enjeux fiscaux des prix de transfert

Si les impacts des prix de transfert sur les résultats (et l'impôt) sont systématiquement mis en avant, les prix de transfert peuvent également avoir des conséquences sur l'assiette de la TVA ou celle des droits de douane. Les pratiques sont donc très largement contraintes par différents dispositifs législatifs qui privilégient l'appellation « prix de transfert » à celle de prix de cession interne.

Illustration 6.5 – Prix de transfert et gestion de l'immobilier professionnel des entreprises familiales

Nombreux sont les dirigeants d'entreprises familiales qui ont créé des structures juridiques dédiées (sociétés civiles immobilières) pour porter leur immobilier professionnel. D'un point de vue purement financier, cela évite d'alourdir inutilement la structure financière de l'entreprise, ce qui pèserait sur la rentabilité et la création de valeur. D'un point de vue patrimonial, c'est un levier de diversification pour le dirigeant qui détient ainsi un ou des actifs immobiliers.

Le financement de ces opérations par la dette nécessite des loyers substantiels afin qu'ils couvrent les échéances du prêt.

Les conséquences d'une surévaluation du loyer sont multiples. Cela fausse la mesure de la performance de l'entité industrielle ou commerciale, et induit de nombreux risques juridiques : d'un point de vue fiscal, la charge manifestement surévaluée n'est pas déductible ; d'un point de vue pénal, cette pratique constitue un abus de biens sociaux ; d'un point de vue social, cela crée un mécontentement légitime des salariés, la part de loyer injustifiée pesant sur la participation aux bénéfices qui leur est versée. Pour éviter ces risques, il est nécessaire de documenter le mode de fixation du loyer en se basant sur ceux pratiqués pour des biens équivalents.

Cette situation commune à un très grand nombre de sociétés illustre les enjeux de la fixation de prix de transfert.

Ainsi, pour éviter les conflits entre administrations fiscales et les distorsions de concurrence entre entreprises situées sur des territoires différents, les pays membres de l'OCDE ont adopté, dès 1995, le principe du « **prix de pleine concurrence** » pour les opérations intragroupes. Le principe de pleine concurrence établit que les conditions de transactions entre entreprises associées ne doivent pas être faussées par la relation particulière qui unit les parties. Pour des entreprises dépendantes, ce prix correspond donc à celui qui aurait été pratiqué sur le marché entre deux entreprises indépendantes et pour des transactions comparables. En France, l'article 57 du Code général des impôts (CGI) reprend ce principe imposant aux entreprises de pratiquer des prix de transfert ne s'écartant pas de ce prix de pleine concurrence.

La conformité à ce principe, tant pour les achats que pour les ventes, peut faire l'objet d'un contrôle par l'administration fiscale. Les risques de rectifications sont alors d'autant plus élevés que le prix de transfert apparaît comme étant établi de manière arbitraire. En d'autres termes, il ne repose pas sur une méthode définie, appliquée de manière cohérente et qui puisse être justifiée[1].

3.2. La réglementation française

En France, depuis le 1er janvier 2010 (article L. 13 AB du Livre des Procédures Fiscales), une réglementation spécifique est applicable aux entreprises réalisant un chiffre d'affaires hors taxes supérieur à 400 millions d'euros ou dont le total de l'actif

1. Voir : http://bofip.impots.gouv.fr/bofip/9389-PGPhtml?identifiant=BOI-BIC-BASE-80-10-20-20170301.

brut est supérieur à ce même montant. Elles doivent tenir à disposition de l'administration fiscale une documentation comprenant :

- Une présentation du groupe (environnement économique, juridique, financier et fiscal).
- Une documentation spécifique concernant l'entreprise faisant l'objet d'une vérification qui porte sur les éléments permettant à l'administration d'apprécier la conformité au principe de pleine concurrence des prix de transfert pour les opérations excédant 100 000 euros.

La loi relative à la transparence, à la lutte contre la corruption et à la modernisation de la vie économique (dite « Sapin II ») a abaissé le seuil des entreprises concernées par cette obligation à 50 millions d'euros.

3.3. La réglementation internationale

Au niveau international, plus d'une centaine d'États collaborent à la mise en œuvre des recommandations issues du projet BEPS[1] de l'OCDE. Un rapport rendu en 2015 comprend 15 recommandations dont plusieurs portent sur les prix de transfert. La loi de finances 2018 intègre celles de l'action 13 de ce projet BEPS et renforce encore les exigences de documentation en matière de prix de transfert. En particulier, les entreprises devront ajouter à la documentation existante des informations relatives à la stratégie du groupe en matière d'incorporels, au financement du groupe, à la répartition des transactions en fonction de la juridiction fiscale de l'entité bénéficiaire et de l'entité payeuse. Plus encore, l'article L. 13 AA du LPF rend désormais obligatoire la réalisation d'études comparatives. Celles-ci ont pour but de prouver la conformité au prix de pleine concurrence des transactions intragroupes documentées, alors même que ces études n'étaient pas systématiquement demandées par le passé.

Témoignage 6.11 – Réorganisation des fonctions supports et prix de transfert

J'avais une belle équipe de 30 comptables, une directrice adjointe... À partir du mois prochain, je serai tout seul : mon service est transféré en Europe de l'Est. Vous imaginez l'ambiance dans l'équipe. Et tout cela, pour réduire les coûts de 10 % !

Si le coût des prestations comptables passera bien de 100 à 90 pour la filiale française (100 étant les coûts constatés et 90 le montant facturé par le service comptable basé à l'étranger), le gain réalisé par le groupe est beaucoup plus important. On ne va pas prendre des risques sur la qualité des prestations pour gagner 10 %. Le coût du service sera en réalité de 30 et la marge (90 – 30) sera directement remontée aux Pays-Bas. En cas de contrôle, on pourra expliquer que le nouveau montage nous permet de faire des économies en France (10) et d'y payer plus d'impôts. Quant à savoir si la prestation est réellement payée au prix du marché... Au prix du marché

1. Le projet BEPS (*Base Erosion and Profit Shifting*), qui porte sur l'érosion de la base d'imposition et le transfert des bénéfices, est un programme conjoint entre l'OCDE et le G20 qui vise à coordonner la lutte contre l'évasion fiscale des entreprises multinationales.

français certainement, au prix du marché de ce pays d'Europe de l'Est, certainement pas !

Nicolas B., DAF France, multinationale néerlandaise

Dans les limites imposées par la législation, les entreprises optimisent la localisation internationale des résultats. Celles-ci sont toutefois rarement conciliables avec les attentes en matière d'évaluation de la performance des entités. La tentation peut alors être grande de faire coexister les deux approches : l'une servant de base à la documentation fiscale, l'autre contribuant à nourrir le système d'évaluation de la performance. Le risque est toutefois élevé, en cas de contrôle de conformité sur les pratiques de prix de transfert, d'induire une suspicion fondée sur cette double démarche.

Résumé

Dans ce chapitre, nous avons tout d'abord abordé la notion de centres de responsabilité ; le périmètre d'autonomie et de délégation détermine la nature d'un centre. Il en existe quatre types principaux : les centres de coûts, de revenus, de profit et d'investissement.

Quelle que soit leur nature, ces centres s'échangent parfois des biens ou des prestations. Dès lors que ces échanges sont réguliers et représentent des montants importants, la mise en place de facturations internes devient inévitable. Les PCI peuvent être fixés sur la base d'un coût, d'un prix de marché ou bien d'un prix négocié.

Les règles de fixation de ces prix servent trois finalités principales : maintenir une forme de décentralisation de la décision auprès des responsables de centres ; faire converger les buts individuels vers le but de l'entreprise ou du groupe dans son ensemble ; permettre une évaluation juste et équitable des performances de chaque centre. Pour finir, dans le cas de transactions entre entités appartenant juridiquement à un même groupe, apparaissent des problématiques fiscales. La législation impose que les entreprises apportent la preuve de l'application du principe du prix de pleine concurrence.

Application 1 : E-Card

Les dirigeants de la société E-Card ont décidé de transformer les centres de responsabilité de l'entreprise en centres de profit.

Au sein de celle-ci, la division CP fabrique des cartes à puces référencées CP5. Elle en vend actuellement 900 000 par an au prix de 1 euro hors taxes auprès d'une clientèle d'industriels qui les utilisent principalement dans le domaine de la téléphonie et des cartes bancaires. Les charges fixes de CP s'établissent à 500 000 euros par an pour une capacité de production annuelle de 1 000 000 cartes CP5. Les coûts de matières et autres charges variables s'élèvent quant à eux à 0,20 euro par carte.

La division CE fabrique un modèle de cartes électroniques, CE8, vendu à des fabricants d'électroménager. Le directeur de la division CE a identifié une opportunité de marché pour vendre à une banque en ligne une carte bancaire CB1 qui serait fabriquée dans sa division (CE) à partir des puces CP5 fournies par la division CP. Ce nouveau produit, CB1, serait vendu 4 euros hors taxes l'unité.

La fabrication des cartes CB1 générerait 70 000 euros de coûts fixes supplémentaires pour CE et une capacité de production de 100 000 CB1. Les coûts variables de fabrication de ce nouveau produit s'élèveraient à 2,50 euros pour CE. Compte tenu des perspectives commerciales prometteuses, la vente de 100 000 CB1 est totalement envisageable.

Le directeur de la division CP propose à celui de la division CE de lui céder les 100 000 CP5 au prix du marché, soit 1 euro l'unité.

Question 1 : La division CP a-t-elle intérêt à fabriquer le produit CB1 ? La division CE a-t-elle intérêt à fabriquer le produit CB1 ? Est-il dans l'intérêt de l'entreprise dans son ensemble de commercialiser le produit CB1 ? Qu'en concluez-vous quant au prix de cession proposé par le responsable de la division CP ?

Question 2 : Déterminez les bornes du prix de cession interne, qui feront qu'il sera acceptable par CP et par CE. Discutez de ces limites en termes d'évaluation de la performance.

Question 3 : Une étude de marché sur les cartes à puces CP5 montre que si le prix de vente passait à 0,98 euro, la division CP pourrait en vendre 990 000 sur le marché externe. Cette recommandation doit-elle être suivie ?

Question 4 : À quel niveau minimum faudrait-il alors fixer le prix de cession, pour que la division CP ait tout de même intérêt à réaliser des ventes internes (ses ventes externes retombant alors à 900 000 unités à 1 euro) ?

Application 2 : Soify

L'entreprise Soify élabore et vend des boissons à base de fruits. Pour ce faire, les fruits achetés en externe sont tout d'abord transformés en concentré dans la division « Fruits ». Ce concentré sert ensuite de base à différents types de boissons : les jus, les smoothies et les sodas. Concernant la fabrication des sodas, la division « Sodas » achète du concentré à la division « Fruits » pour le transformer en soda. Pour produire l'équivalent d'une canette de 25 cl, la division « Sodas » achète une dose de 10 cl de concentré à la division « Fruits » au prix de 0,30 euro la dose. Le soda ainsi obtenu est mis en canettes dans la division « Packaging » du groupe. Enfin, la division « Distribution » se charge de vendre et d'acheminer les produits dans les points de vente.

Les éléments relatifs à chacune de ces étapes sont présentés dans le tableau suivant :

Division	Fruit	Soda	Packaging	Distribution
Quantité de canettes produites et vendues	100 000			
Prix de vente	0,30	0,50	0,80	0,92
Coûts variables unitaires	0,15	0,05	0,13	0,08
Coûts fixes totaux	10 000	8 000	5 000	5 000

Toutes les divisions du groupe sont considérées comme des centres de profit et évaluées par rapport à leurs objectifs de résultat. En partant du principe qu'il n'y avait pas de marché pour les produits intermédiaires, on a fixé les prix de cession interne selon la méthode du *cost plus,* sur la base d'un coût standard.

Le responsable de la division « Distribution » est mécontent. Il estime en effet que le prix auquel il achète les canettes auprès de la division « Packaging » du groupe est trop élevé et ne lui permet pas de dégager le profit qui devrait lui revenir : « C'est quand même nous qui générons le chiffre d'affaires du groupe ! Mes équipes se démènent sur le terrain pour vendre toujours plus et, quand je regarde le compte de résultat de la division, il ne reste rien, nous sommes même en déficit ! »

Question 1 : Quel résultat chaque division dégage-t-elle ? Quel est le résultat global de l'entreprise ?

Question 2 : Que pensez-vous des arguments développés par le responsable de la division « Distribution » ?

Question 3 : Les PCI, tels qu'ils sont fixés, permettent-ils d'appréhender la performance des différentes divisions ? Vous semblent-ils cohérents avec la structure en centre de profit ?

Question 4 : Quel aménagement de la structure en centres de responsabilité induirait plus de cohérence avec la logique d'intégration ?

Et dans mon entreprise

- À quel type de centre de responsabilité appartenez-vous ? Comment est mesurée la performance de ce centre ?
- Pour votre entité, qui sont vos principaux clients et fournisseurs internes ?
- Comment sont définis les PCI au sein de votre organisation ? Quels problèmes cela pose-t-il ?
- Identifiez les situations pour lesquelles il existe des enjeux fiscaux significatifs dans la détermination des prix de transfert.

Références

Berland N. et Rongé Y. (de), *Contrôle de gestion – Perspectives stratégiques et managériales*, Pearson Education France, Paris, 2010.

Bhimani A., Horngren C.T., Srikant D.M. et Foster G., *Management and Cost Accounting*, Prentice Hall, 2008.

Bouquin H., *Contrôle de gestion*, 9e éd., PUF, Paris, 2010.

Eccles R.G., « Control with fairness in transfer pricing », *Harvard Business Review*, 1983, p. 149-161.

Chapitre 7

Le budget

Objectifs pédagogiques

1. Comprendre les enjeux managériaux et organisationnels des budgets
2. Appréhender les différents rôles des budgets dans les organisations
3. Construire un budget dans une start-up de service
4. Construire un budget dans une entreprise manufacturière

Cas introductif : mon premier *business plan*

À la suite de votre formation, vous envisagez de créer une entreprise dont le but est de commercialiser des tee-shirts personnalisés, le client choisissant le tee-shirt et l'imprimé qu'il désire. Vous travaillez sans stock : les tee-shirts sont achetés dès la réception de la commande du client et l'impression est réalisée dans votre atelier. Votre plan d'action prévoit les éléments suivants.

Financement :

- Un apport en capital de 40 000 euros est effectué le 1er janvier N.
- Un prêt de 10 000 euros à un taux d'intérêt annuel de 2 % est encaissé le 1er février N. Le prêt sera remboursé l'année suivante avec la totalité des intérêts courus.

Investissement :

- L'investissement consiste en l'acquisition et la mise en service le 1er janvier N d'une machine pour réaliser les impressions sur les tee-shirts. Sa valeur est de 10 000 euros HT. L'amortissement est linéaire sur cinq ans. Le fournisseur de cette immobilisation est payé en 2 fois : 50 % le 15 janvier N et 50 % le 15 mai N.

Exploitation :

- Le volume de ventes prévisionnel est de 1 600 tee-shirts au premier trimestre, répartis ainsi : 20 % en janvier et 40 % en février et en mars. Le prix de vente unitaire est de 30 euros HT. Les clients paient le mois suivant leur achat.
- Les tee-shirts sont achetés à un fournisseur au prix unitaire de 10 euros HT. Le fournisseur est réglé pour 50 % le mois de la livraison des tee-shirts et pour 50 % le mois suivant.
- Un salarié est embauché en janvier pour un salaire mensuel brut de 1 800 euros incluant 20 % de charges sociales salariales. Des charges sociales patronales d'un montant de 40 % doivent être ajoutées au salaire brut pour obtenir le coût global

du personnel. Les charges sociales salariales et patronales sont payées le mois suivant.
- Des frais généraux d'un montant de 2 000 euros HT sont prévus chaque mois. Ils sont payés en 2 fois : 40 % au cours du mois de constatation de la charge et 60 % le mois suivant.

Fiscalité :
- Le taux d'imposition sur les sociétés (IS) est de 25 %. L'IS est payé en N + 1.
- Le taux de TVA est de 20 %. Il s'applique sur les ventes, les achats (tee-shirts et machine pour l'impression) et les frais généraux. L'entreprise est assujettie à la TVA sur les débits. Autrement dit, la TVA collectée et la TVA déductible se calculent sur la valeur des ventes et des achats de chaque mois. Si une créance de TVA envers l'État est constatée, celle-ci est reportée le mois suivant. Dans le cas d'une dette de TVA, celle-ci est réglée le mois suivant.

Question 1 : Quels sont les apports d'une démarche budgétaire pour votre start-up ?

Afin de simplifier votre travail, vous commencez par une analyse mensuelle du premier trimestre.

Question 2 : Établissez les budgets de production des achats, des frais de personnel, des frais généraux, des investissements et de la TVA. Pour chaque budget, vous distinguez les produits et les charges des encaissements ou des décaissements associés.

Question 3 : Synthétisez les encaissements et les décaissements mensuels dans un budget de trésorerie.

Question 4 : Élaborez le compte de résultat prévisionnel pour chaque mois du premier trimestre N. Calculez et interprétez les ratios qui vous semblent pertinents.

Question 5 : Établissez le bilan au 31 mars N. Calculez et interprétez les ratios qui vous semblent pertinents.

La totalité des paiements de TVA à l'État sont considérés comme des flux liés aux activités opérationnelles.

Question 6 : Établissez le tableau des flux de trésorerie pour les trois premiers mois de l'année N en distinguant les flux opérationnels des flux d'investissement et de financement.

Question 7 : Commentez ces analyses. Quelles conclusions en tirez-vous ? ■

Synthèse du cas et introduction du chapitre

Le budget constitue l'outil central du contrôle de gestion moderne. Il se définit comme la prévision chiffrée d'un programme d'actions et des moyens associés à leur réalisation afin d'atteindre les objectifs de l'entreprise. Le budget revêt trois caractéristiques principales :

1. une démarche prévisionnelle et prospective couvrant souvent un horizon d'une année ;
2. un programme d'actions cohérent et relié à la stratégie de l'organisation décliné sur l'ensemble des entités de l'organisation en prenant en compte leurs interdépendances et contraintes respectives ;

3. un processus social, itératif et politique associant l'ensemble des acteurs dans un travail de réflexion sur l'activité collective mise en œuvre sur plusieurs mois et qui requiert des arbitrages.

Un budget n'est ni bon ni mauvais en soi : c'est la pratique budgétaire qui est une source ou non de valeur ajoutée pour l'organisation. L'exercice budgétaire vise à traduire en chiffres l'ensemble des plans d'actions projetés au sein de l'organisation. L'attribution d'une valeur économique à des plans d'actions très différents favorise leur comparaison et leur agrégation. Dans ce chapitre, nous présentons les notions fondamentales associées aux budgets (section 1). La démarche de construction budgétaire est ensuite mise en œuvre dans deux contextes différents : une entreprise de service (section 2) et une entreprise manufacturière (section 3).

1. Le processus budgétaire

Dans cette section, nous présentons trois dimensions importantes du processus budgétaire : les rôles des budgets (section 1.1), les liens stratégie-budget (section 1.2) et les étapes du processus budgétaire (section 1.3).

1.1. Les rôles des budgets

Les organisations font face à des environnements qui évoluent en permanence et qui sont incertains. Par exemple, comment prendre en compte l'incertitude politique créée par le Brexit, les menaces récentes de mesures protectionnistes par les autorités américaines ou encore la rapidité de l'évolution des technologies susceptible de remettre en cause des choix opérés au moment de l'élaboration du budget ? Aussi, l'intérêt d'un budget est-il d'offrir une référence aux acteurs de l'organisation : ils sont en mesure de comparer les performances réelles de leur organisation ou de leur entité avec ce qui avait été envisagé dans le scénario budgétaire. Cette comparaison entre le « réel » et le « budget » est au cœur de la démarche d'analyse des écarts devant déboucher sur l'ajustement continu des plans d'actions : quelles actions correctrices peut-on concevoir ? Quelles nouvelles opportunités peut-on saisir et à quelles nouvelles menaces doit-on faire face ?

Trois rôles principaux sont assignés au budget : permettre l'évaluation de la performance (section 1.1.1), communiquer la stratégie (section 1.1.2), identifier de bonnes pratiques et contribuer à l'apprentissage organisationnel (section 1.1.3).

1.1.1. Un cadre d'évaluation de la performance

Les budgets définissent un cadre d'évaluation des performances qui influe sur le comportement des acteurs. Les budgets s'inscrivent dans une démarche de **délégation/motivation.** Il est possible d'utiliser le budget comme un contrat passé entre un responsable d'une entité d'affaires (une *business unit*) et sa hiérarchie en termes de résultats à atteindre ou de moyens à mettre en œuvre. Faut-il par exemple réaliser des budgets par fonctions ou par départements au risque de favoriser une logique en silos ? Est-il préférable d'encourager l'élaboration d'un budget par projets et processus de manière à développer une plus grande transversalité au sein de l'entreprise ?

Le volume à produire, l'effectif du personnel à employer, le taux de satisfaction des clients, le coût de la non-qualité, le taux d'absentéisme, le temps de cycle mesurant la durée nécessaire pour répondre à la demande d'un client interne ou externe sont autant d'éléments intégrés dans les budgets opérationnels. Ces derniers sont ensuite traduits en budgets financiers qui sont un moyen aisé d'agréger des informations particulièrement hétérogènes. La focalisation sur les budgets financiers s'explique toutefois par la pression exercée quant à la réalisation d'objectifs financiers. La capacité à équilibrer le budget avec des objectifs plus qualitatifs de la performance de l'organisation est souhaitable : l'amélioration des aspects qualitatifs de la performance soutient la création future de valeur financière (voir le *balanced scorecard* dans le chapitre 9).

1.1.2. Communiquer la stratégie pour assurer la coordination, voire arbitrer

Un budget a d'autant plus de valeur ajoutée pour l'organisation qu'il traduit en actions concrètes et coordonnées au niveau de l'ensemble des entités de l'organisation une ambition stratégique, une inflexion liée à une volonté de changement. En ce sens, les budgets sont des éléments de coordination et de communication. La démarche budgétaire revêt une forte dimension communicationnelle pour favoriser l'appropriation des objectifs et une compréhension par l'ensemble des acteurs de l'organisation.

Les budgets nécessitent des arbitrages qui sont rendus par la ligne hiérarchique. Par exemple, l'organisation n'a probablement pas la possibilité de financer toutes les demandes d'investissement qui émanent de l'ensemble de ses entités. Elle devra arbitrer en fonction de la pertinence stratégique et de la rentabilité estimée des projets soumis. Un processus itératif prenant en compte des décisions d'arbitrage et de priorisation des actions entre les entités, projets, pays, clients, produits, processus... caractérise la démarche budgétaire. Cela explique son découpage séquentiel en épisodes et son étalement sur plusieurs mois.

1.1.3. Un support au développement de l'apprentissage organisationnel

Les budgets sont des supports à l'apprentissage organisationnel, au développement de nouvelles connaissances. Le respect du budget n'est pas une fin en soi. Plus le degré d'incertitude de l'environnement est élevé, plus le budget devrait être un outil d'apprentissage organisationnel et non un mécanisme de contrôle et de vérification. La confrontation périodique des résultats constatés aux prévisions met en évidence des écarts qui alimentent un processus d'enquête collective pour les comprendre. L'important est de percevoir les variations de son environnement, d'ajuster de manière continue le plan d'action en cours pour saisir les opportunités ou faire face aux menaces nouvelles. Par exemple, la mise en évidence d'un écart défavorable important sur un coût de production d'un produit fini un mois donné nécessite d'en faire sens collectivement : s'agit-il d'une inefficience dans l'utilisation des ressources, d'une augmentation du prix d'achat des matières premières et emballages, d'un problème de qualité ou de recyclage des rebuts, des effets d'une grève ou d'un manque de formation des opérateurs à l'utilisation d'un nouvel équipement, etc. ? La simple lecture d'un écart ne dit rien sur le sens qu'il convient de lui attribuer. Tant que les acteurs organisationnels ne sont pas en mesure de formuler un récit plausible des causes des écarts constatés, il est difficile de faire évoluer les plans d'actions de manière pertinente. Ce processus d'interprétation collectif des écarts est organisé généralement sous la forme de réunions. Il constitue une source d'apprentissage, car il débouche sur la production de connaissances sur la situation de l'organisation et l'évolution de son environnement.

1.2. Les liens stratégie-budget

L'utilisation du budget à des fins politiques (section 1.2.1) et la bureaucratisation du processus budgétaire (section 1.2.2) constituent deux des principaux écueils des pratiques budgétaires, alors que le budget devrait être un levier de déploiement de la stratégie (section 1.2.3).

1.2.1. Des jeux politiques influencent le processus budgétaire

Le budget est parfois utilisé à des fins politiques. Il se trouve alors déconnecté du pilotage de l'organisation, voire même de la réalité ; il ne présente alors aucune visée stratégique.

Illustration 7.1 – *Des budgets utilisés à des fins politiques*

Par exemple, le bâtiment de la Philharmonie de Paris, inauguré en 2014, a coûté trois fois plus que le budget initial, ce qui ne manque pas d'interroger sur la pertinence, voire la sincérité, des hypothèses budgétaires initialement retenues. De même, des associations réalisent des budgets pour se conformer aux demandes de leurs financeurs afin d'obtenir des subventions plutôt que d'animer leur organisation ou de mener à bien leurs projets.

1.2.2. Le budget bureaucratisé

Les budgets sont parfois établis de manière bureaucratique. On se fonde sur les réalisations pour estimer les besoins futurs, en les ajustant à la marge. Pourtant, nombre d'organisations sont confrontées à des environnements rapidement changeants, évolutifs, parfois disruptifs ; elles doivent évoluer, voire chercher à transformer ces environnements par leurs actions stratégiques. Aussi semble-t-il contestable de se référer uniquement aux résultats passés pour élaborer un plan prévisionnel.

Par exemple, une démarche courante pour estimer la masse salariale consiste à utiliser la masse salariale constatée l'année N – 1 et à l'ajuster selon l'évolution escomptée de l'effectif, des augmentations de salaire et des taux de charges sociales. Pourtant, cette démarche peut conduire à reporter d'une année sur l'autre des coûts cachés liés à un absentéisme ou à un turnover important. L'élaboration du budget de la masse salariale doit par conséquent prendre en compte les objectifs de la politique ressources humaines exprimés sous la forme d'une réduction du turnover et de l'absentéisme, ainsi que du coût des ressources nécessaires pour mener ces actions.

1.2.3. Le budget au service de la stratégie

Un budget doit avant tout être l'expression chiffrée d'un plan d'action au service de la transformation de long terme de l'organisation, de la mise en œuvre de sa stratégie. Si l'élaboration du budget ne montre aucun changement et/ou aucune inflexion dans la manière d'allouer les ressources entre les projets ou départements, d'arbitrer entre des propositions et opportunités d'investissement, de prioriser des aspects de la performance opérationnelle, de privilégier des produits, services, zones géographiques ou segments de clientèle, il n'est alors qu'un exercice stérile, consommateur de ressources et déconnecté des finalités de l'organisation.

Illustration 7.2 – Le lien stratégie-budget chez Carrefour

Dans les années 2000, le groupe Carrefour a engagé une stratégie d'internationalisation avec la construction d'hypermarchés dans 15 nouveaux pays sur une période de cinq années en Europe, en Asie et en Amérique latine. Ce choix stratégique avait pour objectif de diffuser rapidement le modèle de l'hypermarché à la française dans des pays où la grande distribution était encore faiblement développée, voire inexistante. Ce choix stratégique nécessitait des inflexions budgétaires importantes : financement du développement des nouveaux pays par l'augmentation significative du résultat des pays historiques et rentables du groupe ; création de structures au niveau du siège international pour coordonner et mettre à disposition une expertise dans ces nouveaux pays ; élaboration d'une politique d'expatriation ambitieuse afin de développer des compétences localement.

1.3. Le calendrier budgétaire

Comme l'illustre le cas introductif, le processus budgétaire est fréquemment réduit à la seule phase de finalisation, d'élaboration (section 1.3.1). Les comparaisons périodiques des réalisations aux prévisions s'inscrivent dans le cadre d'une deuxième phase, l'exécution du budget (section 1.3.2). La troisième et dernière phase est souvent négligée ; il s'agit de la post-évaluation, l'évaluation finale (section 1.3.3).

Ces trois phases sont décrites successivement.

1.3.1. La phase de l'élaboration du budget

L'élaboration budgétaire est un processus itératif qui nécessite de travailler de concert avec l'ensemble des responsables budgétaires (voir chapitre 6). L'objectif visé consiste, d'une part, à ajuster les plans d'actions locaux et, d'autre part, à tenir compte des arbitrages rendus et des interdépendances existant entre les différentes fonctions et départements de l'organisation. Le budget doit être terminé avant le début de l'exercice concerné. Pour parvenir à boucler le processus budgétaire dans les temps, la direction du contrôle de gestion impose un calendrier de travail et un rétroplanning précisant la répartition des rôles et, surtout, les dates butoirs pour chaque service ou fonction. Il n'existe pas de calendrier type car chaque organisation adopte son propre calendrier. Sa durée s'avère assez variable et peut atteindre jusqu'à six mois dans les grands groupes.

Illustration 7.3 – Les épisodes budgétaires au sein du groupe Unilever

Par exemple, au sein du groupe Unilever, le premier « run » budgétaire a lieu en juillet de l'année N – 1 et est suivi d'au moins deux autres « runs ». En d'autres termes, tous les managers ne travaillent pas quotidiennement sur les budgets, mais le scénario budgétaire s'affine au fur et à mesure que sont rendus les arbitrages.

1.3.2. La phase d'exécution et de révision du budget

De nombreuses organisations révisent leur budget au cours de l'année où il s'applique de manière à prendre en compte les premières réalisations ou les évolutions de l'environnement (actions d'un concurrent, réussite plus importante que prévu d'un lancement de produit, grèves affectant la production, etc.). L'atterrissage désigne la dernière réévaluation des performances de l'organisation en fin d'année. Celui-ci est déterminant car il permet aux dirigeants d'informer les investisseurs dans le cas de groupes côtés et de limiter les baisses brutales de cours associées aux déceptions lors de la publication des résultats. Parfois, il conduit à des décisions extrêmes, tel le gel des dépenses, afin d'être en mesure de respecter les engagements pris.

Témoignage 7.1 – L'exécution du budget dans le groupe Carrefour

Au sein du groupe Carrefour, des termes spécifiques sont employés lors de la phase d'exécution du budget.

Les calculs de « cumul à date » (CAD) et de « reste à faire » (RAF) sont systématiquement réalisés chaque mois. Par exemple, le « cumul à date » à fin mai de l'année N fait apparaître le budget cumulé de janvier à mai, lequel est mis en relation avec les résultats « réels » cumulés de janvier à mai. Le calcul du « reste à faire » à fin mai met en relation le budget annuel cumulé moins le résultat réel cumulé à fin mai. Cela permet d'apprécier si ce qu'il « reste à faire » pour atteindre la cible budgétaire annuelle initialement prévue est encore réalisable ou hors de portée.

Le processus budgétaire du groupe Carrefour intègre deux révisions du budget initial en cours d'année. Il s'agit de tenir compte de l'analyse des écarts constatés entre le « réel » et le « budget », afin de procéder à une nouvelle estimation du résultat de l'année en cours, « l'atterrissage ». Ces révisions portent le nom de « 6 + 6 » et de « 10 + 2 ». Le « 6 + 6 » signifie qu'une prévision budgétaire est réalisée une fois connus les résultats des six premiers mois de l'année sur les six mois restants. Le « 10 + 2 » signifie que « l'atterrissage » budgétaire se réalise une fois connus les résultats des 10 premiers mois en mettant à jour les prévisions des deux mois restants.

Damien Y., contrôleur de gestion, Carrefour

1.3.3. La phase de post-évaluation

La post-évaluation des budgets apparaît comme une préoccupation majeure : l'enjeu principal est de tirer des enseignements au niveau organisationnel pour initier une démarche d'amélioration continue des pratiques budgétaires. Comment mieux prendre en compte l'interdépendance existant entre les différentes fonctions et services de l'entreprise ? Comment rapprocher les prévisions des équipes marketing qui raisonnent au niveau des marques et des équipes des ventes qui raisonnent au niveau des enseignes de distribution ? Comment mieux valoriser économiquement dans les budgets des phénomènes sociaux comme l'absentéisme, le turnover ou le stress pour lesquels l'impact sur la performance de l'organisation est difficile à prévoir, etc. ? Les entreprises mettent en place des procédures de post-évaluation qui assurent un retour d'expérience à l'usage des managers et dont la finalité est d'améliorer la maîtrise du processus budgétaire. Toutefois, cet objectif de réflexivité sur des pratiques budgétaires a parfois du mal à se concrétiser, même si la plupart des managers reconnaissent le besoin d'apprendre de leurs erreurs dans une visée de production de connaissances. Des travaux de recherche ont montré l'absence, et parfois l'inefficacité, des démarches de post-évaluation de projets d'investissement par exemple.

2. Le budget d'une start-up de service

Dans un objectif de présentation de la démarche de construction budgétaire, le cas d'une entreprise de service dépourvue de processus de production manufacturière et de stocks présente l'intérêt de la simplicité.

La société Newdreams doit être créée le 1er janvier N. Son activité consiste à développer des programmes informatiques sur mesure pour ses clients. Le dirigeant de l'entreprise a collecté les informations nécessaires afin d'élaborer les documents prévisionnels du premier trimestre (c'est-à-dire le budget de trésorerie et le compte de résultat). Ces analyses sont importantes, notamment pour convaincre des investisseurs du sérieux du projet et des compétences de l'équipe.

Illustration 7.4 – Éléments du plan d'action

Financement :

- Le capital nécessaire pour le démarrage de la société est apporté par des actionnaires à hauteur de 150 000 euros le 1er janvier N en échange d'actions de la société.

Exploitation :

- Les prestations prévues s'élèvent à 200 000 euros HT pour le premier trimestre N ; elles sont facturées mensuellement. L'entreprise venant seulement de commencer ses opérations, on ne prévoit que 15 % de l'activité du premier trimestre en janvier, 30 % en février et le reste en mars.

- Les clients paient 5 % de la facture comptant. Le paiement restant s'effectue en deux temps : 45 % de la valeur du contrat un mois après et le solde deux mois après la signature du contrat (soit 50 %). On ne prévoit pas de créances douteuses pour le premier trimestre.
- Six personnes travaillent à temps plein dans cette entreprise pour un salaire brut annuel moyen de 45 000 euros par salarié. Ce salaire est réparti en douze mensualités identiques (il n'y a pas de treizième mois). Le taux des cotisations sociales salariales est de 20 % du montant du salaire brut et le taux des cotisations sociales patronales est de 40 % du salaire brut. Les cotisations sociales salariales sont incluses dans le salaire brut. En revanche, les cotisations sociales patronales s'ajoutent au salaire brut. Le salaire net est payé le dernier jour de chaque mois, les charges sociales (salariales et patronales) sont payées le mois suivant.
- L'entreprise a décidé de louer des locaux pour un loyer mensuel de 6 500 euros HT payable en début de mois.
- Des coûts variables de production sont payés le mois de leur engagement. Le budget prévoit les montants suivants pour les trois premiers mois : 1 200, 4 200 et 8 000 euros HT.
- Une campagne de publicité va être lancée en janvier pour un coût de 10 000 euros HT. Une seconde campagne est prévue en mars pour 5 000 euros HT. Les deux campagnes sont payées comptant.
- Les frais de siège se montent à 500 euros HT par mois ; ils sont payés le mois suivant.

Investissement :

- Les équipements informatiques nécessaires à l'entreprise sont estimés à 120 000 euros HT en janvier. Ils sont payés en trois fois : 25 % à la livraison et le solde en deux fois en février et mars. Le matériel sera amorti sur quatre ans selon la méthode de l'amortissement linéaire en faisant l'hypothèse qu'à l'issue des quatre ans, la valeur nette comptable sera nulle.

Fiscalité :

- Le taux de TVA est de 20 %. Les ventes, les achats (de services extérieurs et les équipements informatiques), les frais généraux et les loyers sont assujettis à la TVA. L'entreprise a opté pour le régime de la TVA sur les débits, ce qui signifie que la TVA collectée et la TVA déductible se calculent respectivement sur les ventes et les achats de chaque mois. La totalité des paiements de TVA à l'État seront assimilés à des flux opérationnels.
- L'impôt sur les sociétés (IS) n'est pas pris en considération.

La production des documents prévisionnels de Newdreams est décomposée en deux temps : construction des budgets opérationnels (section 2.1), puis établissement des états financiers de synthèse (section 2.2).

2.1. Les budgets opérationnels

Les interactions entre budgets guident la démarche budgétaire. Dans le cas de Newdreams, les différents budgets sont indépendants à l'exception du budget de TVA qui sera établi en dernier.

2.1.1. Le budget des ventes et des encaissements

Les ventes HT correspondent aux « produits » du compte de résultat. Le fait déclencheur de leur enregistrement en tant que « produits » est la réalisation de la prestation.

	Janvier	Février	Mars	Total
Répartition des ventes sur le trimestre	15 %	30 %	55 %	100 %
Ventes HT	30 000	60 000	110 000	200 000
TVA	6 000	12 000	22 000	40 000
Ventes TTC	**36 000**	**72 000**	**132 000**	**240 000**
Créances à 60 jours	18 000	36 000	66 000	
Créances à 30 jours	16 200	50 400	95 400	
Encaissements	**1 800**	**19 800**	**57 000**	

L'encaissement des ventes représente un flux de trésorerie d'exploitation qui tient compte des modalités de paiement consenties aux clients. Il est attendu que ces clients règlent la facture TTC en trois fois : 5 % lors de la signature, 45 % le mois suivant et 50 % deux mois après la réalisation de la vente.

Aussi, la vente de 36 000 euros TTC conclue en janvier sera-t-elle réglée en 3 fois : 1 800 euros en janvier, 16 200 en février et 18 000 en mars. Comme il n'y avait pas d'activité en décembre et novembre N - 1, la valeur des créances clients est de 0 au 1er janvier N. Cela signifie que le seul encaissement des ventes ayant lieu en janvier correspond à 5 % de la valeur des ventes TTC conclues au cours du mois (soit 1 800 euros).

Les créances à 60 jours de janvier deviennent créances à 30 jours en février pour être encaissées en mars. Ainsi, les 19 800 euros encaissés en février correspondent-ils à la somme de 5 % du chiffre d'affaires TTC de février (72 000 × 0,05 = 3 600) et des créances à 30 jours de janvier (16 200).

2.1.2. Le budget des frais de personnel

Les frais de personnel se composent des salaires bruts et des charges sociales patronales (40 % du salaire brut). Ces frais du mois sont des charges affectées au mois de leur engagement, alors qu'il existe des décalages de règlement : les salaires nets sont payés comptant (plus précisément, en fin de mois) et les cotisations sociales (salariales et patronales) le mois suivant. Ces frais ne sont jamais assujettis à la TVA.

Les frais de personnel se décomposent ainsi :

	Montant	Calcul	Remarques
Rémunérations brutes annuelles	270 000	45 000 × 6	6 salariés
Rémunérations brutes mensuelles	22 500	270,000 / 12	
Cotisations sociales salariales mensuelles	4 500	22 500 × 0,20	
Cotisation sociales patronales	9 000	22 500 × 0,40	

Rémunérations nettes mensuelles	18 000	22 500 – 4 500	Charge du mois M payée en M
Charges sociales (salariales et patronales) mensuelles	13 500	4 500 + 9 000	Charge du mois M payée en M + 1

Ces éléments permettent d'établir le budget des frais de personnel :

	Janvier	Février	Mars	Total
Salaires nets	18 000	18 000	18 000	54 000
Charges sociales	13 500	13 500	13 500	40 500
Total	**31 500**	**31 500**	**31 500**	**94 500**
Dettes sociales (fin de mois)	13 500	13 500	13 500	
Décaissements	**18 000**	**31 500**	**31 500**	

2.1.3. Le budget des charges d'exploitation

La démarche n'étant pas normée, les dénominations des budgets varient d'une organisation à l'autre. Le choix a été fait d'intégrer dans ce budget les dépenses publicitaires, lesquelles sont parfois associées aux budgets commerciaux. Comme pour les autres budgets, les éléments suivants sont dissociés : les charges (total HT), la TVA, le montant TTC pour déterminer les dettes et les décaissements.

	Janvier	Février	Mars	Total
Loyer	6 500	6 500	6 500	19 500
Coûts variables de production	1 200	4 200	8 000	13 400
Publicité	10 000		5 000	15 000
Frais de siège	500	500	500	1 500
Total HT	**18 200**	**11 200**	**20 000**	**49 400**
TVA	3 640	2 240	4 000	9 880
Total TTC	**21 840**	**13 440**	**24 000**	**59 280**
Dettes fournisseurs (fin de mois)	600	600	600	
Décaissements	**21 240**	**13 440**	**24 000**	

Les frais de siège constituent la seule charge faisant l'objet d'un différé de règlement. Le montant TTC (500 × 1,20 = 600) est inscrit en dettes. Le montant décaissé en janvier est donc de 21 840 - 600, soit 21 240 euros. En février, sur les 13 440 euros d'achats TTC, seuls 12 840 sont payés comptant auxquels s'ajoutent la dette fournisseurs du mois de janvier (600).

2.1.4. Le budget des investissements

Les décisions d'investissement font l'objet d'une procédure particulière, les montants pouvant être importants et ces décisions engageant l'entreprise sur le long terme. Avec l'accroissement des montants, le processus de validation est plus complexe, la décision pouvant être prise localement, au niveau de la région, du pays ou du monde pour les multinationales.

L'investissement n'est pas une charge, il est inscrit à l'actif du bilan. En effet, il n'est pas détruit lors de son premier usage. Toutefois, lorsqu'il y a un processus d'usure de l'équipement, il convient d'évaluer la quote-part de la « consommation » de cet équipement conformément au principe comptable d'indépendance des exercices. C'est l'objet des dotations aux amortissements.

Le budget des investissements distingue des informations de même nature que les autres budgets opérationnels : le montant HT qui sera inscrit à l'actif, la TVA qui sera récupérée, le montant TTC qui sera payé et les décaissements.

	Janvier	Février	Mars
Équipement informatique HT	120 000		
TVA	24 000		
TTC	**144 000**		
Dettes fournisseurs d'immobilisations (fin de mois)	108 000	54 000	0
Décaissements	**36 000**	**54 000**	**54 000**

Le tableau d'amortissement permet de déterminer le montant de la dotation aux amortissements, à savoir 2 500 euros (120 000 / 48), l'équipement étant amorti en linéaire sur quatre ans (48 mois). Ce tableau permet également de suivre l'évolution des valeurs brutes et nettes inscrites à l'actif du bilan.

	Janvier	Février	Mars	Remarques
Valeur brute	120 000	120 000	120 000	Bilan
Dotation aux amortissements	2 500	2 500	2 500	Compte de résultat
Amortissement cumulé (fin de mois)	2 500	5 000	7 500	Bilan
Valeur nette (fin de mois)	117 500	115 000	112 500	Bilan

La dotation aux amortissements est une charge d'exploitation particulière, car elle n'est pas décaissée ; l'immobilisation est ici payée en janvier, février et mars.

2.1.5. Le budget de TVA

Jusqu'à présent, la TVA a été prise en compte sur les encaissements des ventes et le paiement de l'ensemble des achats assujettis à la TVA. Toutefois, la TVA n'est ni une charge ni un produit, et doit être acquittée par le consommateur final ; l'entreprise collecte la TVA pour le compte de l'État. Il convient donc d'établir mensuellement une déclaration. Celle-ci détermine la TVA due, en comparaison de la « TVA collectée » et de la « TVA déductible », sachant que Newdreams a opté pour la TVA sur les débits (principe exposé dans l'illustration 7.4).

	Janvier	Février	Mars
TVA collectée TVA déductible	6 000 27 640	12 000 2 240	22 000 4 000
TVA due	**–21 640**	**9 760**	**18 000**
Créance de TVA envers l'État (report) Dettes de TVA	21 640	11 880	 6 120
Décaissements	**0**	**0**	**0**

La TVA collectée a été calculée dans le budget des ventes. La TVA déductible est la somme des TVA sur les achats et l'investissement. Compte tenu de l'investissement en janvier, le montant de la TVA déductible (27 640) dépasse celui de la TVA collectée (6 000) ; Newdreams dispose d'une créance de TVA sur l'État qui sera déduite de la TVA due en février. En mars, après imputation de la créance, la dette de TVA s'établit à 6 120 euros (18 000 - 11 880). Ce montant sera payé en avril.

2.2. Les états de synthèse prévisionnels

La production des différents budgets opérationnels, d'investissement et de TVA permet ensuite d'élaborer des états de synthèse prévisionnels comme le compte de résultat, le tableau des flux de trésorerie et le bilan.

2.2.1. Le budget de trésorerie

Les entreprises font faillite non pas tant parce que leur taux de marge opérationnelle est dégradé - même si cela y contribue -, mais parce qu'elles rencontrent des difficultés de trésorerie. En synthétisant les flux associés aux budgets opérationnels, il est possible d'établir un tableau des flux de trésorerie.

- **Les flux opérationnels**

Il s'agit d'identifier les flux liés aux encaissements des ventes et aux décaissements des charges d'exploitation.

	Janvier	Février	Mars	Total
Encaissements (ventes) (1)	**1 800**	**19 800**	**57 000**	**78 600**
Frais de personnel Charges d'exploitation TVA	18 000 21 240 0	31 500 13 440 0	31 500 24 000 0	81 000 58 680 0
Total des décaissements (2)	**39 240**	**44 940**	**55 500**	**139 680**
Flux opérationnels (1) – (2)	**–37 440**	**–25 140**	**1 500**	**–61 080**

Les premiers mois sont difficiles ; les encaissements ne permettent pas de couvrir les décaissements.

- **Les flux de trésorerie d'investissement et de financement**

Ces deux flux de trésorerie sont relatifs à des transactions qui n'affectent pas directement le compte de résultat, mais le bilan et la trésorerie. Ces transactions illustrent la politique d'investissement (paiement de l'acquisition des actifs immobilisés) et/ou de désinvestissement (encaissement de la cession d'actifs immobilisés) et de financement de l'entreprise (remboursement ou encaissement d'un emprunt, augmentation de capital, paiement de dividendes aux actionnaires).

Les flux de trésorerie d'investissement pour Newdreams sont les suivants :

	Janvier	Février	Mars	Total
Décaissements (investissement)	36 000	54 000	54 000	144 000
Flux d'investissement	**−36 000**	**−54 000**	**−54 000**	**−144 000**

La politique d'investissement consomme donc de la trésorerie. Le seul flux de financement est l'augmentation de capital :

	Janvier	Février	Mars	Total
Encaissement (apport des actionnaires)	150 000	0	0	150 000
Flux de financement	**150 000**	**0**	**0**	**150 000**

Il n'y a pas eu d'emprunt encaissé ou remboursé au premier trimestre, et il est trop tôt pour envisager une distribution et une mise en paiement de dividendes.

- **Synthèse des flux de trésorerie prévisionnels**

Le tableau des flux de trésorerie synthétise les trois types de flux :

	Janvier	Février	Mars	Trimestre
Flux opérationnels (1)	−37 440	−25 140	1 500	−61 080
Flux d'investissement (2)	−36 000	−54 000	−54 000	−144 000
Flux de financement (3)	150 000	0	0	150 000
Variation de trésorerie (4) = (1) + (2) + (3)	**76 560**	**−79 140**	**−52 500**	**−55 080**
Solde début de période (5)	0	76 560	−2 580	0
Solde fin de période (6) = (4) + (5)	**76 560**	**−2 580**	**−55 080**	**−55 080**

Les prévisions de trésorerie de l'entreprise sont, sur la base des hypothèses initiales, problématiques. Les financeurs apportent 150 000 euros le 1er janvier et devraient apporter 60 000 euros complémentaires en mars pour faire face aux échéances.

La situation de trésorerie conduit à repenser le plan d'action initial afin de réduire les décaissements. Les flux d'investissement pèsent lourdement sur la trésorerie. C'est pourquoi il serait préférable, dans un premier temps, d'envisager la location - plutôt que l'achat - du matériel informatique et le recours à une solution de type *Software as a Service* (SaaS). La partie fixe de la rémunération des salariés pourrait être réduite au profit d'une part variable liée à la réalisation du chiffre d'affaires, voire aux encaissements. Il serait également prudent d'étaler le plan de recrutement des salariés et de recourir à des sous-traitants au démarrage de l'activité. Ainsi, les frais de personnel seraient « variables » et les coûts fixes, qui constituent une source de risque importante pour l'équilibre financier de l'entreprise, seraient limités. Enfin, on pourrait revoir les conditions de paiement très favorables aux clients (si cela est possible dans ce secteur d'activité) et/ou avoir recours au *factoring*.

Encadré 7.1 – Le tableau des flux de trésorerie : méthode indirecte

Le tableau des flux de trésorerie a été établi selon la méthode directe, c'est-à-dire en reprenant directement les flux constatés. Il existe également une méthode indirecte, qui consiste à partir du résultat. Elle nécessite toutefois d'établir au préalable le compte de résultat et le bilan prévisionnels (voir sections 2.2.2 et 2.2.3).

	Trimestre	Remarques
Résultat	48 600	
+ Dotation aux amortissements	7 500	La charge qui n'est pas décaissée est réintégrée.
= Capacité d'autofinancement (CAF)	**56 100**	
+ Variation du besoin en fonds de roulement (BFR)	(141 180)	L'augmentation du BFR consomme de la trésorerie.
Créances	*(161 400)*	L'augmentation des créances constitue la principale explication de la variation du BFR.
Dettes de TVA	*12 120*	Les délais de règlement de la TVA, des fournisseurs et des cotisations sociales contribuent à financer l'activité.
Dettes fournisseurs	*600*	
Dettes organismes sociaux	*13 500*	
Flux opérationnels (1)	**(85 080)**	La répartition entre flux opérationnel et d'investissement est modifiée par rapport au tableau précédent. Le remboursement de TVA sur l'investissement est ici imputé, à juste titre, aux flux d'investissement.
Investissement	(120 000)	
Flux d'investissement (2)	**(120 000)**	
Augmentation de capital	150 000	
Flux de financement (3)	**150 000**	
Variation de trésorerie	**(55 080)**	Somme des trois flux : (1)+(2)+(3)
Solde initial	0	
Solde final	(55 080)	

Cette approche présente l'intérêt d'expliquer la différence entre le résultat (première ligne) et la variation de trésorerie (dernière ligne). Elle est plus financière que l'approche directe, car elle fait apparaître les notions de capacité d'autofinancement et de variation du besoin en fonds de roulement.

Le budget de trésorerie, aussi appelé plan de financement, permet de s'assurer de la pérennité de l'activité en vérifiant que les prévisions conduisent à un excédent de trésorerie. En outre, dans le cas contraire, il est possible de tester la pertinence des solutions envisagées.

Le compte de résultat et le bilan prévisionnels assurent une analyse plus fine de la performance.

2.2.2. Le compte de résultat prévisionnel

Le compte de résultat synthétise les produits et les charges ; leur différence est un bénéfice ou une perte. La notion de bénéfice ou de perte est donc différente d'une vision en termes de flux de trésorerie. En effet, pour établir un compte de résultat, on tient compte du moment où une vente ou une prestation est réalisée (et non du moment où elle est encaissée) et du moment où des ressources sont consommées (et non du moment où on paie le fournisseur de ces ressources). Certaines des ressources consommées sont des charges au sens comptable. Pour autant, elles ne donnent pas lieu à décaissement comme les dotations aux amortissements, les dépréciations et les provisions.

La synthèse des informations des budgets opérationnels conduit à établir le compte de résultat présenté dans le tableau 7.1.

Tableau 7.1 – Compte de résultat prévisionnel

	Janvier	Février	Mars	Total
Ventes	30 000	60 000	110 000	200 000
Produits d'exploitation	**30 000**	**60 000**	**110 000**	**200 000**
Charges d'exploitation	(18 200)	(11 200)	(20 000)	(49 400)
Frais de personnel	(31 500)	(31 500)	(31 500)	(94 500)
Dotations aux amortissements	(2 500)	(2 500)	(2 500)	(7 500)
Charges d'exploitation	**(52 200)**	**(45 200)**	**(54 000)**	**(151 400)**
Résultat d'exploitation	**(22 200)**	**14 800**	**56 000**	**48 600**

Le résultat prévisionnel du premier trimestre de Newdreams est estimé à 48 600 euros (avant IS), ce qui constitue une profitabilité de 24,3 % (48 600 / 200 000). Il s'agit d'une performance encourageante ; le projet de création mérite d'être poursuivi.

2.2.3. Le bilan prévisionnel

Le bilan prévisionnel permet de calculer des indicateurs complémentaires indispensables à l'approfondissement de l'analyse financière (par exemple, rentabilités, besoin en fonds de roulement) et d'anticiper leur évolution. Les contrats d'endettement comprennent parfois des clauses, appelées *covenants*, qui prévoient un remboursement anticipé ou une augmentation du taux d'intérêt en cas de non-respect de seuils pour un ou plusieurs ratios. Dans de telles hypothèses, le directeur financier accorde une importance particulière aux états prévisionnels pour éviter d'être mis en difficulté.

Dans le cas de Newdreams, le bilan d'ouverture est vierge, l'entreprise démarrant son activité le 1er janvier N. Les budgets opérationnels, le budget de trésorerie et le compte de résultat prévisionnel fournissent les informations nécessaires à l'élaboration des bilans. Un bilan peut être établi pour chaque fin de mois.

	31/12 N – 1	31/03 N	Source d'information utilisée
Immobilisations brutes (1)	0	120 000	Budget des investissements et plus particulièrement le tableau d'amortissement
Amortissements (2)	0	7 500	
Immobilisations nettes (I) = (1) – (2)	**0**	**112 500**	
Créances (4)	0	161 400	Budget des ventes (66 000 + 95 400)
Actif circulant (II) = (4)	**0**	**161 400**	
Total actif (I) + (II)	**0**	**273 900**	
Capital (5)	0	150 000	Flux de trésorerie de financement
Résultat (6)	0	48 600	Compte de résultat prévisionnel du trimestre
Capitaux propres (III) = (5) + (6)	**0**	**198 600**	
Trésorerie passive (IV)	**0**	**55 080**	Budget de trésorerie
Fournisseurs	0	600	Budget des charges d'exploitation
Dettes envers l'État (TVA)	0	6 120	Budget de TVA
Dettes sociales	0	13 500	Budget des frais de personnel
Passif circulant (V)	**0**	**20 220**	
Total passif (III) + (IV) + (V)	**0**	**273 900**	

Le total de l'actif est bien équivalent au total du passif.

Des indicateurs intéressants pour l'analyse financière peuvent être calculés, tels que des rentabilités ou des ratios d'endettement. On peut calculer, par exemple, le montant du besoin en fonds de roulement (BFR) à fin mars :

BFR = Actif circulant - Passif circulant

= 161 400 - 20 220 = 141 180

La variation de BFR au cours du premier trimestre est importante (+141 180), le BFR étant nul au démarrage de l'entreprise. Cette variation explique l'essentiel des problèmes de trésorerie rencontrés au premier trimestre.

En assimilant la trésorerie passive à de la dette, on constate que le ratio d'endettement (ou *gearing*) s'élève à :

Ratio d'endettement = Dettes financières / Capitaux propres

= 55 080 / 198 600 = 0,277, soit 27,7 %

C'est un niveau raisonnable. Cette analyse est confirmée par la comparaison à la capacité d'autofinancement du trimestre (56 100 euros) ; en un trimestre, une dette financière de 55 080 euros est susceptible d'être remboursée. Le financement par la dette du BFR étant délicat (seule la solution du *factoring* évoquée dans la section 2.2.1 est envisageable), une source de financement pourrait être envisagée pour l'équipement informatique (120 000 euros) au travers de la dette ou, probablement plus simplement, par de la location-financement.

Ces quelques éléments de discussion illustrent l'intérêt des états financiers prévisionnels pour affiner la stratégie financière d'un projet ou de l'entreprise.

3. Le budget d'une entreprise manufacturière

Cette section est dédiée aux spécificités du processus budgétaire d'une activité industrielle. Le cycle de production est aussi un cycle de transformation de matières premières et d'emballages en produits semi-finis, puis en produits finis. La construction budgétaire implique donc de considérer les stocks.

Dans une usine, l'élaboration d'un budget nécessite de prendre en compte l'existence de stocks de matières premières, d'emballages, de pièces détachées, de produits semi-finis, d'en-cours de production et de produits finis. Il y a une désynchronisation entre les ventes et la production, d'une part, et entre les achats et la consommation de matières premières, d'emballages et de composants, d'autre part. Le processus budgétaire pour élaborer le compte de résultat peut être schématisé en deux parties.

Dans un premier temps, on détermine le budget de production à partir des prévisions des ventes de produits finis et de la politique de stocks de l'entreprise. On peut alors valoriser l'ensemble des ressources qui sera consommé dans la production prévue.

Figure 7.1 – Du budget des ventes au budget du coût de production des produits fabriqués

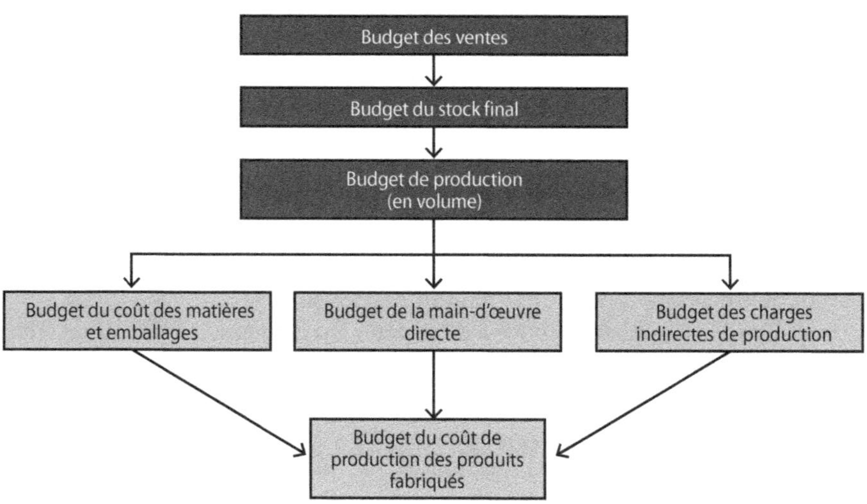

Toutefois, le budget du **coût de production des produits fabriqués** sur une période donnée doit ensuite être ajusté pour tenir compte des quantités vendues. Ces dernières sont différentes des quantités produites. On détermine alors le **coût de production des produits vendus** et on ajoute les coûts « hors production », qui rassemblent la valeur des ressources engagées pour soutenir les ventes et la R&D.

Figure 7.2 – Du budget du coût de production des produits fabriqués au compte de résultat prévisionnel

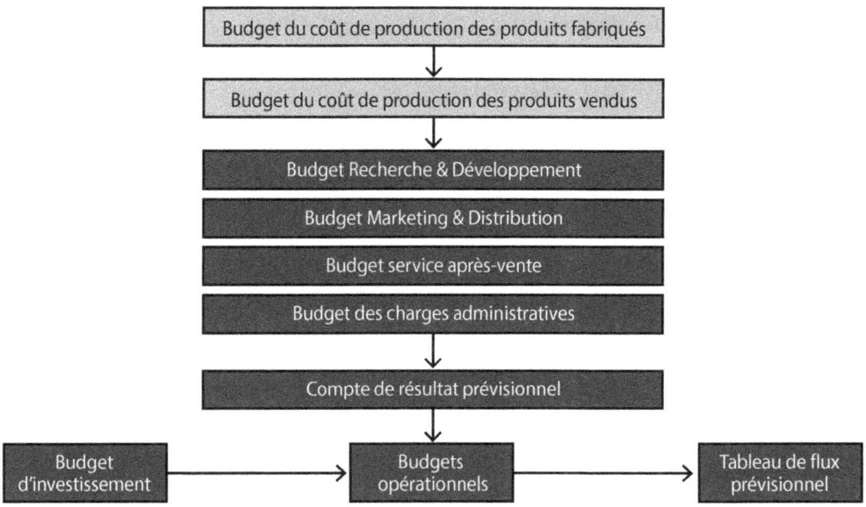

Le cas Edstoc est une mise en pratique de ce modèle.

Illustration 7.5 – Plan d'action Edstoc (1)

Edstoc est une entreprise spécialisée dans la fabrication d'équipements électriques à partir de composants électroniques. L'intensité concurrentielle est devenue très forte depuis l'arrivée sur le marché de nouveaux produits provenant de pays émergents. La baisse des prix qui en découle affecte gravement la trésorerie de l'entreprise. Avant d'établir le plan de trésorerie prévisionnel, il convient d'élaborer le compte de résultat prévisionnel des mois d'octobre à décembre.

Les données suivantes relatives aux ventes ont été collectées :

Quantité	Octobre (N)	Novembre (N)	Décembre (N)	Janvier (N + 1)
Ventes	28 000	32 000	36 000	42 000

La politique en termes de gestion des stocks est de disposer à la fin de chaque mois d'une quantité stockée égale à 10 % des ventes prévisionnelles du mois suivant. Au 30 septembre, il y avait 4 000 unités de produits finis en stock. Par ailleurs, le taux de rebuts constaté dans l'atelier est de 5 %.

La démarche budgétaire n'est pas normalisée ; elle est adaptée au contexte. Afin de produire un compte de résultat, on détermine les budgets suivants :

- production ;
- approvisionnements ;
- frais de personnel.

Sur la base de ces informations, on calcule le coût de production puis le résultat prévisionnel. Le budget est centré sur les problématiques de production ; la trésorerie (et donc la TVA) n'est pas analysée. Un directeur industriel construit habituellement ses budgets de cette manière ; les prévisions de trésorerie sont ensuite prises en charge par le service de contrôle de gestion.

3.1. Le budget de production

Sur une période donnée, les quantités vendues sont différentes des quantités produites en raison de l'existence de stocks de produits finis (PF) en début et en fin de période. La production en quantité de PF se déduit du plan des ventes et de la politique de stocks de PF :

Production PF = Vente PF + Stock final PF - Stock initial PF

Une fois déterminée la quantité de PF à produire pour satisfaire les objectifs de vente et la politique de stocks, il convient de calculer le coût de production des PF fabriqués sur la période. Seules les ressources engagées dans le processus de production (ressources directes) ou indirectes sont retenues.

3.1.1. Programme de production

Edstock souhaite disposer en fin de mois d'un stock correspondant à 10 % des ventes prévues le mois suivant :

	Octobre	Novembre	Décembre	Janvier
Ventes prévues du mois (1)	28 000	32 000	36 000	42 000
Stock disponible en début de mois (2) = (3_{M-1})	4 000	3 200	3 600	
Stock nécessaire en fin de mois (3) = (1_{M+1}) × 0,10	3 200	3 600	4 200	
Production nécessaire (hors rebuts) (4) = (1) + (3) – (2)	27 200	32 400	36 600	
Production totale (incluant 5 % de rebuts) (5) = (4) / 0,95	**28 362**	**34 105**	**38 526**	

Dans le cadre de la démarche globale d'amélioration de la performance de la fonction production, le directeur industriel s'est engagé à réduire le taux de rebuts. Il s'engage ainsi sur le programme de production suivant :

	Octobre	Novembre	Décembre
Production nécessaire (hors rebuts)	27 200	32 400	36 600
Production totale (incluant les rebuts)	**28 000**	**33 500**	**37 000**

3.1.2. Budget des frais de production

Les ressources engagées pour la production sont présentées dans l'illustration 7.6.

Illustration 7.6. – Plan d'action Edstoc (2)

Le coût des composants et des fournitures est de 6 euros par produit fabriqué. Ces composants sont fournis en flux tendu ; il n'y a donc pas de stock. Ils sont assemblés automatiquement dans un atelier. Il faut 0,44 heure-machine par unité fabriquée. Les ouvriers approvisionnent les machines ; une heure de temps ouvrier (main-d'œuvre directe ou MOD) est nécessaire par heure-machine.
Les charges externes de production sont de 5 euros par unité produite et de 2 640 000 euros par an pour les charges fixes. Les charges externes fixes décaissables sont consommées régulièrement (linéairement) chaque mois. Au surplus, les dotations aux amortissements des machines sont évaluées à 1 440 000 euros par an.

Le plan de charge des machines est le suivant :

	Octobre	Novembre	Décembre
Quantités produites (1)	28 000	33 500	37 000
Volume d'heures-machine (2) = (1) × 0,44	12 320	14 470	16 280
Nombres d'heures de MOD (3) = (2) × 1,00	12 320	14 470	16 280

Les charges fixes externes mensuelles s'établissent à :

- 2 640 000 / 12 = 220 000 pour les charges externes ;
- 1 440 000 / 12 = 120 000 pour les dotations aux amortissements.

	Octobre	Novembre	Décembre
Volume d'heures-machine (1)	12 320	14 470	16 280
Charges externes variables (2) = (1) × 5	61 600	73 700	81 400
Charges externes fixes mensuelles (3)	220 000	220 000	220 000
Dotation aux amortissements (4)	120 000	120 000	120 000
Total des frais de production (5) = (2) + (3) + (4)	**401 600**	**413 700**	**421 400**

Les dotations aux amortissements sont distinguées, celles-ci n'étant pas décaissées.

3.2. Achats et consommation de composants

Comme il n'y a pas de stock de composants et qu'ils sont approvisionnés en flux tendu, les valeurs des consommations et des achats sont identiques :

	Octobre	Novembre	Décembre
Quantités produites (1)	28 000	33 500	37 000
Achat de composants et de fournitures (2) = (1) × 6,00	**168 000**	**201 000**	**222 000**

3.3. Le budget des frais de personnel

Les informations supplémentaires ont été collectées sur le plan d'action d'Edstoc (voir illustration 7.7).

Illustration 7.7 – Plan d'action Edstoc (3)

La présence de 100 ouvriers est planifiée en octobre et en novembre. Compte tenu des absences et des congés, seulement 84 ouvriers seront présents en décembre. Si la charge de production est inférieure à la capacité de production, des opérations de maintenance des équipements sont organisées. Dans le cas contraire, Edstoc a recours aux heures supplémentaires. Cette solution est préférable à la constitution d'un stock plus important.
Les ouvriers spécialisés sont payés 2 000 euros (brut) par mois, les heures supplémentaires sont payées 50 % de plus que les heures normales. Les ouvriers travaillent en moyenne 150 heures par mois. Le chef d'atelier, les trois chefs d'équipe et les quatre ouvriers qualifiés chargés du contrôle perçoivent au total 27 500 euros par mois (salaire brut) ; ils ne font pas d'heures supplémentaires. Les cotisations sociales patronales sont estimées à 40 % du salaire brut et les cotisations salariales à 20 %.

Après avoir déterminé le plan de charge des équipes, il convient d'évaluer les frais de personnel prévisionnels.

3.3.1. Plan de charge du personnel

	Octobre	Novembre	Décembre
Ouvriers présents (1)	(100)	(100)	(84)
Heures de MOD disponibles (capacité) (2) = (1) × 150	15 000	15 000	12 600
Heures de MOD nécessaires (charge) (3)	12 320	14 740	16 280
Solde (4) = (2) – (3)	**2 680**	**260**	**(3 680)**
Heures supplémentaires (5)			3 680

En octobre et novembre, les heures excédentaires seront consacrées aux opérations de maintenance ; de fait, leur coût est affecté au coût de production du mois. En décembre, 3 680 heures supplémentaires sont programmées pour assurer l'accroissement de la production et pallier les absences. Il est à noter que le coût des congés payés est imputé le mois de la naissance des droits.

3.3.2. Frais de personnel de production

Le taux horaire brut de l'heure supplémentaire est déterminé ainsi :

2 000 × 1,5 / 150 = 20,00 euros bruts/heure

	Octobre	Novembre	Décembre
Ouvriers présents (1) Rémunération brute par ouvrier (2) Heures supplémentaires (3)	100 2 000	100 2 000	84 2 000 3 680
Total des rémunérations brutes des ouvriers (4) = (1) × (2) + (3) × 20,00	**200 000**	**200 000**	**241 600**
Total des rémunérations brutes de l'encadrement (5)	27 500	27 500	27 500
Total des rémunérations brutes de production (6) = (4) + (5)	**227 500**	**227 500**	**269 100**
Total des charges patronales (7) = (6) × 0,40	91 000	91 000	107 640
Total des frais de personnel de production (8) = (6) + (7)	**318 500**	**318 500**	**376 740**

3.4. Le coût de production prévisionnel

Le coût de production prévisionnel est la somme des frais de production, des consommations de composants (qui, en l'absence de stock, correspondent ici aux achats de la période) et des frais de personnel :

	Octobre	Novembre	Décembre
Volume produit (hors rebuts)	27 200	32 400	36 600
Consommations des composants et fournitures Total des frais de personnel de production Total des frais de production	168 000 318 500 401 600	201 000 318 500 413 700	222 000 376 740 421 400
Coût de production total budgété	**888 100**	**933 200**	**1 020 140**
Coût de production unitaire des produits fabriqués	32,65	28,80	27,87

Les coûts de production ont été déterminés sur la base des quantités lancées en production. Compte tenu des produits mis au rebut, les quantités effectivement produites sont plus faibles. Le coût de production des produits mis au rebut est ainsi intégré au calcul du coût de production des produits fabriqués.

3.5. Le compte de résultat prévisionnel

Les informations supplémentaires ont été collectées sur le plan d'action d'Edstoc (voir illustration 7.8).

Illustration 7.8 – Plan d'action Edstoc (4)

Le prix de vente unitaire moyen prévisionnel est de 37 euros HT en N.
Les stocks de produits finis sont évalués mensuellement selon la méthode du coût unitaire moyen pondéré. Les 4 000 unités en stock fin septembre ont une valeur unitaire de 26 euros.

3.5.1. Valorisation des stocks de produits finis

	Date	Mouvement			Stock		
		Quantité	Coût unit.	Total	Quantité	Coût unit.	Total
Stock initial	1er octobre	4 000	26,00	104 000	4 000	26,00	104 000
Production	Octobre	27 200	32,65	888 100	31 200	31,80	992 100
Ventes	Octobre	(28 000)	31,80	(890 400)	3 200	31,80	101 760
Production	Novembre	32 400	28 72	933 200	35 600	29,07	1 034 960
Ventes	Novembre	(32 000)	29,07	(930 240)	3 600	29,07	104 652
Production	Décembre	36 600	27,87	1 020 140	40 200	27,98	1 124 792
Ventes	Décembre	(36 000)	27,98	(1 007 280)	4 200	27,98	117 516

À chaque entrée en stock, le coût unitaire est modifié. Pour octobre, on a :

Valeur du stock disponible (Valeur du stock initial + Valeur des entrées)
= 104 000 + 888 100 = 992 100 euros

Quantités disponibles (Stock initial + Quantité entrée)
= 4 000 + 27 200 = 31 200 unités

Coût unitaire pondéré
= 992 100 / 31 200 = 31,80 euros/unité

Le coût unitaire est ici arrondi au centime d'euro le plus proche. Le coût unitaire pondéré varie selon la périodicité selon laquelle il est calculé - ici, mensuellement. On pourrait aussi le calculer après chaque entrée en stock (information non disponible) ou globalement pour le trimestre.

3.5.2. Calcul du résultat

En synthétisant les informations produites précédemment, on peut établir le compte de résultat suivant :

	Octobre	Novembre	Décembre
Quantités vendues (1)	28 000	32 000	36 000
Chiffre d'affaires (2) = (1) × 37	1 036 000	1 184 000	1 332 000
Coût de production des produits vendus (3)	–890 400	–930 240	–1 007 280
Résultat d'exploitation (4) = (2) – (3)	**145 600**	**253 760**	**324 720**

Cette illustration est centrée sur les problématiques de production. Elle s'approche de la manière dont un directeur industriel construit son budget. Le prix de vente pourrait être un prix de cession interne ; comme cela a été décrit dans le chapitre 6, c'est un moyen d'appréhender la performance du centre de responsabilité.

Le service de contrôle de gestion intègre ensuite les informations complémentaires relatives à la TVA et aux délais de paiement pour établir les états financiers de synthèse. Rappelons que le budget de trésorerie est essentiel pour s'assurer de la capacité de l'entreprise à faire face à ses engagements, alors que le compte de résultat et le bilan prévisionnel sont nécessaires afin d'évaluer plus finement la performance de l'activité. Les deux budgets que nous avons établis dans une entreprise de service puis dans une entreprise de production manufacturière sont des exemples concrets de pratiques budgétaires. Toutefois, elles s'inscrivent toujours dans un contexte organisationnel spécifique et tiennent compte des spécificités du secteur d'activité.

Résumé

Dans ce chapitre, nous avons présenté les enjeux managériaux et organisationnels de la démarche budgétaire. De plus, les principaux aspects techniques relatifs à l'élaboration des budgets ont été développés. Il convient de noter que le processus décrit s'apparente fortement, pour ne pas dire qu'il est identique, au processus de construction d'un plan de financement d'un *business plan*. Le chapitre 8 est dédié aux modalités de mise en œuvre du budget (comment en faire un véritable outil de management ?), aux limites de la démarche budgétaire et aux palliatifs existants (par exemple, *beyond budgeting*, budget base zéro).

Application 1 : Tire-Lire

Le 1er décembre N, la société en nom collectif Tire-Lire commence à prévoir ses recettes et ses dépenses du premier semestre N + 1. Le 30 juin N + 1, une dette de 100 000 euros viendra à échéance. Il s'agit du remboursement d'un crédit de campagne sollicité en septembre N pour permettre à l'entreprise de passer le cap saisonnier de novembre et décembre. Un extrait de la balance au 1er décembre N – 1 présente les soldes suivants :

Compte	Libellé	Débit	Crédit
370	Stocks de marchandises	87 500	
401	Fournisseurs (1)		92 000
491	Provisions pour dépréciation des comptes de clients		15 800
512	Banque	10 000	

(1) Montant des dettes fournisseurs de marchandises au 1er décembre N, payées le mois suivant.

Les conditions de vente prévoient un escompte de 2 % sur les factures payées comptant, le solde non escompté étant dû le mois suivant la vente. L'expérience montre que 70 % du chiffre d'affaires est encaissé comptant, 20 % au cours du mois suivant (M + 1) et 8 % le mois suivant (M + 2). 2 % des créances sont irrécouvrables.

Le prix de vente moyen est de 100 euros. Les montants des ventes constatées et prévues sont :

Période	Chiffre d'affaires (€)
Octobre (constaté)	180 000
Novembre (constaté)	250 000
Décembre (estimé)	300 000
Janvier (estimé)	150 000
Février (estimé)	120 000
Total estimé pour l'exercice clos le 30 juin N	1 500 000

Les achats sont payables comptant pour 50 % des montants et à 30 jours pour le solde. Le prix d'achat moyen est de 70 euros.

Le stock de fin de mois doit être égal à 500 unités plus 25 % des ventes prévues le mois suivant. Le total annuel des charges de distribution est estimé à 400 000 euros dont 150 000 euros de charges fixes réparties linéairement sur l'année, y compris 30 000 euros de dotations aux amortissements. Le reste de ces charges est proportionnel aux ventes. Ces charges de distribution sont payées sans délai. On néglige la fiscalité (TVA et impôt sur les sociétés).

Pour les mois de décembre et janvier, établissez les budgets suivants.

Question 1 : Établissez le budget des ventes et des encaissements.

Question 2 : Établissez le budget des achats et des décaissements associés.

Question 3 : Établissez le budget des charges de distribution et des décaissements associés.

Question 4 : Établissez le budget de trésorerie.

Application 2 : Zimma SA

Faridah Zimma, directrice générale de la société Zimma SA, ne comprend pas pourquoi elle rencontre des problèmes récurrents de trésorerie alors que, selon elle, tous ses indicateurs sont au vert : taux de marge supérieur à la concurrence et résultat comptable confortable.

À partir des informations suivantes, répondez aux différentes questions afin de formuler vos conseils à Mme Zimma.

- **Ventes**

En k€	Janvier	Février	Mars
Chiffre d'affaires HT	30 000	36 000	40 000

Les règlements des clients s'effectuent selon les modalités suivantes : 5 % comptant, 45 % à 30 jours fin de mois et 50 % à 60 jours fin de mois.

- **Achats**

En k€	Janvier	Février	Mars
Achats HT	11 000	12 000	15 000

Les règlements aux fournisseurs s'effectuent selon les modalités suivantes : 50 % à 30 jours fin de mois et 50 % à 60 jours fin de mois. Il n'y a pas de stock, l'entreprise fonctionnant en flux tendu.

- **Autres achats et charges externes**

Les autres achats et charges externes sont estimés à 15 % du chiffre d'affaires HT de chaque mois. Ils sont payés comptant.

- **Dotation aux amortissements**

Le chef comptable de Zimma SA a calculé les dotations aux amortissements pour le premier semestre. Elles sont évaluées à 1 500 euros par mois en prenant en considération l'investissement prévu le 1er janvier.

- **Salaires et traitements**

En k€	Janvier	Février	Mars
Salaires nets	3 000	3 640	3 850

Les salaires sont réglés en fin de mois. Les cotisations sociales salariales et patronales représentent 85 % des salaires nets. Elles sont payées aux organismes sociaux le mois suivant.

- **Charge financière**

Les emprunts inscrits au passif génèrent 80 euros d'intérêts par mois. Ces intérêts sont payés mensuellement. L'emprunt de 4 000 euros sera remboursé *in fine*, c'est-à-dire en totalité en mars.

- **Investissements**

L'entreprise acquiert début janvier N + 1 des matériels de production pour 3 000 euros HT payables en trois mensualités égales en janvier, février et mars.

- **TVA**

La taxe est due et récupérée sur les débits au taux de 20 %. La TVA due est décaissée le mois suivant.

- **Dividendes et impôt sur les sociétés**

Aucun dividende ne sera versé en N + 1. On ne tiendra pas compte de l'impôt sur les sociétés.

- **Bilan au 31/12/N – 1**

Actif		Passif	
Immobilisations		Capital	10 000
Équipements (5)	30 000	Réserves	5 000
Amortissements cumulés	(22 100)	Emprunt (2)	4 000
Équipements (valeur nette)	7 900	Concours bancaires courants (6)	2 000
Actif circulant		Dettes fournisseurs (4)	12 000
Créances clients (1)	30 000	Dettes fiscales – TVA à payer (3)	2 500
Trésorerie	0	Dettes envers les organismes sociaux (3)	2 400
Total actif	**37 900**	**Total passif**	**37 900**

(1) Ces créances clients seront encaissées pour 14 000 k€ en janvier N + 1 et 16 000 k€ en février N + 1.

(2) L'emprunt sera remboursé en totalité en mars N + 1. Il n'est pas prévu de contracter un nouvel emprunt en N + 1. Les intérêts sont payés mensuellement.

(3) Dettes fiscale et sociale réglées en janvier N + 1.

(4) Dettes envers les fournisseurs réglées pour 6 000 k€ en janvier N + 1 et 6 000 k€ en février N + 1. Les dettes fournisseurs sont liées aux achats.

(5) Il n'est pas prévu de cession d'actifs immobilisés en N + 1.

(6) Il s'agit d'un emprunt à court terme dont le remboursement est prévu en mars N + 1. Accordé par la holding familiale, il ne génère pas d'intérêts.

Établissez les états suivants pour les trois premiers mois de N + 1 en faisant apparaître la ventilation mensuelle (les tableaux à compléter sont disponibles en ligne).

Question 1 : Établissez le budget des ventes et des encaissements.

Question 2 : Établissez le budget des achats et des décaissements associés.

Question 3 : Établissez le budget des autres charges et achats externes et des décaissements associés.

Question 4 : Établissez le budget des frais de personnel et des décaissements associés.

Question 5 : Établissez le budget des investissements et des décaissements associés.

Question 6 : Établissez le budget de la TVA et des décaissements associés.

Question 7 : Établissez le budget de trésorerie

Question 8 : Établissez le compte de résultat courant prévisionnel avant IS.

Question 9 : Établissez le bilan à fin mars

Question 10 : Établissez le tableau de flux de trésorerie par la méthode indirecte. Expliquez le passage du résultat à la variation de trésorerie au cours du premier trimestre N.

Question 11 : Calculez quelques ratios permettant d'apprécier la performance de Zimma SA et formulez vos recommandations à la directrice générale.

Et dans mon entreprise

- Décrivez le processus budgétaire dans votre organisation.
- Identifiez les principales critiques ou faiblesses adressées quant au processus budgétaire.
- Formulez des recommandations pour renforcer son efficacité ; le chapitre 8 fournira des pistes plus précises.

Références

Berland N., *Le Contrôle budgétaire*, La Découverte, coll. « Repères », 2002.

Berland N. et Rongé Y. (de) [éd.], *Contrôle de gestion. Perspectives stratégiques et managériales*, 3e éd., Pearson, 2016.

Demeestère R., Lorino P. et Mottis N., *Pilotage de l'entreprise et Contrôle de gestion*, 6e éd., Dunod, 2017.

Gervais M., *Contrôle de gestion*, 9e éd., Economica, 2009.

Horngren C.T., Bhimani A., Datar D. et Foster G., *Contrôle de gestion et Gestion budgétaire* (traduction et adaptation française par G. Langlois), 4e éd., Pearson France, 2009.

Sépari S. et Alazar C., *Contrôle de gestion DCG 11. Manuel et applications*, Dunod, Paris, 2016.

Chapitre 8

Le budget en action

Objectifs pédagogiques

1. Associer budget et direction par objectifs
2. Comprendre les hypothèses fondant le budget
3. Identifier les pistes d'amélioration du processus budgétaire traditionnel
4. Présenter les principales alternatives au processus budgétaire traditionnel : le budget base zéro et le *beyond budgeting*

Cas introductif : SpecChem

SpecChem est une entreprise de l'industrie pétrochimique, dont le siège se situe en Autriche. Elle est issue de la fusion, au début des années 1990, de deux entreprises scandinaves. Dans un article publié en 2014, Becker (p. 606-608) analyse en détail l'évolution du processus budgétaire à la suite de cette fusion.

Chaque entreprise mère avait une forte tradition budgétaire, avec une grande attention portée aux écarts. Le processus budgétaire y générait beaucoup d'insatisfaction : « *C'était un processus annuel, c'était beaucoup de travail. Comme je l'ai dit, certaines choses allaient tellement dans les détails que, concrètement, vous ne pouviez pas les planifier avec ce niveau de détails. Essayer de planifier ce que quelqu'un va faire heure par heure l'année suivante : c'est absurde* » (chef de division chez SpecChem).

La première année après la fusion, dans un contexte de marges historiquement basses au niveau du secteur et d'un environnement très volatile, les prévisions budgétaires devenaient rapidement caduques et le mécontentement vis-à-vis du processus budgétaire augmenta.

L'année suivante, la directrice du contrôle de gestion et son équipe comptable décidèrent d'abandonner le budget, ce qui fut perçu comme une tentative pour l'organisation de trouver son propre modèle, dans un effort d'intégration suite à la fusion. Dans les années 1990, l'abandon du budget n'était pas encore à la mode. Les managers de SpecChem cherchaient à éviter les aspects négatifs des cultures des entreprises mères. L'idée d'abandonner le budget était plutôt radicale, mais semblait possible, car le projet suscitait un fort engouement en interne, qui s'inscrivait plus largement dans un état d'esprit tourné vers le renouveau suite à la fusion.

Le processus de changement se focalisa sur la question du contrôle financier et assez peu sur celle du contrôle administratif et culturel. L'équipe considérait que les budgets remplissaient plusieurs fonctions et, de manière très pragmatique, elle mit en place des contrôles spécifiques en substitut du budget.

Pendant huit ans, SpecChem fonctionna sans budget. Au cours de cette période, elle rencontra cependant un certain nombre de difficultés liées à l'absence de budget. La première fut l'arrivée, trois ans après la suppression du budget, de nouveaux investisseurs. Ces derniers firent l'acquisition de 50 % des parts de SpecChem et réclamèrent un budget plus traditionnel. Le management prit cela comme une menace pour leur nouveau modèle. Afin de répondre à la demande des investisseurs, SpecChem élabora un *business plan* basé sur des prévisions roulantes contenant des prévisions financières à trois et dix ans. En utilisant ce document uniquement pour communiquer avec les actionnaires, SpecChem parvint un temps à protéger son modèle.

Quatre ans plus tard, un nouveau défi survint. Le secteur connaissait alors une nouvelle période de baisse d'activité, avec des marges extrêmement faibles. L'équipe dirigeante de l'organisation avait par ailleurs été renouvelée et se trouvait, pour la première fois de son histoire, issue du monde anglo-saxon. Ses membres étaient très sceptiques quant à la politique d'investissement de l'organisation, car SpecChem était sur le point de ne pas honorer ses engagements bancaires et il leur semblait qu'il y avait un besoin de contrôle : « *Tous les dirigeants étaient nouveaux. Ils n'avaient pas vécu ce que nous avions vécu ; le modèle avait déjà survécu à plusieurs changements d'organigramme en interne ; les dirigeants de l'époque avaient tous été très sceptiques au début quant au fait que nous arriverions à travailler sans budget, mais ils finirent par s'y convertir et en vinrent à défendre notre modèle. Mais ces nouveaux dirigeants, ils n'étaient pas là au démarrage du projet ! Alors que nos marges étaient faibles et que l'organisation peinait à être rentable, ces nouveaux dirigeants sont arrivés et ils voulaient analyser les résultats, comparer les réalisations avec le budget* » (chef comptable senior chez SpecChem).

Le budget fut alors réintroduit pour permettre un suivi plus strict des coûts. Un département dédié au contrôle et au pilotage des investissements fut créé, ce qui entraîna une perte d'autonomie des managers de site. Cela suscita des résistances, car nombre d'employés souhaitaient conserver leur modèle sans budget, et des membres du département financier s'étaient beaucoup investis dans l'approche. Certains quittèrent l'organisation et, au fur et à mesure, le soutien au modèle sans budget s'éteignit. SpecChem continua cependant d'utiliser des prévisions roulantes et des tableaux de bord prospectifs.

Question 1 : Quels étaient les problèmes associés au processus budgétaire dans cette entreprise ?

Question 2 : Qu'est-ce qui a conduit l'entreprise à abandonner les budgets ? Dans quel contexte ?

Question 3 : Quels étaient les rôles joués par le budget dans l'entreprise ? Par quels outils a-t-il été remplacé ?

Question 4 : Quels sont les enjeux associés à la suppression du budget ? Quels sont ceux associés à sa réintroduction ? ■

Synthèse du cas et introduction du chapitre

Comme on le comprend à la lecture du chapitre précédent, le processus budgétaire est lourd, coûteux en temps et en énergie. Or, dans un contexte d'environnement turbulent, les données produites dans le cadre de ce processus peuvent vite devenir obsolètes et conduire à des écarts que l'organisation peine à expliquer. Le processus budgétaire et les efforts qu'il suppose sont alors perçus comme vains, ce qui entraîne insatisfactions et critiques.

Pour répondre à ces critiques, les organisations et leurs conseils cherchent des solutions ou des alternatives. Certaines vont jusqu'à « supprimer le budget », c'est-à-dire le remplacer par d'autres outils (indicateurs clés, tableaux de bord, prévisions roulantes, incitations à la performance, etc.) remplissant les mêmes fonctions. Le budget joue en effet plusieurs rôles, dont les contradictions peuvent d'ailleurs générer des tensions au sein de l'organisation. Pour autant, la seule insatisfaction des employés impliqués dans le processus budgétaire d'une entreprise ne suffit généralement pas à conduire cette dernière à l'abandonner.

Si le processus budgétaire traditionnel est lourd, la démarche qui consiste à le supprimer est radicale et nécessite davantage que des aménagements à la marge de l'organisation. Les enjeux sont multiples. En particulier, cela implique pour les employés d'accéder à une plus grande autonomie - ce qui est perçu positivement la plupart du temps - et pour les dirigeants, en contrepartie, d'accepter de concéder une partie du pouvoir qu'ils détiennent *via* le contrôle qu'ils exercent sur l'activité de leurs subordonnés, ce qui peut entraîner des résistances. De fait, comme l'illustre le cas présenté ci-dessus, la conjonction de plusieurs facteurs est généralement nécessaire pour mettre en cause le *statu quo*. En particulier, les fusions, acquisitions et changements d'actionnaires majoritaires semblent être des moments critiques pour engager ce type de démarche... ou la remettre en cause. En effet, en plus de la volonté de répondre à des problèmes existants, il y a, à l'occasion de ces événements, la volonté de créer une nouvelle dynamique, une nouvelle culture commune d'organisation, ou d'imprimer sa marque dans son identité.

L'objet de ce chapitre est de dépasser la dimension technique du budget pour essayer de comprendre les enjeux culturels, politiques, organisationnels, symboliques et managériaux associés. Dans un premier temps, nous situerons le budget dans un contexte plus large, celui de la direction par objectifs (DPO), et plus généralement, des dispositifs qui jouent un double rôle d'incitation et de contrôle (section 1). Ensuite, nous nous pencherons sur les limites du processus budgétaire traditionnel et les critiques qu'il soulève (section 2), avant de présenter deux alternatives : le budget base zéro (BBZ) et le *beyond budgeting* (section 3). Enfin, nous évoquerons la question de la participation au processus budgétaire (section 4). Il ne s'agit pas d'une alternative au budget, mais d'un retour aux principes mêmes du processus budgétaire. Ces derniers sont parfois négligés, ce qui est à l'origine de critiques qui pourraient ainsi être levées.

1. Le budget, une application de la direction par objectifs (DPO)

Après avoir évoqué les fondements de la direction par objectifs (section 1.1), nous présenterons les conditions de bon fonctionnement (section 1.2), puis ses implications sur les comportements (section 1.3).

1.1 Les fondements de la DPO

La **direction par objectifs**, encore appelée **management par objectifs** par transposition de l'anglais, est une approche managériale apparue dans les années 1960 aux États-Unis sous la plume du gourou du management Peter Drucker. Sa diffusion a été telle que l'on n'y fait même plus référence sous la forme d'une approche spécifique. Elle constitue aujourd'hui la norme du pilotage des organisations dans l'économie mondialisée.

1.1.1 La théorie de l'agence

Sur le plan théorique, la direction par objectifs renvoie à la **théorie de l'agence**, qui occupe une place centrale en sciences économiques et en sciences de gestion. Au cœur de cette théorie se trouve la notion de relation d'agence, c'est-à-dire une relation entre deux parties caractérisée par un « *contrat par lequel une ou plusieurs personnes (le principal) engagent une autre personne (l'agent) pour exécuter en son nom une tâche quelconque qui implique la délégation d'un certain pouvoir de décision à l'agent* » (Jensen et Meckling, 1976). Par construction, il existe une **asymétrie d'information** dans la relation entre le principal et l'agent, dont celui-ci, qui cherche *a priori* à maximiser son utilité (en d'autres termes, à satisfaire ses intérêts), peut tirer parti aux dépens du principal. Ce dernier doit donc s'efforcer de réduire l'asymétrie d'information et d'aligner les intérêts de l'agent sur ses propres intérêts. Pour cela, le principal met en place deux mécanismes : **le contrôle et l'incitation**. Ainsi, la direction par objectifs renvoie à la fois à un mécanisme de contrôle - puisqu'on établit des objectifs et on vérifie les écarts entre les résultats et les objectifs - et d'incitation - puisqu'on associe des incitations, généralement financières, à l'atteinte de ces objectifs.

1.1.2 Les principes fondamentaux

La DPO consiste, pour des responsables, à fixer des objectifs et des délais pour les atteindre à leurs subordonnés dans la chaîne hiérarchique. Ces objectifs découlent normalement de la stratégie globale de l'organisation afin de permettre une action coordonnée de l'ensemble des acteurs, sans que ceux-ci aient à se soucier de la cohérence des buts poursuivis par chacun au niveau opérationnel. Les objectifs se traduisent généralement sous la forme d'indicateurs, qui peuvent être de nature qualitative (par exemple, améliorer la satisfaction client) ou quantitative (par exemple, augmenter les ventes de 5 % dans un délai d'un an).

Dans la DPO, les objectifs portent *a priori* sur des résultats plutôt que sur des moyens. C'est en rupture avec le raisonnement traditionnel selon lequel on ne peut maîtriser que les efforts que l'on fournit : la profession médicale, par exemple, est soumise à des obligations de moyens, mais pas (encore) à des obligations de résultats. Les objectifs s'accompagnent généralement de mécanismes d'incitation, afin d'encourager les collaborateurs à atteindre leurs objectifs ou à l'inverse, les dissuader de ne pas faire d'efforts dans cette direction. Cela se traduit principalement par des récompenses, en particulier financières, sous la forme de prime, de bonus ou de part variable de la rémunération, mais aussi par des sanctions, qui prennent généralement une forme symbolique, comme une rétrogradation dans le niveau des missions confiées. Il est à noter que l'absence de récompense est perçue comme une sanction si celle-ci était accordée systématiquement jusqu'alors ou bien si elle est accordée aux autres collaborateurs.

Si la direction par objectifs est supposée permettre une meilleure cohérence dans la poursuite des buts de l'organisation au niveau opérationnel, elle permet également de favoriser l'autonomie, ce qui, en retour, améliore la motivation des acteurs au travail et donc leur performance.

Même s'il ne se limite pas à cela, le budget est un instrument typique de la direction par objectifs. En effet, les prévisions budgétaires constituent des objectifs à atteindre pour les acteurs de l'organisation, qui auront à rendre des comptes sur d'éventuels écarts entre le prévisionnel et le réalisé. Par ailleurs, le processus budgétaire en lui-même se veut incitatif en ce qu'il est supposé reposer sur la participation des acteurs à la définition des objectifs tout en leur garantissant une certaine autonomie dans la mise en œuvre. Enfin, le budget limite normalement les comportements opportunistes des acteurs de l'organisation par le contrôle qu'il instaure.

1.2 Les conditions de bon fonctionnement

Selon le psychologue américain Edwin Locke, qui s'est intéressé à la direction par objectifs de la fin des années 1960 jusque dans les années 1990, la fixation d'objectifs ne peut améliorer la performance dans une organisation que si elle respecte cinq conditions, énoncées sous la forme de cinq concepts (méthode dite **4CF**) : clarté, challenge, complexité, *commitment* (engagement) et *feedback* (retour).

1.2.1 Clarté

Les objectifs doivent être clairement formulés. On préférera un objectif quantifié (par exemple, augmenter les ventes de 5 % d'ici au prochain semestre) à un objectif vague (par exemple, améliorer les ventes). L'ambiguïté et le flou sont en effet des facteurs de démotivation pour les acteurs.

1.2.2 Challenge

Il faut que les objectifs soient atteignables, mais pas sans effort. En d'autres termes, ils doivent mettre à l'épreuve les personnes qui les poursuivent pour que ces dernières puissent en tirer une récompense psychologique (c'est-à-dire un sentiment de fierté) en cas de succès, tout en restant dans leur domaine de compétence. À nouveau, il s'agit de stimuler l'engagement et la motivation. Pour ce faire, on insiste sur l'importance des récompenses associées à l'atteinte des objectifs.

1.2.3 Complexité

Comme les organisations sont complexes, les buts à atteindre peuvent être multiples tout en étant liés : c'est la définition de la complexité. Dans ce contexte, il faut trouver un équilibre entre des objectifs trop complexes, voire contradictoires, qui risquent d'être source de confusion et de démotivation, et des objectifs trop simples, qui risquent de ne pas prendre en compte les circonstances et les contraintes individuelles et collectives des acteurs de l'organisation, et d'être de ce fait inatteignables. La clé pour gérer la complexité est la communication entre supérieurs hiérarchiques et subordonnés dans la définition des objectifs *ex ante* et leur évaluation *ex post*.

1.2.4 *Commitment* (engagement)

L'engagement des acteurs à poursuivre les objectifs fixés est essentiel pour la réussite. Il s'obtient généralement en respectant plusieurs critères, qui font écho à ce qui précède. Tout d'abord, les objectifs doivent être atteignables ; en particulier, les acteurs doivent disposer de ressources en quantité suffisante. Cependant, la manière la plus efficace d'obtenir l'engagement des collaborateurs consiste à les impliquer dans le processus d'élaboration de ces objectifs.

1.2.5 *Feedback* (retour)

Si la direction par objectifs repose sur le principe d'une plus grande autonomie accordée aux acteurs, en particulier opérationnels, de l'organisation, il ne faut pas pour autant négliger les retours réguliers de la hiérarchie sur les résultats obtenus. L'absence d'accompagnement des collaborateurs dans la poursuite de leurs objectifs peut en effet conduire à une certaine anxiété néfaste pour la motivation et, *in fine*, pour la performance.

Plus généralement, au-delà de ces cinq conditions nécessaires au succès d'une direction par objectifs, un certain nombre de principes doivent être respectés :

- Des objectifs qui mesurent réellement la performance et non les aléas de l'environnement. Par exemple, une diminution des ventes peut venir d'une baisse de la performance commerciale de l'entreprise, mais aussi d'une pénurie exceptionnelle d'une matière première sur le marché, ou encore d'une crise du secteur dans son ensemble, c'est-à-dire des éléments sur lesquels l'entreprise ne peut agir directement et qu'il serait donc absurde de sanctionner.
- Une équité interne et externe. Les récompenses, notamment, doivent être perçues comme justes.
- De la transparence et de la communication.
- De l'autonomie et une décentralisation de la prise de décision.

En pratique, on constate néanmoins bien souvent que :

- Les objectifs ne sont pas définis avec suffisamment de rigueur (avec plus ou moins d'ambiguïté), tandis que le suivi de l'atteinte des objectifs fonctionne mal, les retours étant fournis parfois trop tard.

- Le montant des récompenses financières (primes et augmentations individuelles) dépend davantage du résultat de l'organisation et d'enjeux politiques que des performances et des efforts de chacun.
- Les décisions concernant les rémunérations et la fixation des objectifs poursuivis sont généralement gardées secrètes.
- Les objectifs sont souvent globaux, et ajustés ensuite, sans tenir suffisamment compte de la complexité et de la variété des situations opérationnelles.

Ces biais ont donc un effet négatif sur la crédibilité du dispositif de direction par les objectifs dans son ensemble et sur la motivation des acteurs impliqués.

1.3 Le bilan de la direction par objectifs

La direction par objectifs renseigne sur les priorités de l'organisation, mais elle est porteuse de nombreux effets pervers (Ordóñez *et al.*, 2009).

Il arrive que la DPO fonctionne trop bien, dans le sens où un engagement trop fort des individus à poursuivre leurs objectifs comprend des effets pervers significatifs, notamment un risque d'épuisement et une compétition exacerbée entre collaborateurs, aux dépens d'une coopération pourtant nécessaire. Cela nourrit en particulier l'illusion que la performance des individus dépend d'eux seuls.

Les mécanismes sur lesquels repose la DPO sont régulièrement détournés. En effet, la performance n'étant pas toujours « objectivable », on l'approche par le biais d'indicateurs. Or, un indicateur est un construit et sa maximisation n'est pas nécessairement le reflet d'une meilleure performance. Prenons l'exemple des « quotas » de contraventions imposés à la police. L'objectif derrière cet indicateur est la réduction des incivilités et des comportements répréhensibles. Pour autant, atteindre ces quotas n'est pas la garantie que l'objectif est bien poursuivi.

De manière générale, lorsqu'on se voit assigner un objectif, on a tendance à se focaliser sur l'atteinte de cet objectif, aux dépens du reste, c'est-à-dire, de la mission de l'organisation dans son ensemble. C'est ce que Selznick appelle le « déplacement » des buts.

Illustration 8.1 – Le déplacement des buts dans une mutuelle d'assurance

Prenons l'exemple d'une mutuelle d'assurance qui cherche à servir les besoins du plus grand nombre au prix le plus juste. Elle décide de se donner notamment pour objectif d'améliorer son ratio « coûts opérationnels sur primes collectées », ce qui va *a priori* dans le sens de sa mission, puisqu'en minimisant ses coûts opérationnels, elle pourra proposer de meilleurs tarifs à ses assurés. Cependant, en se focalisant sur cet objectif, les conseillers seront sans doute tentés de vendre des produits à des clients qui n'en ont pas besoin, surtout si des incitations financières sont en jeu. On voit bien dans ce cas comment la poursuite de l'objectif va à l'encontre de la mission de l'organisation.

2. Les limites de la démarche budgétaire

« *Alors que les budgets se sont répandus, à partir des années 1960-1970, pour mieux coordonner l'allocation des ressources, améliorer le dialogue et la compréhension entre les différents niveaux organisationnels, ils ont fini, dans de nombreux environnements, par devenir des contrats d'objectifs rigides, élaborés dans un climat autoritaire et un cadre hiérarchique inégalitaire. L'alignement, l'obéissance, la conformité et le contrôle au sens étroit ont prévalu sur les bénéfices potentiels de l'apprentissage organisationnel et de l'autonomie par la décentralisation* » (Löning, 2004).

Au cours des dernières années, la démarche budgétaire a fait l'objet de nombreuses critiques, qui ont conduit à la promotion d'approches alternatives au budget traditionnel. Le tableau 8.1 propose une synthèse des critiques formulées dans les principaux travaux portant sur le budget.

Tableau 8.1 – Critiques de la démarche budgétaire

Auteurs	Critiques
Cam-I Hope et Fraser (2001)	Le budget n'est qu'un référentiel interne. Le budget renforce le conformisme. Le budget est souvent construit sans lien avec la stratégie, d'autant que leurs temporalités diffèrent. Le budget donne lieu à des négociations stériles. Le budget est un exercice de minimisation des charges. Le budget est souvent la reprise des chiffres de l'année passée. Le budget est trop complexe et uniquement financier. Le budget encourage les comportements égoïstes et la constitution de matelas budgétaires. Le budget enferme les managers dans des contraintes trop fortes.
Beth et Zrihen (2000)	Le budget est un outil peu opérationnel : • Pour les « non-financiers », la vision comptable n'est pas conforme à la réalité des opérations. • Pour les financiers, la vision est partielle, trop focalisée sur le compte de résultat. L'analyse des écarts ne sort pas d'une vision comptable et donc limitée. La gestion budgétaire est un processus bureaucratique, centralisé, avec une faible participation des acteurs.
Berland (2004)	Le manque de pertinence de l'articulation stratégie/budget. Les prévisions budgétaires sont peu fiables. Il est difficile d'affecter les écarts constatés à une cause précise. Le découpage de l'organisation en centres de responsabilités dans le cadre du processus budgétaire classique pose des difficultés. Le double objectif de planification et d'évaluation porté par le budget est contradictoire.
Bescos *et al.* (2004)	Le processus budgétaire est lourd et excessivement formalisé. L'incertitude rend certaines prévisions inutiles. Le processus budgétaire induit une forme de conservatisme. Le budget induit une prédominance de la performance financière sur les autres dimensions de la performance. Le processus budgétaire ignore le caractère transversal des activités en respectant le découpage fonctionnel de l'entreprise.

En faisant la synthèse des principales critiques formulées dans la littérature, on retient trois défauts attachés au processus budgétaire traditionnel (Gignon et Marconnet, 2003) :

- Le manque de fiabilité de ses prévisions, source de mauvaise gestion des équilibres financiers. Il tient à la fois à l'incertitude de l'environnement et aux comportements biaisés des acteurs en charge d'établir les prévisions qui, par opportunisme ou en réponse aux pressions normatives qui s'exercent sur eux, adoptent une posture exagérément pessimiste ou optimiste.
- Sa lourdeur bureaucratique, source de coûts et de manque de flexibilité de l'organisation.
- L'incompatibilité entre les différents rôles qui lui sont donnés, source de démotivation du personnel. Il y a une tension intrinsèque au budget en ce qu'il prétend être à la fois un outil au service de la planification, de la motivation et de l'évaluation. En effet, la fonction planification repose sur les principes de réalisme des données cibles et de minimisation des écarts entre attendu et réalisé, tandis que la fonction incitation requiert des données cibles qui constituent un défi pour les acteurs en charge de leur réalisation. Quant à la fonction évaluation, elle suppose également le réalisme des données cibles, mais valorise l'écart, s'il est au bénéfice de l'organisation, entre attendu et réalisé.

En somme, le budget est décrit comme mobilisant des ressources considérables pour une utilité discutée, voire un impact négatif sur la performance et sur les personnes dans l'organisation.

Témoignage 8.1 – Le budget encourage les comportements égoïstes et la constitution de matelas budgétaires

La comparaison entre le planifié et le réalisé est au cœur du problème avec le budget. Comme vous négociez vos objectifs de résultat, le processus devient lourd et consommateur de temps. Plutôt que de tenter d'attirer de nouveaux clients, vous essayez de négocier pendant des semaines le fait que vous ne pouvez pas en atteindre 1 000, mais seulement 800. C'est le cœur du problème, mesurer la performance et trouver un consensus.

Christophe de L., directeur financier de PME

3. Les ébauches de solutions

Nous allons à présent évoquer deux pistes d'amélioration du processus budgétaire : le budget base zéro (section 3.1) et le *beyond budgeting* (section 3.2).

3.1 Le budget base zéro (BBZ)

Il existe trois catégories de coûts indirects qui présentent des enjeux différents en termes de procédure budgétaire.

Les coûts opérationnels indirects entretiennent un lien avec l'organisation et le volume de production, même si ce dernier doit faire l'objet d'une approximation. Par exemple, il est possible d'évaluer la consommation d'énergie dans une usine lorsqu'on connaît les quantités produites et le nombre d'heures-machine utilisées pour la production.

Les coûts structurels sont relatifs à des immeubles et des installations matérielles (par exemple, un équipement, un siège social). Il est possible de prévoir les opérations de maintenance, d'entretien, de nettoyage ou de réparation sur la base d'expériences passées et du cycle de vie de ces installations.

En revanche, **les coûts discrétionnaires** sont différents, car la relation entre les ressources mobilisées et la contribution produite est vague, ambiguë et indirecte. Les fonctions supports des sièges sociaux des entreprises sont les premières concernées. Par exemple, comment savoir s'il convient d'avoir 10 ou 50 salariés dans un service de ressources humaines au niveau d'un siège ?

Figure 8.1 – Les catégories de coûts indirects

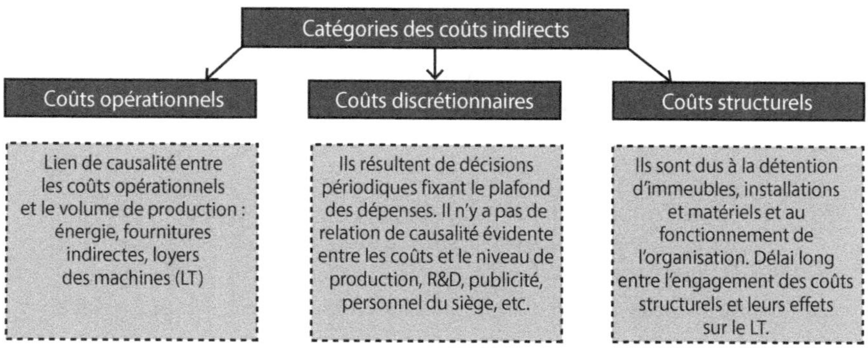

Les coûts engagés par les services fonctionnels sont des coûts discrétionnaires et ont tendance à gonfler rapidement. Cela est d'autant plus vrai qu'il n'existe pas ou peu de *benchmarks* possibles entre le coût des prestations réalisées en interne par certains services et le prix de marché de référence. Le budget base zéro (BBZ) est une démarche qui permet de traiter ces questions, même si elle n'est pas non plus sans certaines limites.

3.1.1 Les principes du BBZ

Le budget base zéro a été conçu par un praticien du contrôle de gestion, Peter A. Pyrrh, et introduit en 1969 chez Texas Instrument, puis en 1976 par le président Jimmy Carter dans l'Administration fédérale américaine. La technique visait originellement à acquérir une meilleure connaissance de la formation des coûts dans l'organisation. Aujourd'hui, on peut la définir comme une démarche budgétaire qui vise à décomposer un service fonctionnel en un portefeuille de missions à réaliser. On ne se base donc plus sur l'organigramme existant ni sur le montant des ressources accordées dans le passé. En effet, le passé – et donc le budget de l'année précédente – ne sert pas de base à l'élaboration d'un BBZ. Il s'agit d'évaluer le coût et le rang de priorité de chaque mission confiée par la direction selon le processus présenté dans la figure 8.2.

Figure 8.2 – Les phases du budget base zéro

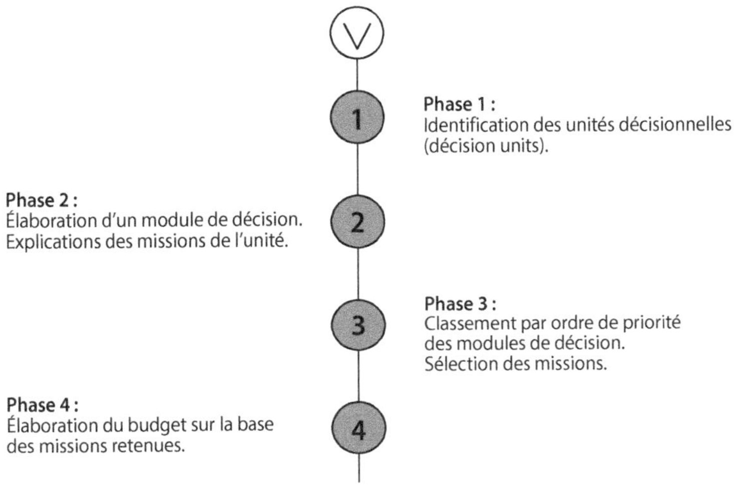

3.1.2 Les avantages du BBZ

Le BBZ met les services fonctionnels « sous tension », car ces derniers doivent régulièrement justifier non seulement l'accroissement de leur budget, mais aussi leur propre existence. Il faut prouver son utilité sous peine de disparaître. Il permet de mieux relier les moyens alloués et les prestations proposées, afin de mieux apprécier les résultats obtenus. Le BBZ est un moyen de définir les missions des fonctions et des services étudiés, mais aussi de mettre en évidence la nécessité de nouvelles activités. C'est enfin une tentative de décloisonnement de l'organisation en évitant de construire un budget selon une logique fonctionnelle ; les missions sont privilégiées.

3.1.3 Les limites du BBZ

La formalisation des missions peut entraîner un formalisme qui alourdit la procédure (vision bureaucratique), d'autant plus lorsque les missions s'étendent sur plusieurs années. La démarche n'empêche pas la création d'activités artificielles ou arbitraires pour perturber son fonctionnement. Le classement des missions par rang de priorité ne signifie pas que l'on puisse facilement supprimer les programmes du « bas du panier » et ce, pour des raisons irrationnelles économiquement ou en raison de l'inertie de l'organisation. Enfin, il est séduisant de vouloir ajuster la structure d'un service à son activité prévisionnelle, mais comment gérer les ressources humaines dans ces conditions ?

3.1.4 Conclusion

Le BBZ est une des approches alternatives dans la manière de réaliser des budgets. Il est adapté aux coûts discrétionnaires et permet de mieux relier la contribution des fonctions supports à la production d'une valeur ajoutée pour l'organisation. Le BBZ présente cependant aussi des limites : quels jeux politiques autour de la définition du périmètre des missions ? Quel niveau de transparence est-il réellement possible ? Son faible succès s'explique par sa lourdeur de mise en œuvre (alors que le budget est déjà considéré comme une démarche complexe) et une présentation caricaturée (idée de devoir justifier tous les moyens demandés) qui en réduit la portée.

Illustration 8.2 – La LOLF

Adoptée en 2001 à une quasi-unanimité par le parlement, la loi organique relative aux lois de finances (LOLF) visait à transformer radicalement les règles budgétaires et comptables de l'État en permettant une gestion plus démocratique et plus efficace des dépenses publiques.

S'inspirant des techniques de budget base zéro, le budget général de l'État est alors segmenté en :

- 34 missions ;
- 132 programmes ;
- près de 580 actions qui détaillent les finalités des politiques publiques.

Plutôt que de reconduire, d'année en année, les sommes allouées à chaque ministère, les budgets sont désormais déterminés sur la base d'actions précises. Chaque mission fait l'objet d'un vote du parlement alors qu'auparavant, seules les dépenses nouvelles faisaient réellement l'objet de discussion. La réforme prétend ainsi offrir aux parlementaires plus de contrôle sur le montant et l'efficacité des dépenses publiques.

En parallèle, l'État revendique la volonté de faire naître une véritable « culture de la performance » au sein de son administration et l'ambition de « responsabiliser » les gestionnaires de l'action publique. Ces derniers bénéficient ainsi d'une autonomie accrue dans l'utilisation des moyens qui leur sont alloués. En contrepartie, ils sont tenus de rendre des comptes sur l'efficacité de leur action en la mesurant au travers d'un certain nombre d'indicateurs et d'objectifs définis en amont au niveau de chaque programme.

Appliqué à l'ensemble de l'administration depuis 2006, le bilan de la réforme est aujourd'hui mitigé. La réforme a, semble-t-il, permis une plus grande transparence des comptes de l'action publique, mais pas de réduire les dépenses. Alain Lambert, l'un des principaux initiateurs de la réforme, parle d'un échec : « *Il y a d'abord eu une certaine dérive intellectualiste avec des indicateurs trop nombreux, trop sophistiqués et donc pas assez près du «cul de la vache». La LOLF a échoué à dépasser les rigidités institutionnelles et à casser les logiques d'organigramme, d'où la génération de programmes souvent artificiels, faiblement cohérents et ne constituant pas des outils pédagogiques d'explication de la dépense. Les systèmes d'information budgétaire et financière n'ont pas suivi avec une information particulièrement lacunaire au niveau de l'exécution budgétaire. Bref, la LOLF n'est aujourd'hui qu'une Rolls sur un chemin de terre.* » (http://k6.re/8l-zW/)

3.2 Le *beyond budgeting*

L'approche *beyond budgeting* (littéralement, « au-delà du budget ») appelle à supprimer le budget dans les organisations. Elle est plus récente que l'approche BBZ, puisqu'elle est popularisée avec la publication, en 2003, dans la *Harvard Business Review*, d'un article intitulé « Who Needs Budget », co-écrit par Hope et Fraser. Les auteurs sont également cofondateurs du réseau BBRT (*Beyond Budgeting Round Table*), qui s'efforce de modéliser et de diffuser la démarche.

Alors que dans l'approche BBZ, la critique du processus budgétaire traditionnel porte principalement sur son inefficacité à contrôler les coûts, le *beyond budgeting* tente de remédier à la lourdeur du processus budgétaire traditionnel, à sa rigidité dans un contexte d'environnement changeant et à ses effets pervers en termes de motivation des acteurs.

Nous allons dans un premier temps développer les principes de l'approche (section 3.2.1), avant d'en présenter un exemple (section 3.2.2).

3.2.1 Les principes du *beyond budgeting*

Le *beyond budgeting* s'inscrit dans ce que Hope et Fraser appellent un **contrat de performance relative**, par opposition au contrat de performance fixe qui caractériserait l'approche budgétaire traditionnelle (voir figure 8.3).

Figure 8.3 – Les principes du beyond budgeting (Hope et Fraser, 2003)

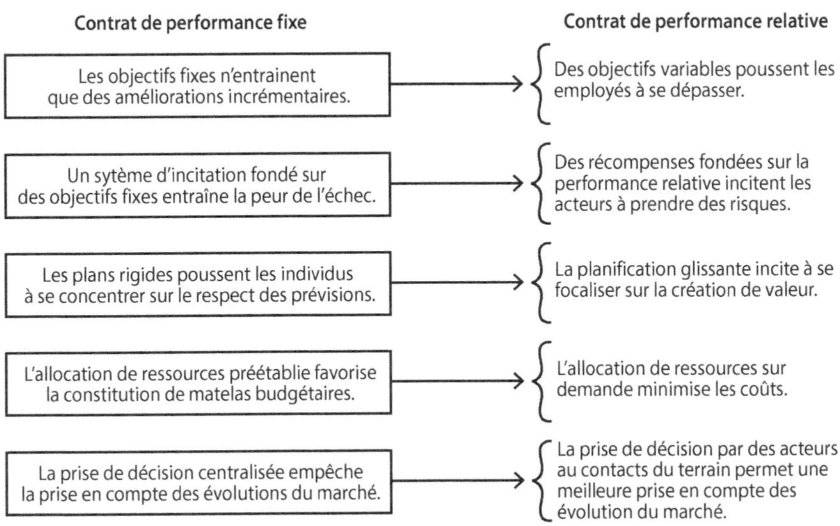

La suppression du budget ne signifie pas qu'on ne fait plus de prévisions ni de plans. Cela signifie qu'on ne se sert plus de ces prévisions comme des objectifs de résultat ou des indicateurs de mesure de la performance, mais seulement comme des repères pour le suivi de l'activité. Pour que ces repères soient les plus fiables possible, les prévisions sont actualisées régulièrement, en général chaque trimestre : c'est la **planification glissante** (*rolling forecast*).

Les ressources ne sont pas allouées sur la base de prévisions formalisées en amont des besoins, mais à la demande, en fonction des besoins et dans la limite de leur disponibilité. Une telle démarche implique une responsabilisation des acteurs à tous les niveaux de la chaîne hiérarchique, ce qui passe par une plus grande autonomie dans la prise de décision.

Enfin, la suppression du budget ne signifie pas supprimer le management par objectifs ou les mécanismes d'incitation à la performance. Il s'agit de supprimer les effets de seuil générés par des objectifs fixes liés aux prévisions qui, s'ils sont atteignables, pousseront les acteurs à ne pas chercher à les dépasser et, s'ils sont inatteignables, entraîneront une démotivation. On peut ainsi maintenir les objectifs en les ajustant au niveau d'activité réelle et aux évolutions de l'environnement. On peut également substituer au management par objectifs un pilotage de la performance fondé sur la compétition interne et la pression par les pairs. Cela ne résout cependant pas le problème des effets pervers liés à ces dispositifs : compétition aux dépens de la coopération, risque de *burnout*, etc. (Pfeffer et Sutton, 2007).

3.2.2 Handelsbanken : cas emblématique et *success story*

Les travaux sur l'approche *beyond budgeting* font généralement référence au cas de la banque suédoise Svenska Handelsbanken, qui a renoncé au budget au début des années 1970. Alors qu'elle connaissait d'importantes difficultés financières et une perte de compétitivité sur ses marchés, ses dirigeants ont pris la décision radicale d'abandonner le processus budgétaire traditionnel.

Le système adopté

Pour assurer les rôles traditionnellement joués par le budget :

- L'organisation a été profondément modifiée en :
  - réduisant drastiquement la ligne hiérarchique à trois niveaux.
  - transformant les différentes agences du groupe en centres de profit.
  - décentralisant et garantissant une autonomie aux acteurs dans la gestion des opérations, y compris dans l'attribution des crédits.
- Le système d'incitation et de mesure de la performance a été redéfini en le basant sur l'exacerbation de la concurrence interne, entre entités, sur les niveaux de coûts et de profit à travers un système de classement (*league*) diffusé à tous (transparence).
- Le principe de subsidiarité dans l'allocation des ressources a été adopté, se traduisant par des décisions prises au plus près du demandeur avec un relèvement des seuils de délégation (au surplus, l'allocation est faite à la demande).
- Des prévisions trimestrielles roulantes permettent une gestion prospective de la trésorerie.

Dans les années qui ont suivi, la performance de Svenska Handelsbanken s'est largement améliorée. Elle est devenue l'une des banques les plus efficientes au monde.

Les limites de l'approche

Pour autant, le modèle incarné par la banque présente des limites. On peut notamment relever les risques et les effets pervers d'une compétition interne exacerbée, induite par le dispositif d'incitation à la performance mis en place, tels que l'épuisement des collaborateurs dû à la pression par les pairs. La compétition se fait au détriment de la cohésion, pourtant nécessaire au fonctionnement de l'organisation, induisant un environnement moins propice à la créativité et à l'innovation.

On peut aussi s'interroger sur la possibilité de généraliser les pratiques mises en œuvre par la banque, de par la taille modeste et la structure relativement simple de l'organisation.

Les résistances au déploiement

De fait, la mise en œuvre de l'approche n'est pas sans poser de difficultés. Trois types de résistances peuvent être identifiés : culturelles, hiérarchiques et institutionnelles.

Comme tout changement d'envergure, il peut faire l'objet de résistances culturelles. C'est d'autant plus vrai que le budget est l'un des outils de management les plus répandus. Au vu de la place souvent centrale qu'il occupe dans les entreprises, proposer de le supprimer peut tout simplement être perçu comme impossible, malgré les insatisfactions qu'il génère.

L'adoption du *beyond budgeting* suppose d'attribuer plus d'autonomie aux acteurs opérationnels, voire de supprimer des échelons dans la hiérarchie. Les dirigeants et les principaux acteurs de la chaîne hiérarchique peuvent ainsi craindre de perdre du pouvoir, voire leur place dans l'organisation.

Enfin, le troisième type de résistance est institutionnel. Le budget n'est pas seulement un outil interne à l'organisation, il est aussi utilisé dans des relations avec des tiers, en particulier les tiers financeurs : banquiers ou investisseurs. La mise en place d'une approche *beyond budgeting* dans l'organisation peut ainsi avoir des répercussions négatives sur son accès à des financements (voir témoignage 8.2).

Témoignage 8.2 – Les résistances institutionnelles au beyond budgeting

Nous avons informé notre banque que nous voulions abandonner les budgets et nous avons discuté avec elle de l'approche beyond budgeting. Les banques analysent les entreprises au travers de leur processus budgétaire. Est-ce qu'elles ont un management financier : oui/non ; est-ce qu'elles tirent des plans et des calculs de ces informations : oui/non. Ce sont des éléments constitutifs de leur évaluation. Il a vraiment fallu leur expliquer notre approche.

Les banques partent du principe que si j'ai un management comptable, j'ai la capacité de me projeter dans le futur. Je ne vais pas investir à l'aveugle sans savoir ce qu'il va advenir. Jusqu'à maintenant, se préoccuper de l'avenir, pour eux, cela veut dire avoir des budgets.

L'entreprise a finalement changé de banque et a pu poursuivre avec son approche, mais cela ne s'est pas fait sans difficulté et aurait pu ne pas aboutir. Il peut également s'agir de nouveaux actionnaires qui perçoivent les budgets comme un levier de contrôle sur le management. L'arrivée d'un nouvel investisseur pourrait nous conduire à abandonner la démarche.

Nathalie B., directrice financière de PME

Pour résumer, l'idée selon laquelle « si on n'a pas de budget, on n'a pas de contrôle » sur le cours des événements reste forte. Ainsi, comme l'illustre le cas de certaines entreprises qui retournent au budget après quelques années, le passage au *beyond budgeting* demande de la vigilance et des efforts de maintenance, en particulier dans un contexte de crise ou de transition (changement de dirigeants, fusions, nouveaux actionnaires, etc.).

Par ailleurs, la réussite du *beyond budgeting* implique des changements organisationnels et culturels forts. De ce fait, l'abandon du budget doit s'inscrire dans une démarche stratégique plus globale, qui nécessite d'être partagée par tous les acteurs de l'organisation. Danone, qui a adopté un nouveau plan stratégique en 2016 dont l'un des deux axes est la mise en place d'un projet *Beyond Budget*, en offre un bon exemple (voir illustration 8.3).

Illustration 8.3 – Le *Projet Beyond Budgeting* de Danone

Dans le cadre de son plan de transformation Danone 2020, Danone s'est doté d'une nouvelle organisation, plus solide, mais surtout plus adaptée à un contexte qui restera complexe, instable et fragmenté, tant d'un point de vue politique que financier. Danone a ainsi lancé plusieurs initiatives afin de renforcer son efficacité, son expertise et sa flexibilité, notamment un projet *Beyond Budget* : (...) l'entreprise a revu la façon dont elle souhaite piloter sa performance, ses échéances temporelles, les cycles de ses activités, dans son initiative *Beyond Budget*. Il s'agit d'un changement radical dans la façon dont Danone souhaite désormais allouer ses ressources. Danone remplace ainsi le processus budgétaire classique par un *rolling forecast*, c'est-à-dire une méthode prévisionnelle dynamique basée sur la réalisation, à chaque trimestre, de nouvelles prévisions visant à renforcer la discipline, la flexibilité, l'agilité et la précision de son organisation dans le processus d'allocation des ressources.

Source : rapport d'activité 2016

Ainsi, les changements organisationnels et culturels radicaux que la démarche *beyond budgeting* suppose et, de ce fait, les réticences qu'elle suscite *a priori* de la part de différentes parties prenantes au sein et à l'extérieur de l'organisation, permettent de comprendre pourquoi son adoption reste encore marginale, malgré les promesses qu'elle porte.

4. Pour aller plus loin : la participation au processus budgétaire

Malgré les critiques dont il fait l'objet et qui sont peu contestées, il est difficile d'abandonner le budget. Les alternatives décrites ici, bien qu'elles s'efforcent de résoudre un certain nombre de problèmes posés par le budget traditionnel, ne peuvent prétendre incarner un modèle idéal applicable à toutes les organisations.

Un autre moyen de répondre, en partie, aux critiques adressées au processus budgétaire consisterait, paradoxalement, à revenir à ses fondamentaux. En effet, alors que le processus budgétaire repose en théorie sur la participation des membres de l'organisation, il est souvent décrit comme un processus descendant, autoritaire et, de ce fait, en décalage avec les réalités du terrain. L'idée de faire participer au processus budgétaire n'est pas nouvelle, mais pas systématiquement mise en œuvre dans la pratique. Or, une réelle participation permet de résoudre un certain nombre des problèmes décrits.

Selon Berland (1999), la participation réduit la propension des managers à la constitution de matelas budgétaires en les responsabilisant et en les conduisant à révéler les informations qu'ils détiennent. Cela renforce en même temps la fiabilité des objectifs inscrits dans le budget, puisque ceux-ci sont établis au plus près du marché et des données relatives à l'environnement. Plus généralement, la participation constitue un facteur de motivation et de satisfaction indéniable. Il apparaît, en particulier, que les objectifs budgétaires sont d'autant mieux acceptés qu'ils ont été définis ensemble et non imposés par la hiérarchie ; et le moment d'échange que constitue le processus budgétaire renforce, *in fine*, la cohésion interne.

En plus de répondre à la question de la pertinence du budget en permettant de faire émerger des données plus fiables, la participation permet de bénéficier également des vertus de l'autonomie mise en avant dans l'approche *beyond budgeting* en termes de satisfaction et de motivation, tout en maintenant la possibilité de contrôle et de supervision hiérarchique. Elle ne résout pas la question de la lourdeur du processus qu'elle peut même tendre à amplifier, mais elle apporte une justification aux efforts fournis de par les bénéfices qui en découlent. Elle neutralise, enfin, les risques associés à l'exacerbation de la compétition individuelle induite par le *beyond budgeting* en renforçant la cohésion interne.

Il faut faire attention cependant à une pseudo-participation, c'est-à-dire à une situation dans laquelle la participation serait mise en scène pour faire accepter des objectifs qui resteraient imposés par la hiérarchie. Une participation au processus budgétaire qui serait en contradiction avec le style général de management de l'entreprise pourrait entraîner une déception et une frustration à la hauteur de l'engouement initialement généré par l'annonce de la participation. Ainsi, bien que moins radicale que les deux approches développées dans ce chapitre pour répondre aux critiques adressées au processus budgétaire traditionnel, une participation réelle suppose une adaptation profonde du fonctionnement de l'organisation.

Résumé

On attribue généralement au budget trois fonctions dans l'organisation : planification, incitation (ou motivation) et évaluation. Si la planification est la fonction traditionnelle du budget, dans une logique de contrôle des coûts et de prévisions des recettes, les fonctions d'incitation et d'évaluation s'y sont greffées avec l'essor de la direction par objectifs à partir des années 1960.

A priori, ces fonctions ne convergent pas, ce qui génère tensions et insatisfactions internes. La lourdeur bureaucratique du budget et son coût sont par ailleurs dénoncés au regard d'une utilité perçue comme limitée dans un contexte d'environnement mouvant. Plus généralement, la mise en œuvre du budget diffère souvent du modèle prescrit, ce qui entraîne critiques et frustrations. Dans ce contexte, certains acteurs conçoivent et mettent en œuvre des alternatives, au premier rang desquelles le budget base zéro et le *beyond budgeting*. Ces initiatives restent cependant rarement mises en œuvre. L'importance des changements structurels et culturels qu'elles impliquent semble être la principale cause de leur succès mitigé. Au cœur de ces changements se trouve la question de l'autonomie des acteurs de l'organisation, face à la nécessité perçue du contrôle pour le pilotage de la performance.

Application 1 : Movida

Jeanne Pereira dirige le département R&D de l'entreprise Movida. La semaine dernière, elle a fait les demandes suivantes dans le cadre du processus budgétaire annuel :

Projet	Demande budgétaire (euros)
1. Alpha	2 300 000
2. Beta	1 800 000
3. Delta	2 800 000
4. Gamma	1 100 000
Total	**8 000 000**

Le projet Beta, le plus avancé des quatre, a été annoncé publiquement et mobilise déjà l'équipe marketing auprès des futurs distributeurs du produit.

Le projet Delta n'a, quant à lui, reçu que peu de soutien en interne, mais c'est l'un des projets dans lesquels Jeanne est la plus investie.

La directrice financière de l'entreprise a demandé à toutes les divisions de revoir leurs prévisions budgétaires à la baisse au vu d'une performance plus faible qu'anticipée sur les ventes au dernier semestre. Les responsables de département doivent ainsi corriger leurs budgets pour les faire baisser de 10 % par rapport à la demande initiale.

Jeanne propose alors le budget suivant :

Projet	Demande budgétaire (euros)
1. Alpha	2 250 000
2. Beta	1 200 000
3. Delta	2 750 000
4. Gamma	1 000 000
Total	**7 200 000**

Question 1 : Jeanne respecte-t-elle la demande qui lui a été faite ?

Question 2 : Qu'espère-t-elle obtenir en soumettant ce nouveau budget ?

Question 3 : Que pensez-vous de sa démarche ?

Question 4 : Que pensez-vous de la manière dont est conduit le processus budgétaire dans cette entreprise ?

Application 2 : La LOLF

En vous appuyant sur l'illustration 8.2 consacrée à la LOLF, vous vous interrogez sur les points suivants.

Question 1 : Quels parallèles peut-on faire entre la LOLF et la critique du processus budgétaire traditionnel dans l'entreprise ?

Question 2 : Quels sont les obstacles organisationnels à la mise en œuvre d'une telle réforme du processus budgétaire ?

Question 3 : Que comprendre de la conclusion d'Alain Lambert : « *Bref, la LOLF n'est aujourd'hui qu'une Rolls sur un chemin de terre* » ?

Activités

Et dans mon entreprise

- Quels sont les rôles et fonctions attribués au budget dans votre organisation ? Comment sont-ils remplis ?
- Quel est le degré de participation au processus budgétaire ? Qu'en pensez-vous ?
- Nicolas Berland, dans son état des lieux des critiques du budget, distingue les critiques qui portent sur les rôles attribués au budget et celles qui portent sur la manière dont il est mis en œuvre par les managers. Cela suppose une marge d'amélioration possible dans les pratiques. Qu'est-ce qui, selon vous, pourrait être amélioré dans la mise en œuvre du processus budgétaire dans votre organisation ?
- Pensez-vous, le cas échéant, qu'il serait possible de mettre en place une alternative au processus budgétaire du type BBZ ou *beyond budgeting* dans votre organisation ?

Références

Becker S.D., « When Organisations Deinstitutionalise Control Practices: A Multiple-Case Study of Budget Abandonment », *European Accounting Review*, 23(4), 2014, p. 593-623.

Berland N., « À quoi sert le contrôle budgétaire ? », *Finance-Contrôle-Stratégie*, 2(3), 1999, p. 5-24.

Berland N, « La gestion sans budget : évaluation de la pertinence des critiques et interprétation théorique », *Finance-Contrôle-Stratégie*, 7(4), 2004, p. 37-58.

Bescos P.L., Cauvin E., Langevin P. et Mendoza C., « Critiques du budget : une approche contingente », *Comptabilité-Contrôle-Audit*, 10(1), 2004, p. 165-185.

Beth C. et Zrihen R., « Les mythes budgétaires : dégageons le bon grain de l'ivraie », *Revue Échanges*, DFCG, mai, 2000, p. 26-29.

Gignon-Marconnet I., « Les rôles actuels de la gestion budgétaire en France : une confrontation des perceptions de professionnels avec la littérature », *Comptabilité-Contrôle-Audit*, 9(1), 2003, p. 53-77.

Hope J. et Fraser R., « Who Needs Budgets? Response », *Harvard Business Review*, 81(6), 2003, p. 132-132.

Hope J. et Fraser R., « Beyond Budgeting Questions and Answers », CAM-I, BBRT, Dorset, 2001.

Jensen M.C. et Meckling W.H., « Theory of the Firm: Managerial Behavior, Agency Costs and Ownership Structure », *Journal of financial economics*, 3(4), 1976, p. 305-360.

Löning H., « Faut-il tuer le budget dans les entreprises ? », dans « L'art du management », *Les Echos*, 7 octobre 2004.

Ordóñez L.D., Schweitzer M.E., Galinsky A.D. et Bazerman M.H., « Goals Gone Wild: The Systematic Side Effects of Overprescribing Goal Setting », *Academy of Management Perspectives*, vol. 23, Issue 1, 2009, p. 6-16.

Pfeffer J. et Sutton R., *Faits et foutaises dans le management*, Vuibert, Paris, 2007.

Ponroy S.C. et Sponem S., « Comme l'entreprise, l'État doit adopter une «culture du résultat» », dans *Petit bréviaire des idées reçues en management*, La Découverte, 2008, p. 257-267.

Chapitre 9

Indicateurs, tableaux de bord et *reporting*

Objectifs pédagogiques

1. Identifier des indicateurs de performance
2. Construire un système de tableaux de bord
3. Animer une *business review*
4. Distinguer le tableau de bord du *reporting*

Cas introductif : Lift

Lift est la filiale française d'une multinationale spécialisée dans les solutions « d'accès aux étages d'immeubles de bureaux et collectifs ». En d'autres termes, son produit phare est l'ascenseur. Il s'agit d'un métier bien connu qui associe deux activités :

- les installations (première installation ou renouvellement de l'équipement) ;
- la maintenance.

Dans le cadre plus global du déploiement d'un système de tableaux de bord, la mission qui vous est confiée consiste à produire un tableau de bord pour le directeur d'agence. Vous disposez des informations suivantes :

- la structure du compte d'exploitation ;
- l'organigramme type d'une agence ;
- une fiche chantier ;
- les comptes rendus de quatre entretiens avec des directeurs d'agence.

a. Compte d'exploitation d'une agence

	Installation	Maintenance
Chiffre d'affaires – Équipements – Consommables – Personnel direct – Autres		
= Marge sur dossier – Personnel – encadrement – Personnel – administration – Autres		
= Marge métier		

	Installation	Maintenance
Marge métier – Personnel – encadrement – Personnel – administration – Communication – Locaux – Autres		
= Résultat		

b. Organisation type d'une agence

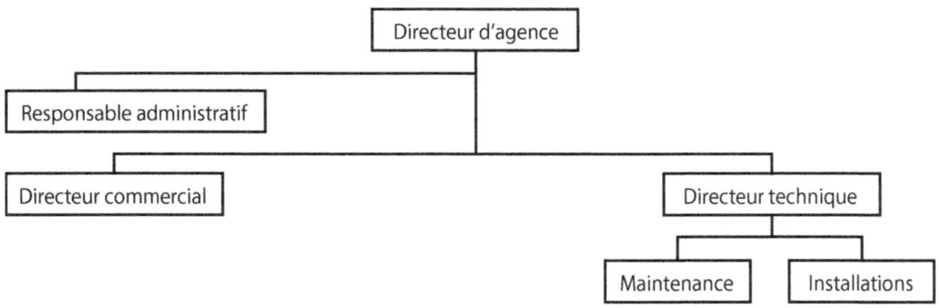

c. Fiche chantier

Type d'intervention :

☐ Installation
☐ Maintenance
☐ Autre, à préciser :

Poste	Quantités prévisionnelles	Quantités réelles	Coût standard	Coût total prévisionnel	Coût total réel	Écart
Matériels						
.... Petites fournitures						
Main-d'œuvre : Bureau d'études Installation Test Encadrement et suivi du chantier						
Total						

d. Entretiens avec des directeurs d'agence

La question posée aux directeurs d'agence était simple : « quelles sont vos missions ? »

Adel

Je suis arrivé chez Lift il y a douze ans comme responsable de la maintenance. Suite au départ du responsable technique six mois après mon arrivée, j'ai eu l'opportunité de prendre rapidement ce poste. C'est dans les mêmes conditions que j'ai pris la direction de l'agence il y a deux ans.

Le cœur du métier, c'est la gestion des équipes de techniciens. Si pendant le mois je vois trop de techniciens au bureau, j'ai la certitude que les objectifs de marge ne seront pas atteints. Tout repose sur la qualité de nos devis et la planification qui en découle. Nous organisons quatre semaines à l'avance notre planning qui est mis à jour chaque lundi matin. Dès qu'il y a du retard sur un chantier, cela devient compliqué : Claude, mon chef d'équipe, doit réaffecter des techniciens d'un chantier à l'autre. Grâce aux heures supplémentaires, nous arrivons parfois à rattraper les retards.

Il faut également une bonne coordination entre les services commerciaux et le service technique. Avec Claude, cela se passe vraiment bien ; il a réussi à faire comprendre aux commerciaux qu'il ne servait à rien de présenter des devis trop serrés aux clients. Cela induit des retards, nos marges souffrent et pour se faire payer... un enfer.

Bertrand

Avant d'être directeur d'agence chez Lift France, j'étais directeur technique d'une agence spécialisée dans l'installation de solutions de téléphonie pour des grands comptes. Je suis donc bien placé pour évoquer les spécificités de Lift par rapport à cette agence de télécom.

Le business est assez simple : capter des clients en faisant des installations pour leur placer un contrat de maintenance. C'est classique. Lift n'est pas trop agressif, car nos installations se font à marge nulle... Dans d'autres métiers, certains cassent vraiment le marché.

Le rôle du directeur d'agence est plus subtil : pour dégager de la marge, il faut développer le portefeuille de contrats de maintenance en occupant les techniciens. Ils doivent basculer de la maintenance à l'installation. Mon directeur technique a bien identifié les techniciens qui pouvaient passer plusieurs fois par jour d'un chantier d'installation au traitement des demandes d'intervention.

J'allais oublier, nous avons une grosse pression sur le suivi du poste clients. Au premier semestre, nous avons battu tous les records de marge, mais j'ai eu le droit à une visite du DAF qui m'a ensuite envoyé un auditeur externe, afin d'améliorer le suivi de nos encaissements. Nous étions un peu légers sur les acomptes et pour les relances, nous attendions trop. Les choses s'améliorent.

Caroline

On m'a confié la direction de l'agence parce qu'auparavant, j'en étais la directrice commerciale. J'ai développé un CRM qui m'a permis d'accroître fortement l'activité de l'agence. Ainsi, nous suivons scrupuleusement les envois de documentation, les visites et les remises d'offres. De même, pour les clients en portefeuille, selon leur classement, nous avons une stratégie commerciale dédiée. L'objectif est bien sûr de fidéliser les clients chez qui nous avons installé des ascenseurs tout en cherchant de nouvelles installations pour développer l'activité.

Depuis que je dirige l'agence, je comprends mieux les tensions commerce/technique. C'est un art de remettre une bonne offre qui permettra de gagner le marché en dégageant un niveau de marge conforme à la stratégie définie par l'entreprise. Il faut créer un climat de confiance entre les deux fonctions pour réussir à piloter l'activité. Si nous avons trop de techniciens au bureau, on peut se permettre de réduire légèrement nos marges, alors que si nous sommes débordés, il faut réguler l'activité en augmentant nos prix.

En changeant de point de vue, je perçois mieux les motivations du directeur commercial de Lift qui avait fait évoluer le système de commissionnement. Alors que nous privilégions depuis toujours les contrats signés, c'est-à-dire le chiffre d'affaires, nous travaillerons à partir de janvier sur une notion de marge sur chiffre d'affaires encaissé... une vraie révolution !

Derine

Après cinq années à la direction commerciale de l'agence, Catherine, la CEO de Lift France, m'a demandé de remplacer le directeur d'agence, Jean-Pierre, qui occupait le poste depuis 23 ans.

Ma mission première en tant que directrice d'agence a été de m'assurer que les contrats rentraient. Pas de chiffre d'affaires, pas de résultat. Nous sommes très agressifs sur les installations, ce qui nous permet de placer ensuite des contrats de maintenance. La directrice technique ne nous suit pas toujours, car elle considère que beaucoup de nos devis sont trop agressifs. Il serait difficile de respecter les délais prévus.

Depuis trois ans, l'équipe de direction mise en place par Catherine accorde une grande importance à la maîtrise de l'actif engagé. Je n'ai pas tout compris, mais cela permettrait de créer plus de valeur... Ce que j'ai retenu, c'est que les clients doivent nous payer le plus rapidement possible, ce qui est compliqué. Les délais de règlement sont un élément important de la négociation avec nos clients pour les contrats d'installation.

Votre première mission consiste à construire un tableau de bord pour les directeurs d'agence.

Question 1 : Quelle fréquence d'établissement du tableau de bord recommandez-vous ?

Question 2 : Complétez un tableau avec les objectifs du directeur d'agence, les variables d'action et les indicateurs correspondants (pour les objectifs et les variables d'action).

Question 3 : Présentez sur une page la structure de votre tableau de bord :
- lignes : reprenez vos indicateurs en les organisant ;
- colonnes : périodicité et éléments de comparaison.

Votre deuxième mission est de proposer un *balanced scorecard* pour la direction de la filiale française.

Question 4 : Quels sont les axes de performance qu'il vous semble judicieux de retenir ?

Question 5 : Proposez une carte stratégique pour Lift France.

Question 6 : Pour chaque axe, identifiez les indicateurs qui devraient être suivis. ■

Synthèse du cas et introduction du chapitre

Une fois les objectifs définis, le manager a besoin d'informations pour s'assurer de l'efficacité de ses actions. L'information comptable présente de nombreuses faiblesses :
- La durée de traitement et la fréquence sont inappropriées.
- Les responsabilités ne sont pas identifiées.
- Elle ne contient que des informations monétaires.

Afin de pallier ces faiblesses, il faut identifier des indicateurs et mettre en place un suivi. Bouquin (2010, p. 520) résume dans la figure 9.1 les enjeux pour un centre de responsabilité.

Figure 9.1 – Les enjeux du suivi de la performance

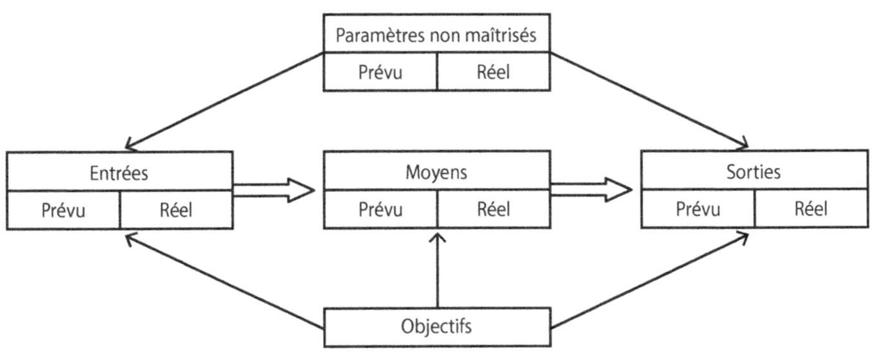

Si les agrégats comptables (résultat, EBE, marges, etc.) fournissent des informations sur les sorties du centre de responsabilité, voire sur les moyens au travers des charges ou des actifs, l'information n'est que financière et passe sous silence les éléments opérationnels tels que les entrées (commandes, visites pour un site Internet, etc.) et l'environnement (paramètres non maîtrisés, comme la météorologie, la croissance économique et la démographie). D'autres représentations plus complexes de l'organisation, telles que le *business model canvas* (voir application 2) ou le *balanced scorecard* (voir section 3), peuvent être mobilisées pour servir de base à la construction d'un tableau de bord en prenant en considération ces différents paramètres.

Après avoir défini et présenté les caractéristiques essentielles de l'indicateur (section 1), nous aborderons les tableaux de bord dont une des finalités est de les agréger (section 2). Nous évoquerons ensuite une forme spécifique de tableau de bord, plus orientée vers la direction générale, le *balanced scorecard* (section 3), avant de développer les spécificités du *reporting* (section 4).

1. L'indicateur de performance

Indicateur et performance sont fortement associés dans la vie des organisations au point d'être parfois assimilés l'un à l'autre. La notion de performance recouvre une variété de domaines (section 1.1) que les indicateurs sont censés appréhender (section 1.2). Enfin, l'indicateur pose la question de la qualité de la mesure (section 1.3).

1.1 Le concept de performance

La notion de performance a un double sens puisqu'elle désigne aussi bien l'action (par exemple, la performance artistique) que son résultat. Dans le domaine du management, l'accent est incontestablement mis sur les conséquences de l'action, l'*output*. La polysémie, ou diversité des significations, est systématiquement soulignée. Les grilles d'analyse fournissent une vision élargie de la performance, tel le *balanced scorecard* présenté dans la section 3 qui enrichit la performance financière par d'autres facettes comme la performance opérationnelle.

Après avoir développé la pyramide du ROE (*Return On Equity* ou rentabilité financière) de General Motors (section 1.1.1), nous présenterons la synthèse des indicateurs obtenue par Quinn et Rohrbaugh (1983) [section 1.1.2].

1.1.1 La pyramide du ROE de General Motors

Le système développé chez General Motors par Alfred Sloan et son bras droit Donaldson Brown (Bouquin, 2005) illustre à la perfection la déclinaison d'un indicateur synthétique et global, à savoir le ROE, en indicateurs opérationnels.

La rentabilité financière apparaît ainsi comme le produit de la rentabilité des actifs et du ratio d'autonomie financière, ce dernier fournissant une indication sur la politique d'endettement. Comme nous l'avons vu dans le chapitre 6, rares sont les entités et/ou centres de responsabilité qui disposent d'une autonomie de gestion de leur politique de financement. La décomposition de la rentabilité des actifs (ROA, *Return On Assets*) est déclinée en indicateurs plus opérationnels (voir figure 9.2).

Figure 9.2 – La pyramide du ROE de General Motors

<table>
<tr>
<td rowspan="4">Rentabilité financière (ROE) =

Rentabilité des actifs
/
Ratio d'autonomie financière</td>
<td rowspan="3">Rentabilité des actifs (ROA) =

Profitabilité
/
Rotation des actifs</td>
<td rowspan="2">Profitabilité =

Résultat net
/
Chiffre d'affaires</td>
<td rowspan="2">Résultat net =

Marge brute
–
Autres charges
–
Impôts sur les résultats</td>
<td>Marge brute =

Chiffre d'affaires
–
Coût des ventes</td>
</tr>
<tr>
<td>Autres charges =

Charges fixes
+
Charges variables</td>
</tr>
<tr>
<td>Rotation de l'actif =

Chiffre d'affaires
/
Total des actifs</td>
<td>Total des actifs
=

Actif circulant
+
Actif immobilisé</td>
<td>Actif circulant =

Stocks
+
Créances
+
Autres actifs circulants</td>
</tr>
<tr>
<td>Ratio d'autonomie financière =

Total des actifs
/
Capitaux propres</td>
<td colspan="3"></td>
</tr>
</table>

Si la pyramide développée chez General Motors permet effectivement de décliner en indicateurs plus opérationnels la rentabilité financière (ROE), ces indicateurs restent cependant financiers, alors qu'il existe d'autres perspectives.

1.1.2 Les grilles d'analyse

En analysant de manière systématique les indicateurs de performance utilisés dans la littérature académique en management, Quinn et Rohrbaugh (1983) distinguent trois dimensions ou caractéristiques essentielles :

- Les modèles rationnel ou naturel : alors que le modèle rationnel met en avant l'intégration, la formalisation et le contrôle (productivité, efficience), le modèle naturel privilégie la différenciation, la spontanéité et la flexibilité (cohésion, innovation).
- Les perspectives interne et externe.
- Les objectifs et les moyens.

Dans le détail, les auteurs proposent la schématisation présentée dans le tableau 9.1.

Tableau 9.1 – Les dimensions de la performance

Modèle rationnel	Vision externe Objectifs rationnels	Objectifs : productivité, efficience
		Moyens : planification, fixation d'objectifs, évaluation
	Vision interne Processus internes	Objectifs : stabilité, contrôle
		Moyens : gestion de l'information, communication
Modèle ouvert	Vision externe Système ouvert	Objectifs : acquisition de ressources, support externe
		Moyens : flexibilité, réactivité
	Vision interne Relations humaines	Objectifs : valeur des ressources humaines
		Moyens : cohésion, valeurs

Cette synthèse illustre la largeur du domaine couvert par la notion de performance au sens d'*output*.

1.2 La notion d'indicateur

Les indicateurs de pilotage sont « des concentrés d'informations particulièrement signifiants qui ont un sens immédiat pour celui qui les regarde » (Savall et Zardet, 2010). Parmi les n caractéristiques d'un objet, sont donc appelés indicateurs les k (avec k < n) caractéristiques qui ont une signification (voir figure 9.3).

Figure 9.3 – Le concept d'indicateur

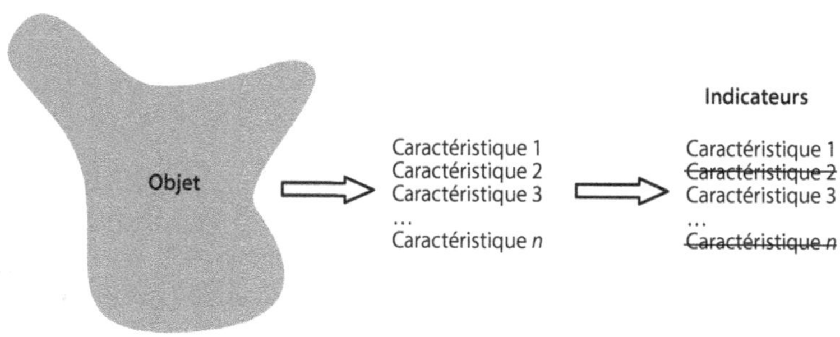

L'indicateur est donc par définition clé, pertinent, rendant tautologique le fameux KPI (*key performance indicator*).

Le choix des indicateurs est une question sensible. L'analyste ou le comptable aura une préférence pour la stabilité afin de garantir la comparabilité des performances dans le temps. En revanche, le manager appréciera les changements pour éviter une trop grande accoutumance de ses équipes aux mesures, qui risque d'induire manipulations et contournements.

Il existe différentes typologies ou catégories d'indicateurs :

- financiers (marge, résultat, chiffre d'affaires), par opposition à physiques (quantités produites, taux de rebut, nombre de réclamations) ;
- d'objectifs (brevet déposé, ventes réalisées) et de moyens (budget de formation, investissement en R&D) ;
- rétrospectifs (ventes, production), par opposition à avancés ou prospectifs (commande qui donnera ensuite lieu à une vente), censés anticiper la performance future.

1.3 La question de la mesure

La question de la mesure est omniprésente en science : comment appréhender, quantifier un phénomène ? Des protocoles sont proposés afin de s'assurer qu'une mesure est robuste, plus précisément fiable et valide. La fiabilité repose sur la répétition des mesures avec des outils différents afin de réduire le risque d'erreur. La validité recouvre, quant à elle, différents domaines :

- la validité de contenu : la mesure représente-t-elle tous les aspects du concept ?
- la validité de construit : la mesure correspond-elle au concept, à l'objet d'étude ?
- la validité convergente : les différentes mesures d'un même concept sont-elles proches ?
- la validité discriminante : les mesures de concepts différents sont-elles distinctes ?
- la validité prédictive : la mesure permet-elle d'expliquer d'autres concepts, conformément aux attentes ? Une mesure de la qualité doit avoir un effet favorable sur la satisfaction des clients.

Ces questions de qualité de la mesure sont très développées dans le domaine de la psychologie. Elles constituent un champ à part entière : la psychométrie. Lorsque le contrôleur de gestion éprouve des difficultés à mesurer un phénomène, des outils peuvent probablement être développés. Les psychologues ne mesurent-ils pas l'intelligence, l'empathie ou l'appropriation d'un outil ? La mesure n'est cependant qu'un moyen dont la portée ne doit pas être surestimée (voir encadré 9.1).

Encadré 9.1 – La quantophrénie ou le recours trop systématique à la mesure

La quantophrénie désigne une pathologie qui consiste à vouloir traduire systématiquement les phénomènes sociaux et humains en langage mathématique.
Le sociologue du travail Gaulejac (2009) illustre cette dérive par des qualiticiens qui utilisent une grille de mesure extraordinairement sophistiquée afin, paradoxalement, de lutter contre les conceptions bureaucratiques et technocratiques du travail. Cet outil est une expression de l'illusion qui consiste à croire que la réalité peut être comprise et maîtrisée à condition de pouvoir la mesurer. Dans le secteur non marchand, cette dérive est appelée managérialisme.
Plus fondamentalement, pour le juriste Supiot (2015), dans l'organisation moderne la réalisation d'objectifs mesurables a pris le dessus sur l'obéissance à des lois justes.

Ces quelques éléments de réflexion permettent de dépasser la référence à l'intelligence de l'indicateur SMART (voir encadré 9.2).

Encadré 9.2 – L'indicateur intelligent SMART

Doran (1981) utilise l'acronyme SMART pour désigner les qualités requises de l'indicateur. Ses significations sont fluctuantes :

- **s**pécifique ;
- **m**esurable ;
- **a**cceptable, ambitieux ou accessible selon les versions ;
- **r**éaliste ;
- situé dans le **t**emps.

Notons que ces propriétés désignent aussi bien les caractéristiques intrinsèques de l'indicateur (propriétés de la mesure, développées dans cette section) que ses implications managériales (voir chapitre 8).

Comme l'illustrent les propriétés de l'indicateur SMART mises en avant par Doran, les qualités de sa mesure (spécifique, mesurable et situé dans le temps) sont associées à son caractère incitatif (réalisme et acceptabilité, ou accessibilité), point discuté dans le chapitre 8 dans le cadre de la direction par objectifs (DPO). Rappelons cependant le caractère insatisfaisant des incitations qui sont susceptibles de détruire les motivations intrinsèques (intérêt de l'individu pour son travail). L'indicateur peut être conçu comme l'occasion de susciter le dialogue (pour expliquer un écart de performance, par exemple), afin de favoriser l'apprentissage individuel ou collectif.

2. Le tableau de bord de gestion

Le tableau de bord est un ensemble d'indicateurs produit périodiquement. Il existe cependant un décalage entre l'importance de cet outil dans les organisations et sa place dans la littérature managériale.

Définition – Le tableau de bord

« Le tableau de bord de gestion correspond à un système d'information permettant de connaître **le plus rapidement possible** les données **indispensables** pour contrôler la marche de l'entreprise à court terme et faciliter dans celle-ci l'exercice des responsabilités. »

Gervais (2009, p. 665)

Cela étant précisé, il est toutefois possible d'édicter des principes qui doivent guider le déploiement d'un système de tableaux de bord, voire une méthodologie avec l'approche OVAR (objectifs, variables d'action, responsabilités).

2.1 Les trois principes

En s'appuyant sur la définition du tableau de bord, Alazard et Sépari (1996) énoncent trois principes de conception : la cohérence avec l'organigramme (section 2.1.1), un contenu synthétique (section 2.1.2) et la rapidité de production (section 2.1.3).

2.1.1 La cohérence avec l'organigramme

La mise en place d'un tableau de bord est une mission dévolue au contrôleur de gestion, mais il serait plus judicieux d'évoquer la mise en place d'un **système** ou d'un **réseau de tableaux de bord**. En effet, chaque responsable a son propre tableau de bord, dont la synthèse doit apparaître dans le tableau de bord de son manager. Afin de permettre la consolidation des informations, les managers occupant la même fonction ont un tableau de bord doté d'une structure identique.

Ainsi, deux modalités de déploiement sont envisageables :

- descendante : décliner le tableau de bord et les indicateurs de la direction générale en tableaux de bord et indicateurs opérationnels ;
- ascendante : consolider les tableaux de bord et les indicateurs opérationnels pour établir une synthèse destinée à la direction.

La première approche présente l'intérêt de faciliter la déclinaison de la stratégie, mais elle peut donner l'impression aux managers opérationnels de se voir imposer un outil qui risque par conséquent d'être rejeté. *A contrario*, la vision des opérationnels ne sera pas nécessairement cohérente avec les orientations stratégiques. Concilier les deux approches avec tact est le meilleur moyen d'obtenir l'adhésion, tout en s'inscrivant dans les orientations stratégiques.

2.1.2 Une vision globale mais synthétique

En filant l'analogie avec le tableau de bord d'un véhicule, le tableau de bord de gestion propose une sélection d'indicateurs, qui tient sur une page ou un écran. L'expression de **cockpit** renvoie à un ensemble plus important d'indicateurs affichés sur les écrans qui tapissent les murs d'une salle. Un des objectifs de la méthode OVAR (voir section 2.2) est de permettre d'identifier ces indicateurs clés.

Pour chaque indicateur, des éléments de comparaison sont proposés :

- la réalisation de la période, le cumul depuis le début de l'année (YTD, *Year To Date*) et le reste à faire (RAF) pour atteindre l'objectif annuel ;
- l'objectif et les écarts en valeur et en pourcentage ;
- éventuellement, les réalisations d'autres entités (centre de responsabilité comparable, entreprise dans sa globalité).

En ce qui concerne la forme, elle est généralement différenciée selon les fonctions. Les financiers apprécient les tableaux de chiffres avec des codes couleur pour attirer l'attention sur les valeurs critiques. Cette forme permet de restituer une masse importante de données. Par contre, les fonctions opérationnelles ou plus créatives prisent des représentations plus graphiques (diagrammes, courbes, etc.).

2.1.3 La rapidité de production

La problématique est proche de celle déjà discutée pour les coûts dans le chapitre 2. L'information n'a de sens que si elle est fournie rapidement. La rapidité doit primer sur la précision, ce qui induit parfois des approximations (voir témoignage 9.1).

Témoignage 9.1 – Le suivi du chiffre d'affaires dans la grande distribution

Après une expérience au siège, je me suis retrouvée à la direction d'un point de vente. J'ai rapidement échangé avec la contrôleuse de gestion concernant les tableaux de bord mis à ma disposition. Je m'étonnais de ne pas y trouver de notion de chiffre d'affaires, alors qu'il s'agissait selon moi d'un élément clé de notre métier. Elle m'a expliqué que le chiffre d'affaires posait deux difficultés majeures :

- *Le chiffre d'affaires définitif n'est connu qu'à partir du moment où les clients ne peuvent plus retourner de marchandises. En effet, les retours se traduisent par une annulation de la vente qui impacte le chiffre d'affaires.*
- *En normes IFRS, le coût du programme de fidélité est déduit du montant facturé au client pour déterminer le chiffre d'affaires, ce qui n'est pas le cas en normes françaises (PCG).*

C'est la raison pour laquelle n'apparaît dans mon tableau de bord qu'un indicateur d'encaissements nets (des décaissements liés aux remboursements), qui est disponible en quasi-temps réel.

Saïda G., directrice de magasin, grande distribution

À la question de la rapidité est également associée la question de la fréquence : faut-il un tableau de bord quotidien, hebdomadaire ou mensuel ? Par exemple, un manager qui en raison de son activité ne possède pas de tableau de bord quotidien dispose de tableaux hebdomadaires et mensuels, dont la structure est adaptée. Un directeur d'usine suit au jour le jour son effectif par catégories, alors qu'un responsable de fonction support se contente d'un suivi mensuel de ce même indicateur.

2.2 La méthode OVAR

La méthode OVAR est une démarche complète de déploiement d'un système de tableaux de bord, depuis la formalisation de la stratégie jusqu'à l'automatisation de l'édition (Löning *et al.*, 2003).

Tableau 9.2 – Les étapes de la méthode OVAR

I. Grille objectifs/variables d'action	1. Analyse stratégique et détermination des objectifs de l'organisation 2. Détermination des variables d'action de l'organisation 3. Test de cohérence (grille variables d'action/objectifs)
II. Responsabilités	4. Analyse de la délégation (attribution des responsabilités) 5. Grilles de niveau N – 1 (discussion des objectifs)
III. Indicateurs	6. Choix des indicateurs (quantitatifs/qualitatifs, de moyens et de résultat) 7. Confrontation aux données disponibles
IV. Mise en forme des tableaux de bord	8. Choix de la présentation avec les utilisateurs 9. Test, réalisation de maquettes 10. Automatisation

Passons en revue les principales étapes de la méthode : la définition des objectifs et des variables d'action (section 2.2.1), la déclinaison des objectifs (section 2.2.2) et l'identification des indicateurs (section 2.2.3).

2.2.1 La définition des objectifs et des variables d'action

La stratégie de l'organisation doit se traduire par la définition d'objectifs ; les variables d'action sont les éléments critiques qui conditionnent leur atteinte. Ces dernières doivent être maîtrisables par le manager (dans le même esprit que les coûts maîtrisables évoqués dans le chapitre 2) et en nombre limité, afin que celui-ci ne se disperse pas. La variable d'action peut être considérée comme un sous-objectif ou un objectif intermédiaire.

Pour l'organisation dans son ensemble, on établit une grille semblable à celle présentée dans le tableau 9.3.

Tableau 9.3 – La grille OVAR

	Objectif 1	**Objectif 2**	**Objectif 3**	**Objectif 4**
Variable d'action 1	x		x	
Variable d'action 2		x		
Variable d'action 3				x
...				

Cette schématisation présente l'intérêt de pouvoir rattacher une variable d'action à plusieurs objectifs. Par exemple, la variable d'action « prospection commerciale » est un moyen d'atteindre les objectifs de croissance de l'activité et de renouvellement du portefeuille de clients. Il convient de s'assurer que pour chaque objectif, il existe au moins une variable d'action.

2.2.2 La déclinaison des tableaux de bord

Pour chaque variable d'action, on identifie ensuite le responsable ayant la plus grande maîtrise de celle-ci. Par exemple, dans le tableau 9.4, le responsable 1 dispose de la plus grande maîtrise des variables d'action 2 et 3.

Tableau 9.4 – Délégations de responsabilités

	Objectif 1	Objectif 2	Objectif 3	Objectif 4	Resp. 1	Resp. 2	Resp. 3
Variable d'action 1	x		x			x	
Variable d'action 2		x			x		
Variable d'action 3				x	x		
...							

En descendant dans l'organigramme, les variables d'action deviennent des objectifs qu'il convient de décliner en nouvelles variables d'action. La variable d'action 1 constitue ainsi un objectif pour le responsable 2, qui sera décliné en de nouvelles variables d'action.

En procédant de la sorte, chaque manager dispose de sa grille objectifs/variables d'action.

2.2.3 Identification des indicateurs et opérationnalisation

Pour chaque objectif, il faut identifier au moins un indicateur. Pour les variables d'action, des indicateurs de moyens et de résultats doivent être définis conformément au schéma proposé en introduction. Pour chaque indicateur, il est nécessaire de s'assurer de la disponibilité des données dans le système d'information ou de la possibilité de les obtenir en mobilisant des ressources raisonnables. Il faut également fixer une référence ou une norme (budget, année précédente ou autre unité) à laquelle les réalisations seront comparées. Les décompositions d'écarts développées dans le chapitre 5 peuvent être mobilisées afin d'expliquer les écarts de performance.

La principale difficulté induite par la démarche porte sur les contradictions entre indicateurs. Celles-ci sont inhérentes au management avec la nécessité de trouver des équilibres (réduire ses coûts et le turnover de ses équipes, faire des gains de productivité et améliorer la satisfaction de ses clients).

La méthode OVAR est présentée comme un moyen de déployer un système de tableaux de bord au sein d'une organisation. Elle peut être adaptée au niveau d'un centre de responsabilité en se contentant de construire la grille objectifs/variables d'action de son responsable. Enfin, il s'agit d'une méthodologie, mais aucune grille d'analyse de la performance n'est proposée. En d'autres termes, le fait de ne pas avoir de grille *a priori* induit le risque de négliger des aspects de la performance, en se concentrant, par exemple, sur la seule performance financière. Le *balanced scorecard* propose, entre autres, une telle grille.

3. Le *balanced scorecard*

Les traductions de *balanced scorecard* (BSC) fournissent des indications sur les finalités de l'outil :

- **Tableau de bord stratégique** est problématique, car tous les tableaux de bord stratégiques ne sont pas nécessairement des BSC. Cela fournit néanmoins une indication sur le destinataire privilégié de l'outil : la direction générale.
- **Tableau de bord équilibré** fait référence à une vision élargie de la performance qui dépasse les indicateurs financiers.
- La traduction privilégiée, **tableau de bord prospectif**, met l'accent sur l'intégration d'indicateurs dépassant la vision rétrospective en fournissant des indications sur la performance à venir, la capacité de l'entreprise à innover et à se développer.

Nous évoquerons tout d'abord les caractéristiques du BSC (section 3.1), puis nous insisterons sur la flexibilité de l'outil (section 3.2), avant d'établir une synthèse de ses intérêts et limites (section 3.3).

3.1 Caractéristiques essentielles

Cet outil développé par Kaplan et Norton (1996) présente trois caractéristiques essentielles : il propose une vision élargie de la performance (section 3.1.1), formalise des liens de causalité entre les indicateurs dans une carte stratégique (section 3.1.2) et accompagne le déploiement de la stratégie (section 3.1.3).

3.1.1 Une vision enrichie de la performance

La vision enrichie de la performance est systématiquement mise en avant, au point de parfois réduire le *balanced scorecard* à ses quatre axes, facettes ou dimensions de la performance : financier, client, processus internes, ainsi qu'apprentissage organisationnel et croissance. Il est surprenant de relever la proximité de ces dimensions avec la typologie de Quinn et Rohrbaugh (voir section 1).

Axe financier

Il s'agit de l'objectif ultime de la plupart des entreprises qui recouvre les notions de résultat net, rentabilité (financière et économique), création de valeur, ainsi que les ressources mobilisées au travers de l'actif engagé, somme de l'actif immobilisé et du besoin en fonds de roulement. Des analyses plus fines sont envisageables par produit, marché ou segment de clientèle par exemple.

Axe client

La performance client renvoie spontanément à la satisfaction des clients et à la capacité de l'organisation à les fidéliser. Ces deux aspects seront mesurés par des taux de satisfaction et de réachat (par exemple, proportion des clients en portefeuille ayant acheté au cours du dernier mois). Il ne faut cependant pas négliger la capacité de l'organisation à renouveler son portefeuille de clients ; l'activité représentée par les nouveaux clients pourra faire l'objet d'un suivi spécifique. Enfin, les chiffres d'affaires et les marges, s'ils n'ont pas été associés à l'axe financier, tout comme les positions sur les marchés (leader, deuxième, etc.) ou les parts de marché, entrent également dans cette perspective client.

Axe processus internes

Cet axe renvoie à la performance opérationnelle et à la gestion des opérations. Dans l'industrie, les indicateurs portent sur les quantités produites, le respect des normes de consommation de matières (standards) et des délais, les cadences de production, les taux de rebut, etc. Dans les services, le temps est un critère central : respect des délais, des temps standards, écarts entre les temps passés et les temps facturés.

Les réclamations, révélatrices de la qualité, ont aussi bien leur place dans cet axe que dans l'axe client. Dans l'axe processus internes, elles seront perçues comme des défaillances des procédures qualité. Il s'agit principalement de mesures internes (écarts détectés par le service qualité, les contrôles internes ou les organismes de contrôle sous-traitants) par opposition aux mesures externes (écarts détectés par les clients).

Les indicateurs en lien avec la politique environnementale sont aussi rattachés à cet axe, avec les consommations de ressources physiques (eau, énergie, etc.) ou les émissions de polluants (gaz carbonique, particules, déchets, etc.).

Axe apprentissage organisationnel et croissance

Ce dernier axe couvre un large ensemble de domaines. Il doit normalement permettre d'appréhender la capacité de l'organisation à innover, à se développer et à maintenir un niveau élevé de performance à moyen et long terme. Les indicateurs portent sur les dépôts de brevets, les propositions d'amélioration ou les lancements de nouveaux produits et/ou services. Les moyens garants de la capacité à innover sont, par exemple, les ressources humaines et les systèmes d'information. Pour les ressources humaines, des mesures types sont le turnover, le climat social et la réalisation du plan de formation ; pour les systèmes d'information, on peut citer la disponibilité (taux de service), le temps de réponse ou de traitement des tickets (incidents), ou encore les développements de nouvelles fonctionnalités.

Le modèle proposé par Kaplan et Norton n'est pas figé ; les axes doivent être adaptés aux particularités de l'organisation. La carte stratégique permet d'articuler ces axes entre eux.

3.1.2 La carte stratégique

Le premier objectif affiché par le *balanced scorecard* est de proposer une vision équilibrée de la performance ; cela se traduit par les quatre dimensions qui viennent d'être décrites. Un autre objectif du BSC consiste à ne pas se limiter à une vision rétrospective de la performance (performance financière), mais à anticiper la performance future au travers de la capacité d'innovation, par exemple, ou des compétences des équipes. Cela conduit à identifier des liens de causalité entre les différentes facettes de la performance. Les modèles les plus fréquemment représentés par Kaplan et Norton sont illustrés dans la figure 9.4.

Figure 9.4 – Cartes stratégiques types

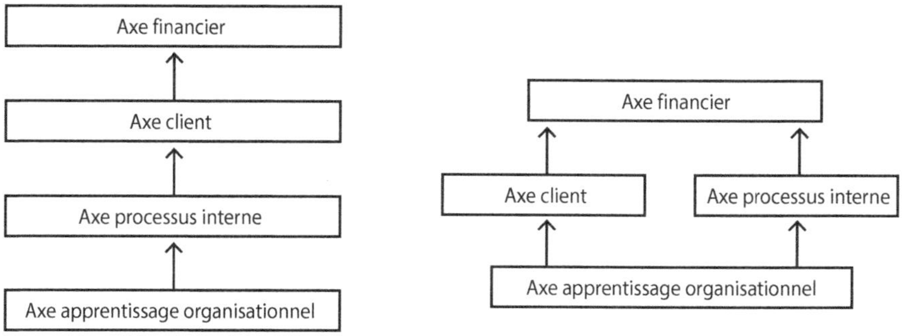

Dans le premier cas, la capacité d'innovation permet d'améliorer les processus internes qui auront un impact favorable sur les clients et enfin, sur la performance financière. Dans le second cas, la capacité d'innovation a un impact direct sur les processus internes et la performance client, qui influencent la performance financière.

Nous faisons ici le choix d'articuler les axes et pas de lier les indicateurs de performance, ce qui donne une vision trop mécaniste de la performance de l'organisation - par exemple, l'amélioration du taux de satisfaction permet d'accroître le chiffre d'affaires et, enfin, le résultat net.

3.1.3 Un levier de déploiement de la stratégie

Le BSC est aussi présenté par ses promoteurs comme un moyen de déploiement de la stratégie. Kaplan et Norton proposent un cycle en quatre phases :

- Clarifier la vision stratégique.
- Diffuser la stratégie, fixer des objectifs et développer des systèmes de rétribution en relation avec les objectifs.
- Planifier : il s'agit de traduire des objectifs à moyen et long terme en objectifs à court terme (horizon annuel).
- Retour d'expérience et apprentissage : on tire des enseignements en comparant les réalisations aux prévisions, avant de recommencer un nouveau cycle avec une nouvelle clarification de la stratégie.

Tous les échanges sont organisés autour du tableau de bord prospectif. La mise en place d'un BSC suivra un processus inverse à celui présenté dans ce paragraphe : formalisation de la stratégie, identification des axes de performance, validation de la carte stratégique et recensement des indicateurs de performance.

3.2 Un modèle flexible

Une des critiques formulées à l'encontre du BSC est qu'il ne correspondrait pas à toutes les organisations, mais le modèle n'est pas figé : les axes peuvent être redéfinis, supprimés et/ou ajoutés (section 3.2.1) et leur articulation, c'est-à-dire la carte stratégique, peut être adaptée (section 3.2.2).

3.2.1 Des axes redéfinis

Dans une entreprise accordant une place centrale à ses équipes, un cinquième axe a été ajouté : *empowerment* des salariés. Ce concept difficile à traduire renvoie à l'idée d'accroître l'autonomie des équipes en s'assurant de la convergence des objectifs individuels avec ceux de l'organisation.

Cependant, dans le secteur non marchand, des adaptations sont indispensables. Dans le cas de l'hôpital, souhaite-t-on avoir des patients ou des clients ? Une mairie a-t-elle des clients, des administrés ou des partenaires économiques ? Ces questions illustrent les débats sur les valeurs de l'organisation indissociables du déploiement d'un BSC.

Les marchés bifaces, voire multifaces, complexifient la notion de client :

- Dans un secteur traditionnel comme celui de la presse, le client semble être le lecteur, mais une analyse plus fine fait rapidement apparaître d'autres clients, tels que les annonceurs, avec des relations complexes entre les deux qui conduisent certains supports à s'affranchir de la publicité, alors que d'autres sont totalement gratuits pour le lecteur.
- Dans le cas de l'économie des plateformes, ces situations sont encore plus fréquentes. Uber a, par exemple, deux types de clients : les passagers, mais également les chauffeurs qu'il faut convaincre d'utiliser la plateforme plutôt qu'une autre (par exemple, Chauffeur Privé, LeCab).

Les axes de performance doivent donc être adaptés aux particularités de l'organisation, tout comme la carte stratégique.

3.2.2 Une carte stratégique adaptée à l'organisation

Dès lors que de nouvelles dimensions de la performance sont retenues et/ou supprimées, il devient nécessaire de repenser la carte stratégique. Prenons l'exemple d'un hôpital public qui affiche comme objectif ultime le patient (voir figure 9.5).

Figure 9.5 – Carte stratégique d'un hôpital bruxellois

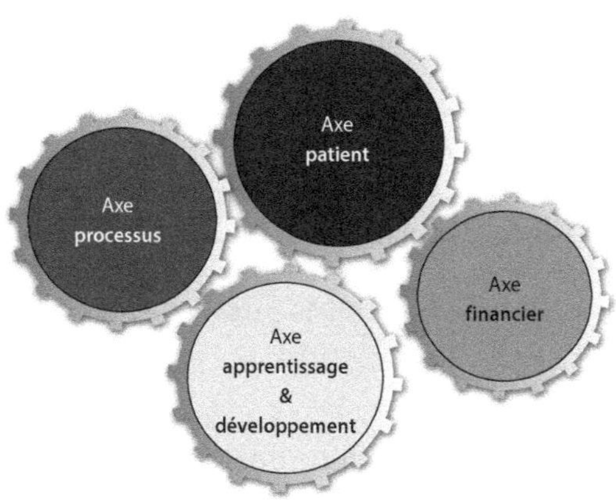

En plus de l'adaptation de la dénomination « client » par « patient », deux autres points méritent d'être soulignés :

- L'axe financier est subtilement positionné en dessous des axes patient et processus.
- Il ne s'agit manifestement pas d'un établissement pour lequel la recherche est au cœur de la stratégie.

3.3 Les limites de l'outil

Les deux principales critiques formulées à l'encontre du BSC sont la vision mécaniste de la performance qu'il propose (section 3.3.1) et son orientation vers la direction générale (section 3.3.2).

3.3.1 Une vision mécaniste de la performance

La performance d'une organisation est un équilibre fragile entre de nombreux paramètres : l'innovation, la maîtrise des coûts, etc., comme l'illustre le *business model canvas* ou le modèle RCOV (voir chapitre 2). Vouloir par exemple expliquer la création de valeur actionnariale par la satisfaction est réducteur.

Témoignage 9.2 – La vision mécaniste de la performance proposée par le balanced scorecard

Nous avions développé un balanced scorecard pour la direction générale de l'entreprise. Quand notre nouveau directeur général l'a vu, il a lancé : qu'est-ce que cette stupidité ? Vous allez me mettre en place un cockpit !

Le balanced scorecard que nous avions développé était relativement conventionnel. Nous avions tracé des liens de causalité non seulement entre les axes, mais aussi entre les indicateurs, comme cela se fait dans beaucoup de BSC. Ce qui avait fait bondir notre DG était le lien tracé entre la satisfaction des clients et le résultat opérationnel. Dans notre métier, l'essentiel de l'effectif est constitué de téléopérateurs et le premier critère de satisfaction pour nos clients est le taux de prise d'appel, habituellement fixé à 95 % pour un client standard. Augmenter ce taux mobilise tellement de ressources qu'il ne peut que nous pénaliser financièrement…

Notre nouvel outil repose toujours sur une vision élargie de la performance, mais sans lien de causalité !

Olivier S., directeur du contrôle de gestion, opérateur télécom

Pour dépasser cette critique et ne pas abandonner la carte stratégique, qui pour les organisations atypiques représente un réel outil de formalisation de la stratégie, il suffit d'articuler les axes plutôt que de relier les indicateurs.

3.3.2 Un tableau de bord de direction générale

Il n'est pas étonnant qu'un outil parfois appelé tableau de bord stratégique ne corresponde pas aux attentes des managers opérationnels. En effet, si la carte stratégique qui articule les différentes dimensions de la performance a du sens pour l'organisation dans son ensemble, son seul intérêt pour les managers de terrain est de clarifier la vision et la stratégie. Seul un nombre réduit d'indicateurs est maîtrisable et contrôlable par un manager de terrain donné.

Il existe cependant une vraie complémentarité entre le BSC et les tableaux de bord de gestion développés dans la section précédente. Ces derniers constituent un moyen efficace de décliner la stratégie et le BSC au niveau opérationnel.

Pour conclure, le *balanced scorecard* représente une contribution intéressante à au moins deux titres : il rappelle une nouvelle fois le rôle du contrôle de gestion dans le déploiement de la stratégie et il propose une vision élargie de la performance avec ses quatre dimensions susceptibles d'être adaptées au contexte.

4. *Reporting* et *business review*

Alors que le *reporting* est un outil classique du contrôleur de gestion, il est peu présent dans la littérature en contrôle de gestion. Il n'apparaît pas dans les index des manuels de référence ou, dans d'autres ouvrages, on confond tableaux de bord et *reporting*. Après avoir proposé une définition du *reporting* (section 4.1), nous nous attarderons sur ses modalités d'utilisation (section 4.2).

4.1 Une tentative de définition du *reporting*

Bouquin (2010, p. 526) est le plus prolixe sur le sujet avec cette définition : « Le *reporting* consistant à informer la hiérarchie de la situation à laquelle fait face l'unité et des résultats qu'elle obtient, il comprend très largement les éléments du contrôle budgétaire (mais parfois consolidés et simplifiés) ; il doit aussi, normalement, se compléter de variables extracomptables figurant dans les tableaux de bord des unités qui rendent compte. » La figure 9.6 schématise les relations entre ces concepts.

Figure 9.6 – Le *reporting* – Bouquin (2010, p. 525)

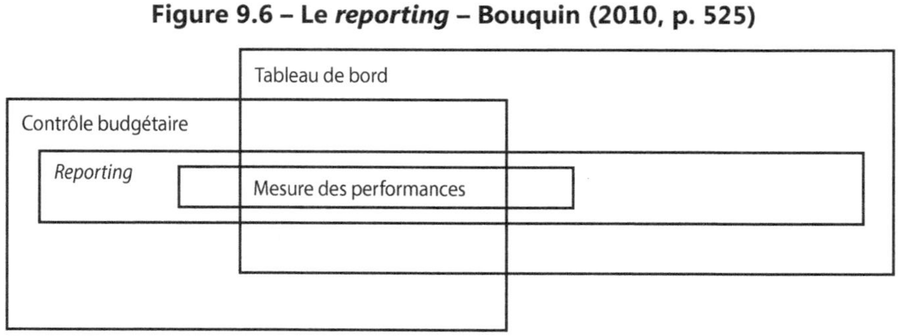

Pour Bouquin, le *reporting* apparaît donc comme complémentaire des tableaux de bord et du contrôle budgétaire. Il est possible d'extraire de ces éléments quelques caractéristiques essentielles du *reporting* en le différenciant du tableau de bord (voir tableau 9.5).

Tableau 9.5 – Tentative de caractérisation du *reporting*

	Tableau de bord	*Reporting*
Finalité	Le pilotage, la prise de décision	La surveillance, le contrôle, le suivi de l'activité
Destinataire	Managers	Hiérarchie
Fréquence	Variable : quotidienne, hebdomadaire ou mensuelle	Le plus souvent mensuelle
Type d'information	L'information est structurée autour des facteurs clés de succès	Le spectre est plus large : information financière, sociale, commerciale, production
Mode de production	Idéalement automatisée	Les informations produites automatiquement font l'objet de commentaires rédigés

On distingue parfois différents types de *reporting*, comme dans le cas du groupe SEB (voir illustration 9.1).

illustration 9.1 – Le système de *reporting* du groupe SEB

Le système budgétaire est le même pour toutes les filiales, mais compte tenu du métier de la filiale chinoise, la principale négociation porte sur les gains de productivité. Les orientations stratégiques sont discutées en avril (l'horizon est de deux ou trois ans), le plan marketing (volumes de production à 18 mois) est arrêté en juillet et le budget validé en novembre. Le budget en cours d'exécution est généralement ajusté à la fin du mois de mai et de septembre. Le *reporting* comprend trois volets : financier (fréquence mensuelle), industriel (fréquence mensuelle) et ressources humaines (fréquence trimestrielle).

4.2 La *business review*

Simons met l'accent sur la manière dont l'outil de contrôle est utilisé (diagnostic *vs* interactif), aux dépens des caractéristiques intrinsèques de l'outil. Le rituel de la *business review* illustre l'importance centrale qui peut être donnée à l'outil choisi pour être utilisé de manière interactive.

4.2.1 L'utilisation interactive du *reporting*

Comme l'illustre le cas de cette société de services aux entreprises, le *reporting* peut être au centre des mécanismes de contrôle lorsqu'il fait l'objet d'échanges formalisés dans le cadre de *business review* mensuelles (voir témoignage 9.3).

Témoignage 9.3 – La business review dans un groupe de services aux entreprises

Le début d'après-midi du troisième mardi du mois est attendu avec anxiété ; c'est l'heure de la business review (BR) mensuelle. Notre filiale emploie 2 000 personnes et, chaque mois, mon DG de filiale doit rendre des comptes au DG du groupe et à son codir.

La pression est déjà énorme pour arrêter les comptes chaque mois ; les délais ont été réduits de dix jours en trois ans. Une fois les comptes arrêtés, c'est le reporting qui doit être produit. Une trame est éditée automatiquement, mais nous devons commenter les écarts les plus significatifs et faire le point sur les plans d'action antérieurs pour les adapter ou en proposer de nouveaux.

Depuis deux ans, la BR a été mise en place. Avec l'augmentation des coûts, les marges se sont réduites, la pression des investisseurs s'est faite plus forte. Le DG du groupe a voulu instituer ces réunions mensuelles pour être directement en prise avec les réalités de terrain et redresser rapidement la situation. En visioconférence, dans la salle du Conseil, le DG de la filiale présente l'activité du mois et les faits marquants en dix minutes. Ensuite, c'est le plus dur avec les 50 minutes d'échanges. La préparation doit être parfaite, pour ne pas être pris en défaut, ne pas perdre la face ; cela nous prend près d'une semaine. Je suis toujours présente avec deux ou trois collaborateurs en fonction des sujets chauds du moment (directeur commercial, responsable d'exploitation, responsable RH, etc.).

Aujourd'hui, pour mon équipe du service financier, la pression est continue, tout au long du mois, pour transmettre les informations demandées : clôture, reporting, puis BR sans parler des demandes ponctuelles telles que les interventions du commissaire aux comptes, le plan stratégique ou les budgets. Il faut bien comprendre le contexte de la BR. Le DG du groupe peut parfaitement rencontrer le matin les investisseurs, les représentants de fonds de pension américains (le groupe est coté), et l'après-midi, il nous challenge pendant une heure, pour maintenir la pression. Il fait une quinzaine de BR par mois avec les huit régions françaises et les principales filiales internationales.

Olivia L., directrice financière,
filiale régionale d'un groupe de services aux professionnels

4.2.2 Le cockpit ou l'utilisation interactive d'un tableau de bord

Le cas du cockpit d'un opérateur de télécommunications décrit ici présente un double intérêt : l'usage interactif d'un tableau de bord particulier, un cockpit, pallie l'absence de *reporting*. Alors que le tableau de bord est un rapport papier ou un écran type, le cockpit est un lieu physique où se tiennent des réunions.

Le dispositif

En fonction des grands enjeux identifiés en début d'année par la direction générale de cet opérateur de télécommunications, les principaux managers choisissent les indicateurs les plus adaptés à suivre lors d'un échange avec la direction finance-gestion. D'une année sur l'autre, environ 20 % des indicateurs sont abandonnés et remplacés. Pour éviter toute inflation du nombre d'indicateurs, la création d'un nouvel indicateur doit s'accompagner de la suppression d'un ancien. Des places sont gardées libres pour suivre quelques indicateurs de manière ponctuelle (les « sujets chauds »).

Les 80 indicateurs couvrent de nombreux domaines : l'environnement, l'activité commerciale, les finances, les relations clients, les ressources humaines, les infrastructures... Les horizons temporels des indicateurs sont variables, tout comme les éléments de comparaison. Les prévisions ou objectifs sont affichés. Pour chaque indicateur, est fourni un signal de tendance et de positionnement par rapport aux objectifs.

L'utilisation du cockpit

Ce qui caractérise le cockpit, c'est la manière dont il est utilisé. Le cockpit est un lieu, mais avant tout un rite. La réunion cockpit se déroule le troisième mercredi du mois, en début d'une réunion du comité de direction générale qui rassemble les principaux dirigeants de l'entreprise. Elle permet d'aborder rapidement les sujets importants et délicats, afin de prendre des décisions.

Un soin particulier est accordé à la qualité de l'animation. Les faits doivent être présentés avec le plus d'objectivité possible dans un esprit constructif. Deux jours avant la réunion cockpit, l'ordre du jour est établi avec le Président et le DGA Finances, lors d'une réunion de préparation. Il est constitué de 15 faits marquants et/ou alertes auxquels sont associés un manager responsable. Les managers concernés ne sont donc jamais pris au dépourvu. Ils ont le temps d'analyser la situation et, surtout, de formuler des propositions d'action. Dans un souci d'efficacité, il n'y a jamais d'invité, mais le manager prépare la réunion avec son équipe. À cette fin, il existe des cockpits opérationnels au sein de certaines directions (marketing, réseau et informatique).

L'animateur du cockpit fait le compte rendu de la réunion, ce qui permet de s'assurer que les décisions sont bien mises en œuvre. Dans le cas contraire, le point est remis à l'ordre du jour de la réunion cockpit suivante. Le succès de ces réunions passe par la formation des participants aux indicateurs. Une fois les indicateurs choisis en début d'année, leur mode de calcul est explicité. La réunion ne doit en aucun cas se transformer en discussion autour de la pertinence d'un indicateur ou de son mode de calcul.

Un outil interactif

Le cockpit est animé par le directeur du contrôle de gestion, garant, entre autres, de la cohérence entre les indicateurs opérationnels et financiers majeurs. Ce qui en fait réellement un outil de contrôle interactif, c'est le fait qu'il conduit à des prises de décision majeures telles que l'ajustement du niveau des dépenses publicitaires ou bien les mesures à prendre pour réduire les stocks.

Les autres outils de contrôle (de diagnostic, selon la terminologie de Simons), à savoir le budget, la comptabilité de gestion, le comité d'engagements et les tableaux de bord, permettent de motiver, suivre et récompenser l'atteinte des objectifs. Ils sont également utilisés, de manière ponctuelle, pour appuyer les décisions prises dans le cockpit.

Résumé

Le pilotage de la performance et la gestion par les indicateurs sont des pratiques managériales courantes qui justifient de se pencher sur les propriétés de l'indicateur. La problématique est double : en plus de la question de la motivation évoquée dans le chapitre 8, se pose celle de la mesure et de la quantification. La mesure doit idéalement être fiable, sensible, spécifique et discriminante.

Le tableau de bord fournit au manager les premières informations nécessaires à l'exercice de ses responsabilités. La méthode OVAR vise à sélectionner les indicateurs de manière à obtenir un document synthétique, adapté au périmètre de responsabilités et disponible rapidement. Avec le *balanced scorecard*, un tableau de bord davantage orienté vers la direction générale, une grille d'analyse de la performance est proposée, ainsi qu'une schématisation de la stratégie (carte stratégique). Dans sa version la plus fréquemment présentée et utilisée, la performance financière est expliquée par les performances clients et des processus internes, elles-mêmes influencées par la capacité à apprendre et à innover.

La présentation du tableau de bord est l'occasion de revenir sur les modalités d'utilisation des outils avec la distinction outil de diagnostic/outil interactif de Simons. Il existe aujourd'hui un engouement pour les *business reviews* et autres revues de performance organisées autour de tableaux de bord et de *reportings*. Ces réunions donnent une place centrale à ces outils qui deviennent alors l'outil interactif de contrôle autour duquel s'organise une grande partie des échanges, les autres outils étant employés en complément.

Il convient de relever que le recours au management par les indicateurs est tellement idéalisé qu'il fait l'objet de nombreuses critiques regroupées sous le vocable de managérialisme. En effet, répliquer à tous les domaines, y compris dans le secteur non marchand, les mêmes pratiques ne peut qu'induire des dysfonctionnements (voir chapitre 1).

Après avoir évoqué la structure de gestion (chapitre 6), nous avons développé la démarche de planification budgétaire (chapitre 7), puis les modalités d'implication des acteurs et les voies d'amélioration du processus budgétaire (chapitre 8). Ce chapitre dédié au suivi des réalisations nous permet de conclure la présentation du cycle prévisionnel.

Application 1 : Cloud

L'univers de Cloud, société créée au début des années 2000, est celui des serveurs Internet. Les débuts sont difficiles, avec l'ouverture d'un premier *data center* et la mise au point de serveurs faits maison. Cinq ans plus tard, Cloud fait déjà figure de *success story* : elle emploie alors 35 personnes pour 10 millions d'euros de chiffre d'affaires.

Quinze années après, avec plus de vingt *data centers* dans le monde, son million de clients hébergés, son propre réseau de fibre pour ne pas dépendre des opérateurs télécom, ses 2 000 salariés dans 18 pays et ses 400 millions d'euros de chiffre d'affaires, Cloud a radicalement changé d'échelle. Leader européen et sur le podium mondial des hébergeurs informatiques, Cloud est entré dans le club confidentiel des licornes, ces entreprises valorisées plus d'un milliard de dollars.

La mission du DRH est d'accompagner la croissance du groupe au travers du recrutement de futurs talents. Les collaborateurs qui rejoindront le groupe participeront au développement mondial et créeront le Cloud de demain. Tony T., le DRH, résume ainsi ses objectifs : « Owen, le CEO fondateur, a de grandes ambitions pour Cloud : en 18 mois, notre taille doit doubler. Des investisseurs viennent d'entrer au capital pour financer le développement ; nous allons devoir nous engager sur des objectifs. Voilà pour le contexte. Pour mon *core business*, les RH, le marché des ingénieurs développeurs est hyper tendu. La révolution digitale est en marche, tout le monde recrute et les rémunérations et les conditions de travail sont une source de tensions... Même si les compétences représentent un enjeu important pour pouvoir innover, les *new bees* (arrivants) doivent surtout adhérer à nos valeurs (passion, exigence, esprit d'équipe, innovation). Je dois vous laisser, mon CHO (*Chief Happiness Officer*) m'attend pour faire le point sur *Cloud spirit*, notre baromètre social. »

L'organisation du service ressources humaines de Cloud est la suivante :

N + 1	N + 2	N + 3, N + 4	Commentaire ou mission
DRH Tony T.	*HR developer*	3 *talent managers*	Gestionnaires de carrière
		1 responsable formation	
		1 relation-école	Attirer stagiaires et jeunes diplômés
		1 *on boarding*	Organisation de la semaine d'accueil et de l'intégration
	Comp and ben (Compensations and benefits)	6 gestionnaires de paie	
		4 gestionnaires des frais de mission	
	Real Estate	10 personnes (3 architectes et leur équipe)	En charge de l'aménagement des locaux, ergonomie
	HRBP coordinator	7 HRBP	Responsables RH décentralisés dans les busines *units* (BU)

N + 1	N + 2	N + 3, N + 4	Commentaire ou mission
DRH Tony T.	Recrutement	3 *talent acquisition*	Recrutement des N + 1 et N + 2
		7 recruteurs	Recrutement des N + 3, N + 4 et N + 5
	Employee and labor relation	1 *Chief Happiness Officer* (CHO)	Améliorer la qualité de vie au travail
		2 juristes	
		1 responsable RSE	

Melody B., la directrice du contrôle de gestion du groupe, a déjà supervisé le déploiement des tableaux de bord « *business* » (suivi de l'activité). L'objectif pour le prochain semestre est de se pencher sur les fonctions support. Votre mission consiste à développer le tableau de bord du DRH.

Question 1 : Quelle méthodologie de déploiement du tableau de bord recommanderiez-vous ?

Question 2 : Quels sont les objectifs du DRH de Cloud ?

Question 3 : Pour chaque objectif, identifiez les variables d'action.

Question 4 : Pour chaque variable d'action, identifiez des indicateurs.

Question 5 : Que proposez-vous pour décliner le tableau de bord du DRH ?

Application 2 : Airbnb

Airbnb est une plateforme de location de logements qui permet à des particuliers de louer tout ou partie de leur habitation comme logement d'appoint. Le site propose plus de 1,5 million d'annonces dans plus de 34 000 villes et 191 pays. De la création, en août 2008, jusqu'en juin 2018, plus de 300 millions de nuits ont été réservées sur Airbnb.

Question 1 : Établissez le *business model canvas* d'Airbnb. Pour rappel, le *business model canvas* a été rapidement présenté dans le chapitre 2, avec des renvois vers des sources complémentaires.

Question 2 : Après avoir identifié les axes de performance pertinents, proposez une carte stratégique pour Airbnb.

Question 3 : Pour chaque axe, identifiez les indicateurs qui devraient être suivis.

Et dans mon entreprise

- Identifiez les axes de performance pertinents et la carte stratégique de votre entreprise.
- Appliquez à votre domaine de responsabilité la méthode OVAR : détaillez vos objectifs et vos variables d'action avant de déterminer, pour chacun d'eux, des indicateurs.

- Mettez en pratique pour votre domaine de responsabilité la grille d'analyse de la performance du *balanced scorecard*, en distinguant les quatre domaines de performance (financier, client, processus internes, apprentissage organisationnel et croissance).

Références

Alazard C. et Sépari S., *Contrôle de gestion*, 3e édition, Dunod, Paris, 1996.

Bouquin H., *Les grands auteurs en contrôle de gestion*, EMS, Colombelles, 2005.

Bouquin H., *Le contrôle de gestion*, PUF, Paris, 2010.

Doran G.T., « There's a S.M.A.R.T. way to write management's goals and objectives », *Management Review*, 70, 1981, p. 35.

Gaulejac (de) V., *La société malade de la gestion*, Points Économie, Paris, 2009.

Gervais M., *Contrôle de gestion*, 9e édition, Economica, Paris, 2009.

Kaplan R.S. et Norton D.P., *The balanced Scorecard: Translating Strategy into Action*, Harvard Business Review Press, Boston, 1996.

Löning H., Malleret V., Méric J., Pesqueux Y., Chiapello E., Michel D. et Solé A., *Le contrôle de gestion*, 2e édition, Dunod, Paris, 2003.

Quinn R.E. et Rohrbaugh J., « A spatial model of effectiveness criteria: towards a competing values approach to organizational analysis », *Management Science*, 29/3, 1983, p. 363-377.

Savall H. et Zardet V., *Maîtriser les coûts et les performances cachés*, Paris, Economica, 2010.

Supiot A., *La gouvernance par les nombres - Cours au Collège de France*, Fayard, Paris, 2015.

Activités

Chapitre 10

Le contrôle de gestion des projets

Objectifs pédagogiques
1. Ordonnancer et budgéter les projets 2. Connaître les techniques de contrôle de projet fondées sur la valeur acquise et le coût à terminaison 3. Adapter les dispositifs de pilotage aux incertitudes du projet

Cas introductif : Videogames

L'entreprise Videogames étudie l'opportunité de mettre sur le marché un nouveau jeu vidéo. Chaque année, des dizaines de jeux vidéo arrivent sur le marché. Tout commence de nombreux mois plus tôt.

À l'origine, une équipe de conception est chargée d'imaginer le jeu, à partir d'une idée originale ou d'une licence. Cette équipe, composée généralement d'un chef de projet technique, de designers et d'un chef de projet graphique, élabore un script de trois ou quatre pages. Au terme de cette étape, qui dure environ quatre mois, un premier prototype du jeu est élaboré.

La phase de développement est la plus lourde : pendant plusieurs mois, graphistes, programmeurs et designers entrent en piste pour donner vie aux personnages. Les mouvements prennent forme, les décors s'animent et l'aventure sort des lignes de codes informatiques. Régulièrement, l'équipe vérifie si le jeu correspond toujours à la cible visée et si la licence est respectée.

Après quelques mois, le jeu passe entre les mains du service « test », qui passe au crible la « jouabilité » du produit :

- Les mouvements des héros sont-ils cohérents ?
- Y a-t-il des séquences trop répétitives, trop dures ou trop faciles ?

Les services marketing interviennent eux aussi pour commencer à préparer les plans de communication, les jaquettes et les campagnes de publicité.

Quelques mois avant sa sortie, une version « bêta » du jeu est réalisée et soumise une nouvelle fois aux pires traitements. Il s'agit de trouver d'éventuels bogues qui pourraient nuire au bon fonctionnement. Une fois passée l'épreuve de vérité, une version « master » du jeu est envoyée pour validation auprès des fabricants de consoles de jeux.

Tout va ensuite très vite. La fabrication du jeu ne demande que trois semaines à deux mois avant la mise à disposition dans les magasins et sur le web.

La direction de Videogames est sur le point d'acquérir une nouvelle licence pour développer V4, un nouveau jeu pour un montant de 500 000 euros. Elle s'interroge sur l'opportunité de développer ce jeu et sur la faisabilité du projet au cours des prochains mois.

Les méthodes et outils du management de projet ont pour objectif d'apporter des éléments de discussion et de réponse aux responsables afin de les aider à décider, puis à piloter le projet. Un chef de projet design est nommé : en charge des études préparatoires, il est accompagné d'un chef de projet technique tout au long de la durée du projet.

Dans un premier temps, l'objectif est d'assurer la planification du projet. La liste des tâches, leur durée d'exécution et leurs antécédents sont présentés dans le tableau suivant. Dans la mesure du possible, les tâches seront programmées au plus tard, sauf la tâche C, en raison des risques particuliers qui y sont rattachés.

Tâches	Désignation	Durée (mois)	Ancêtres	Ressource I (quantités par mois)	Ressource M (quantités par mois
A	Script du jeu	3	-	5	
B	Prototype	1	A	4	
C	Design	3	B	7	
D	Graphisme	4	B	4	
E	Programmation	6	B	4	
F	Validation marketing	2	C, D, E		2
G	Tests	1	C, D, E	2	
H	Plan de communication marketing	5	F		4
I	Réalisation version « bêta » et tests	2	F, G	6	
J	Validation fabrication	2	I	2	

Par simplification, lors de cette première analyse du projet, la ressource I représente les graphistes, programmeurs et designers, alors que la ressource M concerne les gestionnaires en marketing.

Question 1 : Quel est le délai nécessaire pour mettre sur le marché le nouveau produit ?

Dans un deuxième temps, l'objectif est de déterminer le budget du projet. Chaque tâche consomme des ressources qu'il s'agit de valoriser. Celui-ci utilise deux types de ressources, en plus des chefs de projet : des informaticiens (ressource I) et des gestionnaires en marketing (ressource M). Les quantités de ressources sont exprimées en nombre de personnes par mois et sont supposées constantes sur la durée de la tâche.

Question 2 : Présentez le plan de charge de la ressource I sur la durée du projet.

Question 3 : Sachant que le nombre de ressources I disponibles est de dix personnes sur la période envisagée, proposez un ordonnancement respectant cette contrainte cumulative.

Les informaticiens ont un salaire brut mensuel moyen de 4 500 euros et les gestionnaires en marketing, un salaire brut mensuel moyen de 3 000 euros, auxquels s'ajoutent les cotisations sociales patronales de 50 %. Les informaticiens et les gestionnaires disposent d'un treizième mois, ainsi que d'un mois de congés payés. Les chefs de projet ont les mêmes conditions et sont rémunérés, chacun, 5 500 euros par mois.

Les services marketing estiment que le plan de communication (création publicitaire et achats d'espaces) coûtera environ 400 000 euros, décaissables deux mois avant la fin du projet.

Question 4 : Quel est le coût de développement de ce nouveau jeu sur le fondement des informations dont dispose l'entreprise ?

Dans un troisième temps, la direction de Videogames souhaite obtenir une analyse de la rentabilité prévisionnelle du projet. La production en série du nouveau jeu pourra débuter dès la fin du projet de conception et de développement. Les premières unités seront alors disponibles en magasin deux mois après. La durée de vie du jeu est estimée à 36 mois. Son prix de vente aux distributeurs est de 20 euros, les charges variables de production de 2,50 euros et les charges logistiques de 1 euro par jeu. Le projet supportera également des charges fixes : des dépenses de marketing de 30 000 euros par an.

L'entreprise prévoit de vendre environ 10 000 jeux par mois sur les huit premiers mois, puis 6 000 jeux sur les huit mois suivants et, enfin, 3 000 jeux sur la durée restante.

Question 5 : Étant données les prévisions du marché, le nouveau jeu sera-t-il rentable pour l'entreprise Videogames ? ■

Synthèse du cas et introduction du chapitre

Le management de projet est **l'application de la connaissance, du savoir-faire, d'outils et de techniques aux activités du projet pour atteindre les exigences définies**. Selon le Project Management Institute (www.pmi.org), le management de projet repose sur l'application pertinente et l'intégration de domaines de connaissances regroupés en cinq groupes de processus qui font référence au cycle de vie du projet : initialisation, planification, exécution, contrôle et terminaison. Les domaines de connaissances nécessaires au management de projet sont au nombre de neuf : l'intégration, le périmètre, les délais, les coûts, la qualité, les ressources humaines, les communications, les risques et les achats.

L'objectif de ce chapitre est de présenter les évolutions du pilotage économique des projets, passant d'un contrôle des coûts du projet à une véritable logique de pilotage. La première section revient sur la méthode traditionnelle de contrôle de gestion des projets, fondée sur la budgétisation, puis le suivi des coûts du projet. Les problèmes méthodologiques de cette méthode de « *cost control* » sont détaillés. La deuxième section souligne combien cette méthode traditionnelle, qui s'inscrit dans des hypothèses organisationnelles fortes, concerne essentiellement une classe de projets (projets à coûts contrôlés *vs* projets à rentabilité contrôlée) et suppose que l'ensemble des incertitudes soient levées en fin de planification du projet. Les méthodes et outils de pilotage doivent être adaptés aux principaux risques du projet. La maîtrise des objectifs du projet s'appuie alors sur la coordination et la coopération entre les acteurs afin d'identifier le plus tôt possible les dérives potentielles. La troisième et dernière section est dédiée au cas particulier des projets en contexte innovant.

1. Les systèmes traditionnels de contrôle des projets

De manière schématique, le processus de contrôle de gestion des projets comprend trois phases principales : **la planification, le suivi de l'exécution et l'évaluation du projet**. Cette présentation est cohérente avec les analyses plus récentes du cycle de vie d'un projet découpé en quatre phases : initialisation, planification, exécution et terminaison (PMI, 2008).

Le processus de contrôle de gestion d'un projet découle logiquement du processus de planification stratégique même si, comme pour les activités récurrentes, la frontière entre planification stratégique et contrôle de gestion est floue. L'approbation de la poursuite du projet et l'accord sur les actions à venir marquent la fin de la planification stratégique. Cette phase porte sur l'approbation de ce qui doit être fait (objet du projet), accompagnée d'une estimation sommaire des coûts et des délais. Une des difficultés principales réside dans la prise en compte de tous les aléas futurs. En conséquence, l'initialisation du projet ne peut être justifiée qu'après l'estimation des risques économiques encourus, qui portent sur les objectifs de qualité, de délai et de coût. Il existe cependant une hiérarchie des risques qui dépend :

- des caractéristiques de l'environnement de l'entreprise, notamment les incertitudes liées aux marchés ;
- de la place économique du projet dans l'entreprise et du positionnement stratégique retenu.

La présentation du processus de contrôle de gestion des projets conduit à s'intéresser aux objectifs et au contenu des différentes phases identifiées : la planification (1.1), le suivi de l'exécution (section 1.2) et la post-évaluation (section 1.3). Enfin, le contrôle de gestion des projets sera comparé au contrôle de gestion conventionnel (section 1.4).

1.1 La planification du projet

La conception traditionnelle en matière de planification des projets transpose les concepts et les outils des processus de planification des opérations récurrentes. Comme le souligne Anthony (1988, p. 119), « *le processus de contrôle de gestion comprend les mêmes opérations que celles décrites pour le contrôle de gestion des opérations permanentes, excepté que les activités de programmation et de budgétisation, distinctes pour les opérations permanentes, sont combinées en une seule activité : la planification du projet* ».

Le processus de planification du projet comprend trois activités principales :

- Le plan de projet doit définir le cahier des charges (spécifications de chaque ensemble de tâches), le calendrier qui correspond au temps estimé pour chaque ensemble de tâches et aux relations entre ces ensembles, ainsi que les coûts exprimés dans le budget.

- Le budget de contrôle constitue un lien important entre la planification et la performance. C'est la raison pour laquelle la préparation du budget de contrôle est l'une des phases principales du processus de planification.
- Les autres activités du processus de planification d'un projet comprennent notamment le développement des systèmes de contrôle de gestion et de contrôle des tâches.

1.1.1 La programmation du projet

La programmation comprend un travail d'analyse important allant de la décomposition du projet en tâches élémentaires (organigramme technique ou WBS pour *work breakdown structure*) jusqu'à l'évaluation du coût de ces tâches. Ce dernier est déterminé par la valorisation des ressources consommées par ces mêmes tâches. Le budget initial précise le montant des charges et produits liés au projet, mais aussi un échéancier précis de consommation de ce budget en fonction de la programmation prévisionnelle de l'exécution de chacune des tâches du projet.

L'ordonnancement du projet

La programmation du projet repose sur les techniques d'ordonnancement des tâches qui prennent en compte essentiellement l'objectif de délai, les autres objectifs (performance technique et coût) intervenant sous la forme de contraintes (Giard, 1991). La disponibilité des ressources non stockables (par exemple, le temps de travail disponible) intervient sous la forme de contraintes cumulatives (par exemple, un nombre maximal de ressources humaines) dans la formulation des problèmes d'ordonnancement : chaque tâche consomme des ressources qui ont un coût et sont disponibles en quantités limitées. En conséquence, le coût est une caractéristique de la tâche dans la formulation traditionnelle des problèmes d'ordonnancement. La résolution d'un problème d'ordonnancement en présence de contraintes cumulatives pose des problèmes de résolution complexes et diverses heuristiques (c'est-à-dire des méthodes permettant de trouver une solution satisfaisante) peuvent être envisagées (Giard, 1991).

Tableau 10.1 – Caractéristiques d'un programme d'ordonnancement

Éléments caractéristiques	Définition
Le critère à optimiser	En général, il s'agit de la date d'achèvement du projet. Parfois, il s'agit de l'utilisation des ressources (critère du lissage d'une ressource donnée).
Les contraintes	Contraintes potentielles : • contraintes d'antériorité, liées à la définition du contenu technique des tâches ; • contraintes de localisation temporelle qui indiquent qu'une tâche ne peut débuter avant une date donnée ou qu'elle ne peut se terminer après une date imposée. Contraintes cumulatives, qui sont généralement liées à la disponibilité de ressources non stockables.

Éléments caractéristiques	Définition
Le caractère certain ou non des données utilisées	
La méthode de résolution retenue	En général, on se situe en univers certain et on recherche un ordonnancement avec prise en compte des seules contraintes potentielles.
Nature de la solution	Dates des différentes tâches : • début au plus tôt et fin au plus tôt ; • réalisation au plus tard de l'ensemble des tâches. Chemin critique : tout itinéraire qui permet d'aller du début du projet à la fin du projet en mettant le temps le plus élevé possible.

Bien que faisant l'objet de critiques, les méthodes d'ordonnancement sont utilisées de manière quasi systématique.

Témoignage 10.1 – Des outils critiqués, mais au centre des négociations

Pourquoi utilise-t-on encore PERT et GANTT pour déterminer la durée des projets, alors que de nombreux projets sont souvent en retard ?

Une bonne raison explique la mobilisation de ces techniques : il faut bien se mettre d'accord au départ sur un calendrier. Pour les projets à coûts contrôlés (client connu qui achète l'ouvrage), la date de livraison de l'ouvrage ou du bien est contractuelle et, en cas de retard, une indemnité est versée au client. Pour les projets à rentabilité contrôlée (produits nouveaux tel le jeu vidéo), le time-to-market, ou délai de mise sur le marché, est dans de nombreux secteurs une arme de concurrence importante. Il faut que les concepteurs s'organisent pour réduire les délais de conception. Le planning permet à l'équipe de conception d'organiser les interventions dans le projet.

La réalisation du planning du projet permet de négocier les interventions des différents responsables de tâches lorsque la durée du projet est une contrainte forte.

Frédérique H., cheffe de projet, travaux publics

1.1.2 Les consommations de ressources

Si la programmation permet de déterminer les consommations de ressources mobilisées par les tâches, le budget du projet suppose de valoriser ces consommations. Cette valorisation est réalisée :

- Soit par une estimation des coûts qui suppose alors le stockage de données relatives aux projets antérieurs. Les principales méthodes d'estimation reposent sur l'analogie (c'est-à-dire les comparaisons) ou les méthodes paramétriques (par exemple, méthode de régression).

- Soit par un calcul analytique utilisant les taux standards de la comptabilité de gestion. Dans ce cas, la pertinence du budget de contrôle du projet dépend étroitement des taux standards utilisés.

L'utilisation de la méthode analytique pour déterminer le budget du projet pose un certain nombre de problèmes méthodologiques (Giard, 1991).

Tableau 10.2 – Ressources types consommées par un projet

Nature des ressources	Exemple de charges directes	Exemples de charges indirectes
Heures d'ingénierie	Heures des personnels intervenant directement sur le projet	Supervision, moyens des services, gestion des personnels, etc.
Matériels (principaux ou banalisés)	Prix d'achat	Charges d'approvisionnement, coûts de stockage, etc.
Sous-contrats (ingénierie ou travaux)	Prix des contrats	Charges de gestion des contrats, de supervision ou réception des travaux, etc.

Tout d'abord, les charges prises en compte dans le budget du projet peuvent être directes ou indirectes par rapport à la tâche. Les charges indirectes doivent être isolées sur un compte particulier pour être en mesure d'apprécier les causes d'écarts entre coûts prévus et réalisés. Le caractère direct ou indirect des charges par rapport aux tâches est étroitement lié à la décomposition hiérarchique du projet (organigramme technique). Le coût des prestations de travail des services fonctionnels au projet peut s'effectuer sur des bases différentes tant au niveau du budget qu'au niveau du suivi budgétaire (facturation) :

- Un taux moyen du service prestataire peut être retenu pour le budget comme pour la facturation.
- Le coût réel de la prestation peut être utilisé pour le budget et la facturation. Cette solution suppose une prévision très précise des ressources utilisées.
- Un taux moyen du service prestataire peut être employé pour le budget et le coût réel de la prestation pour la facturation. Cette situation complique le suivi budgétaire en cours de réalisation du projet.

Le deuxième problème méthodologique porte sur la définition de l'échéancier précis de consommation du budget du projet. En effet, l'exécution d'une tâche se réalisant sur une durée caractérisée par sa date de début et sa date de fin, il reste à répartir dans le temps l'intensité et la valeur de la consommation des ressources utilisées par la tâche. Plusieurs solutions sont possibles :

- La répartition uniforme du coût de la tâche sur chaque période élémentaire durant laquelle la tâche est exécutée. Si, au niveau prévisionnel, cette solution est simple, elle pose des difficultés en cours de suivi budgétaire, puisque la dépense et la durée réelles ne sont connues qu'après exécution de la tâche.
- La répartition du coût de la tâche pour moitié au début d'exécution et pour moitié en fin d'exécution. Pour le suivi budgétaire, lors de la réalisation du projet, la moitié du montant prévu est imputée à la date de début de la tâche et le solde, à la date de fin sur la base de la dépense réelle.

Le budget de base du projet comprend d'une part l'évaluation des consommations de ressources par les tâches et d'autre part :

- Un **budget non distribué**, destiné à prendre en compte les consommations de ressources de tâches encore mal spécifiées lors de la programmation du projet.
- Une **provision générale**, ou **réserve de gestion**, destinée à faire face aux aléas et aux imprévus. La détermination de la provision générale, ou provision pour imprévus, lors de l'établissement du budget initial repose sur l'analyse et la quantification des risques du projet. Le niveau de cette provision a un impact important tant sur la rentabilité prévisionnelle du projet que sur son pilotage ultérieur : le montant doit être suffisant pour couvrir les risques tout au long du projet et elle doit être affectée avant tout aux fonctions prioritaires du point de vue de la performance globale du projet.

La performance économique du projet suppose donc une analyse et une quantification précises des risques du projet, notamment pour déterminer un niveau satisfaisant de provision générale. L'efficacité de cette provision est étroitement liée à son affectation initiale qui constitue une décision importante pour le pilotage économique du projet. Deux attitudes extrêmes, dont il faut évaluer les conséquences, sont envisageables quant à son affectation (Nakhla et Soler, 1996).

La centralisation totale de la provision. Dans ce cas, les acteurs métiers doivent s'engager sur des objectifs « secs », et tout aléa ou imprévu qui nécessite une modification du budget alloué aux tâches concernées doit être soumis au directeur de projet. Celui-ci dispose d'une marge d'action maximale, alors que l'autonomie des acteurs métiers est réduite. En conséquence, pour que cette solution soit viable, une procédure de renégociation permanente du budget des tâches doit être permise par le directeur de projet. La centralisation de la provision est une solution intéressante dans la mesure où une assurance collective protège mieux et coûte moins cher qu'un ensemble d'assurances individuelles (Giard, 1991), mais elle contient des hypothèses implicites et peut conduire à des effets pervers (logique de « poker transactionnel ») : afflux de toutes les questions difficiles vers le directeur de projet, non-révélation des difficultés par les acteurs métiers pour ne pas avoir à négocier avec le directeur de projet, etc.

La décentralisation totale de la provision. Dans ce cas, la provision globale est répartie entre les acteurs métiers soit de manière forfaitaire, soit à partir des analyses de risques produites. Cette solution signifie qu'aucune révision de budget par responsable de tâche n'est permise ultérieurement, ce qui suppose une analyse exhaustive des risques lors de la détermination du montant de la provision générale. Les marges de manœuvre du directeur de projet deviennent minimales et il est probable que l'intégralité de la provision soit utilisée par les acteurs métiers.

Entre ces deux solutions extrêmes, il existe un continuum de solutions possibles concernant l'affectation de la provision initiale. Son degré de centralisation ou de décentralisation est lié au besoin de coordination entre les acteurs métiers intervenant sur le projet de conception et de développement.

1.2 Le suivi de l'exécution du projet

Comme l'indique Anthony (1988, p. 122), « *au cours du processus de contrôle, les données sur les coûts réels, le temps réel et les réalisations sont comparées aux prévisions. La comparaison peut être établie soit lorsqu'une étape identifiée du projet est atteinte, soit régulièrement, par exemple à la fin de chaque semaine, ou de chaque mois* ».

Les objectifs du contrôle de gestion de la phase d'exécution d'un projet sont de mettre en place un système facilitant le suivi des objectifs, notamment en permettant :

- **La mesure des réalisations.**
- **La confrontation entre les réalisations et les prévisions.** Elle a pour objectif de mettre en évidence les points sur lesquels le plan d'origine n'a pas été respecté, d'analyser les raisons des dérives et leurs conséquences prévisibles sur la suite du projet.
- **La recherche de solutions et la prise d'actions correctives**, afin de maintenir les objectifs initiaux ou de les modifier. Lors du processus de suivi de la réalisation du projet, les objectifs d'avancement général, de délais et de coûts doivent être suivis simultanément, des arbitrages entre ces trois critères étant toujours possibles.

Le contrôle des réalisations en phase d'exécution du projet repose sur des outils semblables à ceux du contrôle budgétaire des opérations récurrentes : l'analyse des écarts. À une date *t*, le budget à date remplace le budget initialement établi et devient le nouveau référentiel permettant le suivi du projet. Le budget à date est un budget flexible qui intègre les modifications intervenues jusqu'à sa date d'élaboration. Comme le souligne Anthony (1988, p. 126), « *le plan révisé est en principe une meilleure indication de la performance attendue, mais avec le risque qu'un manager de projet persuasif puisse négocier et obtenir des augmentations de coûts budgétaires injustifiées, ou bien que le plan révisé incorpore et cache des inefficacités accumulées jusqu'alors* ».

En conséquence, la question que pose cette évolution du référentiel est celle de la prise en compte des modifications. Ces dernières résultent d'évolutions relatives au contenu du projet et, dans ce cas, se pose le problème de faire supporter ou non au « client » ces évolutions.

Elles peuvent également provenir de difficultés ou d'opportunités au cours de la réalisation des tâches. L'existence du budget non distribué et de la provision générale permet, en principe, de faire face aux difficultés liées à l'évolution des consommations de ressources ou à la survenance de risques. Quelle que soit leur origine, ces modifications supposent :

- des procédures permettant au responsable du projet d'avaliser ces modifications ;
- un processus de réévaluation des résultats du projet sous forme de nouvelle estimation du coût à terminaison et/ou de la rentabilité du projet ;
- une réactualisation du budget, nommée budget à date.

Les réalisations sont comparées au budget à date, et les écarts sont analysés en écart de planning et en écart sur consommations de ressources (ou écart de coût).

L'analyse de l'écart global est réalisée en introduisant la valeur budgétée des travaux effectués, dénommée **valeur acquise** (*earned value* ou CBTE pour coût budgété du travail effectué), qui s'obtient en valorisant les tâches effectivement réalisées par leur coût unitaire prévisionnel budgété (voir application 2). Les bases de comparaison du contrôle de gestion du projet en phase d'exécution sont résumées dans le tableau 10.3 (ECOSIP, 1993, p. 137).

Tableau 10.3 – Bases de comparaison du contrôle de gestion des projets

Hypothèses		Coût encouru (CE)	Valeur acquise (VA)	Budget encouru (BE)
Avancement	Prévu			x
	Réalisé	x	x	
Coût	Prévu		x	x
	Réalisé	x		
Écart de planning	VA – BE		< 0 : retard > 0 : avance	
Écart de coût	VA – CE	< 0 : dépassement > 0 : économie		

L'écart global est égal à la différence entre le budget encouru (coût budgété du travail prévu, CBTP) et le coût encouru (coût réel du travail effectué, CRTE). Il peut avoir pour origine :

- Un **écart de planning**, différence entre le coût budgété du travail effectué et le coût budgété du travail prévu, lorsque le travail physiquement réalisé est en avance ou en retard par rapport à ce qui a été programmé initialement. Si l'écart est positif, le planning réel est en avance par rapport au planning prévu. Cet écart de planning est exprimé en valeur et, en conséquence, sa signification est peu évidente. Cependant, exprimé en pourcentage et complété par d'autres outils (analyse de l'avancement détaillé des tâches) permettant de suivre précisément les avances ou retards par rapport au délai initialement prévu, l'écart de planning est un outil pertinent de suivi.
- Et/ou un **écart de coût**, différence entre le coût budgété du travail effectué et le coût réel du travail effectué, lorsque la valeur réelle des ressources consommées est différente de la valeur budgétée. Cet écart peut être lui-même décomposé en écart de productivité et en écart de coût unitaire ou de prix unitaire.

La comparaison entre les différentes valeurs est schématisée dans la figure 10.1.

Figure 10.1 – Contrôle de l'exécution, les grandeurs à comparer (Giard, 1991, p. 112)

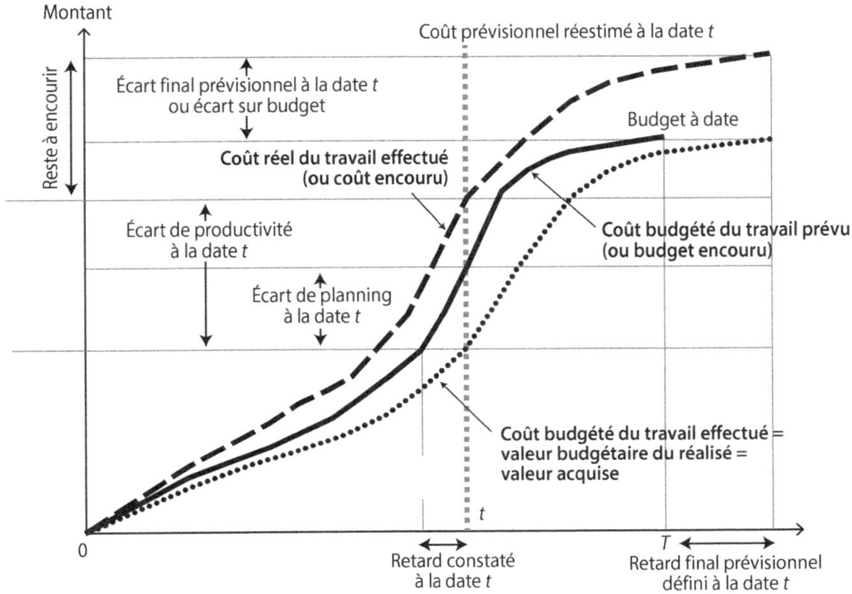

Dans le cadre d'un projet, le contrôle *a posteriori* des coûts ne porte pas sur des opérations stables et récurrentes. Les actions correctrices ne peuvent porter que sur des tâches futures et non sur les tâches à l'origine des écarts constatés. Dans le cas où l'amélioration de la productivité des tâches futures est difficile, voire impossible, les techniques de contrôle budgétaire de projet se transforment en simples systèmes d'enregistrement *a posteriori* des dérives.

1.3 La post-évaluation du projet

L'évaluation du projet et du responsable de projet poursuit les mêmes objectifs que l'évaluation de la performance des opérations récurrentes : améliorer la performance des projets futurs par la capitalisation de l'expérience. L'évaluation porte sur les trois aspects définis en phase de planification (qualité du résultat final, délais de développement et coûts) et comprend deux analyses distinctes : l'évaluation de la performance de réalisation du projet et celle de ses résultats.

1.3.1 L'évaluation de la performance de réalisation du projet

Cette évaluation a pour objectif d'identifier de bonnes pratiques de gestion, afin d'améliorer les performances futures des projets. Elle peut notamment mettre en évidence l'inadaptation de certaines règles ou procédures de gestion des projets. La post-évaluation constitue une étape importante en matière d'apprentissage et de mémoire organisationnelle.

1.3.2 L'évaluation des résultats du projet

Cette évaluation des résultats est plus délicate, notamment en raison des délais nécessaires pour pouvoir mesurer l'impact du projet en termes de coûts et de bénéfices. Elle porte en partie sur une comparaison entre la rentabilité réelle du projet et la rentabilité planifiée au moment de l'approbation de ce dernier.

1.4 Les différences entre le contrôle de gestion des projets et le contrôle de gestion des activités permanentes

Les méthodes et outils spécifiques du contrôle de gestion des projets mettent en évidence certaines particularités de la conduite économique des projets vis-à-vis des approches classiques du contrôle de gestion des activités récurrentes : une prise en compte différente du temps, un mode de décomposition des activités plus proche de l'objet physique et un exercice plus collectif de la responsabilité.

1.4.1 La prise en compte du temps

Le contrôle de gestion des opérations permanentes se centre sur une période de temps donnée, telle que le mois ou l'année. Il s'agit de planifier et de suivre sur le court terme les réalisations, en cohérence avec les décisions de la planification stratégique. Cette approche du contrôle de gestion s'explique par la répétitivité et la stabilité des activités.

Dans le cas du contrôle de gestion de projet, les horizons de contrôle sont variables selon les phases du projet et la nature des travaux et des objectifs suivis dans la réalisation des tâches rattachées à la phase en cours d'exécution. Par conséquent, si en contrôle de gestion des opérations récurrentes les écarts sont calculés sur des périodes d'amplitude fixe, ils sont calculés en contrôle de gestion de projet sur une période variable qui est délimitée par la date courante et celle de début de projet. Cette différence marque la difficulté qui existe, en contrôle de gestion de projet, de rattraper un écart défavorable important, d'une part, et l'interdépendance temporelle entre des tâches, d'autre part.

1.4.2 La construction du référentiel

Les standards de performance ont tendance à être moins fiables pour les projets que pour les activités opérationnelles permanentes. Cela provient du fait qu'ils sont uniques et spécifiques à chaque projet. Par conséquent, « *la visibilité du physique qui sous-tend les valeurs manipulées est plus forte et plus réaliste* » (Giard, 1991) en contrôle de gestion de projet que celle obtenue en contrôle de gestion des opérations récurrentes. La gestion de projet suppose d'expliciter, au moins grossièrement, la gamme associée au projet en obligeant à une certaine décomposition des tâches et à une définition des ressources nécessaires à leur exécution.

1.4.3 Un exercice plus collectif de la responsabilité

Cette différence de fiabilité des standards de performance conduit à un exercice plus collectif de la responsabilité en gestion de projet qu'en gestion des opérations récurrentes. En effet, des standards de performance fiables permettent un contrôle de gestion cybernétique, centré sur les résultats, puisque le pilote connaît parfaitement le processus de transformation ou, au moins, ses résultats. Il est évident qu'un tel contrôle de gestion est difficilement transposable à des activités dont les résultats ne sont pas immédiatement mesurables. En conséquence, le contrôle de gestion de projet s'attache à la cohérence des procédures, à l'évaluation du niveau de précision qu'elles permettent d'atteindre, à la rapidité du diagnostic et à la qualité du suivi des décisions.

Ce dernier point nous conduit à analyser plus précisément le rôle et les méthodes du pilotage économique des projets.

2. Du contrôle budgétaire au pilotage des projets

L'objectif de cette section est de souligner les limites des systèmes traditionnels de contrôle de gestion des projets et de présenter les principales analyses permettant de dépasser ces limites. Il apparaît, en effet, que les techniques traditionnelles de contrôle de gestion sont largement liées à l'organisation des projets autour des concepts de maître d'œuvre et maître d'ouvrage. Or, l'organisation des projets selon le schéma de l'ingénierie concourante s'est largement répandue, notamment pour les projets de conception et développement de produits nouveaux. Ce modèle, inspiré des pratiques japonaises, est désormais mobilisé pour structurer les équipes de conception et développement de produits nouveaux ; il oblige les concepteurs à tenir compte de toutes les phases de la vie du produit (par exemple, le recyclage du produit en fin de vie) et à concevoir de manière systématique, intégrée et simultanée le produit et les processus qui y sont rattachés. Sur le plan organisationnel, ce modèle remet en cause la séquentialité et le cloisonnement des tâches.

Il semble donc que les systèmes traditionnels de contrôle de gestion, fondés sur la valeur acquise, sont beaucoup plus adaptés aux projets à coûts contrôlés qu'à ceux à rentabilité contrôlée, même si ces derniers recourent également aux techniques classiques de contrôle de gestion. Les méthodes et outils de pilotage des projets à rentabilité contrôlée s'appuient largement sur ce que Simons (1995) appelle les **systèmes de contrôle interactifs**. Ce caractère interactif du pilotage des projets dépasse d'ailleurs largement ce que Simons décrit, en raison de la difficulté de séparer clairement les phases de préparation et d'exécution du projet, notamment lorsque les incertitudes sont importantes. Il convient, en conséquence, d'adapter les dispositifs de pilotage à la nature et à l'intensité des risques auxquels le projet est confronté.

2.1 Des systèmes traditionnels de contrôle fondés sur des hypothèses organisationnelles fortes

Il est utile, pour expliciter les hypothèses organisationnelles des méthodes traditionnelles de contrôle de gestion des projets, de s'appuyer sur l'analyse de Midler (1996) qui caractérise et distingue quatre modèles de coordination des activités de conception : **le modèle de l'entrepreneur**, formalisé par les travaux de Schumpeter, **le modèle de l'ingénierie**, **le modèle taylorien** et **le modèle concourant**. Si l'on explicite les caractéristiques des modèles taylorien et de l'ingénierie, on voit combien les techniques traditionnelles de contrôle de gestion des projets sont liées à ces modèles organisationnels.

2.1.1 Le modèle taylorien

Le modèle taylorien correspond à la conception et au développement des produits nouveaux au sein de grandes entreprises dans une logique de renouvellement de gammes de produits existants. Le point de départ de ce modèle est la création de rôles d'experts, dont la fonction économique est la prescription - certains acteurs de l'organisation, les experts, prescrivent à d'autres ce qu'ils doivent faire et la manière dont ils doivent le faire. Entre les experts, la coordination est réalisée de manière séquentielle et assurée par la hiérarchie.

2.1.2 Le modèle de l'ingénierie

Le modèle de l'ingénierie naît à la fin de la Seconde Guerre mondiale aux États-Unis pour les grands programmes. La régulation organisationnelle de ce modèle repose sur la distinction entre le maître d'ouvrage (responsable de la définition des spécifications fonctionnelles et propriétaire du résultat du projet), le maître d'œuvre (responsable de la conception et coordonnateur de la réalisation de l'ouvrage) et les responsables de lots, qui assurent la réalisation des tâches élémentaires. La coordination se base sur une instrumentation de planification (par exemple, ordonnancement, budgets) et de contrôle. La régulation économique s'appuie essentiellement sur le recours au marché (par exemple, appels d'offres). Les limites de ce modèle sont de deux types :

- La distinction entre le maître d'ouvrage (celui qui définit les objectifs) et le maître d'œuvre (celui qui génère les solutions de conception) est peu compatible avec la caractéristique selon laquelle la définition du problème et l'élaboration de la solution sont construites simultanément.
- La coordination se fait sur la base des résultats prévus de lots de travaux, donc *ex ante*, ce qui conduit les responsables de lots à prendre des marges. Comme le souligne Midler (1996, p. 74), « *ce macro-management tend à être inflationniste... Pour affiner les compromis en répartissant mieux les risques et les contraintes, il faudrait non seulement échanger sur les résultats les plus probables, mais aussi sur les élasticités autour de ces points* ».

Il apparaît alors que les systèmes traditionnels de contrôle de gestion des projets empruntent largement aux caractéristiques organisationnelles des modèles taylorien et de l'ingénierie, et restent cohérents avec les hypothèses traditionnelles du modèle de contrôle de gestion (Bouquin, 1994), en particulier la gestion par des contrats d'objectifs.

Conformément aux modèles taylorien et de l'ingénierie, les techniques traditionnelles de contrôle de gestion des projets s'appuient sur une distinction claire entre la phase de planification et d'exécution du projet. Elles reposent sur l'hypothèse qu'à la fin de la phase de planification, l'ensemble des informations nécessaires à l'exécution du projet sont connues avec un fort degré de certitude et le compromis requis entre acteurs sur ce qui doit être fait est intégralement contractualisé. La seule marge d'incertitude admise par les méthodes traditionnelles repose sur la constitution de la provision pour imprévus, en fin de phase de planification, et sur la possibilité de définir un budget à date lors des revues du projet. Il n'y a pas d'interactions possibles entre l'exécution du projet et sa définition. Ce dernier se déroule selon une logique séquentielle : définition quasi certaine, puis exécution. Cela suppose que le processus d'acquisition d'information soit terminé en fin de phase de définition du contenu du projet, et donc que l'incertitude en phase d'exécution soit particulièrement faible.

2.1.3 La définition des responsabilités dans le modèle classique de contrôle de gestion des projets

Les systèmes traditionnels de contrôle de gestion apparaissent également cohérents avec les modèles taylorien et de l'ingénierie en ce qui concerne la responsabilité des acteurs dans le projet et leur mode de coordination. La définition des responsabilités est stricte et précise entre le maître d'œuvre, le maître d'ouvrage et les responsables de lots. Les systèmes traditionnels reposent sur une division claire entre ceux qui définissent le travail, ceux qui le conçoivent et ceux qui le réalisent. Les méthodes et outils du contrôle de gestion des projets apparaissent cohérents avec ce que Bouquin (1994) appelle les hypothèses traditionnelles du modèle de contrôle de gestion :

- L'**hypothèse de cloisonnement hiérarchique** est, dans le cadre des projets, réalisée grâce à la définition des lots et de leurs responsables. Les ressources sont allouées à leur niveau, grâce à l'analyse des tâches composant le lot (principe de l'organigramme technique), en contrepartie d'exigences de performance en termes de résultats et de délais de réalisation. Cette hypothèse suppose que l'interdépendance temporelle entre les différentes activités liées au projet soit relativement faible.
- L'**hypothèse d'articulation du long terme au court terme** repose sur des principes semblables à ceux du contrôle de gestion des opérations récurrentes. Le maître d'œuvre est responsable de la définition des objectifs stratégiques du projet, le maître d'ouvrage est chargé de sa conception et de sa planification, alors que les responsables de lots assurent l'exécution conformément au plan. Ce schéma d'ensemble n'est pertinent que lorsque le problème est complètement défini à chacun des niveaux et qu'en conséquence, l'incertitude est faible.
- Une **hypothèse de pilotage par des contrats d'objectifs** entre les divers acteurs, en particulier entre le maître d'ouvrage et le maître d'œuvre, puis entre ce dernier et les responsables de lots. Les contrats qui lient les différents acteurs ne peuvent être assimilés à des contrats commerciaux classiques, qui n'incitent

pas à l'exploration interactive du problème et des solutions possibles. De nouvelles formes contractuelles sont alors requises pour tenir compte des développements de connaissances nécessaires au projet (Garel et Midler, 1995) et de l'explicitation des risques associés aux incertitudes.

En synthèse de cette analyse, il apparaît que les méthodes traditionnelles de contrôle de gestion des projets supposent que l'ensemble des informations nécessaires pour exécuter le projet soient disponibles en fin de phase de planification et que le pilotage du projet consiste avant tout à suivre les coûts réels par rapport à ce qui avait été planifié. En conséquence, lorsque ces hypothèses ne sont pas vérifiées, les dispositifs de contrôle de gestion doivent être adaptés. Ce constat nous conduit à souligner leur caractère interactif et leur contingence aux principaux risques identifiés.

2.2 Le caractère interactif du pilotage des projets

Le caractère interactif du pilotage des projets a été mis en évidence lors de projets de développement de produits nouveaux (Gautier, 2003). Ces derniers ont pour caractéristique d'être des projets à rentabilité contrôlée (c'est-à-dire que le client n'est pas connu avec certitude au démarrage du projet) et non à coûts contrôlés (le résultat a un client connu, le maître d'œuvre, avec lequel il y a accord sur le prix), entourés de multiples incertitudes, commerciales, concurrentielles, techniques ou organisationnelles. En conséquence, la planification du projet est plus incertaine et de nombreuses interactions entre la définition du projet et sa réalisation sont souvent nécessaires. De surcroît, le seul suivi des coûts en cours d'exécution est insuffisant par rapport à l'objectif de rentabilité de mise sur le marché d'un produit nouveau.

La conceptualisation de ce caractère interactif du pilotage démontre que les systèmes de contrôle sont importants non seulement pour la mise en œuvre de la stratégie, mais également pour sa formation. Le point de départ de l'analyse de Simons est le constat suivant : alors que toutes les organisations grandes et complexes disposent de procédures et d'outils similaires de contrôle de gestion (par exemple, plans, budgets, analyses d'écarts, systèmes de *reporting*), la façon dont ces systèmes sont utilisés diffère. Ce constat le conduit à distinguer les systèmes de contrôle diagnostic et interactif.

2.2.1 Les systèmes de contrôle diagnostic

Les systèmes de contrôle diagnostic ont pour objectif de mettre en œuvre les stratégies intentionnelles et reposent sur le *feed-back*, ossature des systèmes traditionnels de contrôle de gestion. Les systèmes de contrôle diagnostic se distinguent par trois caractéristiques :

- la capacité à mesurer les *outputs* d'un processus (par exemple, des quantités à produire) ;
- l'existence de standards prédéterminés permettant de comparer les résultats réels ;
- la capacité à corriger les écarts par rapport aux standards.

L'objectif fondamental de ces systèmes est d'aider les managers à accomplir les objectifs de l'organisation en fournissant un cadre formalisé pour identifier les variables de contrôle pertinentes, développer les plans à court terme appropriés, suivre le degré de réalisation des plans à court terme et assurer le diagnostic des écarts. Ces systèmes suivent les résultats et constituent un levier essentiel de mise en œuvre des stratégies intentionnelles. Les systèmes traditionnels de contrôle de gestion des projets, fondés sur la méthode de la valeur acquise, constituent ainsi des systèmes de contrôle diagnostic au sens de Simons.

2.2.2 Les systèmes de contrôle interactifs

Les systèmes de contrôle interactifs permettent l'adaptation des objectifs et activités à l'environnement concurrentiel. Ils visent à collecter de l'information sur les incertitudes stratégiques, définies comme les contingences pouvant menacer ou invalider la stratégie d'un domaine d'activité ou d'un projet. Contrairement aux systèmes de contrôle qui contraignent afin de s'assurer de la réalisation des objectifs organisationnels, les systèmes de contrôle interactifs stimulent la recherche d'opportunités nouvelles et l'apprentissage afin de tenir compte de ces incertitudes stratégiques. Ils assurent trois fonctions (Simons, 1990) :

- Un rôle de **signalement**, notamment lorsque le processus de décision est diffus. Les systèmes de contrôle interactifs révèlent les valeurs et préférences du management aux individus participant à la décision.
- Un rôle de **surveillance** en indiquant aux managers le type d'information à collecter.
- Un rôle de r**atification des décisions**. Les systèmes de contrôle interactifs interactifs informent les managers sur les décisions engageant l'organisation et ses ressources prises.

Le caractère interactif des systèmes de contrôle conceptualisés par Simons procède principalement de communications verticales entre les subordonnés et les managers. Dans le cadre des projets, ce qui est recherché, ce sont également des communications au sein de l'équipe projet, notamment pour la résolution collective de problèmes et la négociation d'un compromis. En conséquence, le contrôle réside dans une information partagée par interaction verticale, mais aussi horizontale entre les participants au projet.

Lors des projets de conception et développement de produits nouveaux dans l'industrie japonaise, Tani (1995) souligne l'importance des systèmes de contrôle favorisant la communication et le partage d'informations entre les différents acteurs du projet. Les systèmes de management par **coûts cibles** (*target cost management*) sont de véritables systèmes de contrôle de gestion interactifs. L'analyse de ces pratiques dans les entreprises japonaises fournit deux leçons principales :

- La réduction drastique des coûts ne peut être obtenue sans partage d'information et coopération importante entre les différentes fonctions.
- La coopération entre les métiers est importante pour l'émergence d'idées sur le plan stratégique. Tani note, par exemple, que les revues de conception constituent des séances « *in vivo* » de contrôle interactif au cours desquelles l'information essentielle sur les besoins des clients ou la technologie est partagée afin d'adapter le plan stratégique concernant la conception et le développement du produit nouveau.

En conséquence, le concept de contrôle de gestion interactif traduit un échange d'information vertical, mais aussi horizontal :

- Le contrôle interactif vertical aide la direction à communiquer les objectifs au management intermédiaire et à obtenir l'information détenue par ce dernier, et favorise l'adaptation de la stratégie.
- L'interaction horizontale est à la base de la prise en compte de l'interdépendance temporelle. Tani (1995) note que les systèmes de management par coûts cibles favorisent l'interaction horizontale entre les managers des différentes fonctions participant au projet, permettant ainsi des résolutions conjointes des problèmes.

Sur un plan organisationnel, l'interaction forte entre les acteurs du projet permet le développement de la **concourance**.

Encadré 10.1 : La concourance

Le concept de « *concurrent engineering* » a été défini, en 1986, par l'Institute for Defense Analyses (IDA), du Department of Defense (DOD), comme une approche méthodologique qui intègre le développement simultané des produits et des processus associés, incluant la fabrication et le soutien logistique. Cette approche prend en considération, dès le démarrage, le cycle de vie du produit depuis sa conception jusqu'à son exploitation en incluant la qualité, les coûts, la planification et les besoins des utilisateurs. Le concept de « *concurrent engineering* » peut se traduire de plusieurs manières en français : ingénierie concourante, ingénierie simultanée ou ingénierie intégrée. Navarre (1993, p. 210) retient le qualificatif concourant : « *L'ingénierie en concourance consiste à concevoir de façon systématique, intégrée et simultanée les produits et les processus qui leur sont rattachés (notamment de production et supports à la production). Cette méthode a pour finalité d'obliger les «développeurs» à considérer tous les éléments du cycle de vie du projet, de la conception à la mise à disposition des usagers, y compris la qualité, les coûts, la programmation et la satisfaction des besoins et requêtes des usagers.* »

L'interaction s'appuie alors sur l'intervention des fonctions aval dès les phases avancées du processus de planification du projet.

Le caractère interactif du pilotage des projets peut être étendu aux projets à coûts contrôlés dès lors que l'incertitude est forte et qu'il existe, en conséquence, de nécessaires interactions entre la phase de planification et la phase d'exécution. Il reste alors à souligner les conséquences méthodologiques de la dimension interactive des systèmes de contrôle des projets.

2.3 Un pilotage adapté aux risques du projet

La prise en compte du caractère interactif des systèmes de contrôle conduit à préciser les trois fonctions principales du pilotage des projets (Lorino, 2001) :

- Assurer la coordination et la coopération indispensables entre les acteurs du projet.
- Repérer et anticiper le plus tôt possible les problèmes et les dérives potentielles. La comparaison des réalisations par rapport aux prévisions n'a pas pour objectif

de sanctionner, comme dans le cas du contrôle de gestion des opérations récurrentes, mais de favoriser l'apprentissage, de responsabiliser les acteurs sur les objectifs et de promouvoir la réactivité.
- Maintenir le lien entre le projet et ses « clients ». En effet, il existe toujours un risque de décrochage entre un projet qui accepte des compromis avec les réalités techniques et économiques, et des utilisateurs dont les besoins évoluent.

Le caractère interactif du contrôle a également des conséquences méthodologiques concernant le pilotage du projet. Le contrôle contribue à réduire l'incertitude, mais le design des systèmes doit être adapté au type de projet et à son degré d'avancement.

2.3.1 Le contrôle, levier pour réduire l'incertitude

Les systèmes de contrôle des projets jouent un rôle important en matière de réduction de l'incertitude, notamment en collectant, traitant et formalisant les informations disponibles dès les phases avancées du projet. Concernant les projets de développement de produits nouveaux, Rosenthal et Tatikonda (1992) estiment que les outils de pilotage assurent trois fonctions :
- Les outils de planification permettent qu'aucune étape du processus de conception et développement ne soit négligée, garantissant ainsi la complétude de ce processus.
- D'autres outils (tels que la contractualisation) facilitent l'usage de cibles communes et une vision partagée du projet.
- Enfin, les revues formelles de performance réduisent le risque inhérent aux activités de conception et développement d'un produit nouveau. Paradoxalement, alors que les bonnes nouvelles sont toujours désirables, l'objet réel de ces approches est de générer de mauvaises nouvelles (anticipation de problèmes), le plus tôt possible.

2.3.2 Le design des systèmes de pilotage

L'objectif du système de pilotage étant de collecter de l'information sur les principales incertitudes auxquelles le projet fait face, il doit être adapté aux risques du projet. Lorsque les risques ne sont pas pris en compte, les techniques classiques d'ordonnancement du projet ou celles de contrôle de gestion n'ont pas d'influence significative sur la réussite. Les risques du projet doivent être considérés d'un point de vue stratégique et tactique lors de sa mise en œuvre. Plus le niveau de risque est élevé, plus le projet sera planifié, surveillé et contrôlé de manière formelle. Lorino (2001) propose une synthèse qui repose sur une classification des projets s'appuyant sur trois critères :
- **L'importance du projet** pour l'organisation en termes de durée, de coûts ou de conséquences stratégiques.
- **L'incertitude du projet** qui repose sur deux caractéristiques du projet : le degré d'innovation et la disponibilité de l'information.
- **La complexité du projet** qui peut être organisationnelle, technologique, culturelle, juridique, commerciale, etc.

Tableau 10.4 – Typologie des projets selon leur niveau de risque (Lorino, 2001, p. 291)

	Importance élevée		Importance faible	
	Forte incertitude	**Faible incertitude**	**Forte incertitude**	**Faible incertitude**
Complexité forte	Projet « va-tout » : niveau très élevé de risque, exigeant un dispositif de pilotage très solide	Projet « d'excellence » à enjeu fort, complexité maîtrisée : l'entreprise investit dans un domaine d'excellence	Expérimentation pilote avancée : gros risque d'échec, mais enjeu limité	Expérimentation pilote de type « essai et validation » : confirmation sur un terrain connu
Complexité réduite	Projet « pari » : simple, mais risqué	Projet de type « aubaine » : gain important sans grand risque	Projet exploratoire « pour voir »	Projet de « tout venant », n'exigeant qu'un dispositif de pilotage léger

La prise en compte de ces trois dimensions permet de définir le niveau de risque encouru par le projet et d'établir quelques grandes classes de projets, dont les dispositifs de pilotage devront être adaptés. Ainsi, les revues de projet doivent être d'autant plus fréquentes que la situation est complexe et incertaine.

2.3.3 L'évolution des modes de contrôle en cours de projet

La troisième conséquence méthodologique porte sur l'évolution des modes de contrôle durant le cycle de vie du projet. Les risques évoluant au cours du projet, les dispositifs de pilotage doivent être adaptés en conséquence. Comme le montrent Berland et Persiaux (2008) sur quatre projets innovants de haute technologie, les modalités et les moyens de contrôle mobilisés évoluent au cours du projet. Ils caractérisent trois stratégies de contrôle (contrôle des résultats, des processus et arbitrage) et soulignent que le recours relativement intensif aux moyens de contrôle sert à des échanges plus interactifs et efficaces entre les différentes parties prenantes au projet. Au cours de la phase d'avant-projet, les chefs de projet semblent privilégier un contrôle des processus, alors qu'en phase d'exécution, la principale stratégie de contrôle mobilisée est l'arbitrage (entre les objectifs, les moyens et les résultats attendus). Malgré son caractère contingent, cette étude démontre clairement l'adaptation des dispositifs de pilotage au cours du cycle de vie du projet.

3. Le management de projet dans un contexte innovant

Le management de projet est un ensemble de concepts, outils et techniques sur la manière de réaliser un projet dans les délais, avec un budget défini permettant de répondre aux exigences de clients dans le cadre d'une définition de la stratégie de l'entreprise. Cependant, les approches traditionnelles de pilotage des projets apparaissent peu adaptées aux contextes très innovants lorsque l'incertitude est importante, comme dans le cas de grands projets complexes sur des marchés nouveaux. Le problème initial est alors mal défini, les exigences auxquelles le projet doit répondre sont floues et le contexte incertain.

3.1 L'importance de l'avant-projet, la phase exploratoire des projets

Le recours au management de projet pour gérer les développements de produits ou services nouveaux, et la réduction de la durée des développements ont conduit à s'intéresser aux activités se déroulant en amont des projets et, en particulier, l'avant-projet. Le concept d'avant-projet apparaît sous le terme de *fuzzy front-end* dans les analyses de Smith et Reinertsen (1991). Cette étape, préalable au projet de développement, comprend trois phases (voir figure 10.2).

Figure 10.2 – L'avant-projet

Phase 1	Préparer la proposition de projet	consommateurs cibles application cible avantages clés
	Filtre stratégique	
Phase 2	Préparer le *business plan*	faisabilité technique faisabilité commerciale et économique projections financières
	Filtre économique	
Phase 3	Préparer les plans détaillés du projet	spécifications budget du projet ordonnancement du projet

Smith et Reinertsen soulignent que la recherche de nouvelles technologies, les études de marché ou la définition d'une stratégie sont en dehors de la phase d'avant-projet.

3.1.1 L'avant-projet comme phase de préparation

L'analyse de Smith et Reinertsen conduit à définir l'avant-projet comme une phase de préparation et non d'exploration. C'est ce que souligne la définition proposée par Gautier et Lenfle (2004, p. 17) : l'avant-projet d'un projet de conception et développement d'un produit nouveau est défini comme « *la fabrication d'une proposition de développement d'un produit ou service nouveau comprenant des hypothèses de valeur, des hypothèses techniques et technologiques et des hypothèses de solutions industrielles* ». La caractéristique essentielle de cette proposition est de conduire à la décision d'entreprendre ou d'arrêter le projet. L'intérêt de cette définition est de souligner les liens entre le projet et son ou ses organisations parentes, et de préciser ses caractéristiques organisationnelles :

- L'avant-projet suppose une coopération étroite avec l'organisation parente, les ressources de l'avant-projet étant fournies par cette dernière.

- Le travail réalisé au cours de l'avant-projet dépend étroitement des objectifs de l'organisation parente, et la décision de lancer ou non le projet sera prise par cette dernière sur la base de la préparation réalisée par l'équipe avant-projet. Ces objectifs sont susceptibles de varier en fonction de ceux de l'organisation parente.
- L'information est acquise au fur et à mesure du travail de préparation.

Cinq principes fondent la gestion des projets exploratoires dans un contexte d'innovation :

- la nécessité de construire un **référentiel d'évaluation spécifique** ;
- le rôle central de **l'expérimentation** et des épreuves dans le dispositif de pilotage ;
- l'importance de la **focalisation temporelle** ;
- les multiples dimensions de la **performance** (valeur des solutions, mais aussi connaissances accumulées) ;
- la nécessité de disposer **d'outils de gestion** permettant de reformuler les problématiques au cours du déroulement de l'exploration.

3.1.2 Le pilotage de l'avant-projet

Le pilotage économique de l'avant-projet participe au processus de préparation et de conception du futur projet. Or, ce travail de préparation et de conception relève de quatre grandes classes d'activités : des activités de résolution de problèmes, de planification, de communication et d'apprentissage.

Concernant les activités de **résolution de problèmes**, la phase d'avant-projet est originale dans la mesure où elle vise à préparer le projet. En ce sens, comme le remarquent à juste titre Lenfle et Midler (2003), elle vise plutôt à poser les problèmes qu'à les résoudre. Cette remarque est d'autant plus importante que la résolution des problèmes au cours du projet sera fortement contrainte par la manière dont ils auront été posés. Le pilotage économique suppose que les acteurs de l'organisation (les experts métiers en particulier) explicitent les connaissances dont ils disposent en amont du projet, ce qui permet de « poser les problèmes » en termes technologiques, commerciaux, industriels ou économiques.

En matière de **planification**, le pilotage économique permet de proposer le référentiel de création de valeur qui conduit à établir le budget dès le démarrage du projet. Les informations collectionnées durant la phase d'avant-projet facilitent le pilotage économique du projet lorsque celui-ci débute.

En matière d'activités de **communication**, le pilotage économique s'appuie sur des informations qu'aucun acteur de l'organisation ne possède à lui seul : par exemple, des informations sur les clients, la concurrence, des informations techniques et industrielles ou sur les ressources mobilisables. Le modèle économique sur lequel débouche l'avant-projet s'appuie sur une dimension sociale importante qui se traduit par la confiance et la solidarité entre les protagonistes. Les résultats de l'avant-projet ne constituent pas la juxtaposition des avis subjectifs des différents spécialistes de l'organisation, mais un compromis négocié entre ces spécialistes. Le pilotage économique favorise le dialogue entre les expertises et la négociation d'un compromis en évaluant l'impact des différentes options qui apparaissent au cours de l'avant-projet en termes économiques et de risque.

En matière **d'apprentissage**, l'avant-projet constitue une phase importante d'intégration des connaissances, permise par la négociation d'un compromis entre les différents experts fonctionnels qui résulte de communications, mais aussi d'un processus d'apprentissage réciproque (Hatchuel, 1994). Ainsi, le mode de coopération dans les situations de conception collective est celui de la prescription réciproque dans lequel « *chacun des acteurs va indiquer à l'autre les prescriptions qu'il doit respecter pour que leurs interventions soient compatibles et aboutissent à telle ou telle performance d'ensemble* ». Or, ce processus de prescriptions réciproques doit être marqué par des épreuves de compatibilité et de vérité pour pouvoir converger. L'expérimentation constitue une des modalités de ces épreuves de compatibilité : la réalisation d'une maquette ou d'un prototype du produit permet de s'assurer que celui-ci est conforme à l'ensemble des exigences commerciales, techniques, de production, de distribution, de maintenance ou de recyclage, etc. En ce qui concerne les aspects économiques et le risque, le modèle économique explicitant la valeur et les risques en fin de phase d'avant-projet constitue une forme d'épreuve de compatibilité des espaces d'exploration des prestations réciproques.

3.2 L'articulation stratégie-projet, le portefeuille de projets

Le portefeuille de projets est un moyen pour les gestionnaires de relier les projets avec la stratégie de l'entreprise. Il permet une réflexion sur l'adéquation des projets avec les axes stratégiques de cette dernière. En matière de pilotage de projets, la définition d'un portefeuille de projets permet de tenir compte des interactions entre projets, mais aussi d'utiliser des méthodes et critères de pilotage différenciés selon la place du projet dans le portefeuille.

L'analyse du portefeuille de projets permet de différencier les projets, d'analyser leur contribution à la stratégie de l'entreprise et d'analyser la cohérence de multiples projets.

Figure 10.3 – Typologie de projets (Wheelwright et Clark, 1992)

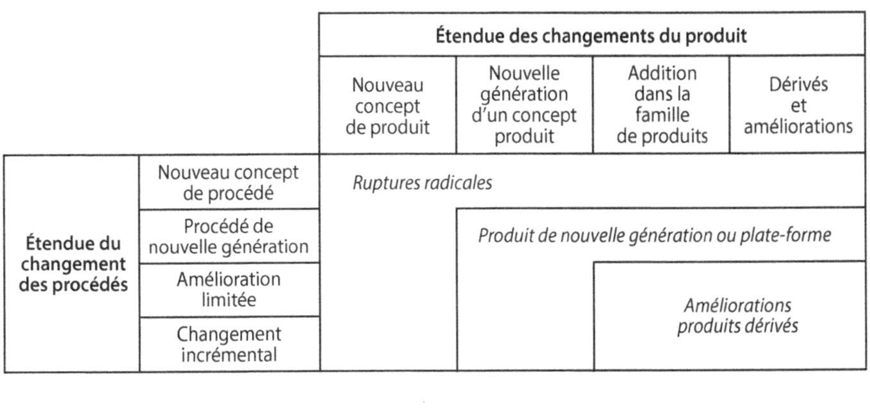

En matière de pilotage économique, Wheelwright et Clark soulignent l'importance de l'allocation des ressources de l'entreprise entre les différents types de projets, qui se distinguent sur la base des critères suivants :

- la contribution à l'avantage concurrentiel ;
- le niveau et la nature des ressources nécessaires, ainsi que les revenus générés par le projet ;
- les exigences de succès attachées au projet.

Le pilotage du projet doit s'adapter aux caractéristiques des projets, dans la mesure où le niveau d'incertitude de ces derniers et l'implication de parties externes diffèrent. Les projets les plus innovants seront pilotés sur la base des principes mentionnés dans le point précédent, alors que les projets d'amélioration ou de produits dérivés peuvent être pilotés selon les méthodes classiques de management de projet. Pour des projets pour lesquels la créativité est importante, le pilotage sera fondé sur une combinaison de trois approches : un suivi des processus du projet dans la mesure où l'équipe projet ne peut être tenue pour responsable du résultat, une sélection des membres de l'équipe projet et le contrôle des ressources allouées au projet.

Résumé

Le propos de ce chapitre était de souligner l'évolution des méthodes et outils de contrôle de gestion des projets, d'une logique de « *cost control* » à une logique de pilotage économique. Cette évolution est liée aux hypothèses organisationnelles fortes de la méthode dite de la valeur acquise, qui apparaît particulièrement adaptée aux projets à coûts contrôlés, entrepris dans un environnement relativement certain. Elle traduit également un passage d'une logique de contrôle des résultats à une logique de maîtrise des processus et activités du projet. Le rôle principal du pilotage économique des projets est d'assurer l'interaction entre les acteurs et d'améliorer leur niveau d'information pour leur permettre d'anticiper, le plus tôt possible, les dérives potentielles. L'enjeu est important puisqu'il s'agit de passer de l'application de méthodes et outils prédéterminés à un assemblage pertinent de méthodes et outils à définir et à redéfinir en fonction des risques du projet et de leur évolution. Il s'agit là, sans aucun doute, d'un véritable challenge pour les managers de projets et les responsables du contrôle de gestion.

Application 1 : ordonnancement et budget d'un projet

L'entreprise X vous demande de présenter le planning du projet Alpha, ainsi que son budget.

Tâches	Durée	Ancêtres	Coût estimé	Remarques
A	12	E D	7 000	Peut débuter 5 jours avant la fin de E
B	10	G C	11 000	
C	5	A F	3 000	
D	8		3 500	
E	15		10 000	
F	8	E D	5 000	
G	4	H A	2 000	
H	10		7 000	Ne peut débuter avant le début du 5e jour

Application 2 : le calcul d'une valeur acquise

Un projet comprend cinq tâches, dont les dates de fin et les coûts prévus sont indiqués.

Activités	Fin prévue en semaine	Coût budgété	Fin réelle en semaine	Coût réel
A	1	1 000	1	1 500
B	2	2 000	2	2 200
C	2	1 500	Pas commencé	-
D	3	2 000	Pas commencé	-
E	4	1 000	Pas commencé	-

Supposons que l'on fasse le contrôle budgétaire du projet en fin de semaine 2.

Question : Calculez la valeur acquise et comparez-la au budget encouru et au coût encouru, afin de déterminer l'écart de planning et l'écart de coût.

Application 3 : le coût à terminaison

Question 1 : Le coût à terminaison du projet est une information cruciale pour le chef de projet. Si l'on reprend l'application 2, quel sera le coût à terminaison du projet ?

Question 2 : Quelles hypothèses doit-on faire pour calculer le coût à terminaison ?

Et dans mon entreprise

- Quelles activités sont pilotées en mode projet ?
- Pour quels motifs recourt-on au mode projet pour gérer ces activités ?
- Quels sont les objectifs attendus de la mobilisation du management de projet ?

Références

Anthony R.N., *The management control function*, Harvard Business School Press, Cambridge, 1988, traduction française, PubliUnion, Paris, 1993.

Berland N. et Persiaux F., « Le contrôle des projets d'innovation de haute technologie », *Comptabilité-Contrôle-Audit*, tome 14, vol. 2, décembre, 2008.

Bouquin H, *Les fondements du contrôle de gestion*, Presses Universitaires de France, Paris, 1994.

Hatchuel A., « Apprentissages collectifs et activités de conception », *Revue Française de Gestion*, juin-juillet-août, 1994, p. 109-120.

ECOSIP, sous la direction de Giard V. et Midler C., *Pilotage de projets et entreprise : diversités et convergences*, Economica, Paris, 1993.

Garel G. et Midler C., « Concourance, processus cognitifs et régulation économique », *Revue Française de Gestion*, juin-juillet-août, 1995.

Gautier F., *Pilotage économique des projets de conception et développement de produits nouveaux*, Economica, Paris, 2003.

Gautier F. et Lenfle S., « L'avant-projet : définition et enjeux », *Faire de la Recherche en Management de Projet*, sous la direction de Garel G., Giard V. et Midler C., Vuibert, Paris, 2004.

Giard V., *Gestion de projets*, Economica, Paris, 1991.

Lenfle S. et Midler C., « Management de projet et innovation », dans Mustar P. et Penan H., *L'Encyclopédie de l'Innovation*, Economica, Paris, 2003.

Lorino P., *Méthodes et pratiques de la performance, Le pilotage par les processus et les compétences*, Éditions d'Organisation, Paris, 2e édition, 2001.

Midler C., « Modèles gestionnaires et régulations économiques de la conception », *Coopération et Conception*, édité par De Terssac G. et Friedberg E., Octares Éditions, Toulouse, 1996.

Nakhla M. et Soler L.-G., « Pilotage de projets et contrats internes », *Revue Française de Gestion*, n° 110, septembre-octobre, 1996.

PMI, *A Guide to the Project Management Body of Knowledge (PMBOK Guide)*, 4e édition, Project Management Institute, Newtown Square, 2008.

Navarre C., « Pilote stratégique de la firme et gestion des projets : de Ford à AGILE et I.M.S. », *Pilotage de projet et entreprises*, Economica, Paris, 1993.

Rosenthal S.R. et Tatikonda M.V., « Competitive Advantage through Design Tools and Practices », *Integrating Design and Manufacturing for Competitive Advantage*, édité par Susman G.I., Oxford University Press, New York, 1992.

Simons R., « The Role of Management Control Systems in Creating Competitive Advantage: New Perspectives », *Accounting, Organizations and Society*, vol. 15, n° 12, décembre, 1990.

Simons R., *Levers of Control, How Managers Use Innovative Control Systems to Drive Strategic Renewal*, Harvard Business School Press, Boston, 1995.

Smith P.G. et Reinertsen D., *Developping Products in Half the Time, New Rules, New Tools*, Wiley, New York, 1998.

Tani T., « Interactive Control in Target Cost Management », *Management Accounting Research*, vol. 6, n° 4, décembre, 1995.

Wheelwright S.C. et Clark K.B., *Revolutionizing Product Development, Quantum Leaps in Speed, Efficiency and Quality*, The Free Press, 1992.

Activités

Chapitre 11

Les spécificités du contrôle de gestion dans les activités de service

Objectifs pédagogiques

1. Comprendre les spécificités des services et les implications pour le contrôle de gestion
2. Appréhender l'arbitrage coût-valeur dans les services
3. Mettre en place une démarche de *revenue management*
4. Appréhender les spécificités du métier de contrôleur de gestion dans les services

Cas introductif : Classotel

Désireuse d'accroître son résultat, l'entreprise Imagin'Air a acquis le complexe hôtelier Classotel, qui compte 40 chambres équipées d'une salle d'eau et vise une clientèle jeune à budget limité. La direction d'Imagin'Air vous demande de réfléchir à la mise en place d'une nouvelle politique de réservation. En particulier, elle souhaite appliquer à ce nouveau complexe hôtelier les pratiques de surréservation (*overbooking*).

La direction de Classotel tient à votre disposition l'historique des demandes de réservation pendant la pleine saison pour les quatre dernières années :

Année	N – 4	N – 3	N – 2	N – 1
Demande journalière de réservation de chambres pendant la haute saison	65	68	72	62
Nombre de réservations moyennes de chambres effectuées par jour pendant la haute saison	40	40	40	40
Annulations moyennes par jour des réservations effectuées pendant la haute saison	2,00	2,45	2,00	2,15
Taux d'occupation pendant la haute saison (avant prise en compte des annulations)	100 %	100 %	100 %	100 %
Taux d'annulation moyen pendant la haute saison	5,00 %	6,13 %	5,00 %	5,38 %

La demande de la clientèle est telle que la direction est obligée de refuser de nombreuses réservations. La recette réalisée n'est pour autant pas maximale à cause des annulations des clients. La direction de l'hôtel envisage de mettre en place les conditions suivantes en cas de résiliation d'une réservation par le client ou par l'hôtelier :

- En cas d'annulation du client (phénomène de « *no show* »), la nouvelle direction respectera une politique très courante dans les transactions commerciales : les arrhes d'un montant équivalent à 30 % du prix de la chambre ne seront pas remboursées.
- En cas de refus d'accueillir un client qui avait réservé, le directeur s'engage à l'informer au moins huit jours avant la date de départ et à lui proposer une alternative auprès d'un établissement comparable. Par ailleurs, le client malheureux bénéficiera du remboursement des arrhes versées et se verra offrir un week-end en basse saison d'un coût de 300 MAD (dirhams marocains) pour l'hôtel.

Question 1 : Expliquez le principe de la surréservation, ses avantages et ses inconvénients, et donnez des exemples d'application dans d'autres activités de service.

Question 2 : Sur la base de l'historique des demandes de chambres et des annulations des quatre dernières années, quel est le nombre optimal de chambres à offrir à la réservation ? Pour le déterminer, on calculera d'abord le nombre moyen d'annulations des réservations constaté par jour sur les quatre dernières années en haute saison.

Le registre de l'hôtel donne la fréquence observée des annulations sur l'année N - 1 pendant la haute saison :

Nombre d'annulations par jour	0	1	2	3	4	Total
Fréquence de survenance de ces annulations en % pendant la haute saison	15	20	20	25	20	100

Question 3 : Retrouvez le nombre de 2,15 annulations par jour constaté en moyenne sur l'année N - 1 pendant la haute saison.

Question 4 : Calculez pour l'année N - 1 le chiffre d'affaires journalier (éventuellement déduit du montant du dédommagement en cas de surréservation) en fonction du nombre d'annulations et de la politique de surréservation de l'hôtel. Déduisez-en le chiffre d'affaires journalier tenant compte des fréquences de survenance des annulations observées en N - 1. On considérera que le prix moyen d'une chambre en haute saison est de 500 MAD par jour.

Question 5 : Explicitez les enjeux en termes marketing et de gestion de la relation client des pratiques de surréservation. Pensez-vous que la compensation proposée pour les clients victimes de la surréservation soit suffisante ? Ces pratiques vous semblent-elles éthiques ? Pourquoi faut-il éviter que des clients fidélisés soient victimes d'une surréservation ? ■

Synthèse du cas et introduction du chapitre

Le secteur tertiaire constitue 76 % des emplois en France et les services comptent pour environ 80 % du produit intérieur brut. Cette tendance est également internationale (les activités de service représentent 60 % du PIB mondial) et se renforce constamment. Aussi, la focalisation fréquente des manuels et des enseignements du contrôle de gestion sur des outils et des exemples appliqués au secteur industriel surprend-elle. Peut-on se contenter d'adapter les outils et démarches du contrôle de gestion développés dans un contexte de production industrielle aux activités de service, ou faut-il repenser le contrôle de gestion et le métier du contrôleur de gestion à la lumière des spécificités des services par rapport à la production manufacturière ?

Dans le cadre de ce chapitre nous aborderons cette problématique très large au travers de quelques aspects significatifs et pratiques. Nous présenterons tout d'abord les spécificités des services par rapport à la production industrielle (section 1), puis nous reviendrons sur une implication importante pour le contrôle de gestion, **l'arbitrage coût-valeur** (section 2). Nous présenterons ensuite une application pratique du contrôle de gestion dans les services, qui permettra de discuter l'intérêt d'une démarche de ***revenue management*** et de définir et d'appliquer le concept de **coût d'opportunité** (section 3). Enfin, nous mènerons une réflexion sur l'exercice du métier de contrôleur de gestion dans les services (section 4).

1. Les spécificités des services par rapport à la production industrielle

Si les activités de service dominent l'économie et constituent la source de croissance la plus vigoureuse de l'économie mondiale, il ne faudrait cependant pas en déduire qu'elles sont homogènes. Il n'y a pas grand-chose de commun entre un centre de yoga, un cabinet d'avocats, un club de golf, une boutique de réparation de téléphones portables, une formation diplômante, un cabinet de conseil en stratégie ou encore l'écoute de musique sur Spotify. Il convient donc de préciser le concept d'activité de service et de spécifier les caractéristiques communes afin de définir des catégories de services (voir tableau 11.1).

Tableau 11.1 – Les principales caractéristiques des services

Principales caractéristiques des services	Illustration
Périssabilité : la capacité de production des services ne peut pas être stockée.	Un avion qui décolle à moitié rempli ne pourra jamais obtenir un revenu des sièges non vendus pour ce vol.
Intangibilité : l'expérience client prime. La consommation d'un service ne débouche pas généralement sur l'acquisition de biens matériels.	Que reste-t-il de tangible d'un séjour de quinze jours en Thaïlande ?
Simultanéité du processus de production et de consommation du service, où l'implication du client est nécessaire pour le produire.	Une visite chez le dentiste illustre bien que le processus de consommation (recevoir des soins dentaires) est lié au processus de production (prendre rendez-vous, se rendre au cabinet, patienter, surmonter ses angoisses, obéir aux injonctions du dentiste, se laisser manipuler, etc.). Dans ce cas, le client est aussi coproducteur du service dans la mesure où sa coopération est nécessaire à l'efficience de sa production.

Ces trois caractéristiques sont souvent présentes, mais elles ne s'appliquent pas à tous les services.

Illustration 11.1 – Des services aux caractéristiques singulières

Il est possible de « stocker » certains services que l'on peut réutiliser à loisir, comme de la musique sous la forme d'un fichier numérique ou des podcasts de cours *online*.
De même, lorsqu'on emmène sa voiture chez le garagiste ou son téléphone portable abîmé chez un réparateur, il existe une séparation entre la production et la consommation du service.

Ce constat a amené des chercheurs en marketing à proposer une définition renouvelée des services. Lovelock et Wirth (2014) insistent sur la dimension temporelle de l'acte de consommation et de production du service. En échange de leur argent, de leur temps et de leurs efforts, les clients retirent des bénéfices dérivés d'un accès temporaire à des biens matériels, des expertises professionnelles, des environnements naturels, des réseaux et des systèmes d'information. Les consommateurs d'un service ne deviennent jamais propriétaires des éléments tangibles et intangibles impliqués dans l'expérience du service. Ils sont davantage des « loueurs » pendant un temps donné de ces éléments qui leur procurent des bénéfices et qui ont de la valeur pour eux au moment où ils les consomment.

Encadré 11.1 – Une perspective renouvelée sur les services

Par exemple, recourir aux services d'un avocat pour un divorce consiste à « louer » l'expertise juridique d'un professionnel pour une période donnée et ce dernier, le plus souvent, facture à l'heure. De même, acquérir un forfait de ski pour un week-end ou une semaine revient à « louer » l'accès à un domaine skiable pendant un temps limité pour une expérience sportive.

Nous nous limiterons dans ce chapitre aux services impliquant une action tangible sur les personnes, comme les parcs d'attractions, les hôtels, les cinémas, les bars et restaurants, les salons de massage ou de coiffure, les cabinets de dentistes, de médecins ou d'avocats, la découverte de Paris en péniche ou de Venise en gondole, etc. Ces services présentent des spécificités liées à l'implication physique du client dans les processus de production et de consommation du service qui ont lieu simultanément et ont des conséquences importantes pour le contrôle de gestion et l'animation des performances.

1.1 Le client : un « employé partiel »

La recherche portant sur le marketing des services va jusqu'à présenter le client comme un « employé partiel » du prestataire de service, en raison de son degré d'implication dans le processus de production. On s'attend à ce qu'il réalise des tâches qui influencent la productivité et l'efficience dans le processus de production du service. Les entreprises cherchent en permanence à « éduquer » leurs clients afin qu'ils connaissent leur rôle en tant que contributeur à la production du service.

Illustration 11.2 – L'implication du client dans la production d'un service

On demande beaucoup à un passager aérien : arriver à l'aéroport en taxi, en bus ou en train, obtenir sa carte d'embarquement, enregistrer ses bagages, passer les contrôles de douane et de sécurité, s'informer d'éventuels retards et changements de porte d'embarquement, patienter dans des files d'attente de manière souvent peu confortable, trouver son siège et de la place pour sa valise cabine, attacher sa ceinture en cas de turbulences, rester confiné pendant un temps plus ou moins long en présence d'autres passagers qu'il apprécie plus ou moins…

1.2 Les lieux de la production et de la consommation d'un service

Le client visite « l'usine » de production du service lors de sa consommation. Il est donc indispensable de séparer la scène des coulisses. La scène est le lieu de la consommation du service et doit projeter, par son environnement physique, ses équipements, son éclairage, l'attitude du personnel, etc., les impressions promises par la proposition de valeur. Les coulisses sont les lieux où se réalisent d'autres activités nécessaires à la production du service.

Coulisses et scène sont indissociables dans le processus de production du service. Ces lieux se distinguent par le degré de participation du client et il revient au personnel du prestataire de service d'assurer la continuité du processus de production. Cela souligne le double rôle du personnel en contact avec le client : il est à la fois un « logisticien », car il doit assurer une certaine efficacité et efficience dans la production du service, et un professionnel de la relation client, car il interagit avec le client final. Ces deux rôles sont loin d'être faciles à concilier, notamment dans le cas de situations stressantes (comme un restaurant bondé, des turbulences en avion, des voisins de chambre bruyants, des clients exigeants et pointilleux).

D'où l'importance de la politique des ressources humaines dans les services : comment le personnel doit-il être recruté, formé et jusqu'à quel point doit-il être autonome (« *empowered* ») pour faire face aux situations problématiques qu'il rencontre sans avoir à en référer à la hiérarchie ?

1.3 Le modèle de la « servuction »

Lors de la consommation du service, le client interagit avec le personnel de contact de l'organisation. Cependant, il entre également en relation avec les autres clients qui consomment le service en même temps que lui et avec l'environnement physique (le décor) où se réalise la prestation de service. Il y a là une source d'incertitude quant à la manière dont le client final va évaluer la prestation de service et influencer sa fidélisation. Cette incertitude ne peut être totalement maîtrisée par l'organisation. Dans les services, il est impossible de contrôler la qualité de l'expérience client de la même manière qu'un industriel peut contrôler la qualité des biens matériels fabriqués.

Illustration 11.3 – La difficulté de maîtriser la qualité de l'expérience client

Par exemple, les conditions météorologiques lors d'un séjour touristique d'un groupe de participants vont influencer leur satisfaction sans que l'entreprise n'y puisse rien. Un comportement déplacé ou irrespectueux d'un client envers un autre client peut également être la source d'une disruption, comme dans le cas où des passagers aériens ivres et belliqueux de retour d'une compétition sportive entraînent un atterrissage d'urgence.

Le concept marketing de « servuction » (une combinaison des mots « service » et « production »), proposé par Langeard et Eiglier, offre un cadre d'analyse permettant de rendre compte de ces différents éléments. Ces derniers fondent la spécificité des services impliquant une action tangible sur les clients :

- la différence entre scène et coulisses ;
- l'importance de la mise en scène du décor où se déroule l'expérience client et des attitudes du personnel envers le client ;
- les interactions entre clients ;
- le double rôle de logisticien et de professionnel de la relation client joué par le personnel en contact avec le client ;
- l'incertitude de l'expérience client.

Ces éléments forment une approche systémique, processuelle et sociale de l'expérience client qui est subjective et soumise aux aléas des circonstances.

1.4 Le *revenue management* ou l'ajustement capacité-charge par les prix et les systèmes de réservation

Le succès financier des activités de service qui sont contraintes par une capacité de production fixe et une demande fluctuante réside dans l'utilisation efficiente et profitable de cette même capacité dans la durée. À la différence d'une production manufacturière, il n'est pas possible de surmonter un décalage existant entre la charge de production (ce qu'il faut produire pour satisfaire la demande) et la capacité de production (ce dont on dispose pour produire) par la constitution de stocks. Dans les services, on se retrouve à devoir naviguer constamment entre deux écueils :

- avoir une capacité de production inutilisée, mais disponible et coûteuse faute d'une demande suffisante ;
- gérer des files d'attente et des clients mécontents de ne pas pouvoir consommer le service quand ils le souhaitent si le maximum de la capacité de production est déjà atteint.

Il s'agit d'une différence fondamentale avec la production manufacturière, car il faut tenter d'équilibrer tout au long de l'année la demande avec l'offre de service. Puisqu'on ne peut jouer sur les stocks, dans les services, on joue sur les prix. La pratique du ***revenue management*** a pour but d'ajuster le prix du service pour les différents segments de clientèle. L'objectif est d'agir sur la répartition de la demande dans le temps afin d'optimiser l'utilisation d'une capacité de production relativement fixe à court terme. Cette pratique est parfois contestée par les clients en raison de son caractère peu éthique, puisqu'il s'agit d'une discrimination par les prix. Toutefois, elle semble bien acceptée dans les bars (comme en témoigne le succès des « *happy hours* »), l'aérien ou encore le cinéma (la séance de 11 heures du matin à prix réduit).

Pour mettre en œuvre une pratique de *revenue management* dans une activité de service, il faut que les conditions suivantes soient respectées :

- **Une forte proportion de coûts fixes en pourcentage des coûts totaux**. Par exemple, il y a peu de coûts variables dans un vol aérien quand on prend le nombre de passagers comme unité de volume. Le personnel de bord est principalement dimensionné pour répondre aux contraintes de sécurité ; l'amortissement ou la location de l'avion est un coût fixe, tout comme les coûts d'utilisation des installations de l'aéroport. Il n'y a guère que les repas et une partie du kérosène qui sont des coûts variables. Cela signifie qu'un chiffre d'affaires additionnel est presque équivalent à une marge sur coût variable additionnelle.
- **Une capacité de production relativement fixe à court terme**. Il est par exemple difficile d'augmenter le nombre de sièges dans un avion ou de chambres dans un hôtel. Certes, la capacité de production peut à court terme être augmentée (comme les strapontins dans un théâtre ou les passagers qui s'entassent dans une rame de métro), mais l'effet est marginal et risque de dégrader la qualité de l'expérience client.
- **Une absence de possibilité de stockage d'une unité produite, mais non demandée**. Par exemple, les places de concert non vendues ne peuvent pas être stockées et générer un revenu ultérieurement.
- **L'existence d'une demande variable et incertaine**. Les techniques de *yield management* (c'est-à-dire de gestion des capacités) visent à mieux anticiper la demande sur la base d'algorithmes qui permettent de déterminer les variables clés explicatives des variations de la demande, d'identifier des profils de consommateurs et des comportements. Toutefois, la demande demeure toujours en partie incertaine et fluctuante.
- **Différents degrés de sensibilité aux prix de la part des clients**. Certains clients sont « *time-sensitive* » (c'est-à-dire sensibles au temps) et donc prêts à payer plus cher pour avoir accès à une capacité de production au moment où ils le souhaitent ou quand ils sont disponibles. D'autres clients sont « *price-sensitive* » (c'est-à-dire sensibles au prix) et donc capables de changer le moment de consommation du service pour bénéficier d'un prix réduit.
- **L'existence d'un système de réservation**. Cette condition n'est pas obligatoire pour tous les services, mais elle est de plus en plus présente. Le grand avantage d'un système de réservation est de faire savoir aux clients quand la capacité de production est disponible et à quel prix. Le deuxième avantage est d'éviter les files d'attente, puisque le client ne viendra pas s'il sait à l'avance qu'il n'y a pas d'espoir d'utiliser le service dans de bonnes conditions (par exemple, réservation de musée pour un créneau horaire défini). Enfin, cela permet d'éduquer le client et donc de l'informer sur ce qu'il doit apporter et faire pour être un « employé partiel » efficace.

Les quatre différences fondamentales des activités de service que nous venons de détailler permettent de comprendre les adaptations requises du métier et des outils du contrôle de gestion. Les finalités du contrôle de gestion ne se limitent en aucun cas à la vérification de l'atteinte des objectifs et aux outils traditionnellement associés (calcul des marges, tableaux de bord et budget). Le contrôle de gestion doit également s'intéresser à la création de valeur pour le client et être en mesure de coordonner les différents aspects de la performance dans les services : la politique de gestion des ressources humaines, la différenciation marketing, l'ajustement continu des processus opérationnels, l'évolution des systèmes d'information, la satisfaction client.

Encadré 11.2 – La servitisation

Il est d'autant plus important de s'intéresser aux spécificités du contrôle de gestion des services que le mouvement de **servitisation** (qui consiste à vendre les fonctions qu'offre un produit plutôt que le produit lui-même) transforme des activités de production en activités de service.

Cette pratique se traduit par la location de véhicules ou d'appareils, mais elle pourrait être développée dans bien d'autres domaines. Par exemple, dans le secteur agroalimentaire, les agriculteurs n'achèteraient plus les appareils de pulvérisation et les pesticides, mais des sociétés spécialisées auraient recours à un service de contrôle des parasites pour une surface identifiée.

2. L'arbitrage coût-valeur dans les services

La distinction coût-valeur dans les services est fondamentale : il n'y a pas de lien évident entre la valeur économique des ressources engagées par l'entreprise pour produire le service (le coût) et la valeur économique, sociale, pratique, etc. que le client retire et évalue de la consommation du service. Le client consommateur du service s'intéresse uniquement à la valeur (qui n'est pas seulement économique) et aux bénéfices (par exemple, praticité, statut social, solution à un problème) qu'il retire du service. **Il ne s'intéresse pas aux coûts de l'entreprise, mais aux coûts qu'il doit lui-même engager** pour pouvoir consommer le service et en retirer les bénéfices désirés.

L'implication fondamentale de la prise en compte de l'expérience client et des efforts que ce dernier doit fournir pour les obtenir est que le prix dans les services est totalement déconnecté du coût de production du service. Le prix est en lien avec la valeur perçue par le client, qui est beaucoup plus difficile à évaluer et à quantifier qu'une consommation de ressources premières dans un produit traditionnel. Cette valeur est aussi fluctuante en fonction des circonstances. Par exemple, le client est prêt à payer davantage pour utiliser un taxi à trois heures du matin dans Paris pour rentrer chez lui, alors qu'il pourra préférer prendre un Vélib' par un après-midi printanier.

Le contrôleur de gestion doit donc raisonner non plus simplement en termes de coût et de marge, mais de valeur nette pour le client et de son évolution dans le temps.

Nous allons tout d'abord illustrer l'arbitrage coût-valeur dans les services en précisant le concept de « valeur nette » du point de vue du client consommateur et coproducteur du service. Puis, nous analyserons le cas des caisses automatiques dans le secteur de la grande distribution.

2.1 Le concept de « valeur nette » perçue par le client du service

La valeur nette de la consommation d'un service pour un client est la différence entre les bénéfices qu'il retire du service (la valeur brute du service) et tous les coûts qu'il doit engager pour consommer le service. Ces coûts sont financiers (le prix), mais aussi non financiers (perte de temps, efforts physiques, coûts sensoriels, psychologiques, etc.). L'objectif d'une entreprise de service est d'augmenter la valeur nette pour le client, ce qui peut être réalisé de deux manières :

- augmenter la valeur brute du service pour le client en ajoutant des services supplémentaires qui sont recherchés et valorisés par le segment de clientèle visé ;
- réduire les coûts de consommation du service engagés par le client en réduisant les coûts financiers et non financiers de consommation du service, le temps passé à rechercher, acheter et utiliser le service, et en diminuant les efforts physiques, sensoriels et psychologiques associés à l'achat et l'usage du service.

La maximisation de la valeur nette pour le client doit être au cœur du système de contrôle et de l'animation des performances : si le client ne s'intéresse pas aux coûts de l'entreprise, le contrôleur de gestion doit, en revanche, se préoccuper des différents coûts (financiers et non financiers) que le client doit engager pour consommer le service.

Il convient d'analyser les processus opérationnels et de distinguer les activités selon leur impact sur la création de valeur pour le client. Reconfigurer les processus dans les services implique notamment de distinguer les activités « sans valeur ajoutée » et celles « en support » de la création de valeur pour le client (voir illustration 11.4).

Illustration 11.4 – Activités sans valeur ajoutée et en support de la création de valeur

Quand un client fait ses courses dans un magasin, il s'intéresse à la fraîcheur des produits, à leur disponibilité en linéaire, aux horaires d'ouverture, au temps d'attente en caisse, etc. Les activités de ce service de distribution permettant d'améliorer la performance de l'organisation sur ces aspects-là sont en « valeur ajoutée » de l'expérience client. En revanche, il semble peu probable que le client final soit sensible au processus logistique (activité de stockage, de préparation de commandes, de livraison), administratif (commandes, fiches produits, factures) et informationnel de gestion des flux entre les fournisseurs, l'entrepôt de préparation des commandes et le magasin.
Un restaurant offrant une place de parking gratuite à Paris et/ou des menus enfants peu chers va attirer des familles qui autrement se décourageraient de venir en raison des difficultés de stationnement ou du coût d'un baby-sitter.

Reconcevoir les processus nécessite de bien comprendre ce qui fonde la valeur pour le client. Toutefois, le danger est de se focaliser sur la recherche de gains de productivité à court terme sans comprendre les effets sur le comportement du consommateur. Nous allons illustrer ce point par l'exemple des caisses automatiques dans la grande distribution.

2.2 Les objectifs du projet de caisses automatiques

Les caisses automatiques sont apparues il y a une dizaine d'années avec pour objectif initial de reconfigurer les processus de facturation et de paiement dans la grande distribution. Jusqu'à présent, ces activités étaient réalisées conjointement par le client et le personnel de caisse, ce qui impliquait une interaction sociale et un contrôle du personnel de caisse. Au départ, l'objectif était de demander aux clients de faire le travail du personnel de caisse de manière à réduire les frais de personnel de l'enseigne. C'est davantage une augmentation de la productivité qui était recherchée en déplaçant le travail du personnel de caisse sur le client final. D'autres arguments ont également été avancés : ce nouveau service devait permettre d'augmenter l'expérience client pour les « petits paniers » ; les clients ayant peu de produits pouvaient facilement s'acquitter de leur dû sans avoir à attendre trop longtemps dans des files engorgées par des « caddies pleins ».

Les ambitions des distributeurs en termes de réduction de coûts liée à l'introduction des caisses automatiques ont été revues à la baisse. D'une part, les caisses traditionnelles n'ont pas disparu et les caisses automatiques sont devenues davantage un complément aux autres caisses. Cela indique que les activités de facturation et de paiement constituent un élément important de l'expérience pour certains clients. D'autre part, les consommateurs qui utilisent les caisses automatiques ont des comportements qui n'avaient pas été précisément prévus dans le calcul initial du retour sur investissement (ROI) de ce projet très orienté initialement sur la recherche de productivité. En particulier, les déconvenues en termes de performance de cette solution mettent en évidence l'absence de prise en compte de certains facteurs dans l'analyse de leur rentabilité.

Tout d'abord, le rôle de contrôle social que jouent le personnel de caisse et les autres consommateurs attendant dans la file a été sous-estimé, comme le montre le taux de vol significativement plus élevé désormais constaté. Par ailleurs, de nombreux consommateurs ont réagi négativement à l'idée de supprimer des emplois de personnel de caisse, préférant faire leurs courses ailleurs. D'autres ont été privés d'une interaction sociale avec le personnel de caisse qui justifiait leur fidélité à un magasin en particulier. D'autres enfin ont été exaspérés ou découragés par l'utilisation de ces machines : un supermarché compte plusieurs milliers de références et les erreurs de fichiers sont nombreuses. Enfin, le problème de la pesée des fruits et légumes n'est toujours pas résolu et rend le client perplexe lorsqu'il doit repérer la variété de tomate ou de pomme qu'il a choisie sur l'écran.

Construire le projet ou « *business case* » des caisses automatiques nécessite de comprendre l'ensemble de ces éléments et de ne pas réduire l'analyse à des questions de productivité et de suppression d'activités réalisées par le personnel de l'entreprise. C'est au travers de l'impact sur la valeur nette perçue par les clients qu'il doit être construit.

3. Une application pratique du contrôle de gestion dans les services

Dans cette section, nous présentons une application pratique du contrôle de gestion dans les services. Nous préciserons tout d'abord le contexte et les informations générales relatives au cas de l'hôtel Nassau (section 3.1). Puis, nous détaillerons la demande d'une réservation atypique et ponctuelle formulée par une équipe de sportifs (section 3.2), avant d'analyser la pertinence de la mise en œuvre d'une démarche de *revenue management* (section 3.3). Enfin, nous évaluerons l'ensemble des dimensions financières, managériales et organisationnelles liées à cette commande particulière, ce qui permettra de prendre une décision et de formuler des recommandations pratiques (section 3.4). Tous les tableaux de données sont disponibles sur le site www.vuibert.fr.

3.1 L'hôtel Nassau

L'hôtel Nassau[1] est situé dans les Bahamas, sur la côte nord de la mer des Caraïbes. Il est très rapidement accessible depuis un aéroport et dispose d'un site hôtelier composé de 141 chambres de différents standings. En plus de bénéficier d'un jardin tropical, de plusieurs piscines, de nombreux bars et restaurants proposant différents types de cuisine et d'une ouverture sur une longue plage de sable blanc magnifique, cet hôtel moderne a été pensé pour être intégré dans cet environnement, ce qui en fait un endroit prisé des voyageurs en quête de tranquillité. Il accueille une clientèle diverse et propose l'ensemble des services permettant de répondre aux attentes et besoins exprimés par ces différents segments de clientèle.

Le taux d'occupation de l'hôtel est élevé, comme en témoigne le tableau 11.2.

1. Le cas de l'hôtel Nassau est une adaptation d'un cas tiré du manuel de Lovelock et Wirth, *Services Marketing*, 7e édition, Pearson, 2014.

Tableau 11.2 – Évolution du taux d'occupation de l'hôtel mensuel au cours des deux dernières années

Période	Taux	Période	Taux
Janvier N – 2	87,70 %	Janvier N – 1	87,60 %
Février N – 2	94,10 %	Février N – 1	88,80 %
Mars N – 2	91,90 %	Mars N – 1	90,30 %
Avril N – 2	78,70 %	Avril N – 1	82,00 %
Mai N – 2	76,70 %	Mai N – 1	74,70 %
Juin N – 2	70,70 %	Juin N – 1	69,10 %
Juillet N – 2	82,00 %	Juillet N – 1	76,70 %
Août N – 2	84,90 %	Août N – 1	70,50 %
Septembre N – 2	64,70 %	Septembre N – 1	64,70 %
Octobre N – 2	82,00 %	Octobre N – 1	71,30 %
Novembre N – 2	83,80 %	Novembre N – 1	81,70 %
Décembre N – 2	66,10 %	Décembre N – 1	72,10 %

Les prix de l'hôtel reflètent l'évolution du taux d'occupation sur l'année, avec des montants par nuitée élevés de décembre à mars compris entre 150 et 170 euros (voir tableau 11.3).

Tableau 11.3 – Évolution du prix moyen TTC d'une chambre louée au cours des deux dernières années

Période	Prix moyen	Période	Prix moyen
Janvier N – 2	159,10	Janvier N – 1	162,00
Février N – 2	153,70	Février N – 1	167,50
Mars N – 2	157,00	Mars N – 1	158,40
Avril N – 2	153,70	Avril N – 1	150,20
Mai N – 2	144,00	Mai N – 1	141,80
Juin N – 2	136,70	Juin N – 1	136,50
Juillet N – 2	122,10	Juillet N – 1	128,50
Août N – 2	121,00	Août N – 1	128,50
Septembre N – 2	123,50	Septembre N – 1	127,10
Octobre N – 2	129,00	Octobre N – 1	132,80
Novembre N – 2	141,00	Novembre N – 1	141,90
Décembre N – 2	152,90	Décembre N – 1	151,60

La répartition des segments de clientèle montre la variation du mix des catégories de segments sur l'année, ce qui constitue un levier d'amélioration des performances important. La clientèle d'affaires est composée à la fois de voyageurs seuls ou de groupes pour des séminaires et/ou des congrès. La politique commerciale de l'hôtel vise à développer une clientèle d'affaires régionale provenant des îles environnantes, car ce segment est plus stable sur l'année par rapport aux autres segments.

3.2 Une demande ponctuelle : l'accueil de l'équipe nationale d'Australie

L'hôtel Nassau est sollicité pour accueillir une équipe de joueurs de cricket d'Australie pour un tournoi international de première importance qui aura lieu sur l'île des Bahamas. Il s'agit d'une demande ponctuelle qui n'a pas vocation à être renouvelée. L'hôtel n'a jamais organisé un séjour aussi long pour un groupe de sportifs professionnels internationaux et très reconnus dans ce sport. Ce tournoi rassemble les pays du Commonwealth et constitue un événement sportif majeur.

Plus spécifiquement, la demande concerne la mise à disposition de 50 chambres pour 28 nuits étalées sur trois périodes différentes entre les mois d'avril et de juin. La direction de l'hôtel analyse cette demande et souhaite considérer tous les impacts qu'elle peut avoir sur le court terme (du point de vue financier et opérationnel) et le long terme (en matière de positionnement concurrentiel et de fidélisation).

Le prix proposé serait de 130 euros TTC par chambre, le petit déjeuner étant offert. Une des demandes de l'équipe de cricket est de bénéficier d'un service de blanchisserie qui est estimé à 40 euros par jour pour l'hôtel. Ce service ne serait pas facturé en plus du prix global négocié. Les hypothèses prises par le responsable marketing concernant le comportement des sportifs par rapport aux autres clients pour la consommation de dîners et de petits déjeuners sont résumées dans les tableaux 11.4 et 11.5.

Tableau 11.4 – Extras consommés par catégories de clients

	% prenant un petit déjeuner (moyenne)	% prenant un dîner (moyenne)
Sportifs	25 %	10 %
Autres clients	80 %	30 %

Tableau 11.5 – Tarification des prestations et taux de TVA

	Prix TTC	Montant de TVA exprimé en % du prix hors taxe
Petit déjeuner	8 €	15,0 %
Dîner	25 €	15,0 %
Chambre	Variable	7,5 %

Le taux de marge sur les petits déjeuners et les dîners est de 30 %. Le responsable marketing a également établi un rapport présentant le nombre de nuitées vendues l'année passée pour les mêmes jours que ceux demandés par l'équipe de sportifs cette année (voir tableau 11.6).

Tableau 11.6 – Nuitées commercialisées et tarifs de l'année précédente

	Demande de chambres l'année passée pour les mêmes jours que l'équipe de cricket	Prix HT de la nuitée facturée l'année passée (€)		Demande de chambres l'année passée pour les mêmes jours que l'équipe de cricket	Prix HT de la nuitée facturée l'année passée (€)
Jour 1	141	129	Jour 15	99	131
Jour 2	138	120	Jour 16	114	132
Jour 3	135	128	Jour 17	114	136
Jour 4	134	135	Jour 18	125	136
Jour 5	123	133	Jour 19	124	125
Jour 6	128	124	Jour 20	119	122
Jour 7	141	119	Jour 21	112	126
Jour 8	141	124	Jour 22	119	111
Jour 9	141	121	Jour 23	125	110
Jour 10	139	122	Jour 24	116	105
Jour 11	112	118	Jour 25	130	106
Jour 12	78	126	Jour 26	141	101
Jour 13	95	130	Jour 27	141	110
Jour 14	113	138	Jour 28	125	115

Le coût variable de gestion d'une chambre (nettoyage et décoration) pour les clients de l'équipe de cricket ne serait pas différent de celui des autres clients. L'hôtel présentant surtout une structure de coûts fixes ; on considérera la variation des coûts variables liés à l'entretien de la chambre comme négligeable dans l'analyse financière. Le responsable marketing travaille sur ce dossier avec le contrôleur de gestion. Ils s'interrogent sur l'intérêt d'accepter cette réservation spéciale.

3.3 La mise en place d'une politique de *revenue management*

Les implications de l'acceptation de cette commande supplémentaire sont multiples. Nous développerons successivement les conditions de mise en œuvre d'un *revenue management* (section 3.3.1), les modalités de segmentation de l'offre (section 3.3.2), ainsi que les intérêts et limites de la démarche (section 3.3.3).

3.3.1 Les prérequis de la mise en œuvre d'un *revenue management*

L'hôtel Nassau respecte les conditions requises pour appliquer des techniques de *revenue management.*

Un hôtel a une structure de coûts à prédominance fixe si on prend le client comme unité de volume : réception, entretien du bâtiment, jardinage, sécurité et services connexes. La demande est variable et changeante en fonction des saisons, du jour de la semaine, de la situation économique des pays d'origine des clients, de la météo, des événements organisés à proximité, etc. La capacité est fixe avec 141 chambres seulement et l'impossibilité de stocker les nuitées non vendues. Enfin, certains clients sont *price-sensitive*, comme les tours opérateurs, et d'autres sont *time-sensitive*, comme la clientèle d'affaires.

3.3.2 La segmentation de l'offre

L'hôtel Nassau sert différents segments de clients qui ont chacun des besoins, des attentes et des comportements spécifiques.

Les voyageurs individuels pour des motifs professionnels s'attendent à disposer des services nécessaires à leur travail (wifi, location de voiture, rencontre avec des clients en toute confidentialité, networking). Les participants à des séminaires ou à des congrès attendent une mise à disposition de salles, le respect des horaires pour les pauses et les repas, la possibilité d'organiser une soirée de gala, etc. Quant aux touristes individuels ou en famille, ils sont à la recherche d'une proximité avec la culture du pays, de tranquillité, d'une offre de visites et de distractions.

Il n'est pas nécessairement aisé de faire cohabiter des clients ayant des attentes aussi différentes.

3.3.3 Les avantages et les inconvénients de cette commande

Les avantages de servir différents segments de clients

Les segments de clients sont souvent contra-cycliques. Avoir différents segments permet de cumuler des demandes différentes. En effet, remplir un hôtel toute l'année avec un seul segment de clientèle peut s'avérer impossible ; en période de vacances, il sera plus aisé d'attirer des touristes qu'une clientèle d'affaires. En accueillant différents segments de clients, l'objectif est de maximiser le taux d'occupation de l'hôtel sur l'année.

Les difficultés pour l'hôtel Nassau

Les attitudes, attentes et besoins des différents segments peuvent être très différents, voire en conflit. De plus, le personnel de l'hôtel doit répondre à l'ensemble des besoins différents exprimés par les clients. Il faut être en mesure d'arbitrer l'allocation des chambres en fonction du taux de marge sur coûts variables de chaque segment, de la fidélisation de certains clients et de la période de l'année. Par exemple, il n'y a aucun intérêt à recevoir des groupes de touristes avec un taux de marge plus faible si la demande provenant de touristes individuels est suffisante.

3.4 Évaluer l'intérêt de la prestation supplémentaire

Dans cette section, nous analyserons les différents impacts liés à l'acceptation de la commande de l'équipe nationale d'Australie (section 3.4.1), avant de proposer une démarche d'évaluation (section 3.4.2) et de la mettre en œuvre (section 3.4.3).

3.4.1 Les impacts de la demande

Accueillir une équipe de cricket peut avoir des impacts de nature multiple (voir tableau 11.7).

Tableau 11.7 – Impacts de l'acceptation de la commande

Impact financier	Quel est le profit ou la perte que l'hôtel pourrait obtenir ?
Impact marketing	Quelles retombées peut-on anticiper ? En quoi cet événement peut-il contribuer à améliorer l'image de l'hôtel ? Comment générer des ventes supplémentaires au moment du tournoi sportif ?
Impact sur l'expérience client	Comment éviter les conflits entre clients ? Comment recruter des clients qui sont *time-sensitive* et ont envie de participer en tant que spectateur au tournoi ?
Impact sur la relation avec les clients fidèles	Comment éviter de mécontenter des clients réguliers et fidèles ? Ils sont un levier de création de valeur à long terme ; il ne faudrait pas, pour obtenir un profit à court terme, détruire une source de profit à long terme.
Impact opérationnel	Quel plan d'action opérationnel peut-on concevoir pour permettre de satisfaire l'ensemble des besoins différents des clients durant cette période ?

3.4.2 La méthodologie d'évaluation de l'intérêt financier

Une méthodologie souvent employée (car plus facile à mettre en œuvre) est de procéder en trois étapes. Il s'agit d'évaluer :

- les recettes directes liées à cette réservation ;
- les coûts directs associés à cette réservation ;
- les coûts d'opportunité liés à la non-vente de chambres à des clients qui auraient été accueillis si la réservation supplémentaire n'avait pas été acceptée.

Le **coût d'opportunité** repose sur le constat que chacun fait dans ses actes quotidiens : choisir, c'est également renoncer à des opportunités. Le coût d'opportunité est donc le calcul de la valeur économique à laquelle on renonce en raison des choix réalisés. Dans le cas de cet hôtel, le fait d'attribuer 50 chambres pendant 28 nuits impliquera immanquablement de renoncer à louer certaines de ces chambres à d'autres clients. Cette évaluation repose sur des hypothèses explicitées et co-construites avec les acteurs concernés par la décision. Le rôle du contrôleur de gestion est de les faire émerger et de valider leur cohérence.

3.4.3 Le chiffrage de la demande

Étape 1 : les recettes directement liées à la réservation

Nombre de nuitées pour les sportifs (1)	50 × 28 = 1 400 nuitées
Prix d'une nuitée HT (2)	130 / 1,075 = 120,93 €
Revenu HT des nuitées (3) = (1) × (2)	**1 400 × 120,93 = 169 302 €**
Revenu des petits déjeuners (4)	**gratuit**
Nombre de dîners pris par les sportifs (5) = (1) × 0,10	1 400 × 0,10 = 140 dîners
Prix d'un dîner HT (6)	25 / 1,15 = 21,74 €
Revenu HT des dîners des sportifs (7) = (5) × (6)	**140 × 21,74 = 3 044 €**
Chiffre d'affaires additionnel HT (8) = (3) + (4) + (7)	**169 302 + 0 + 3 044 = 172 346 €**

Le total des recettes directement liées à cette réservation, c'est-à-dire le montant facturé à l'équipe australienne, sera de 172 346 euros HT.

Étape 2 : les coûts directement associés à la réservation

Estimation du nombre de petits déjeuners pris (1)	1 400 × 0,25 = 350 petits déjeuners
Coût d'un petit déjeuner (2)	8 / 1,15 × 0,70 = 4,87 €
Coût des petits déjeuners (3) = (1) × (2)	**350 × 4,87 = 1 705 €**
Coût d'un dîner (4)	25 / 1,15 × 0,70 = 15,22 €
Coût des dîners (5) = 140 × (4)	**140 × 15,22 = 2 131 €**
Coût de la blanchisserie (6)	**28 × 40 = 1 120 €**
Total des coûts liés à la réservation (7) = (3) + (5) + (6)	**1 705 + 2 131 + 1 120 = 4 956 €**

Le total des coûts directement liés à cette réservation s'établit à 4 956 euros.

Étape 3 : le coût d'opportunité associé à la réservation

Il s'agit d'évaluer le chiffre d'affaires perdu faute de capacité disponible en raison de l'acceptation de la réservation de l'équipe de sportifs. À cela s'ajoute la perte de marge sur les petits déjeuners et les dîners de ces clients perdus.

Figure 11.1 – Taux d'occupation mensuel moyen au cours des deux dernières années

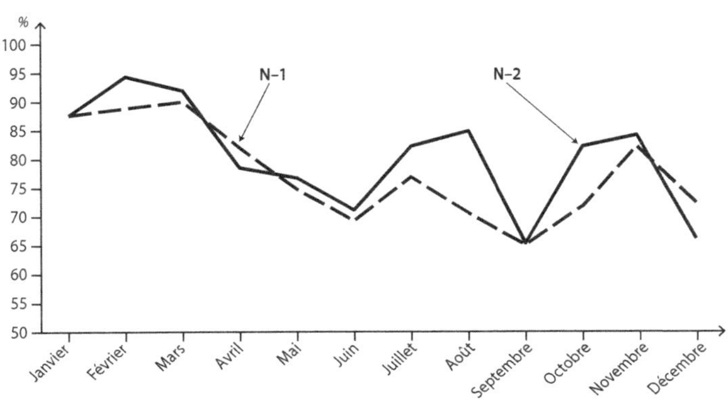

Les taux d'occupation mensuels des deux dernières années sont relativement proches et nous ne disposons pas d'informations sur une période plus longue. Le taux d'occupation est plus faible d'avril à juin, mois qui correspondent à la demande de réservation du groupe de sportifs. Pour calculer le coût d'opportunité, il faut être en mesure d'estimer ce qu'aurait été la demande normale de chambres sans la réservation supplémentaire. Nous ferons l'hypothèse que la demande de l'année passée en nombre de chambres est une bonne estimation de la demande normale pour l'année N. Il convient alors d'estimer les nuitées et le chiffre d'affaires perdus à partir d'un tableau de synthèse (voir tableau 11.8).

Tableau 11.8 – Calcul du chiffre d'affaires perdu

	Nombre de chambres disponibles pour les autres clients (1)	Demande estimée (base N – 1) (2)	Nombre de nuitées perdues Si (2) > (1), (3) = (2) – (1) Sinon (3) = 0 (3)	Prix HT de la nuitée refusée (4)	Chiffre d'affaires HT perdu (5) = (3) × (4)
Jour 1	91	141	50	129	6 450
Jour 2	91	138	47	120	5 640
…	…	…	…	…	…
Jour 28	91	125	34	115	3 910
Total			**928**		**112 551**

Les jours où les sportifs sont présents, le nombre de chambres disponibles est réduit à 91 (141 - 50). La somme des nuitées perdues sur les 28 jours de présence de l'équipe est de 928, ce qui représente un manque à gagner estimé à 112 551 euros sur la base du prix de la chambre HT de l'année passée. Le taux de transfert ou de cannibalisation est de 928 / 1 400, soit 66,3 % ; sur les 1 400 nuitées réservées (50 chambres × 28 jours), 928 auraient été réservées par les clients habituels de l'hôtel.

Il reste à déterminer la perte de marge sur les petits déjeuners et les dîners correspondant aux 928 nuitées perdues (sur la base des hypothèses de comportement des clients habituels).

Nombre de nuitées perdues (1)	928 nuitées
Nombre de petits déjeuners perdus (2) = (1) × 0,80	928 × 0,80 = 742 petits déjeuners
Marge sur un petit déjeuner (3)	8,00 / 1,15 × 0,30 = 2,09 €
Perte de marge sur les petits déjeuners (4) = (2) × (3)	**742 × 2,09 = 1 551 €**
Nombre de dîners perdus (5) = (1) × 0,30	278 dîners
Marge HT d'un dîner (6)	25,00 / 1,15 × 0,30 = 6,52 €
Perte de marge sur les dîners (7) = (5) × (6)	**278 × 6,52 = 1 813 €**
Total perte de marge sur extras (8) = (4) + (7)	**1 551 + 1 813 = 3 364 €**

Il est maintenant possible de récapituler le coût d'opportunité basé sur ces hypothèses :

Perte de chiffre d'affaires (1)	112 551 €
Perte de marge sur les extras (2)	3 364 €
Coût d'opportunité estimé (3) = (1) + (2)	**115 915 €**

Étape 4 : l'impact financier global de la réservation

L'impact financier global de cette réservation peut être évalué à :

Recettes supplémentaires liées à la réservation	172 346 €
Coûts supplémentaires liés à la réservation	(4 956) €
Coût d'opportunité estimé	(115 915) €
Résultat financier estimé de cette réservation	**51 475 €**

Il convient d'accepter cette réservation, car elle génère un profit additionnel significatif de 51 475 euros. De plus, les effets favorables sur l'image de l'hôtel n'ont pas été intégrés dans le *business plan*. Il faut néanmoins veiller à informer les clients fidèles et réserver la capacité de production encore disponible (91 chambres) aux segments de clientèles les plus profitables ; il n'est pas opportun d'accepter des tours opérateurs durant cette période.

4. L'exercice du métier de contrôleur de gestion dans les services

L'exercice du métier de contrôleur de gestion dans les services nécessite d'aller au-delà d'une vision financière, technique et orientée vers le contrôle des opérations et des comportements. Lorino (1995) avait déjà opposé « l'expert du chiffre » à « l'expert de l'enquête » pour souligner deux visions aux antipodes l'une de l'autre.

Opérer dans les services, et notamment ceux où le rôle du client est primordial dans les processus de production et où l'expérience du client est fortement influencée par ses interactions avec le personnel de l'entreprise, nécessite d'être engagé *dans* les processus et de coopérer *avec* les acteurs organisationnels (par exemple, marketing, ressources humaines, systèmes d'information, logistique), afin de comprendre les enjeux de l'arbitrage coût-valeur et les sources de création de valeur pour le client. Le contrôleur de gestion doit être au service des managers et intégré au sein des équipes opérationnelles.

La dynamique concurrentielle à l'œuvre dans les services se caractérise par l'introduction continue de services complémentaires pour augmenter les bénéfices perçus et valorisés par les clients, et par la nécessité de repenser fréquemment les processus opérationnels de production du service qui impliquent la coopération active des clients considérés comme des « employés partiels ». Il faut donc développer une forte proximité avec les managers opérationnels, comprendre finement les caractéristiques du service offert et développer des compétences relationnelles pour être en mesure de formuler des recommandations pertinentes et de construire sa légitimité auprès des managers. Le témoignage 11.1 illustre le métier de contrôleur de gestion *business partner* tel que pratiqué au sein du groupe Carrefour.

Témoignage 11.1 – Le contrôleur de gestion business partner

En tant que directeur du développement des performances au sein de la structure SCME (Supply Chain Management Europe) du groupe Carrefour, j'ai contribué à la conception et assuré l'animation d'un plan d'amélioration des performances européen pendant quatre années. Le supply chain management est un processus inter-firmes qui englobe l'ensemble des activités de la « chaîne logistique globale ». Cette dernière s'étend de l'usine des fournisseurs jusqu'aux linéaires du magasin.

Les équipes du distributeur et des fournisseurs sont conjointement responsables d'un système d'activités mettant en jeu la coopération d'acteurs appartenant à des organisations différentes et requérant la coordination systémique et dynamique d'activités reliées entre elles par des flux d'informations. La coordination de l'ensemble des flux d'informations (par exemple, commandes, factures, fiches produits, coefficients de saisonnalité, prévisions de ventes) et des flux physiques de marchandises (par exemple, manutention, palettisation, stockage, préparation, transport, mise en rayon) est un des aspects de la gestion de ce processus.

Au travers du pilotage conjoint de la « chaîne logistique globale », on cherche à en améliorer la performance mesurée par les trois principaux indicateurs suivants : la disponibilité des produits en linéaire pour le client final, la valeur globale des stocks répartis entre les entrepôts et les magasins, ainsi que la recherche du « coût rendu linéaire » le plus bas possible à niveau de service constant. Cependant, cette représentation transversale et inter-firmes de l'activité ne va pas de soi dans une entreprise de distribution qui a longtemps privilégié un découpage en centres de responsabilité autonomes : le département des achats, des approvisionnements, la logistique opérationnelle et l'exploitation des magasins. L'enjeu est de dépasser un mode de gestion conflictuel des relations avec les fournisseurs pour privilégier une approche plus partenariale et davantage basée sur la recherche de solutions nouvelles.

Par exemple, si on considère la gestion d'un entrepôt dont la mission est d'approvisionner des magasins comme un centre de responsabilités, on va se concentrer sur la maîtrise des ressources en équipement, la surface d'entreposage et les heures de travail. La focalisation du management se fera sur la maîtrise de ratios de productivité comme le nombre de colis préparés à l'heure, le nombre de jours de stock présents dans l'entrepôt, le taux de remplissage des camions, le coût logistique par colis préparé…

Par contre, dans une approche processus, il convient davantage de mettre en relation les interdépendances entre l'entrepôt et les magasins. Ainsi, si les magasins sont livrés tous les jours ou deux fois par semaine par un entrepôt, les effets sur les coûts logistiques de l'entrepôt et la manière de gérer les flux en magasin vont être considérablement différents. Afin de renforcer la disponibilité des produits en linéaire et de réduire les ressources consacrées à des activités de manutention en magasin, il peut être judicieux d'augmenter la fréquence de livraison des magasins et donc de « dégrader » la productivité en entrepôt. Aussi, la valeur ajoutée du contrôleur de gestion business partner est de faciliter de nouvelles lectures de l'activité et d'amener les acteurs de ces centres de responsabilité qui étaient jusqu'à présent faiblement coordonnés entre eux à penser leur contribution non pas en tant qu'acheteur, approvisionneur, logisticien ou chef de rayon, mais en tant qu'acteur de la performance globale de ce processus.

Dominique M., contrôleur de gestion senior, Carrefour

Cette idée d'un contrôleur de gestion proche du terrain n'est pas nouvelle (Bouquin, 2005 ; Bouquin et Fiol, 2007). Le rôle de *business partner* a été identifié depuis longtemps comme un des profils de contrôleur de gestion. Comme le soulignent Lambert et Sponem (2009), on peut déjà lire en 1969 que « *le contrôleur ne peut plus rester dans sa tour d'ivoire et jeter, selon son bon plaisir, des bribes d'informations à ses collègues de la fabrication, de la vente, de l'ingénierie. Il doit s'insérer comme un membre d'une équipe et reconnaître à chaque instant que son métier ne se justifie que par le service rendu* » (Gerrard, 1969). Les caractéristiques de l'environnement et des organisations ont évolué dans le sens d'une plus grande complexité et instabilité.

Résumé

Les services présentent des spécificités qui les distinguent de la production manufacturière. En particulier, la nécessaire prise en compte de l'expérience client et de ce qui a de la valeur pour ce dernier est crucial et doit être au cœur de l'animation des performances. L'arbitrage coût/valeur est alors au centre du système de contrôle de gestion. Cela n'a rien d'évident tant le contrôle de gestion a été focalisé sur les coûts et la recherche de productivité - plus facilement modélisable et quantifiable - plutôt que sur la satisfaction et la fidélisation du client - plus difficilement mesurables et quantifiables.

Les managers sont en charge de processus évolutifs qui nécessitent une coordination décentralisée et la coopération d'acteurs locaux affrontant des situations surprenantes et parfois disruptives, disposant d'une rationalité limitée et ayant des compétences et des objectifs différents et changeants. C'est par cet engagement sur le terrain et par ce dialogue continu avec les acteurs organisationnels que se construit la légitimité du contrôleur de gestion dans les services.

Le mouvement de servitisation, de transformation des activités de production et de ventes de biens vers la production de services, suggère que les singularités du contrôle de gestion des services pourraient s'élargir à un périmètre d'activité croissant. Cela signifie, par exemple une plus grande intégration du client dans le processus de production et une gestion fine des capacités pour maximiser les revenus.

Application 1 : la pratique du *revenue management* dans les musées

Question 1 : Dans quelle mesure les musées réunissent-ils les conditions pour appliquer une démarche de *revenue management* ?

Question 2 : Décrivez les pratiques mises en œuvre dans ce secteur pour à la fois agir sur la demande et augmenter la capacité de production.

Application 2 : calcul d'un coût d'opportunité

À deux mois du départ d'un vol Paris-Rio, il reste 50 places libres dans un avion. La compagnie aérienne accepte une commande pour un groupe de 40 places avec une marge par passager de 200 euros.

Question 1 : Quel est le coût d'opportunité lié à l'acceptation de cette réservation pour l'entreprise si cinq demandes de sièges supplémentaires sont effectuées avant le départ avec une marge par passager de 350 euros ?

Question 2 : Quel est le coût d'opportunité lié à l'acceptation de cette réservation pour l'entreprise si vingt demandes de sièges supplémentaires sont effectuées avant le départ avec une marge par passager de 350 euros ?

Application 3 : la pratique du *revenue management* dans les ferries

La ligne de ferry reliant Helsinki à Tallinn est très fréquentée pour des raisons essentiellement touristiques. Le prix d'une traversée peut varier du simple au double en fonction de la date d'achat, du jour de la traversée (semaine ou week-end), de la saison, de l'heure et de la durée du séjour. La vie sur ces bateaux immenses durant cette traversée de deux heures est consacrée à de multiples activités, dont le taux de marge est très élevé pour l'entreprise. Les voyageurs passent leur temps dans des restaurants et des bars, dans les supermarchés en *duty-free*, voire devant des machines à sous et autres jeux de hasard.

Question 1 : Dans le cadre de cette activité, les conditions sont-elles réunies pour appliquer une démarche de *revenue management* ?

Question 2 : Pourquoi les prix sont-ils généralement plus bas lorsqu'on réserve son billet longtemps à l'avance avec des conditions de modification du billet très restrictives ?

Question 3 : Quels sont les déterminants du résultat d'une compagnie de ferries ?

Question 4 : Quels sont les bénéfices liés à la mise en place d'un système de réservation en ligne ?

Et dans mon entreprise

- Quelles sont, dans votre organisation, les activités qui sont « en soutien de la valeur ajoutée » pour les clients ? Quelles sont celles qui sont « sans valeur ajoutée » en cela qu'elles n'influencent pas la satisfaction des clients ?
- Concernant l'activité principale de votre organisation, les conditions pour recourir à la pratique du *revenue management* sont-elles réunies ?

Références

Bouquin H. (dir), *Les grands auteurs en contrôle de gestion*, Éditions EMS, Paris, 2005.

Bouquin H. et Fiol M., *Le contrôle de gestion : repères perdus, espaces à retrouver*, 28e congrès de l'Association Française de Comptabilité, Poitiers, 2007.

Gerrard A.J., « What is a Controller? », *The Accountant*, 1969.

Lambert C. et Sponem S., « La fonction contrôle de gestion : proposition d'une typologie », *Comptabilité-Contrôle-Audit*, tome 15, vol. 2, décembre, 2009, p. 113-144.

Lorino P., *Comptes et récits de la performance. Essai sur le pilotage de l'entreprise*, Les Éditions d'Organisation, Paris, 1995.

Lorino P., « Le contrôle de gestion après la crise. Expertise obstinée du chiffre ou métier d'enquête complexe ? », *Revue Française de Gestion*, n°193, 2009, p. 29-35.

Lovelock C. et Wirth J., *Services Marketing: People, Technology, Strategy*, 7e édition, Pearson, 2014.

Chapitre 12

Le contrôle de gestion sociale et environnemental

Objectifs pédagogiques

1. Mesurer et rendre compte de la performance sociale et sociétale
2. Contrôler la gestion de la masse salariale et des effectifs
3. Manager la performance environnementale

Cas introductif : Xorex

La société industrielle Xorex fabrique des matériels de bureautique, d'impression et de reprographie. Elle dispose de plusieurs sites de production en France, en Irlande et aux Pays-Bas. Les matériels fabriqués sont commercialisés par l'intermédiaire de revendeurs. Cette entreprise est cotée à la Bourse de Paris, emploie 1 500 salariés et son total de bilan est supérieur à 100 millions d'euros.

Le processus de production de cette société utilise de nombreux composants chimiques, électroniques et des matières plastiques, entre autres. Les sites de production consomment de grandes quantités d'eau et d'électricité tant au cours des processus de production que du fait du maintien d'une température et d'une hygrométrie identiques dans les sites, quelle que soit la température extérieure.

Par ailleurs, l'entreprise, soucieuse de limiter l'impact de son activité sur l'environnement, s'est engagée à réduire ses émissions de gaz à effet de serre, ses déchets, sa consommation d'énergie et d'eau. À cette fin, elle a modifié ses processus de production et investi dans un nouveau site de production équipé de panneaux solaires et d'un système de climatisation très sophistiqué. Ce site est certifié ISO 14001 comme tous les autres sites de production du groupe. Xorex se questionne actuellement pour mettre en place une démarche de certification ISO 50001.

Les ingénieurs de l'entreprise cherchent sans cesse à innover afin de limiter l'impact environnemental des produits lors de leur utilisation par le client. Ainsi, l'entreprise est à l'origine d'innovations comme la mise en veille des appareils, le recto-verso, le reconditionnement des produits ou encore l'encre solide à la place des cartouches de toner. Pour aider à déployer cette stratégie, les responsables de l'entreprise se demandent quel système de contrôle de gestion pourrait convenir. Vous participez à la réflexion.

Question 1 : Cette entreprise est-elle contrainte de divulguer des informations relatives à la RSE ? Si oui, lesquelles ? Quelles informations doivent être publiées ?

Question 2 : À quoi correspondent les démarches de certification ISO 14001 et ISO 50001 ? Comment peut-on définir un système de management environnemental ?

Question 3 : Quels sont les indicateurs de pilotage nécessaires ? Le système de contrôle de gestion doit-il être plutôt de type « diagnostic » ou « interactif » ? Quelle analyse le contrôleur de gestion peut-il réaliser ? ■

Synthèse du cas et introduction du chapitre

Le contrôle de gestion de la performance environnementale des entreprises est relativement récent et repose sur un double objectif : rendre compte aux parties prenantes de la performance RSE de l'entreprise et manager cette performance afin de s'assurer *a minima* de la rentabilité d'une telle démarche et surtout d'en obtenir un avantage économique. Les dispositifs de contrôle de gestion environnemental dépendent du type de stratégie socialement responsable adoptée par l'organisation, du type d'apprentissage souhaité, de l'articulation entre stratégie et opérationnalisation, ainsi que de la capacité à intégrer des modalités de contrôle de gestion environnemental avec les autres dispositifs de contrôle.

Par ailleurs, le contrôle de gestion sociale s'est développé à la demande des organisations dont les structures matricielles, internationales, décentralisées et globales nécessitent un *reporting* et un pilotage accrus. C'est aussi la conséquence du développement des activités de service dans lesquelles les frais de personnel représentent fréquemment le premier poste de charge.

Définitions

La **responsabilité sociale de l'entreprise** (RSE) désigne l'intégration volontaire par les entreprises de préoccupations sociales et environnementales à leurs activités commerciales et leurs relations avec les parties prenantes. La RSE comprend trois composantes : sociale, économique et environnementale.

Une **partie prenante** est une personne ou un groupe de personnes qui peuvent influencer ou être affectées par l'activité d'une organisation. On les distingue généralement selon qu'elles sont internes (salariés, actionnaires) ou externes à l'entreprise (clients, fournisseurs, société civile, collectivité). Certaines sont volontairement engagées avec l'entreprise, alors que d'autres le sont involontairement.

Le **contrôle de gestion sociale** est une des composantes et des extensions du contrôle de gestion. C'est un système d'aide au pilotage social de l'organisation ayant pour but de contribuer à la gestion des ressources humaines dans leurs performances et leurs coûts. Il consiste à calculer les coûts résultant du travail et les avantages associés, ainsi qu'à analyser les variations de la masse salariale. Cette fonction permet de piloter les effectifs et de suivre la performance RH grâce à des indicateurs clés.

Le **contrôle de gestion environnemental** désigne l'ensemble des outils qui permettent de collecter des données sur l'état de raréfaction des ressources naturelles liées à l'activité d'une organisation et d'effectuer une allocation des ressources internes, qui pose comme contrainte prioritaire le maintien des capacités de régénération des écosystèmes

et incite les employés à respecter cette contrainte. Les données collectées doivent aussi permettre l'information des tiers sur la manière dont l'entreprise contribue à maintenir intactes les capacités des écosystèmes.
La **matérialité** désigne le fait, pour une entreprise, de prendre en compte les dangers les plus significatifs pour elle et son environnement. Une matrice de matérialité permet de prioriser les enjeux de RSE en fonction des risques propres à l'activité de l'entreprise, des zones géographiques dans lesquelles elle intervient et des attentes des parties prenantes.

Dans ce chapitre, nous aborderons les différents aspects du contrôle de gestion sociétale :

- le suivi et le *reporting* des activités RSE (section 1) ;
- le contrôle de gestion sociale (section 2) ;
- le management de la performance environnementale (section 3).

1. Le suivi et le *reporting* des activités RSE

Les entreprises sont soumises à de fortes pressions institutionnelles en matière de *reporting* de leurs données sociétales. Ces contraintes sont de nature **réglementaire** ou **volontaire**. Dans ce cadre, le contrôle de gestion sociétale a pour objectif de mettre l'entreprise aux normes en matière de divulgation de ces informations. De fait, cette dernière doit se doter d'un système d'information pour collecter, organiser et consolider ces données afin de satisfaire aux obligations de *reporting*.

1.1 Les contraintes institutionnelles

Actuellement, on dénombre environ 380 grilles de *reporting* RSE, dont 65 % sont obligatoires, dans les 70 plus grandes puissances économiques mondiales. La très grande majorité de ces pays comptent plus de cinq référentiels différents couvrant les domaines de la protection de l'environnement, la gestion des ressources humaines ou bien encore la gouvernance.

1.1.1 Les contraintes réglementaires en Europe

Dans le domaine de la RSE, les travaux de la Commission européenne ont abouti à un grand nombre de référentiels de *reporting* des données RSE. La stratégie actuelle de l'Europe en matière de RSE est basée sur une communication de la Commission qui date de 2011. Depuis, le cadre réglementaire européen sur la RSE s'est étoffé. Il concerne le *reporting* extra-financier qui est obligatoire pour quelque 6 000 grandes entreprises européennes quand tous les pays auront transposé la directive. Actuellement, 74 % des entreprises européennes publient un rapport dans lequel elles présentent leurs données sociétales. Par ailleurs, diverses réglementations ont été mises en place dans certains secteurs d'activité ou de façon plus générale pour augmenter la transparence des pratiques des grandes entreprises vis-à-vis de leurs parties prenantes.

En 2014, l'Europe a été la première à rendre obligatoire la communication extra-financière non seulement des données sociétales, mais aussi des données relatives à la gouvernance et à la lutte anti-corruption par l'adoption de la directive 2014/95/UE. Le texte établit l'obligation pour les entreprises cotées, les banques et les compagnies d'assurance de plus de 500 salariés de publier chaque année une déclaration comprenant les informations environnementales, sociales et liées au personnel, relatives au respect des droits de l'homme et à la lutte contre la corruption. Les entreprises concernées doivent aussi rendre compte de leur politique de diversité au sein des organes de gouvernance.

Les entreprises doivent identifier les risques les plus significatifs selon le principe de matérialité et expliquer les politiques mises en place pour y répondre et en présenter les résultats avec des indicateurs clés de performance. Elles doivent justifier de l'absence d'information sur certains thèmes clés régis par des réglementations récentes.

Les textes mentionnent une liste d'informations à publier dans les trois principaux domaines suivants :

- Sur le plan **social**, des informations sont demandées sur l'emploi, l'organisation du travail, la santé et la sécurité, les relations sociales, la formation et l'égalité de traitement.
- Sur le plan **environnemental**, les entreprises doivent rendre compte de la politique générale en matière de développement durable et de pollution. Elles doivent aussi divulguer des informations sur l'économie circulaire, l'utilisation durable des ressources, le changement climatique et la protection de la biodiversité.
- Sur le plan **sociétal**, les entreprises doivent rendre compte de leurs engagements sociétaux, de leurs relations avec leurs sous-traitants et leurs fournisseurs, ainsi que les mesures prises en faveur de la santé et de la sécurité des consommateurs.

1.1.2 Les contraintes réglementaires en France

Depuis le début des années 2000, le dispositif de *reporting* sociétal s'est considérablement développé. Selon les secteurs d'activité, les entreprises peuvent être contraintes à satisfaire à différents *reportings*, notamment dans le domaine industriel. La France est un pays précurseur en matière de *reporting* sociétal avec l'article 116 de la loi sur les nouvelles régulations économiques (NRE) et l'article 225 du Grenelle II portant sur l'engagement national pour l'environnement. L'arsenal juridique a été récemment complété par la loi sur le devoir de vigilance et la transposition en droit français de la réglementation européenne sur la communication extra-financière.

- En 2001, **l'article 116 de la loi sur les nouvelles régulations économiques** (NRE) impose aux sociétés françaises cotées en Bourse de rendre compte de leur gestion sociale et environnementale dans leur rapport annuel. À ce titre, une première liste d'indicateurs sociaux, environnementaux et sociétaux est établie. Cette divulgation d'informations RSE est obligatoire pour toutes les entreprises cotées sur un marché réglementé. Néanmoins, la loi ne prévoit pas de sanction en cas de non-communication de ces indicateurs.

- En 2010, **l'article 225 de la loi Grenelle II** portant sur la mise en œuvre des engagements du Grenelle de l'environnement étend les obligations de publier dans les rapports de gestion des informations sociétales aux entreprises non cotées dont le nombre moyen de salariés est supérieur à 500 et dont le chiffre d'affaires ou le total du bilan est supérieur à 100 millions d'euros. Les informations publiées doivent être vérifiées par un organisme tiers indépendant, qui doit formuler une attestation de présence et un avis sur leur sincérité.
- En février 2017, **la loi sur le devoir de vigilance** impose aux entreprises françaises employant au moins 5 000 salariés en France, et aux entreprises de plus de 10 000 salariés dans l'Hexagone ayant leur siège social ailleurs dans le monde, d'établir et de publier un plan de vigilance pour prévenir les risques en matière d'environnement, de droits humains et de corruption sur leurs propres activités, mais aussi sur celles de leurs filiales, sous-traitants et fournisseurs en France comme à l'étranger.
- En juillet 2017, la **directive européenne de 2014**, relative à la publication d'information non financière, est transposée en droit français. Elle étend les obligations des entreprises en matière de *reporting* des données extra-financières aux thèmes de lutte contre la corruption et de gouvernance.

Illustration 12.1 – *Reporting* RSE

Le *reporting* RSE du groupe Bouygues est un des outils privilégiés de suivi, d'animation et de pilotage de ses démarches RSE. Pour permettre la publication annuelle de ses principaux résultats à l'échelle du groupe, Bouygues SA mène chaque année trois campagnes de *reporting* auprès des cinq métiers du groupe : *reporting* social, environnemental et sociétal. La première est pilotée par la direction centrale Ressources humaines, les deux autres par la direction centrale Qualité Sécurité Environnement (QSE). Répondant aux obligations légales de transparence, les indicateurs RSE du groupe permettent de piloter les politiques mises en œuvre au sein des différents métiers et de répondre aux attentes des parties prenantes externes et internes (par exemple, collaborateurs, actionnaires, agence de notation extra-financière).

Source : document de référence 2016 du groupe Bouygues.

1.1.3 Les démarches volontaires de *reporting*

Il est fréquent que les entreprises adhèrent de façon volontaire à différents organismes internationaux leur fournissant soit un référentiel d'indicateurs permettant de mesurer le niveau d'avancement de leurs programmes en matière de politique RSE, soit des certifications attestant de l'amélioration de leurs performances sociétales.

La *Global Reporting Initiative* (GRI), née en 1997 pour établir un référentiel d'indicateurs permettant de mesurer le niveau d'avancement des programmes des entreprises en matière de développement durable, propose une série de lignes directrices afin de rendre compte des différents degrés de performance aux plans économique, social et environnemental.

Pour chaque domaine d'application, l'économie, l'environnement, les droits de l'homme, les relations sociales et conditions de travail, la responsabilité en termes de produits et la société, les indicateurs de performance GRI se structurent en deux niveaux selon leur degré d'importance : les indicateurs de base et les indicateurs supplémentaires.

Aujourd'hui, les lignes directrices de la quatrième version de la GRI sont utilisées par 80 % des entreprises du CAC 40 et 40 % des entreprises françaises pour produire leurs rapports RSE. Les lignes directrices de la quatrième version de la GRI privilégient une approche sectorielle renforcée et mettent l'accent sur les aspects concrets des actions engagées et leur pertinence effective.

À titre d'exemple, le tableau de bord des indicateurs extra-financiers doit présenter les priorités de l'entreprise, les engagements pris, l'évaluation des résultats et leur mise en perspective par rapport aux objectifs atteints ou restant à atteindre. L'entreprise doit aussi publier une table des correspondances dans laquelle figurent les indicateurs vérifiés, non vérifiés, en cours de vérification et l'explication des différents niveaux de réalisation.

Illustration 12.2 – *Reporting* GRI du groupe Renault

Le groupe Renault a choisi de préparer le présent rapport selon la quatrième version des lignes directrices de la GRI avec le niveau de conformité « Essentiels ». Afin d'accompagner le passage à ce niveau de conformité et de renforcer son engagement de transparence et son expertise RSE en matière de *reporting*, le groupe Renault a intégré la *GRI Gold Community* en 2017. Le périmètre de ce *reporting* GRI est celui du *reporting* financier consolidé du groupe Renault. Lorsqu'un indicateur ne couvre pas le périmètre complet, les précisions sont fournies avec l'indicateur.

Source: document de référence 2016 du groupe Renault.

L'organisation ISO (*International Organisation for Standardisation*) publie un certain nombre de normes dans le domaine de la RSE :

- La **norme ISO 26000** donne des lignes directrices aux entreprises et aux organisations pour opérer de manière socialement responsable. Cette norme ne donne pas lieu à une certification ; elle permet d'aider à traduire les principes de RSE en actes concrets et de faire connaître les meilleures pratiques dans le domaine.
- La **norme ISO 14001** et ses normes connexes se concentrent sur les systèmes de management environnemental et donnent lieu à une certification. Elles reposent sur le principe d'amélioration continue de la performance environnementale par la maîtrise des impacts liés à l'activité de l'entreprise, qui prend un double engagement de progrès continu et de respect de la conformité réglementaire. Le principe de cette norme se divise en quatre parties : prévoir, faire, prouver et contrôler, corriger et réagir. Fin 2015, 319 324 certificats ISO 14001 ont été délivrés dans le monde, dont 6 847 en France.

- Intégralement orientée vers l'amélioration de la performance énergétique, dans une perspective de réduction de la consommation, et donc des coûts, la **norme ISO 50001** propose une méthode pour optimiser l'utilisation des ressources consommatrices d'énergie, orienter la production et/ou l'exploitation vers des choix technologiques améliorant la performance énergétique, et intégrer les critères d'efficacité énergétique en amont et en aval de la production/exploitation (approvisionnements, transports). Fin 2015, 11 985 certificats ISO 50001 ont été délivrés, dont 10 152 en Europe, l'article 8 de la directive européenne sur l'efficacité énergétique exemptant d'audit énergétique réglementaire les grandes entreprises qui sont certifiées ISO 50001.

Illustration 12.3 – La prévention des risques environnementaux du groupe Renault

La prévention des risques environnementaux fait l'objet d'un système de management de l'environnement certifié selon la norme ISO 14001, et est intégrée depuis 2005 dans l'*Alliance Management Way* (AMW) au travers de la gestion des produits chimiques et des déchets aux postes de travail.
Par ailleurs, le groupe Renault adhère à des normes ou standards internationaux dont la finalité est de réguler les pratiques environnementales, sociales et sociétales des entreprises, comme la norme ISO 14001 pour le management environnemental, les normes ISO 14040 et 14044 pour l'analyse du cycle de vie des véhicules, la norme ISO 14021 pour la définition de la matière recyclée et le GHG Protocol pour le *reporting* des émissions de gaz à effet de serre.

Source : document de référence 2016 du groupe Renault.

1.2 La grille de *reporting* des informations RSE

L'article 225 de la loi Grenelle II prévoit la liste des indicateurs devant être obligatoirement renseignés selon les trois axes de la RSE : informations sociales, environnementales et économiques.

1.2.1 Les informations sociales

L'entreprise doit détailler les informations relatives à l'emploi, à l'organisation du travail, aux relations sociales dans l'entreprise, à la santé et à la sécurité au travail, à la formation, à l'égalité de traitement entre les hommes et les femmes, ainsi qu'au respect des règles de l'Organisation internationale du travail, notamment pour les unités installées à l'étranger. Ces informations sont conformes à celles fournies dans le bilan social.

Institué en France depuis 1977, le **bilan social** est un document qui regroupe l'ensemble des données chiffrées permettant d'avoir une vision globale de la santé sociale d'une entreprise sur une période de trois ans. Obligatoire pour les entreprises de plus de 300 salariés, il comprend des informations sur l'emploi, les rémunérations et charges accessoires, les conditions de santé et de sécurité, les conditions de travail, la formation, les relations professionnelles, le nombre de salariés détachés et de travailleurs détachés accueillis, ainsi que les conditions de vie des salariés et de leur famille dans la mesure où ces conditions dépendent de l'entreprise.

À partir de données concrètes et chiffrées, le bilan social constitue un véritable instrument pour analyser les conditions sociales des salariés au sein de leur entreprise et avoir une vue d'ensemble sur les modifications qui se sont produites lors des trois années écoulées. Il permet également de dégager des pistes d'amélioration et de définir les actions à mener dans l'avenir. Ce document contributif est largement utilisé par les partenaires sociaux.

Tableau 12.1 – Liste des informations sociales de l'article 225 du Grenelle II

Thèmes	Informations à fournir
Emploi	• l'effectif total et la répartition des salariés par sexe, âge et zone géographique ; • les embauches et les licenciements ; • les rémunérations et leur évolution.
Organisation du travail	• l'organisation du travail ; • l'absentéisme.
Relations sociales	• l'organisation du dialogue social, notamment les procédures d'information et de consultation du personnel et de négociation avec celui-ci ; • le bilan des accords collectifs.
Santé et sécurité	• les conditions de santé et de sécurité au travail ; • le bilan des accords signés avec les organisations syndicales ou les représentants du personnel en matière de santé et de sécurité au travail ; • les accidents du travail, leur fréquence et leur gravité, les maladies professionnelles.
Formation	• les politiques mises en œuvre en termes de formation ; • le nombre total d'heures de formation.
Égalité de traitement	• les mesures prises en faveur de l'égalité entre les femmes et les hommes ; • les mesures prises en faveur de l'emploi et de l'insertion des personnes handicapées ; • la politique de lutte contre les discriminations.
Promotion et respect des stipulations des conventions fondamentales de l'OIT	• le respect de la liberté d'association et du droit de négociation collective ; • l'élimination des discriminations en matière d'emploi et de profession ; • l'élimination du travail forcé ou obligatoire ; • l'abolition effective du travail des enfants.

1.2.2 Les informations environnementales

L'entreprise doit détailler sa politique en matière de protection de l'environnement, ses activités relatives à la réduction de la pollution et la gestion des déchets, ses démarches pour une utilisation durable des ressources, ses activités pour lutter contre le changement climatique et protéger la biodiversité. Ces informations sont généralement associées à la mise en place d'un système de management environnemental.

Tableau 12.2 – Liste des informations environnementales du Grenelle II

Thèmes	Informations à fournir
Politique générale en matière environnementale	• l'organisation de la société pour prendre en compte les questions environnementales et, le cas échéant, les démarches de certification en matière d'environnement ; • les actions de formation et d'information des salariés menées en matière de protection de l'environnement ; • les moyens consacrés à la prévention des risques environnementaux et des pollutions ; • le montant des provisions et garanties pour risques en matière d'environnement.
Pollution et gestion des déchets	• les mesures de prévention, de réduction ou de réparation de rejets dans l'air, l'eau et le sol affectant gravement l'environnement ; • les mesures de prévention, de recyclage et d'élimination des déchets ; • la prise en compte des nuisances sonores et de toute autre forme de pollution spécifique à une activité.
Utilisation durable des ressources	• la consommation d'eau et l'approvisionnement en eau en fonction des contraintes locales ; • la consommation de matières premières et les mesures prises pour améliorer l'efficacité dans leur utilisation ; • la consommation d'énergie, les mesures prises pour améliorer l'efficacité énergétique et le recours aux énergies renouvelables ; • l'utilisation des sols.
Changement climatique	• les rejets de gaz à effet de serre ; • l'adaptation aux conséquences du changement climatique.
Protection de la biodiversité	• les mesures prises pour préserver ou développer la biodiversité.

1.2.3 Les informations sociétales ou économiques

L'entreprise doit fournir des informations relatives à son engagement sociétal auprès de la collectivité et de ses prestataires ou sous-traitants en tant qu'acteur responsable du tissu économique local.

Tableau 12.3 – Liste des informations sociétales du Grenelle II

Thèmes	Informations à fournir
Impact territorial, économique et social de l'activité de la société	• en matière d'emploi et de développement régional ; • sur les populations riveraines ou locales.
Relations entretenues avec les personnes ou les organisations intéressées par l'activité de l'entreprise	• les conditions du dialogue avec ces personnes ou organisations (associations d'insertion, établissements d'enseignement, associations de défense de l'environnement, associations de consommateurs et populations riveraines) ; • les actions de partenariat ou de mécénat.
Sous-traitance et fournisseurs	• la prise en compte des enjeux sociétaux et environnementaux dans la politique des achats ; • l'importance de la sous-traitance et la prise en compte dans les relations avec les fournisseurs et les sous-traitants de leur responsabilité sociale et environnementale.
Loyauté des pratiques	• les actions engagées pour prévenir la corruption ; • les mesures prises en faveur de la santé et de la sécurité des consommateurs ; • les autres actions engagées en faveur des droits de l'homme.

1.3 *Reporting* RSE et système d'information

Dans ce cadre, le *reporting* RSE doit être pertinent, fiable et intégré. Les indicateurs sont définis en fonction des enjeux stratégiques (pertinence), en s'appuyant sur des référentiels et systèmes d'information garantissant la qualité, la crédibilité et la comparabilité des informations publiées (fiabilité). Enfin, l'intégration renvoie à la mise en perspective avec les informations comptables et financières pour permettre aux dirigeants et partenaires de l'entreprise de disposer d'une vision plus globale de la performance.

De fait, les systèmes d'information en réseau permettent une collecte standardisée des données des différentes entités du groupe depuis chaque site. Ainsi, les éléments collectés sont définis et normés dans un référentiel qui peut servir de base aux vérifications internes et externes.

2. Le contrôle de gestion sociale

Le contrôle de gestion sociale étend des outils et des méthodologies utilisés dans les autres domaines du contrôle de gestion au suivi des frais de personnel et de la masse salariale, au contrôle des activités et au suivi de la performance en développant :

- le calcul des coûts (apparents ou cachés) résultant du travail et celui des avantages associés ;

- les modes d'analyse de la masse salariale ;
- le suivi des performances individuelles, du groupe, de la sous-unité et de toute entité organisationnelle ;
- la construction des budgets de frais de personnel et l'analyse des écarts par rapport aux réalisations.

2.1 Le contrôle de gestion de la masse salariale

La masse salariale constitue l'élément central du contrôle de gestion sociale dans la mesure où celle-ci représente une part prépondérante des frais généraux, ainsi qu'une part significative des frais fixes des entreprises de services. Par ailleurs, la stabilité de la masse salariale et les contraintes réglementaires afférentes justifient l'importance du contrôle de gestion sociale.

Définition – La masse salariale

La **masse salariale,** selon la définition utilisée en comptabilité, concerne les charges de personnel, à savoir les rémunérations du personnel, les charges sociales, ainsi que les provisions (congés payés, indemnités de départ à la retraite, etc.). Elle correspond aux comptes des classes 641 « Rémunération du personnel », 645 « Charges de sécurité sociale et de prévoyance », 647 « Autres charges sociales » et 648 « Autres charges de personnel ».
Pour avoir une vision exhaustive de la masse salariale, il convient d'ajouter à ces postes les dépenses relatives aux impôts et taxes assises sur les rémunérations à la charge de l'employeur, ainsi que le coût des personnels extérieurs à l'entreprise comme les intérimaires. Les dépenses liées aux vêtements de travail, la participation aux repas, ainsi que les différents avantages en nature soumis à cotisations sociales devront être incorporés dans le coût de la main-d'œuvre.

2.1.1 La composition de la masse salariale

La masse salariale est composée d'éléments permanents, variables et exceptionnels.

Les **éléments permanents** représentent les charges récurrentes qui seront réglées, quel que soit le contexte dans lequel évolue le salarié ou l'entreprise. Ils constituent des charges fixes pour l'entreprise. Ils sont constitués des salaires bruts de base, des primes permanentes (ancienneté, assiduité, celles liées aux contraintes du poste, de treizième mois et de vacances) et des charges sociales patronales. Dans l'exercice budgétaire, il conviendra de prévoir les évolutions des charges patronales.

Les **éléments variables** sont prévisibles. Cependant, le montant et le seuil de déclenchement du versement répondent à des critères précisés par l'entreprise. Ils sont constitués des bonus individuels et/ou collectifs, et de la rémunération liée aux heures supplémentaires.

Illustration 12.4 – Exemple d'éléments variables de la rémunération

Un manager du service achat dispose d'un salaire annuel brut de base de 80 000 euros. Son contrat prévoit le versement d'une part variable de 20 % maximum. Les critères sont les suivants : 10 % sont consacrés aux objectifs collectifs de l'entreprise (résultat opérationnel) et 10 % à ses performances individuelles.
Objectifs collectifs : l'entreprise a réalisé des bénéfices et augmenté son chiffre d'affaires de 2 %. Les objectifs sont remplis à 90 %.
Objectifs individuels : le manager a développé la standardisation des processus achats et permis de réduire les coûts d'achats de service de 10 %. Ses objectifs individuels sont remplis à 85 %.
Le manager achat percevra le bonus suivant :

- L'objectif collectif (10 % du salaire) est réalisé à 90 % ; le versement sera donc de 9 % du salaire, soit 7 200 euros.
- L'objectif individuel (10 % du salaire) est atteint à hauteur de 85 % ; le versement sera donc de 8,5 % du salaire, soit 6 800 euros.

Au total, les éléments variables seront de 17,5 % du salaire, soit 14 000 euros.

Les **éléments exceptionnels** sont par définition imprévisibles. Ils sont constitués de primes exceptionnelles individuelles ou collectives, et d'indemnités en cas de rupture du contrat de travail.

Illustration 12.5 – Calcul du solde de tout compte

Un salarié de la convention collective Syntec ayant trois ans d'ancienneté est rémunéré à hauteur de 3 500 euros bruts mensuels. Il est licencié pour motif personnel. L'employeur décide de le dispenser d'effectuer son préavis de trois mois. Le salarié bénéficie d'un solde de congés payés de 10 jours ouvrés.
Le solde de tout compte (salaire brut hors charges patronales) sera le suivant :

- indemnité de préavis : 3 500 × 3 = 10 500 euros ;
- congés payés sur préavis non effectué : 10 500 × 10 % = 1 050 euros ;
- solde de 10 jours de congés payés : (3 500 / 21,67) × 10 = 1 615 euros ;
- indemnité conventionnelle de licenciement : 3 500 × 1/3 × 3 = 3 500 euros.

Soit un total de 16 665 euros.

2.1.2 L'impact des politiques d'augmentation salariale

Les politiques d'augmentation salariale qui sont proposées par les ressources humaines impactent directement le montant de la masse salariale.

L'effet en niveau

Une politique d'augmentation de salaire se caractérise par une proposition de pourcentage d'évolution qui sera appliqué aux salaires bruts de base. L'augmentation peut être générale et s'appliquer à tous les salariés, ou individuelle lorsqu'elle diffère en fonction de ces derniers. L'effet en niveau consiste à appliquer le pourcentage d'augmentation salariale, qu'il provienne d'une augmentation générale ou individuelle, à la masse salariale existante. Cet effet en niveau représente la hausse perçue par le salarié, c'est-à-dire la variation du salaire mensuel d'une personne ou d'un salaire moyen d'un groupe de personnes sur une période donnée. Il est exprimé en pourcentage, sous la forme d'un indice ou en valeur.

Illustration 12.6 – L'effet en niveau

La société Xor dispose d'un effectif de 350 salariés représentant une masse salariale de 17,5 millions d'euros en N. L'augmentation générale des salaires est de 2 % pour l'année N + 1.
L'effet en niveau de cette décision en N + 1 est :
- en valeur : 17 500 000 × 2 % = 350 000 euros ;
- en pourcentage : 2 %.

Ce n'est pas la vision de l'employeur, car il raisonne en hausse globale sur l'année en tenant compte du calendrier (effet en masse).

L'effet en masse

L'effet en masse représente le rapport entre la masse salariale prévisionnelle de l'année suivante (N + 1) par rapport à la masse salariale de l'année N (année en cours) sans augmentation. Il indique l'impact réel de la décision pour l'entreprise sur l'exercice. En effet, lorsque l'augmentation salariale s'applique au premier jour de l'exercice fiscal, l'effet en niveau et l'effet en masse sont identiques. Par contre, si l'entreprise décide d'appliquer l'augmentation salariale plus tardivement, l'impact sur la masse salariale sera amoindri.

L'effet en masse exprimé en pourcentage est déterminé ainsi :

(salaires annuels année N + 1) / (salaires décembre N × 12) – 1

Illustration 12.7 – Effets en niveau et en masse

Une société Y a un effectif de 50 salariés représentant une masse salariale de 3 millions d'euros en N – 1. Une augmentation générale de 3 % et une augmentation individuelle de 1 % sont prévues le 1er avril N.
L'effet en niveau se calcule ainsi :

3 000 000 × 0,04 = 120 000 euros

L'effet en niveau met en évidence une dépense supplémentaire liée à l'augmentation générale de 3 % et individuelle de 1 % de 120 000 euros. La masse salariale pour l'année N + 1 s'élèvera à 3 120 000 euros (toutes choses égales par ailleurs).
L'effet en masse se calcule ainsi :
- pour les trois premiers mois de N : (3 000 000 × 3 / 12) = 750 000 euros ;
- pour les neuf mois suivants : (3 000 000 × 1,04) × 9 / 12 = 2 340 000 euros ;
- total de la masse salariale N : 750 000 + 2 340 000 = 3 090 000 euros.

Cela représente un effet en masse de :
3 090 000 / 3 000 000 – 1 = 0,03, soit une augmentation de la masse salariale de 3 %.

L'effet de report

L'effet de report consiste à mesurer l'incidence des décisions d'augmentation salariale prises en cours d'année sur l'exercice budgétaire suivant. La masse salariale N + 1 augmentera du fait des engagements pris en N, même si aucune décision d'augmentation n'a été validée pendant l'année N + 1. L'objectif de l'effet de report consiste à anticiper les effets d'une prise de décision de gestion comme les augmentations de salaire sur les exercices budgétaires futurs.

L'effet de report de N sur N + 1 exprimé en pourcentage est déterminé ainsi :

(salaire mensuel de décembre N × 12 mois) / (salaire annuel de N) - 1

Illustration 12.8 – Calcul de l'effet de report

La société Z a un effectif de 250 salariés représentant une masse salariale de 3 100 000 euros. Une augmentation générale de 1,4 % et une augmentation individuelle de 0,5 % s'appliqueront le 1er juin N.

Calcul de **l'effet en niveau** :
- effet en niveau exprimé en pourcentage : 1,4 % + 0,5 % = 2,9 % ;
- effet en niveau en valeur : 3 100 000 × 0,029 = 89 900 euros.

Calcul de **l'effet en masse** :
- pour les cinq premiers mois de N : (3 100 000 × 5 / 12) = 1 291 667 euros ;
- pour les sept mois suivants : (3 100 000 × 1,029) × 7 / 12 = 1 860 775 euros ;
- total de la masse salariale N : 1 291 667 + 1 860 775 = 3 152 442 euros.

Cela fait un effet en masse de : 3 152 442 / 3 100 000 – 1 = 0,0169, soit 1,69 %.

Calcul de **l'effet de report** de N sur N + 1 :
- masse salariale de N + 1 (ou salaire de décembre N × 12) :

3 100 000 × (1 + 0,029) = 3 189 900 euros ;
- masse salariale N : 3 152 442 euros (voir *supra*).

Cela fait un effet de report de : 3 189 900 / 3 152 442 – 1 = 0,0119, soit 1,19 %. Il peut aussi être exprimé en valeur : 3 189 900 – 3 152 442, soit 37 458 euros.

L'effet de report met en lumière le coût supplémentaire sur l'année suivante de la politique de gestion des ressources humaines.

Illustration 12.9 – Calcul de l'effet de report

Il existe un lien entre les trois effets :

effet de report = (1 + effet en niveau) / (1 + effet en masse) – 1

On vérifie avec l'exemple précédent : (1 + 0,0290) / (1 + 0,0169) – 1 = 0,0119.

Plus simplement, toute décision relative à la masse salariale a un effet de report sur la masse salariale de l'année suivante d'autant plus important que cette décision intervient tardivement dans l'exercice. Une augmentation accordée en décembre N aura un faible impact sur N, mais important sur N + 1.

L'effet d'une décision d'augmentation de rémunération (effet en niveau) a donc été dissocié en effet de masse (conséquences sur la période en cours) et effet de report (conséquence sur la période suivante). Il convient de relever que la même distinction peut être faite pour toutes les décisions affectant la masse salariale.

2.1.3 L'effet de structure de la masse salariale

Un changement dans la composition de l'effectif impacte directement le montant de la masse salariale.

L'effet de noria consiste à mesurer l'impact sur la masse salariale des entrées et des sorties du personnel, lié à la différence de rémunération entre le titulaire d'un poste partant et le titulaire d'un poste arrivant. L'effet de noria est négatif (favorable) si le salaire du remplaçant est moins élevé que le salaire brut du partant, ce qui selon les spécificités sectorielles ou les postes à pourvoir n'est pas toujours le cas. Cet effet représente la marge de manœuvre de la masse salariale, à savoir la variable d'ajustement qui permet de ne pas excéder le budget.

Illustration 12.10 – Calcul de l'effet de noria

Prenons le cas d'un poste d'ingénieur d'affaires junior dans une entreprise de services, pour lequel il y a dix titulaires.
Les salaires annuels bruts en milliers d'euros (k€) sont les suivants : 30 (Arthur), 32 (Damien), 28 (Delphine), 35 (Noémie), 30 (Lucie), 27 (Martin), 38 (Henri), 30 (Marie), 34 (Sophie) et 40 (Stéphane).
Pendant l'année considérée, Noémie, Sophie, Henri et Damien quittent l'entreprise. Ils sont remplacés par quatre juniors dont les salaires s'établissent à 32, 30, 28 et 34 milliers d'euros.
Déterminons l'effet de noria :

- masse salariale totale du poste considéré :
  30 + 32 + 28 + 35 + 30 + 27 + 38 + 30 + 34 + 40 = 324 k€.
- salaires bruts des partants :
  35 + 34 + 38 + 32 = 139 k€.
- salaires bruts des arrivants :
  32 + 30 + 28 + 34 = 124 k€.

L'effet de noria s'élève donc à :
124 – 139 = –15 k€ ou –15 / 324 = –0,0463, soit –4,63 %.

L'effet de noria du poste d'ingénieur d'affaires junior permettra d'économiser 4,63 % de la masse salariale sur l'année considérée. C'est un effet en niveau. Il est nécessaire de disposer des dates de remplacement pour identifier les effets en masse et de report.
Faisons l'hypothèse que tous les mouvements se sont produits le 1er avril N :

- masse salariale de N : 324 – 15 × 9 / 12 = 312,75 k€ ;
- masse salariale de N + 1 (toutes choses égales par ailleurs) : 324 – 15 = 309 k€.

L'effet en masse s'établira à :
312,75 / 324 – 1 = –0,0347, soit –3,47 %.

L'effet de report sera donc de :

309 / 312,75 – 1 = –0,0120, soit –1,20 %.

On peut vérifier la relation entre les trois effets :

(1 + effet en niveau) / (1 + effet en masse) – 1 = effet de report

(1 – 0,0463) / (1 – 0,0347) – 1 = –0,0120, soit –1,20 %

Les départs s'étant produits en début d'année, l'effet de report est faible comparativement aux effets en masse et en niveau.

Les conséquences de l'évolution de la structure d'emploi peuvent également être appréhendées, telle une évolution du taux d'encadrement. Pour ces effets, il est toujours possible de distinguer les effets de report, en masse et en niveau.

2.2 Le budget des frais de personnel

Le budget des frais de personnel consiste à mettre en relation les données de masse salariale avec les effectifs afin d'obtenir le montant total des frais de personnel.

La construction d'un budget des frais de personnel répond à un triple objectif :

- vision prospective des frais de personnel ;
- pilotage des frais de personnel ;
- gestion décentralisée des coûts.

Le contrôle de gestion sociale procède par ajustements successifs consistant à élaborer des prévisions, à les comparer aux réalisations, puis à engager des mesures correctrices afin d'ajuster les actions à l'objectif affiché : respecter le budget.

Le budget des frais de personnel dépend de trois variables principales :

- **Les paramètres d'emploi** :
  - La forme et le type de contrat de travail, à durée déterminée ou indéterminée, vont influencer le budget des frais de personnel. Les contrats de travail de type intérim et de sous-traitance vont impacter le budget des frais généraux de l'entreprise et non celui des frais de personnel.
  - L'effectif impacte le montant de la masse salariale. Il doit être déterminé par catégorie.
- **Les politiques salariales** mises en œuvre par l'entreprise sont déterminantes dans l'évolution des coûts. À ce titre, les négociations annuelles obligatoires permettent de traiter des rémunérations de l'ensemble des salariés, de l'égalité homme/femme, de la durée effective et de l'organisation du temps de travail, et de l'emploi des travailleurs en situation de handicap.
- **Le niveau des charges sociales patronales** évolue chaque année. Il faut donc prendre en considération les évolutions possibles ou déjà prévues.

Enfin, il est nécessaire d'actualiser le budget des frais de personnel selon les réalisations. En effet, ce budget s'élabore quelques mois avant sa mise en application. Il est donc important de l'ajuster en fonction des réalisations afin de prévoir le plus justement possible les flux de trésorerie associés.

2.3 Les tableaux de bord sociaux

L'entreprise peut mettre en place des outils d'aide au suivi des décisions sociales afin de favoriser le dialogue social sous forme de tableaux de bord sociaux. Dans ce cadre, le pilotage social consiste à fixer des cibles sociales ou socio-économiques à atteindre à court terme (un mois) et à moyen terme (un à trois ans), et à réguler les écarts enregistrés par des actions ou des modifications de cibles.

Témoignage 12.1 – Intérêts des indicateurs sociaux

Avoir à disposition et suivre des indicateurs sociaux présente un intérêt à plusieurs facettes : favoriser l'intégration d'une nouvelle direction en fournissant quelques chiffres clés sur le ou les services encadrés ; sensibiliser et proposer des solutions factuelles « chiffrées » (absentéisme, turnover, etc.) ; disposer d'un niveau rapide d'informations comparées selon les axes voulus (périodicité, métier, activité, etc.), mais aussi analyser les effets d'une stratégie décidée et mise en place.

Pietr A., DRH, promoteur immobilier

Ainsi, pour le pilotage social, il est possible de construire un système d'information pour un contrôle de gestion sociale à l'image du contrôle de gestion. Il ne s'agit pas nécessairement de concevoir un tableau de bord comprenant des indicateurs pour suivre les performances des salariés au regard du coût de la masse salariale. Néanmoins, il sera pertinent de suivre les coûts de la masse salariale afin de procéder régulièrement à des analyses d'écarts sur budgets de frais de personnel, ainsi que des analyses de coûts sociaux cachés.

Témoignage 12.2 – La communication des indicateurs sociaux

Il est indispensable de communiquer sur ces indicateurs sociaux en ajustant leur type et le niveau de détail à chaque audience. Le comité de direction reçoit tous les mois un tableau de bord RH contenant quatre indicateurs principaux (effectifs, masse salariale, absentéisme et turnover) lui permettant de piloter la politique générale de l'entreprise. Les partenaires sociaux, quant à eux, reçoivent beaucoup plus d'indicateurs, mais à un rythme espacé (bilan social, plan de formation). Enfin, l'équipe RH suit trimestriellement des indicateurs propres à son activité pour s'assurer du bon déroulement des processus RH (augmentations, entretiens annuels, etc.).

Andréa S., DRH, secteur pharmaceutique

3. Le contrôle de gestion environnemental

Comme l'expose Simons, le contrôle de gestion est un équilibre subtil entre contrainte et stimulation (voir chapitre 1). Les variables critiques de performance nécessitent un suivi réalisé au moyen d'outils conventionnels de contrôle (outils de diagnostic), alors que dans des contextes d'incertitudes stratégiques, il peut être utile de mobiliser des dispositifs permettant de stimuler l'apprentissage organisationnel et l'émergence de nouvelles idées et stratégies (outils interactifs).

Après avoir souligné les singularités du contrôle de gestion environnemental (section 3.1), nous présenterons son usage selon des perspectives conventionnelles/contraignantes (section 3.2), puis stimulantes (section 3.3).

3.1 Les caractéristiques particulières du contrôle de gestion environnemental

Le contrôle de gestion environnemental se caractérise, en comparaison du contrôle de gestion conventionnel, par un élargissement :

- du domaine de la mesure ;
- de l'horizon temporel ;
- des acteurs pris en considération.

3.1.1 L'élargissement de ce qui est mesuré

Des flux physiques, des indicateurs non monétaires et leur interprétation en termes d'impact sur l'environnement sont suivis. Pour ce qui est des flux physiques, ils sont pris en compte avec l'intention d'inclure des acteurs, que l'entreprise ait ou non une relation contractuelle avec eux. Dans la plupart des cas, les outils classiques de comptabilité de gestion sont mobilisés. Cependant, les mesures sont affinées pour déterminer les coûts supportés par l'entreprise, en faisant le lien entre les décisions et les conséquences pour celle-ci. Il en est ainsi d'une entreprise qui étudie le remplacement de solvants dans son processus de production par un substitut moins toxique, mais plus coûteux. Dans ce cas, elle aura recours à des techniques de calcul des coûts classiques, comme l'analyse de la rentabilité et/ou l'estimation du retour sur investissement, pour déterminer le bien fondé d'un tel investissement. Ainsi, l'investissement dans un outil de production respectant l'environnement sera nécessairement accompagné d'une analyse classique de son coût et de sa rentabilité.

3.1.2 L'élargissement de l'horizon temporel

Dans le cadre d'une analyse de cycle de vie, le contrôle de gestion environnemental doit tenir compte de tous les éléments à la fois en amont de la fabrication du produit, mais surtout en aval de celle-ci, afin de calculer le coût de production du bien en question. De plus, les outils de contrôle de gestion « verts » peuvent avoir à considérer les coûts externes, tels que les émissions de gaz à effet de serre.

Illustration 12.11 – L'évaluation des impacts environnementaux

Renault mesure depuis 2004 les impacts environnementaux de ses véhicules sur l'ensemble de leur cycle de vie, de l'extraction des matières premières nécessaires à leur fabrication jusqu'à la fin de leur vie. À fin 2016, 29 modèles représentant 98 % des ventes mondiales de véhicules particuliers et 95 % des ventes totales de véhicules du groupe ont fait l'objet d'une analyse du cycle de vie complète suivant une méthodologie normalisée ayant fait l'objet d'une revue critique par un panel indépendant.

Source : document de référence 2016 du Groupe Renault.

3.1.3 L'élargissement des acteurs pris en compte

Dans les approches de type analyse de cycle de vie impliquant la comptabilisation de flux physiques et leur traduction sous forme d'impacts environnementaux, ainsi que certains coûts externes, un grand nombre d'acteurs sont pris en compte, tels que les utilisateurs, les consommateurs, les personnes exposées à une substance donnée, les riverains et l'environnement naturel. Cette ambition de représenter les conséquences d'un produit ou d'un service pour l'ensemble des acteurs est une caractéristique du contrôle de gestion environnemental.

Illustration 12.12 – L'intégration des parties prenantes à la prise de décision

En 2016, une étape importante du dialogue de Michelin avec ses parties prenantes a été franchie : la création d'un comité permanent de parties prenantes appelé à rencontrer de façon formalisée, chaque année, des membres du comité exécutif, dont le président du groupe. Les treize membres externes de ce comité sont issus d'Europe, d'Asie et d'Amérique, et représentent les différents domaines du développement durable (social, sociétal et environnemental). Il s'agit de parties prenantes directes du groupe (clients, fournisseurs, syndicats, investisseurs), mais aussi de membres d'organisations internationales (Global Compact, OCDE), d'ONG (WWF), d'universités, de start-up et d'associations professionnelles.

Source : document de référence 2016 du Groupe Michelin.

3.2 Un système de contrôle de gestion de type diagnostic

3.2.1 Des tableaux de bord environnementaux

Pour déployer la stratégie environnementale dans une entreprise, un système de contrôle de gestion de type diagnostic est privilégié. En effet, ce système veille à la conformité des buts et à l'atteinte des objectifs fixés par la direction de l'entreprise.

Ce type de contrôle repose sur le principe de management par exception où l'intervention des dirigeants est limitée à la résolution de problèmes imprévus ou complexes, alors que les fonctionnels jouent un rôle central dans la préparation et l'interprétation de l'information. Ils sont aussi responsables de construire et de s'assurer de l'intégrité et de la fiabilité du système de *reporting*. Ce type de contrôle s'appuie sur un système formel de *feedback* utilisé par les dirigeants pour surveiller les résultats et corriger les déviations par rapport aux standards de performance fixés préalablement. Les supports utilisés sont principalement des tableaux de bord dans lesquels les performances réalisées sont comparées aux objectifs fixés par la direction dans le cadre de sa stratégie.

Illustration 12.13 – Tableau de bord des consommations d'énergie

Données relatives aux consommations ayant un impact sur le réchauffement climatique :

Informations relatives à l'énergie	2015	2016
Électricité d'origine renouvelable (MWh)	249 561	266 304
Biogaz (MWh)	1 246	13 461
Autre énergie d'origine renouvelable (MWh)	37 569	47 449
Total énergie renouvelable (MWh)	**288 376**	**327 214**
Électricité non renouvelable (MWh)	132 139	124 626
Gaz (MWh)	258 838	239 292
Fuel (MWh)	11 614	9 908
Autres énergies non renouvelables (MWh)	28 576	32 745
Total énergie non renouvelable (MWh)	431 167	406 571
Consommation totale d'énergie	**719 543**	**733 785**

Source : document de référence 2016 du Groupe L'Oréal.

Au-delà du rôle de mise en conformité de l'entreprise en matière de *reporting* des données sociétales avec les réglementations en vigueur, le contrôle de gestion environnemental permet de piloter un processus de transformation de valeurs sociales en valeurs économiques et stratégiques. Dans ce cadre, les outils de contrôle de gestion doivent favoriser l'apprentissage organisationnel, de manière à informer les dirigeants sur le sens à donner à leur stratégie en fonction des informations que font remonter les outils de contrôle de gestion.

3.2.2 Une diversité des indicateurs de mesure

Le contrôle de gestion environnemental d'une entreprise nécessite une grande diversité d'indicateurs non financiers. Ces derniers peuvent être quantitatifs ou qualitatifs. Lorsqu'ils sont quantitatifs, ils mesurent soit des flux physiques entrants, comme les consommations d'eau ou d'énergie, soit des flux physiques sortants, comme les rejets polluants.

Illustration 12.14 – La diversité des indicateurs environnementaux

Les indicateurs environnementaux retenus sont ceux utilisés dans la gestion des sites de la société. Ils reflètent les résultats de la politique du groupe en matière d'environnement, d'hygiène et de sécurité. Pour les gaz à effet de serre, la méthodologie retenue pour les estimations de CO_2 suit les règles du GHG Protocol, suivies selon l'indicateur CO_2 Market-Based en remplacement de l'indicateur CO_2 Net.

Source : document de référence 2016 du groupe L'Oréal.

La grille de *reporting* de l'article 225 de la loi du Grenelle II prévoit aussi des indicateurs plus qualitatifs par l'intermédiaire desquels l'entreprise doit décrire ses démarches en matière de RSE. Ces indicateurs sont par définition plus difficiles à utiliser pour mesurer la performance RSE d'une entreprise.

Illustration 12.15 – Une démarche RSE

La politique de Carrefour est de réduire la consommation d'énergie des magasins et de s'affranchir progressivement des énergies fossiles. Ces deux axes combinés favorisent la transition bas carbone et stabilisent le coût de l'énergie pour Carrefour. Le groupe continue d'orienter ses investissements pour réduire les consommations et favoriser la transition énergétique : éclairages à basse consommation, rideaux de nuit et portes sur les meubles froids, fluides naturels dans les systèmes de réfrigération, récupération de chaleur pour l'eau chaude sanitaire, isolation des murs et des toitures, etc.

Source : document de référence 2016 du groupe Carrefour.

3.3 Un mode de contrôle interactif

Un système de contrôle interactif sera privilégié pour contribuer à l'émergence de nouvelles stratégies qui se construisent au cours du temps, en réponse aux évènements imprévus auxquels l'entreprise doit faire face. Ce type de système est en effet utilisé pour gérer les incertitudes stratégiques (des menaces latentes ou des opportunités qui conditionnent la réalisation de la stratégie), encourager l'apprentissage organisationnel par l'exploration de nouveaux savoirs et favoriser l'émergence de nouvelles stratégies.

Illustration 12.16 – La stratégie d'innovation du groupe Carrefour

Ses objectifs engagent le groupe à innover avec de nouvelles technologies ou de nouveaux concepts pour réduire les coûts de fonctionnement des magasins (énergie et réfrigérants) et les coûts de transport.

Source : document de référence 2016 du groupe Carrefour.

3.3.1 La fixation des objectifs

Les objectifs sont fixés de façon itérative entre les managers opérationnels et la direction de l'entreprise. Préalablement à la fixation des objectifs, des auto-évaluations peuvent être réalisées au niveau des unités opérationnelles. Le but est de mettre en évidence les points forts et les points faibles de chaque unité à partir d'un ensemble prédéfini de critères d'amélioration, et de dégager les actions prioritaires pour chaque unité. La fixation des objectifs se fait sur un mode collaboratif.

3.3.2 Le pilotage

Le pilotage se fait essentiellement au travers des plans d'action ou des plans de progrès. Ces derniers sont issus des auto-évaluations et de l'ensemble des objectifs préétablis. Ils sont ensuite intégrés au sein des budgets des unités opérationnelles afin de déconnecter le moins possible les processus classiques de management des dimensions de la RSE.

Témoignage 12.3 – L'implication des managers opérationnels

Dans le domaine de l'énergie, les directeurs d'usine et les managers opérationnels travaillent régulièrement avec les ingénieurs et l'équipe « Environnement, Santé et Sécurité » pour proposer de nouveaux processus de fabrication afin de réduire la consommation d'énergie.

Elisabeth B., responsable développement durable, industrie agroalimentaire

3.3.3 La post-évaluation

La post-évaluation se base sur un ensemble large d'indicateurs de performance. Ce dernier se compose d'indicateurs de progrès issus de l'auto-évaluation et d'indicateurs de performance provenant du suivi des plans d'action. Le mode interactif du processus de contrôle de gestion nécessite une attention fréquente de la part des managers opérationnels à tous les niveaux de l'organisation. Les données issues de la phase « diagnostic » du contrôle sont interprétées et discutées au cours de fréquentes réunions avec les supérieurs et les opérationnels.

Témoignage 12.4 – Le suivi des plans d'action

Le suivi des résultats des actions mises en place dans le cadre de la politique de réduction de la consommation d'eau se fait au cours de réunions mensuelles avec tous les responsables des sites industriels concernés et l'équipe en charge du développement durable. Lors de ces réunions, la comparaison des résultats par rapport aux objectifs donne lieu à un partage d'expériences. La problématique de la gestion de l'eau devenant plus prégnante sur les sites de production situés aux États-Unis, il a été décidé d'adapter les techniques de gestion de l'eau d'une des filiales installée au Brésil. Les équipes en charge du développement durable facilitent ce processus d'apprentissage organisationnel et modifient en conséquence les objectifs environnementaux si nécessaire.

Eric L., responsable développement durable, industrie automobile

Résumé

Le contrôle de gestion sociale consiste à mesurer la performance des ressources humaines de l'entreprise et à rechercher un équilibre satisfaisant entre le montant de la masse salariale, son efficacité et le maintien de la motivation des équipes. Il n'existe pas de norme quant aux tâches dévolues au contrôleur de gestion sociale, mais celui-ci peut suivre la masse salariale en termes d'effectifs et de coûts, analyser les raisons de son évolution, aider à définir une politique d'augmentation salariale cohérente, participer à la réalisation de prévisions de masse salariale à travers un budget de fonctionnement des ressources humaines.

Le contrôle de gestion sociétale répond à deux objectifs : assurer le *reporting* des données sociétales de l'entreprise et manager la performance environnementale afin d'en obtenir un avantage économique. Le contrôle de gestion environnemental est une opportunité pour repenser et décliner les stratégies « vertes » des organisations. Il couvre un certain nombre de techniques comme l'analyse du cycle de vie, les plans d'action environnementaux, les budgets verts, le calcul des coûts environnementaux, les tableaux de bord verts. Le rôle du contrôleur de gestion « vert » est primordial dès lors que l'entreprise est engagée dans un processus de certification de type ISO, par exemple.

Activités

Application 1 : contrôle de gestion sociale – Société AMS

La société AMS vient de clore les négociations annuelles obligatoires. Pour l'année prochaine (N + 1), il a été négocié des augmentations de salaire générales en deux temps, sans distinction de catégorie socioprofessionnelle ou d'ancienneté :

- le 1er avril : augmentation des salaires de 1 % ;
- le 1er septembre : augmentation des salaires de 0,7 %.

Question 1 : Calculez l'effet en niveau en pourcentage.
Question 2 : Calculez l'effet en masse en pourcentage.
Question 3 : Calculez l'effet de report en pourcentage.

Application 2 : contrôle de gestion sociale – Société Houblon

La société Houblon, une des dernières brasseries indépendantes, dispose d'un effectif stable d'une centaine de salariés. Elle souhaite maîtriser pour l'année 2019 l'évolution de sa masse salariale. Elle vous charge d'établir les prévisions de cette dernière. La société résiste assez bien à la crise en parvenant à maintenir son activité tout en cherchant à développer des relais de croissance. Les salariés participant à l'effort global ont fait part d'une demande d'augmentation à la direction générale.

Face à la grogne montante des salariés, la direction étudie la proposition de deux scénarios pour 2019 :

- deux augmentations de 0,5 % intervenant le 1er mai pour la première et le 1er septembre pour la seconde ;
- une augmentation générale de 1,2 % à compter du 1er octobre.

Les informations suivantes vous sont fournies (téléchargeables sur le site Vuibert.fr).

Masse salariale des exercices 2017 et 2018

La société n'accorde pas de treizième mois.

Année 2017

Catégories du personnel	Effectifs	Salaires moyens mensuels
Direction	3	6 030,00
Cadre junior	1	3 500,00
Cadres seniors	4	4 240,00
Agent de maîtrise junior	1	3 500,00
Agents de maîtrise senior	4	4 000,00
Techniciens	25	3 500,00
Employés	15	2 000,00
Ouvriers	47	1 600,00
Effectif total	**100**	**2 507,50**

Année 2018

Catégories du personnel	Effectifs	Salaires moyens mensuels
Direction	3	6 150,00
Cadre junior	1	3 535,00
Cadres seniors	4	4 300,00
Agent de maîtrise junior	1	3 535,00
Agents de maîtrise senior	4	4 100,00
Techniciens	30	3 570,00
Employés	14	2 040,00
Ouvriers	40	1 632,00
Effectif total	**97**	**2 681,03**

Prévision de la masse salariale pour l'exercice 2019

Salaires bruts de décembre 2018 en euros :

Catégorie	Effectifs	Salaires bruts moyens (décembre 2018)
Direction	3	6 089
Cadres	5	4 368
Agents de maîtrise	5	4 121
Techniciens	30	3 606
Employés	14	2 060
Ouvriers	40	1 648
Total	**97**	

Mouvements du personnel prévus en 2019, notamment en raison des départs à la retraite

Départs à la retraite :

Catégories	Effectifs	Mois de départ (fin de mois)	Salaire (décembre 2018)
Technicien	1	Septembre	3 750
Employé	1	Mars	3 000
Employé	1	Novembre	3 000
Total	**3**		

Embauches :

Catégories	Effectifs	Mois d'arrivée (début de mois)	Salaire brut prévu lors de l'embauche
Technicien	1	Octobre	3 500
Employé	1	Avril	2 800
Total	**2**		

Question 1 : Déterminez et calculez l'incidence des mesures d'augmentation envisagées sur la masse salariale de 2019 et les effets probables sur celle de 2020. Précisez les effets ainsi mis en évidence.

Question 2 : Sachant que le premier scénario a été choisi, calculez la prévision de masse salariale pour l'année 2019. Les calculs seront arrondis à l'euro le plus proche.

Et dans mon entreprise

- Quelle est la stratégie RSE déployée ?
- Dans ce cadre, quelle est la nature du *reporting* mis en place ? Ce *reporting* est-il purement informatif ou à visée managériale ?
- Quelle est la nature du contrôle de gestion sociétale déployé par l'entreprise ?
- Quelles propositions pourriez-vous faire pour manager cette performance sociétale ?

Références

Albertini E., « The Contribution of Management Control System to Environmental Capabilities », *Journal of Business Ethics*, 2018, https://doi.org/10.1007/s10551-018-3810-9.

Antheaume N., « Le contrôle de gestion environnemental. État des lieux, état de l'art », *Comptabilité-Contrôle-Audit*, tome 19, vol. 3, 2013.

Gond J.-P. et Igalens J., *La responsabilité sociale de l'entreprise*, PUF, Que sais-je ?, 2016.

Janicot L., « Les systèmes d'indicateurs de performance environnementale (IPE), entre communication et contrôle », *Comptabilité-Contrôle-Audit*, tome 13, vol. 1, 2007.

Martory B., *Contrôle de gestion sociale – Salaires, masse salariale, effectifs, compétences, performances*, Vuibert, 2015.

Renaud A., *Management et contrôle de gestion environnemental*, Éditions EMS, 2015.

Index

A

ABC 12, 122, 127
ABM 92, 127
Activité normale 121
Activité primaire 94
Activité secondaire 94
Activity-Based Management (v. ABM)
Analyse conjointe 130, 132
Anthony, Robert 3, 192, 244, 249
Attribute costing 127

B

Balanced scorecard 227
BBZ 201
BCG 12
Benchmark 202
Benchmarking 92, 128, 142
Berland, Nicolas 260
Besoin en fonds de roulement (v. BFR)
BFR 22, 143, 177, 179
Bonus de suractivité 122
Bouygues 297
Brown, Donaldson 218
Budget 236
Budget base zéro (v. BBZ)
Budget non distribué 248
Burlaud, Alain 6
Business analyst 10
Business model (v. Modèle économique)
Business model canvas 51, 218, 231
Business partner 8, 288, 289
Business plan 287

C

Capacité d'autofinancement 177
Carrefour 168-169, 288, 313
Centre auxiliaire 94, 96
Centre de chiffre d'affaires 142
Centre de coûts 141
Centre de profit 143
Centre de responsabilité 141, 288
Centre de revenus 142
Centre d'investissement 144
Centre principal 94
Certification 297
Chaîne de valeur 92
Charge fixe 303
Charge supplétive 78
Charge variable 303
Clôture comptable 38
Cockpit 223, 234
Compétences 8
Comptabilité analytique 29, 127
Comptabilité de gestion 236
Comptabilité industrielle 29
Compte d'exploitation 47, 122, 131, 213
Congruence des objectifs 148
Contingence (v. Théorie de la contingence)
Contrôlabilité 141
Contrôle de gestion environnemental 294
Contrôle de gestion sociale 294
Contrôle interactif 253
Contrôle interne 10
Cooper, Robin 122
Courant critique 21
Courbe de profitabilité 49, 131
Coût caché 45, 167, 302
Coût cible 129, 132
Coût constaté 35
Coût contrôlable 43
Coût de capacité 39, 61
Coût déterminé 43
Coût direct 41

Coût discrétionnaire 44
Coût d'opportunité 44, 284
Coût fixe 39, 61
Coût fixe par paliers 40
Coût historique 35
Coût irrécupérable 44
Coût marginal 43
Coût préétabli 35
Coût prévisionnel 35
Coût réel 35
Coûts discrétionnaires 202
Coût semi-variable 40
Coûts opérationnels indirects 202
Coûts structurels 202
Coût standard 35
Coût variable 38, 61
Covenant 178

D

Danone 208
Demil, Benoît 52
Déplacement des buts 199
Direct costing 61
Direction par objectifs 196
DPO 196
Drucker, Peter 196

E

Écart 226
Economic Value Added 22
Économies d'échelle 52, 72
Économies d'envergure 52
Effet de noria 307
Effet de report 306
Effet en masse 305
Effet en niveau 304
Eiglier, Pierre 274
Empowerment 273
Équation de temps 102
EVA 46, 132, 144

F

Foucault, Michel 21
Fréquence de calcul d'un coût 36

G

Gearing 179
General Motors 3, 141, 218
Gestion stratégique des coûts 126
Global Reporting Initiative 297
GRI 297
Groupe de ressources 124

I

IFACI 15
IFRS 9, 29, 224
Imputation rationnelle 121
Incitations 197
Inducteur 90
Inflation 99
International Organisation for Standardisation (ISO) 298
ISO (v. *International Organisation for Standardisation*)

J

JCDecaux 31

K

Kaplan, Robert 12, 92, 122, 227
Key performance indicator (KPI) 220
KPI (v. *Key performance indicator*)

L

Langeard, Eric 274
Levier opérationnel 67
Life cycle costing 128
LOLF 211
Lorino, Philippe 287

M

Malus de sous-activité 122
Management par objectifs 196
Marge 41
Marge brute 42
Marge nette 28, 42
Matérialité 295
Méthode des coûts directs 61
Méthode des coûts opérationnels 61
Méthode des coûts variables 61
Michelin 311
Midler, Christophe 254, 262
Modèle coût-volume-profit 61
Modèle économique 43, 51, 61, 68, 79
Modèle RCOV 52, 231

N

Navarre, Christian 258

O

Objet de coût 27, 34, 41, 49, 89
Organisation scientifique du travail 113
Ouchi, William 17
Outil de diagnostic 236
Outil interactif 235
OVAR 224

P

Participation 114
Partie prenante 5, 294
PCI 146
Pilotage 6
Plan de financement 187
Portefeuille clients 56
Prix 41
Prix de cession interne 145, 146
Prix de marché 202
Prix de transfert 146
Prix d'opportunité 132
Prix implicite 130
Processus 92
Profitabilité 28, 178
Profit cible 129
Propension à payer 45, 132
Provision générale 248
Psychométrie 221
Pyrrh, Peter 202

R

Ratio d'endettement 179
RCOV 52, 231
Reengineering 92
Renault 298, 311
Rentabilité financière 28
Reporting 3, 10, 234, 295
Responsabilité sociale de l'entreprise 294
Ressource rare 77
Résultat 41
Résultat résiduel 46, 132, 144
Return on equity 218
Revenue management 274, 282
ROE 218
ROI 144, 278
Rolling forecast 206, 208
RSE 294

S

Servitisation 276
Servuction 273
SGS 12
Simons, Robert 20, 233, 253, 256, 310
Sloan, Alfred 3, 218
Soldes intermédiaires de gestion 48
Standard 36, 114, 247
Strategic Management Accounting 126
Sunk cost 44
Svenska Handelsbanken 206
Système de contrôle diagnostic 20, 256, 310
Système interactif de contrôle 20, 233, 253, 257

T

Tableau de bord équilibré 227
Tableau de bord prospectif 227
Tableau de bord stratégique 227
Target costing 129, 132, 257
TDABC 123
Temps disponible 123
Temps théorique 123
Temps utilisé 123
Texas Instrument 202
Théorie de la contingence 17, 148
Théorie de l'agence 196

V

Valeur 45
Valeur actionnariale 79
Valeur pour le client 45, 287
Value chain costing 128
VAN 10

W

Whale curve 49, 131
Willingness to pay 45

Y

Yield management 275

Achevé d'imprimer en juin 2020
sur les presses de la Nouvelle Imprimerie Laballery – 58500 Clamecy
Dépôt légal : septembre 2018 N° d'édition : MAGSI20200509 N° d'impression : 006592
Imprimé en France
La Nouvelle Imprimerie Laballery est titulaire de la marque Imprim'Vert®